U0593185

本研究獲國家社會科學基金項目（11BZJ005）及復旦大學“985工程”哲學社會科學創新基地項目（09FCZD001）資助，特致謝忱

歐亞歷史文化文庫

總策劃 張餘勝

蘭州大學出版社

摩尼教敦煌吐魯番文書譯釋與研究

叢書主編 余太山

芮傳明 著

图书在版编目(CIP)数据

摩尼教敦煌吐鲁番文书译释与研究 / 芮传明著. —兰州:兰州大学出版社,2014.12
(欧亚历史文化文库/余太山主编)
ISBN 978-7-311-04668-2

Ⅰ.①摩… Ⅱ.①芮… Ⅲ.①摩尼教—敦煌学—文书—研究 Ⅳ.①B989.1②K870.64

中国版本图书馆 CIP 数据核字(2014)第 301848 号

策划编辑 施援平
责任编辑 施援平 王淑燕
装帧设计 张友乾

书　　名 摩尼教敦煌吐鲁番文書譯釋與研究
主　　编 余太山
作　　者 芮传明 著
出版发行 兰州大学出版社 (地址:兰州市天水南路 222 号 730000)
电　　话 0931-8912613(总编办公室) 0931-8617156(营销中心)
　　　　 0931-8914298(读者服务部)
网　　址 http://www.onbook.com.cn
电子信箱 press@lzu.edu.cn
网上销售 http://lzup.taobao.com
印　　刷 天水新华印刷厂
开　　本 700 mm×1000 mm 1/16
印　　张 29(插页 2)
字　　数 385 千
版　　次 2014 年 12 月第 1 版
印　　次 2014 年 12 月第 1 次印刷
书　　号 ISBN 978-7-311-04668-2
定　　价 88.00 元

出版说明

随着20世纪以来联系地、整体地看待世界和事物的系统科学理念的深入人心，人文社会学科也出现了整合的趋势，熔东北亚、北亚、中亚和中、东欧历史文化研究于一炉的内陆欧亚学于是应运而生。时至今日，内陆欧亚学研究取得的成果已成为人类不可多得的宝贵财富。

当下，日益高涨的全球化和区域化呼声，既要求世界范围内的广泛合作，也强调区域内的协调发展。我国作为内陆欧亚的大国之一，加之20世纪末欧亚大陆桥再度开通，深入开展内陆欧亚历史文化的研究已是责无旁贷；而为改革开放的深入和中国特色社会主义建设创造有利周边环境的需要，亦使得内陆欧亚历史文化研究的现实意义更为突出和迫切。因此，将针对古代活动于内陆欧亚这一广泛区域的诸民族的历史文化研究成果呈现给广大的读者，不仅是实现当今该地区各国共赢的历史基础，也是这一地区各族人民共同进步与发展的需求。

甘肃作为古代西北丝绸之路的必经之地与重要组

成部分，历史上曾经是草原文明与农耕文明交汇的锋面，是多民族历史文化交融的历史舞台，世界几大文明（希腊—罗马文明、阿拉伯—波斯文明、印度文明和中华文明）在此交汇、碰撞，域内多民族文化在此融合。同时，甘肃也是现代欧亚大陆桥的必经之地与重要组成部分，是现代内陆欧亚商贸流通、文化交流的主要通道。

基于上述考虑，甘肃省新闻出版局将这套《欧亚历史文化文库》确定为2009—2012年重点出版项目，依此展开甘版图书的品牌建设，确实是既有眼光，亦有气魄的。

丛书主编余太山先生出于对自己耕耘了大半辈子的学科的热爱与执著，联络、组织这个领域国内外的知名专家和学者，把他们的研究成果呈现给了各位读者，其兢兢业业、如临如履的工作态度，令人感动。谨在此表示我们的谢意。

出版《欧亚历史文化文库》这样一套书，对于我们这样一个立足学术与教育出版的出版社来说，既是机遇，也是挑战。我们本着重点图书重点做的原则，严格于每一个环节和过程，力争不负作者、对得起读者。

我们更希望通过这套丛书的出版，使我们的学术出版在这个领域里与学界的发展相偕相伴，这是我们的理想，是我们的不懈追求。当然，我们最根本的目的，是向读者提交一份出色的答卷。

我们期待着读者的回声。

总序

本文库所称“欧亚”(Eurasia)是指内陆欧亚，这是一个地理概念。其范围大致东起黑龙江、松花江流域，西抵多瑙河、伏尔加河流域，具体而言除中欧和东欧外，主要包括我国东三省、内蒙古自治区、新疆维吾尔自治区，以及蒙古高原、西伯利亚、哈萨克斯坦、乌兹别克斯坦、吉尔吉斯斯坦、土库曼斯坦、塔吉克斯坦、阿富汗斯坦、巴基斯坦和西北印度。其核心地带即所谓欧亚草原(Eurasian Steppes)。

内陆欧亚历史文化研究的对象主要是历史上活动于欧亚草原及其周邻地区(我国甘肃、宁夏、青海、西藏，以及小亚、伊朗、阿拉伯、印度、日本、朝鲜乃至西欧、北非等地)的诸民族本身，及其与世界其他地区在经济、政治、文化各方面的交流和交涉。由于内陆欧亚自然地理环境的特殊性，其历史文化呈现出鲜明的特色。

内陆欧亚历史文化研究是世界历史文化研究中不可或缺的组成部分，东亚、西亚、南亚以及欧洲、美洲历史文化上的许多疑难问题，都必须通过加强内陆欧亚历史文化的研究，特别是将内陆欧亚历史文化视做一个整体加以研究,才能获得确解。

中国作为内陆欧亚的大国，其历史进程从一开始就和内陆欧亚有千丝万缕的联系。我们只要注意到历代王朝的创建者中有一半以上有内陆欧亚渊源就不难理解这一点了。可以说,今后中国史研究要有大的突破,在很大程度上有待于内陆欧亚史研究的进展。

古代内陆欧亚对于古代中外关系史的发展具有不同寻常的意义。古代中国与位于它东北、西北和北方，乃至西北次大陆的国家和地区的关系,无疑是古代中外关系史最主要的篇章,而只有通过研究内陆欧亚史,才能真正把握之。

内陆欧亚历史文化研究既饶有学术趣味,也是加深睦邻关系,为改革开放和建设有中国特色的社会主义创造有利周边环境的需要，因而亦具有重要的现实政治意义。由此可见,我国深入开展内陆欧亚历史文化的研究责无旁贷。

为了联合全国内陆欧亚学的研究力量，更好地建设和发展内陆欧亚学这一新学科,繁荣社会主义文化,适应打造学术精品的战略要求,在深思熟虑和广泛征求意见后,我们决定编辑出版这套《欧亚历史文化文库》。

本文库所收大别为三类:一,研究专著;二,译著;三,知识性丛书。其中,研究专著旨在收辑有关诸课题的各种研究成果;译著旨在介绍国外学术界高质量的研究专著;知识性丛书收辑有关的通俗读物。不言而喻,这三类著作对于一个学科的发展都是不可或缺的。

构建和发展中国的内陆欧亚学,任重道远。衷心希望全国各族学者共同努力,一起推进内陆欧亚研究的发展。愿本文库有蓬勃的生命力,拥有越来越多的作者和读者。

最后,甘肃省新闻出版局支持这一文库编辑出版,确实需要眼光和魄力,特此致敬、致谢。

余太山

2010年6月30日

目录

下編　東方摩尼教文書與文化研究

前　言

一百多年前,在我國吐魯番地區發現的非漢語的摩尼教文書殘片成千上萬,語種包括如今已經不再使用的古代語言文字,如中古波斯語、帕提亞語、粟特語、突厥語、吐火羅語等。一個世紀以來,譯釋和研究它們的外文著述數量繁多;可以認為,這些文書中的主要部分都已被譯成諸如英文、德文等現代文字。然而,降及21世紀,被譯成漢語的這類文書仍屬鳳毛麟角,比較系統地譯釋和研究者,更是尚未面世。

對於這種"花開於內而結果於外"的境況,作為中文學界成員之一的筆者認為自己應該在這些文書的漢譯和研究方面多作努力,因此在數年前開始較有系統的文書譯釋工作。如今,總算小有所成,以本書貢獻給學界。需要說明的一點是,在吐魯番的摩尼教非漢語文書方面,筆者囿於自己的能力和精力,只能挑選少量幾件文書予以譯釋和研究。挑選文書的大致原則是:盡可能挑選篇幅較大者,盡可能兼顧各種題材,盡可能遍及各個語種。有鑒於此,本書的內容離"全面"和"系統"地譯釋文書尚有相當的差距,而至多說是"譯釋和研究了較有代表性的摩尼教吐魯番非漢語文書"。當然,在學術質量方面更不敢稍有自詡之意,而是十分誠懇地希望拋出這塊粗糙的"磚",引來更多精美的"玉"。

需要說明的第二點是,摩尼教的"東方文書",除了見於吐魯番的非漢語文書外,尚有幾乎是與之同時被發現的敦煌的漢語文書。迄今為止,篇幅較大的摩尼教漢語文書,也就是當時發現的3件——《殘經》《儀略》《下部讚》。有關這3件漢語文書,我曾在出版於2009年的《東方摩尼教研究》的《附錄》中予以刊出,對於其文字有所校訂,並對若干詞條作了註釋。然而,事後發覺,校訂的文字仍然存在少量錯誤和不足;至於註釋方面,則更是不夠詳盡。最重要的是,林悟殊先生於

2011年出版了《敦煌文書與夷教研究》一書,其中的附錄一為《敦煌漢文摩尼教文書釋文》,對這3件文書作了新的校刊,特別是將寫本上的許多異體字也盡可能標誌出來。這促使我更有必要在本書的漢語文書校釋中盡量採用這一新的成果。於是,承蒙林先生俯允,我在本書中一方面參考他的新釋文,另一方面也糾正了其中少量的筆誤,或者在個別字的辨認上提出不同看法;當然,還補充了較大篇幅的註釋內容。這樣,期望為中外學界提供一份更為確切和詳細的敦煌文書校釋文。

至於最近數年在福建發現的包含諸多摩尼教文化因素的宗教文書,儘管轟動一時,且篇幅不小,但是對我而言,卻因為才疏學淺,見識有限,故目前並無研究探討的意向和能力。好在同門師弟馬小鶴先生等學界同仁已有相關的論文和專著面世,相信這將為中外學界的摩尼教東方文書研究增添新的豐碩成果。

自從20世紀80年代林悟殊先生出版摩尼教研究的第一本中文專著《摩尼教及其東漸》之後,中國學界在該領域的相關成果日漸增多。嗣後,馬小鶴先生與我先後加入研究行列,主要集中於摩尼教教義的探討,因此分別出版了專著《摩尼教與古代西域史研究》和《東方摩尼教研究》。與此同時,林悟殊先生仍不斷有相關新著問世,如《中古三夷教辨證》《中古夷教華化叢考》及《敦煌文書與夷教研究》等。近日,他的高足王媛媛女士也有專著《從波斯到中國:摩尼教在中亞和中國的傳播》面世。所有這一切都表明了,在摩尼教研究領域,中文學界與國際學界的差距正在縮小。所以,我希望本書能作為另外一塊"磚",為中外的摩尼教學術研究作出微薄的貢獻。

芮傳明

2014年7月

上編　敦煌漢語文書校釋

有關摩尼教——特別是東方摩尼教——的研究，由於約一百年前敦煌所發現的3份摩尼教漢語典籍而得到迅速發展。這些手抄的摩尼教經典雖然有所殘缺，但主要內容仍然得以保存，其篇幅不小，內涵豐富，且是迄今僅見的頗成系統的摩尼教漢語文書，爲摩尼教研究學界提供了十分珍貴的文獻資料，學術價值之大，自不待言。本書譯釋和研究的摩尼教文書雖然以見於吐魯番地區的非漢語文書為主，但是，見於敦煌的那些漢語文書仍然被經常提及和引用、比照。因此，本書將盡可能為中外研究者提供一份較高質量的、方便使用的文書文本。該文本除了在字形方面基本符合原寫本的特色外，還包括了對基本術語和音譯段落的解釋和介紹。

一百多年來，中外學者對於這3份漢語文書作過或多或少的刊布和文字校訂。例如，本書稱為《摩尼教殘經》的、由北京圖書館（今國家圖書館）收藏的宇字56號（新編北敦00256號）文書，最初由羅振玉以《波斯教殘經》之名刊布於1911年的《國學叢刊》第2冊；其文字為羅振玉根據原寫本而抄錄，故不僅格式有異，且難免有識辨出入之處。稍後，法國漢學家沙畹和伯希和根據羅振玉的錄本，將該文書譯成法文，並有若干註釋和研究，刊載於《亞洲學刊》(*Journal Asiatique*)的 1911 年 11/12 月期上。1923 年，陳垣在《國學季刊》第 1 卷第 2 號發表《摩尼教入中國考》，文末附此文書，更名爲《摩尼教殘經一》；對於寫本的文字，陳垣有所辨析和補充，遂令文書的文字質量提高了一步。

又如，題為《摩尼光佛教法儀略》的文書系 2 份殘卷組合：前半部分由英國學者斯坦因(生於匈牙利)在 1907 年發現於敦煌莫高窟，後被收藏於倫敦大英博物館，文書編號為 S.3969；後半部分則由伯希和發現，收藏於巴黎圖書館，文書編號為 P.3884。該文書的後半部分早在 1909 年就由蔣斧校錄、羅振玉作跋，以《摩尼教經》之名刊入《敦煌石室遺書》中。不久，沙畹與伯希和將它譯成法文，刊布在《亞洲學刊》1913 年 3/4 月期上，作為其連載長文《中國所見的摩尼教文書》(『Traité Manichéen Retouvé en Chine』)的第 2 部分。至於將兩截殘卷合在一起而作研究的，則始於 1925 年日本學者石田幹之助的論文《敦煌發現〈摩尼光佛教法儀略〉中的若干詞語》。[1]

第 3 件文書名為《下部讚》，同樣出於敦煌莫高窟，1907 年被斯坦因發現，後收藏於大英博物館，編號為 S.2659。不過，當時并未引起學界的注意，直到 1916 年才被日

〔1〕見石田幹之助：《敦煌發見〈摩尼光佛教法儀略〉に見えたる二三の言語に就いて》，載池內宏編：《白鳥博士還曆記念東洋史論叢》，岩波書店，1925 年。

本學者矢吹慶輝認定為摩尼教經。至於對它的翻譯和初步研究，則要遲至20世紀20至30年代，由德國學者瓦爾德施密特和楞茨將它的部分內容譯成德文，並作注釋。[1]到了1943年，華裔學者崔驥(Tsui Chi)把它譯成了英文，但其中的3段音譯文字則未譯出；同時，亨寧(Henning)在文末還附了若干註釋和研究。

以上所述，是早期學界對敦煌3份漢語文書的分別刊布情況。而首先集中刊布所有3件文書的，是日本高楠順次郎於昭和三年(1928)編輯出版的《大正新修大藏經》第54冊，分別名之爲《波斯教殘經》(從羅振玉之說)、《摩尼光佛教法儀略》和《摩尼教下部讚》。當然，這些錄文比較粗糙，很難作為精細學術研究的原始資料。

儘管德國學者施微寒(Helwig Schmidt-Glintzer)在其1987年以*Chinesische Manichaica*：*Mit textkritischen Anmerkungen und einem Glossar*，(書名下簡稱*chinesische Manichaica*)為名的書中將3件漢語文書全部譯成了德文，但是，由於他所依據的漢語文本來自日本的《大正新修大藏經》(當然，也參考了沙畹和伯希和等人的文章)，所以，作為第1部集中翻譯敦煌3文書的非漢語著述，仍然未能為學界提供一份高質量的原始資料。

就在同一年(1987)，中國學者林悟殊出版了《摩尼教及其東漸》一書，附錄刊布了3件敦煌文書的點校本，並在書末附上了原始手稿的黑白照片圖版。1991年，林悟殊更撰《倫敦藏敦煌寫本〈下部讚〉原件考察》一文[2]，對《下部讚》

〔1〕E. Waldschmidt 和 W. Lentz 所撰寫的與此主題相關的文章有："Die Stellung Jesu im Manichäismus", *APAW*, 1926, 4; "A Chinese Manichaean Hymnal from Tun-Huang", *JRAS*, 1926; "A Chinese Manichaean Hymnal from Tun-Huang: Additions and Corrections", *JRAS*, 1926; "Manichäische Dogmatik aus chinesischen und iranischen Texten", *APAW*, 1933.

〔2〕載李錚、蔣忠新:《季羨林教授八十華誕紀念論文集》,下冊,871－900頁,江西人民出版社,1991年。

作了更爲精到的校勘。然而，他最新的和迄今校錄摩尼教敦煌原始文書的最大貢獻，是對這3件文書的釋文，附錄於其新著《林悟殊敦煌文書與夷教研究》[1]一書中。這些釋文，除了廣採前人的成果、糾正若干謬誤、補充若干疏漏外，更盡可能地將寫本上的異體字，乃至手寫體展現在讀者面前，亦即最大限度地讓讀者見到了寫本的原貌。所以，這些釋文是迄今所見最高質量的敦煌3文書的錄文。

承林悟殊兄厚意，日前將這3篇錄文的電子文本作為聖誕禮物相贈；而我恰逢開始撰寫本書，亟需獲得敦煌文書的『優質底本』之時，自然喜出望外。於是，在征得他的同意後，遂以這些釋文作為基礎，對文書進行相應的校勘和註釋。當然，需要指出的是，由於寫本有些地方使用異體字，有些地方則不用（如『明/眀』字），且字形較模糊，故難免導致辨認的困難和差異，故本書的錄文與悟殊兄的釋文並不完全一致。另一方面，為了方便讀者閱讀和引用，我對於常見的手寫體不再特別標出，而是直接使用今天通用的鉛印體；這是又異於釋文的地方。不管怎樣，對於悟殊兄的慨然相助，我是始終銘感在心的。

最後，順便提一下本編校釋3件敦煌文書時的簡單體例。第一，鑒於註釋文字的數量甚大，則如果採用慣常的『頁下註』，就難免會破壞正文部分的外觀，使之被分割得『支零破碎』。所以，本編將採用『文末註』，以使正文部分保持流暢的頁面。第二，鑒於《大正新修大藏經》收錄的漢語文本、施微寒翻譯的德文譯本，目前在中外學界仍具有相當大的影響，仍在被許多學者所引用。故本編將主要以這兩種文本比照寫本，以糾正它們的謬誤與疏漏，從而強調新錄文的正確性和精確性。

〔1〕林悟殊：《林悟殊敦煌文書與夷教研究》，上海古籍出版社，2011 年。

1 《摩尼教殘經》[1] 校釋

1.1 正文

[001]□□□□□□□若不遇緣,无[1]由自脱,求解[2]□□□□:

[002]"宍[3]身本性,是一為是二耶?一切諸聖,出現扵[4]世,施作

[003]方便,能救明[5]性[6],得離衆苦,究竟安樂?"作是問已,曲躬

[004]恭敬,却住一面[7]。

[005]尒[8]時,明使[9]告阿駄[10]言:"善哉[11]善哉!汝為利益无量衆

[006]生,能問如此甚深秘義,汝今即[12]是一切世間[13]盲迷衆

[007]生大善知識[14]。我當為汝分別解說,令汝疑網[15]永斷

[008]無餘。汝等[16]當知,即此世界未立已前,淨風、善[17]母[18]二光明

[009]使,入扵暗埦[19]无明境界,拔擢、驍健、常勝[20],□□□大智[21]

[010]甲五分明身,策持昇進,令出五埦[22]。其五類魔[23],黏五明[24]身,

[011]如蠅著蜜,如鳥被黐,如魚吞鈎[25]。以是義故,淨風明使以

[012]五類魔及五明身,二力和合,造成世界,十天、八地[26]。如是世

[013]界,即是明身醫療藥堂,亦是暗魔禁繫牢獄。其彼淨

〔1〕在此使用的"寫本"是原件的照相影印本,收載於王重民原編、黄永武新編:《敦煌古籍敘錄新編》第14冊(子部7),新文豐出版公司(臺北),1986年,第336－369頁。

[014]風及善母等,以巧方便,安立十天;次置業輪[27]及日月宮[28],并

[015]下八地、三衣[29]、三輪[30],乃至三灾[31]、鐵圍四院[32]、未勞俱孚山[33],及諸

[016]小山、大海、江河,作如是等,建立世界。禁五類魔,皆扵十

[017]三光明大力以為囚縛。其十三種大勇力者,先意、淨風

[018]各五明[34]子,及呼嚧瑟德、嗷嘍嚄[35]德,並窣路沙羅夷[36]等。其

[019]五明身猶如牢[37]獄,五類諸魔同彼狱[38]囚;淨風五子[39]如掌獄

[020]官,說聽[40]喚應如喝更者;其第十三窣路沙羅夷如斷事

[021]王。扵是貪魔見斯事已,扵其毒心,重興恶[41]計。即令路

[022]傷及業羅泱[42],以像淨風及善母等,扵中變化,造立

[023]人身,禁囚明性,放大世界。如是毒恶貪慾宍身,雖復

[024]微小,一一皆放天地世界。業輪、星宿、三灾、四圍、大海、江河、

[025]乾濕二地、草木禽獸、山川堆阜、春夏秋冬、年月時日,

[026]乃至有礙无礙[43],无有一法不像世界。喻若金師[44],摸[45]白象

[027]形,寫[46]指環內,扵其象身,无有增減[47]。人類世界。亦復如是。

[028]其彼淨風,取五類魔,扵十三種光明淨躰[48],囚禁束縛,

[029]不令自在。魔見是已,起貪毒心,以五明性,禁扵宍身[49],

[030]為小世界。亦以十三无明暗力,囚固束縛,不令自在。其彼

[031]貪魔,以清淨氣,禁扵骨城,安置暗相,栽[50]蒔死樹;又以妙

[032]風,禁扵葪[51]城,安置暗心,栽蒔死樹;又以明力,禁扵脉[52]城,

[033]安置暗念,栽蒔死樹;又以妙水,禁扵宍城,安置暗思,栽蒔

[034]死樹;又以妙火,禁扵皮城,安置暗意,栽蒔死樹。貪魔

[035]以此五毒死樹，機抡五種破壞地中，每令惑乱[53]光明
[036]本性，抽彼客性，變成毒菓。是暗相樹者，生抡骨城，其
[037]菓是怨[54]；是暗心樹者，生抡葋城，其菓是嗔；其暗念樹者，
[038]生抡脉城，其菓是婬；其暗思樹者，生抡宍城，其菓
[039]是忿；其暗意樹者，生抡皮城，其菓是癡。如是五種，骨、
[040]怨、脉、宍、皮等，以為窂獄，禁五分身；亦如五明，囚諸魔
[041]類。又以怨憎、嗔[55]恚、婬慾、忿怒及愚癡等，以為獄官，放
[042]彼淨風五驍健子；中閒貪慾，以像唱更說聽喚應；饞
[043]毒猛火，恣令自在，放窣路沙羅夷。其五明身，既被如
[044]是苦切禁縛，癈[56]忘[57]本心，如狂如酔[58]。猶如有人以衆毒
[045]虵[59]，編之為籠，頭皆在內，吐毒縱橫；復取一人，倒懸抡
[046]內，其人尒時為毒所逼，及以倒懸，心意迷錯，無暇思惟
[047]父母親戚及本歡樂。今五明性在宍身中，為魔囚縛，
[048]晝夜受苦，亦復如是。又復淨風造二明舩[60]，抡生死海運
[049]渡善子，達抡本界，令光明性究竟安樂。怨魔貪主，見
[050]此事已，生嗔妬心，即造二形雄雌等相，以放日月二大
[051]明舩，惑乱明性，令昇暗舩，送入地獄，輪迴五趣[61]，俻[62]受諸
[052]苦，卒難鮮脫。若有明[63]使，出興抡世，教化衆生，令脫諸
[053]苦。先從耳門，降妙法音；後入故宅，持大神呪。禁衆毒
[054]虵及諸惡獸，不令自在；復賷[64]智斧，斬伐毒樹，除去株
[055]杌，並餘穢草。並令清淨，嚴餝[65]宮殿，敷置法座，而乃坐之。
[056]猶如國王破窓[66]敵國，自抡其中庄[67]餝臺殿，安置寶座，
[057]平斷一切善惡人民。其惠明[68]使，亦復如是。既入故城，壞窓
[058]敵已，當即分判明暗二力，不令雜乱。先降窓憎，禁抡骨城，
[059]令其淨氣，俱得離縛[69]；次降嗔恚，禁抡葋城，令淨妙

風[70],即

[060]得解脱;又伏婬慾,禁扵脉城,令其妙水[71],即便離縛;又伏忿怒,禁扵宍城,令其妙水,即便解脱;又伏[72]愚

[061]癡,禁扵皮城,令其妙火,俱得解脱。貪慾二魔,禁扵中間;

[062]飢毒猛火,放令自在。猶如金師,将[73]欲錬金,必先藉火;若不

[063]得火,錬即不成。其惠明使,喻若金師,其嚧嚁而云嘔[74],猶如金

[064]鉘。其彼飢魔,即是猛火,錬五分身,令使清淨。惠明大使,扵善

[065]身中,使用飢火,為大利益。其五明力,住和合體。因彼善人,

[066]銓簡二力,各令分別。如此宍身,亦名故人,即是骨、葋、脉、宍、

[067]皮、怨、嗔、婬、怒、癡,及貪、饞、婬[75],如是十三,共成一身,以像无始无

[068]明[76]境界。苐[77]二暗夜,即是貪魔毒恶思惟諸不善性,所謂

[069]愚癡、婬慾、自譽、亂他、嗔恚、不淨、破壞、銷散、死亡、誑惑、返逆、

[070]暗相,如是等可畏无明暗夜十二暗時,即是本出諸魔記

[071]驗。以是義故,惠明大智,以善方便[78],扵此宍身,銓救明性,令

[072]得解脱。扵己五體,化出五施[79],資益明性。先從明相,化出怜

[073]愍[80],加彼淨氣;次從明心,化出誠信,加彼淨風;又從明念[81],化出具足,加被明力;又扵明思,化出忍

[074]辱,加被淨水;又扵明意,化出智惠,加被淨火。呼嚧瑟德、嗷

[075]嘍嚄德，於語藏中，加被智惠。其氣、風、明、水、火，憐愍、誠信、具

[076]足、忍辱、智惠，及呼嚧瑟德、嘞嘍嚄德，與彼惠明，如是十

[077]三，以像清淨光明世界明尊記驗。持具戒者，猶如日也。

[078]第二日者，即是智惠十二大王[82]，從惠明化，像日圓滿，具足記驗。

[079]第三日者，自是七種摩訶羅薩本[83]，每入清淨師僧[84]身中，

[080]從惠明處，受得五施及十二時，成具足日，即像窣路沙羅

[081]夷大力記驗。如是三日及以二夜，於其師僧乃至行者，並

[082]皆具有二界記驗。惑[85]時故人與新智人共相鬪戰，如初貪

[083]魔擬侵明界。如斯記驗，從彼故人暗毒相中，化出諸魔，即

[084]共新人相體鬪戰。如其新人，不防記驗，癡忘明相，即有

[085]記驗：其人於行，無有憐愍，觸事生怨，即汙明性清淨相

[086]體；寄[86]住客性，亦被損壞。若當防護，記驗警覺，迸[87]逐怨

[087]憎，當行憐愍。明性相體，還復清淨；寄住客性，離諸危

[088]厄，歡喜踴躍，礼[88]謝而去。

[089]惑時新人，忘失記念，於暗心中化出諸魔，共新人[89]心當即

[090]鬪戰。於彼人身有大記驗：其人於行，无有誠信，觸事生

[091]嗔；寄住客性，當即被染。明性心體，若還記念，不忘本

[092]心，令覺馸[90]逐，嗔恚退散[91]，誠信如故；寄住客性，免脫諸苦[92]，達

[093]於本界。惑時新人忘失記念，即被无明暗毒念中化出

[094]諸魔，共彼新人清淨念體，即相鬪戰。當於是人有大記

[095]驗：其人於行，无有具足，慾心熾盛；寄住客性，即當被染。

[096]如其是人記念不忘，於具足體善能防護，摧諸慾想，不

[097]令復起；寄住客性，免脫衆苦，俱時清淨，達於本界。

[098]或時於彼无明思中，化出諸魔，共新人思即相鬪戰。如

[099]其是人癡忘本思，當有記驗：其人於行，即無忍辱，觸

[100]事生怒;客主二性,俱時被染。如其是人記念不忘,覺來

[101]拒敵,怒心退謝,忍辱大力,還當扶護;寄住客性,欣然觧

[102]脫,本性明白,思體如故。

[103]或時於被无明意中,化出諸魔,即共新人意體鬪戰。

[104]如其是人忘失本意,當有記驗:其人於行,多有愚癡;

[105]客主二性,俱被染汙。如其是人記念不忘,愚癡若起,當

[106]即自覺,速能降伏;策勤精進,成就智惠。寄住客性,

[107]因善業故,俱得清淨;明性意體,湛然无穢。如是五種極大

[108]鬪戰,新人、故人,時有一陣。新人因此五種勢力,防衛怨

[109]敵,如大世界諸聖記驗;憐愍以像持世明使[93],誠信

[110]以像十天大王[94],具足以像降魔勝使[95],忍辱以像地藏

[111]明使[96],智惠以像催光明使[97]。為此義故,過去諸聖及

[112]現在教,作如是說:出家之人,非共有礙,宍身相戰,乃是

[113]无礙。諸魔毒性,互相鬪戰,如此持戒清淨師等,類同

[114]諸聖。何以故?降伏魔怨不異聖故。或時故人兵眾退敗,

[115]惠明法相寬泰而遊。至於新人五種世界无量國土[98],

[116]乃入清淨微妙相城。於其寳殿,敷置法座,安處其中;乃

[117]至心、念、思、意等城,亦復如是,一一遍入。若其惠明遊

[118]於相城,當知是師所說正法,皆悉微妙,樂說大明、三

[119]常[99]、五大[100],神通[101]變化,具足諸相;次於法中,專說憐愍。

[120]或遊心城,當知是師樂說日月光明宮殿,神通變化,具

[121]足威力;次於法中,專說誠信。

[122]惑遊念城,當知是師樂說大相窣路沙羅夷,神通變化,

[123]具足默然;次於法中,專說具足。

[124]惑遊思城,當知是師樂說五明,神通變現;次於法中,

[125]專說忍辱。

[126]惑遊意城,當知是師樂說明使過去、未來及現在者,

[127]神通變化,隐[102]現自在;次於法中,專說智惠。是故智者

[128]諦觀是師，即知惠明在何國土。若有清淨電舥[103]勿[104]等，如是

[129]住持无上正法，乃至命終不退轉者。命終已後，其彼故人

[130]及以兵眾、无明暗力，墮[105]扵地獄，无有出期。當即惠明引已

[131]明軍、清淨眷屬，直至明界，究竟无畏，常受快樂。《應

[132]輪經[106]》云：“若電鄉[107]勿等身具善法，光明父子及淨法風，皆

[133]扵身中每常遊止。其明父者，即是明界无上明尊；其明

[134]子者，即是日月光明；淨法風者，即是惠明。”《寧萬經》[108]

[135]云：‘若電鄉勿具善法者，清淨、光明，大力、智惠，皆俻在

[136]身。即是新人，功德具足。’

[137]汝等諦聽，惠明大使入此世界，顛倒貯城，屈曲聚落，壞朽

[138]故宅，至扵魔宮。其彼貪魔，為破落故，造新穢城，曰[109]

[139]己愚癡，恣行五慾[110]。惑[111]時白鴿、微妙淨風、勇健法子、大聖之

[140]男，入扵此城，四面顧望，唯見烟霧，周障屈曲，无量聚

[141]落；既望見已，漸次遊行，至扵城上，直下遙望，見七寶珠。一

[142]一寶珠，價直[112]无量，皆被雜穢纏覆其上。時惠明使先

[143]取膏腴肥壤好地，以已光明无上種子種之扵中；又扵已

[144]體脫出模樣，及諸珎[113]寶，為自饒益，大利興生，種種荘嚴，

[145]具足內性，以為依柱。真實種子，依曰此柱，得出五重无

[146]明暗坑，猶如大界。先意、淨風各有五子，與五明身作依止

[147]柱。扵是惠明善巧田人，以惡无明崎嶇五地而平填之。先

[148]除荊蕀及諸毒草，以火焚燒；次當誅伐五種毒樹。其五

[149]暗地，既平殄[114]已，即為新人置立殿堂及諸宮室；扵其園中，

[150]栽蒔種種香花寶樹；然後乃為自身荘嚴宮室、寶

[151]座臺殿,次為左右无數衆等亦造宫室。其惠明使,以

[152]自威神,建立如是種種成就;又翻毒惡貪慾暗地,令其

[153]顛倒。抡是明性五種淨體,漸得申暢。其五體者,則相、

[154]心、念、思、意。是時惠明使抡其清淨五重寶地,栽蒔

[155]五種光明勝譽无上寶樹;復於五種光明寶[115]

[156]臺,燃五常住光明寶燈。

[157]時惠明使施五施已,先以駈逐无明暗相,伐卻五種毒惡死

[158]樹。其樹根者自是怨憎,其莖剄[116]強,其枝是嗔[117],其葉是恨[118];菓

[159]是分拆,味是泊淡,色是譏嫌。其次駈逐无明暗心,伐却死

[160]樹。其樹根者自是无信,其莖是忘,枝是諂惶[119],葉是剄強,

[161]菓是煩惱[120],味是貪慾[121],色是拒諱。其次駈逐无明暗念,伐去

[162]死樹。其樹根者自是婬慾[122],莖是怠惶,枝是剄強,葉是增

[163]上[123],果是譏誚,味是貪嗜,色是愛慾;諸不淨業,先為後誨。

[164]次逐暗思,伐去死樹。其樹根者自是忿怒,莖是愚癡[124],枝是

[165]无信,葉是柮[125]鈍,菓是輊[126]蔑,味是貢高[127],色是輊他。次逐暗意,

[166]伐去死樹。其樹根者自是愚癡,莖是无記,枝是嫪[128]鈍;葉是

[167]顧影,自謂无比;菓是越衆,莊嚴服餝;味是愛樂,瓔珞、真珠、

[168]環釧諸雜珎寶,串佩其身;色是貪嗜,百味飲食,資益宍身。

[169]如是樹者,名為死樹。貪魔抡此无明暗窟,勤加種蒔。

[170]時惠明使,當用智惠快利钁[129]斧,次苐誅伐以[130],以已五種无上

[171]清淨光明寶樹,於本性地而機種之;於其寶樹溉甘露[131]水,生

[172]成仙菓。先機相樹。其相樹者,根是怜慜,莖是快樂,枝是歡

[173]喜,葉是羙[132]衆,菓是安泰,味是敬慎,色是堅固。次機清淨妙

[174]寶心樹。其樹根者自是誠信,莖是見信,枝是怕懼,葉是

[175]警覺,菓是勤學,味是讀誦,色是安樂。次機念樹。其樹根

[176]者自是具足,莖是好意,枝是威儀,葉是真實,庄嚴諸

[177]行,菓是實言,無虛妄語,味是說清淨正法[133],色是愛樂相見。

[178]次機思樹。其樹根者自是忍辱[134],莖是安泰,枝是忍受,葉是

[179]戒律[135],菓是齋讚,味是勤脩[136],色是精進[137]。次機意樹。其樹根

[180]者自是智惠,莖是了二宗義[138],枝是明法辯才;葉是權變

[181]知機,能摧異學,崇建正法;菓是能巧問荅[139],隨機善

[182]說;味是善能譬喻,令人曉悟,色是柔濡美辞[140],所陳悅

[183]眾。如是樹者,名為活樹。

[184]時惠明使,以此甘樹,於彼新城微妙宮殿寶座四面及

[185]諸園觀自性五地,於其地上而機種之。其中王者即是怜

[186]愍。其怜愍者,即是一切功德之祖。猶如朗日,諸明中最;亦如

[187]滿月,衆星中尊;又如國王花冠,於諸嚴餝最為茀一;亦

[188]如諸樹,其菓為最;又如明性,處彼暗身,於其身中,微妙

[189]无比;亦如素塩[141],能與一切上妙餚饌而作滋味;又如國王印

[190]璽,所印之處,无不遵奉;亦如明月寶珠,於衆寶中而為茀

[191]一;又如膠清,於諸畫色而作牢固;亦如石灰,所塗之處,

无不

[192]鮮白;又如宮室,扵中有王,囙彼王故,宮得嚴淨。其怜慜者,亦復

[193]如是。有怜慜者,則有善法。若无怜慜,脩諸功德,皆不成就。

[194]緣此事故,故稱為王。其怜慜中復有誠信。其誠信者,即是

[195]一切諸善之母。猶如王妃,能助國王,撫育一切;亦如火力,通熟

[196]万[142]物,資成諸味;又如日月,扵衆像中,最尊无比,舒光普照,無不滋益。

[197]怜慜誠信,扵諸功德,成就具足,亦復如是。怜[143]慜誠信,亦是諸聖

[198]過去未來,明因基址,通觀妙門。亦復三界[144]煩惱大海,側足狹

[199]路,百千衆中,稀有一人,能入此路;若有入者,依因此道,得生淨圡[145],

[200]離苦解脫,究竟无畏,常樂安淨。

[201]又惠明使,扵魔暗身,通顯三大光明惠日,降伏二種无明暗

[202]夜,像彼无上光明記驗。第一日者,即是惠明;十二時者,即是勝相

[203]十二大王,以像清淨光明世界无上記驗。第二日者,即是新

[204]人清淨種子;十二時者,即是十二次化明王,又是夷數[146]勝相妙衣[147],施

[205]與明性。以此妙衣,庄嚴內性,令其具足,拔擢昇進,永離穢圡。

[206]其新人日者,即像廣大窣路沙羅夷;十二時者,即像先意及

[207]以淨風各五明子,並呼嚧瑟德、嗷嚧嚄德,合為十三光明淨

[208]體,以成一日。

[209]第三日者,即是說聽及喚應聲;十二時者,即是微妙相、心、

念、思、

[210]意等,及與怜愍、誠信、具足、忍辱、智惠等。是其此喚應。第四

[211]日者,以像大界日光明[148]使、怜愍相等。十二時者,即像日宮十二化

[212]女,光明圓滿,合成一日。

[213]其次復有兩種暗夜。第一夜者,即是貪魔;其十二時者,即是

[214]骨、葪、脉、宍、皮等,及以寃憎、嗔恚、婬慾、忿怒、愚癡、貪欲、飢

[215]火,如是等輩,不淨諸毒,以像暗界无始无明第一暗夜。第二

[216]夜者,即是猛毒慾熾焰;十二時者,即是十二暗毒思惟。如是

[217]暗夜,以像諸魔初興記驗。時惠明日,對彼无明重昏暗夜,

[218]以光明力降伏暗性,靡不退散。以是義故,像初明使降魔記

[219]驗。又惠明使,扵无明身,種種自在,降伏諸魔,如王在殿,賞

[220]罰無畏。惠明相者,第一大王,二者智惠,三者常勝,四者歡喜,

[221]五者勤脩,六者平[149]等,七者信心,八者忍辱,九者直意,十

[222]者功德,十一者齊心一等,十二者内外俱明。如是十二光明大時,

[223]若入相、心[150]、念、思、意等五種國土,一一孳迸[151],无量光明;各各現

[224]果,亦復无量;其菓即扵清淨徒衆而具顯現。

[225]若電舥勿具足十二光明時者,當知是師與衆有異。言有異者,是

[226]慕闍[152]、拂多誕[153]等,扵其身心,常生慈善;柔濡別識,安

泰和

[227]同。如是記驗，即是十二相樹初萌，顯現扵其樹上，每常開

[228]敷无上寶花；既開已，輝光普照，一一花間，化佛无量；展轉相

[229]生，化无量身。

[230]若電舥勿內懷第一大王樹者，當知是師有五記驗：一者不樂久

[231]住一處，如王自在；亦不常住一處，時有出遊；將諸兵眾，嚴持器

[232]仗，種種具脩，能令一切惡獸怨敵，悉皆潛伏。二者不慳，所至之

[233]處，若得儭施，不私隐用，皆納大衆。三者貞潔，防諸過患，自能

[234]清淨；亦復轉勸餘脩學者，令使清淨。四者扵己尊師有智

[235]惠者，而常親近；若有无智，樂欲戲論及闘諍者，即皆遠離。

[236]五者常樂清淨徒衆，與[154]共住止；所至之處。亦不別衆獨寢一室，

[237]若有此者，名為病人。如世病人，為病所惱，常樂獨處，不顊[155]

[238]親近眷屬知識。不樂衆者，亦復如是。二智惠者。若有持戒電

[239] 舥勿等內懷智性者，當知是師有五記驗：一者常樂讚歎清淨

[240]有智惠人，及樂清淨智惠徒衆，同會一處，心生歡喜，常無

[241]㽿[156]離。二者若己智根見解狹劣，聞他智者智惠言語，心無妬[157]嫉。

[242]三者諸有業行，常當勤學，心不懈[158]怠。四者常自勤學，智

[243]惠方便、諸善威儀；亦勸餘人同共脩習。五者扵其禁戒，

[244]慎懼不犯；若悮犯者，速即對衆發露陳悔。

[245]三常勝者。若有清淨電舥勿等內懷勝性者[159]，當知是師有

[246]五記驗：一者不樂讒謟狠[160]悷，如有是人，亦不親近。二者不樂

[247]鬪諍諠亂，若有鬪諍，速即遠離；強來鬪者，而能伏忍。三

[248]者若論難有退屈者，不得承危，唛[161]以稱快。四者輒不湧[162]

[249]陳，不問而說；若有來問，思忖而荅，不令究竟，因言被恥。五

[250]者於他語言，隨順不迕，亦不強證，以成彼過；若於法眾，其心

[251]和合，无有分拆。四[163]歡喜者。若有清淨電舥勿等内懷歡喜

[252]性者，當知是師有五記驗：一者於聖教中所有禁戒、威儀進

[253]止，一一歡喜，盡力依持，乃至命終，心无放捨。二者但聖所制，年

[254]一易衣，日一受食，歡喜敬奉，不以為難；亦不妄證，云是諸

[255]聖權設此教，虛引經論，言通再受，求解脫者，不依此戒。三

[256]者但學已宗清淨缶[164]法，亦不求諸耶敗教。四者心常卑下，於

[257]諸同學而无憎上[165]。五者若謂處下流，不越居上；身為尊

[258]首，視眾如己，愛無偏黨。

[259]五勤脩者。若有清淨電舥勿等内懷懃性者[166]，當知是師有五

[260]記驗：一者不樂睡眠，妨脩道業。二者常樂讀誦，勵心不怠；同

[261]學教誨，加意喜謝；亦不曰教，心生惌恨；已常懃脩，轉勸

[262]餘者。三者常樂演說清淨正法。四者讚唄[167]礼誦，轉誦抄寫，

[263]繼念思惟，如是等時，无有虛度。五者所持禁戒，堅固不缺。

[264]六真實者。若有清淨電舥勿等内懷真實性者，當知是

[265]師有五記驗:一者所說經法,皆悉真實,一依聖教,不妄宣

[266]示,扵有說有,扵无說无[168]。二者心意,常以真實和同,不待外

[267]緣,因而取則。三者所持戒行,每常真實,若獨若衆,心无

[268]有二。四者常扵己師,心懷决[169]定,盡力承事,不生疑惑,乃

[269]至命終,更无別意。五者於諸同學,勸令脩習,以真實行,

[270]教導[170]一切。

[271]七信心者。若有清淨電䑣勿等內懷信心性者,當知是師有

[272]五記驗:一者信二宗義,心淨無疑,弃[171]暗從明,如聖所說。二者

[273]扵諸戒律,其心决定。三者扵聖經典,不敢增減一句一字。四者扵

[274]正法中所有利益,心助歡喜;若[172]見為魔之所損惱,當起慈悲[173],

[275]同心憂慮。五者不妄宣說他人過惡,亦不嫌謗傳言兩舌,性常

[276]柔濡,質直无二。

[277]八忍辱者。若有清淨電䑣勿等內懷忍辱性者,當知是師

[278]有五記驗:一者心恒慈善,不生忿怒。二者常懷歡喜,不起恚

[279]心。三者扵一切處,心無怨恨。四者心不剛強,口无麁惡;常以濡語,

[280]悅可眾心。五者若內若外,設有諸惡煩惱,對值來侵辱者,皆能

[281]忍受,歡喜无怨。

[282]九直意者。若有清淨電䑣勿等內懷直意性者,當知是師

[283]有五記驗:一者不為煩惱之所繫縛[174],常自歡喜清淨直意。二

[284]者但於法中若大若小,所有諮問,恭敬領受,隨喜善應荅。三者

[285]於諸同學[175]言无反難,不護己短而懷嗔恚。四者言行相副,心

[286]恒質直,不求他過以成鬪競。五者法內兄弟[176],若於聖教心有異

[287]者,當即遠離,不共住止,亦不親近,共成勢力,故惱善衆。十功德

[288]者。若有清淨電舵勿等內懷功德性者,當知是師有五記驗:

[289]一者所出言語,不損一切,恒以慈心善巧方便,能令衆人皆得

[290]歡喜。二者心恒清淨,不恨他人,亦不造僁[177],令他嗔恚;口常柔耎,離

[291]四種過。三者於尊於卑,不懷妬嫉。四者不奪徒衆經論弟子,

[292]隨所至方,清淨住處,歡喜住止,不擇華好。五者常樂教悔一

[293]切人民,善巧智惠,令脩正道。

[294]十一齊心一等者。若有清淨電舵勿等內懷齊心性者,當知是

[295]師有五記驗:一者法主[178]、慕闍、拂多誕等所教智惠、善巧方便[179]、

[296]威儀進止,一一依行,不敢改換,不專己見。二者常樂和合,與衆

[297]同住,不願別居,各興異計。三者齊心和合,以和合故,所得儭

[298]施,共成功德。四者常得聽者[180]恭敬供養,愛樂稱讚。五者常樂

[299]遠離調悔戲笑,及以諍論,善護內外和合二性。

[300]十二內外俱明者。若有清淨電舥勿等內懷俱明性者，當知

[301]是師有五記驗：一者善拔穢心，不令貪慾，使己明性，常得自在；

[302]能於女人作虛假想，不為諸色之所留難，如鳥高飛，不殉

[303]羅網。二者不與聽者偏交厚重，亦不固戀諸聽者家，將如

[304]己舍；若見法外俗家損失及愁惱事，心不為憂；設獲利益

[305]及欣喜事，心亦如故。三者若行若住，若坐若臥，不寵宍身，

[306]求諸細滑衣服臥具，飲食湯藥，象馬車乘，以榮其身。四者

[307]常念命終，險難苦楚，危厄之日，常觀无常[181]及平等王[182]，如對

[308]目前，無時蹔[183]捨。五者自身柔順，不惱兄弟及諸知識，不令

[309]嗔怒，亦不望證令他惡名，常能定心，安住淨法。如是等者，名

[310]為十二明王寶樹。我從常樂光明世界，為汝等故，持至於此。欲

[311]以此樹栰於汝等清淨衆中。汝等上相善慧男女，當須各自

[312]於清淨心，栰植此樹，令使憎[184]長。猶如上好無砂鹵地，種一收

[313]万，如是展轉至无量數。汝等今者，若欲成就无上大明清

[314]淨菓者，皆當庒嚴如[185]寶樹，令得具足。何以故？汝等善子，依

[315]此樹菓，得離四難[186]及諸有身，出離生死，究竟常勝，至安樂

[316]處。"尒時，會中諸慕闍等聞說是經，歡喜踴躍，歎未曾

[317]有。諸天善神，有导[187]无导，及諸國王、群臣、士女、四部之衆[188]，无量

[318]无數，聞是經已，皆大歡喜。悉能發起无上道心，猶如卉木

[319]值遇陽春，無不滋茂，敷花結菓得成熟；唯除敗根，不能

[320]滋[189]長。

[321]時慕闍等頂禮明使,長跪叉手,作如是言:"唯有大聖,三界獨

[322]尊,普是[190]衆生慈悲父母,亦是三界大引道師,亦是含靈[191]大

[323]醫療主,亦是妙空能容衆相,亦是上天包羅一切,亦是實地

[324]能生實菓,亦是眾生甘露大海,亦是廣大眾寶香山,亦是

[325]任衆金剛寶柱,亦是巨海巧智船師,亦是火坑慈悲救手,

[326]亦是死中与常命者,亦是衆生明性中性,亦是三界諸牢固

[327]獄解脫明門。"諸慕闍等又啟明使,作如是言:"唯大明一尊,

[328]能歎聖德,非是我等宍舌劣智,稱讚如來[192]功德智惠,千万

[329]分中能知少分。我今勵己小德小智,舉少微意,歎聖弘慈。

[330]唯願大聖垂怜愍心,除捨我等曠劫已來无明重罪,令得

[331]銷滅。我等今者不敢輕慢[193],皆當奉持无上寶樹,使令具足。

[332]緣此法水,洗濯我等諸塵重垢,令我明性,常得清淨。緣此法

[333]藥[194]及大神呪,呪療我等多劫重病,悉得除愈。緣此智惠

[334]堅牢鎧仗,被串我等,對彼惡敵,皆得強勝。緣此微妙眾相

[335]衣冠,莊嚴我等,皆得具足。緣此本性光明模樣,印稱[195]我

[336]等,不令散失。緣此甘膳百味飲食,飽足我等,離諸飢渴。

[337]緣此无數微妙音樂,娱樂我等,離諸憂惱[196]。緣此種種奇

[338]異珎寶,給施我等,令得富饒。緣此明纲[197]扵大海中,撈渡

[339]我等,安置寶船。我等今者上相福厚,得覩大聖殊特相

[340]好,又聞如上微妙法門,蠲除我等煩惱諸[198]穢,心得開悟,納

[341]如意珠威光,得履正道。過去諸聖,不可稱數,皆依此門,得離

[342]四難及諸有身,至光明界,受无量樂。唯願未來一切明性,

[343]得遇如是光明門者,若見若聞,亦如往聖,及我今日,聞法歡
[344]喜,心得開悟,尊重頂受,不生疑慮。"時諸大衆,聞是經已,
[345]如法信受,歡喜奉行。

1.2 校釋

【1】寫本的"无"字,《大正藏》作"無";下文相同之處不再逐一指出。

【2】寫本隱約可見作"觧"字,《大正藏》作"解";下文相同之處不再逐一指出。

【3】寫本的"宍"字,《大正藏》作"肉";下文相同情況者不再逐一指出。

【4】寫本的"扵"字,《大正藏》作"於";下文相同情況者不再指出。

【5】寫本的"眀"字,《大正藏》作"明";下文相同者不再逐一指出。

【6】"明性"一詞,若就字面意義而言,為"光明的本性",故英文往往作 light nature 或 light element。但作為摩尼教的常用術語,則有著十分重要的含義。大致說來,在摩尼教的漢語文書中,"明性""佛性""法性""妙性""清淨性""真如性"等都是同一含義,它們基本上相當於非漢語文書中的"光明分子(Light Element)"及"靈魂(Soul)"等。總的說來,它們是由明界最高神大明尊分裂出來的,與之同質的光明元素;在人類俗世,則多體現為被暗質肉體囚禁的"靈魂",並始終追求著被解救出來,回歸"明界";實際上,它們即是"真知""靈知""最高智慧"的象徵。[1]

【7】寫本的"靣"字,《大正藏》作"面";下文相同之處不再指出。

【8】寫本的"尒"字,《大正藏》作"爾";下文相同情況不再逐一指出。

---

〔1〕有關這一主題的討論,可參看拙文《摩尼教"佛性"探討》(載《中華文史論叢》第59輯,1999年9月)以及拙著《東方摩尼教研究》的中編第3章《"佛性"與"靈魂"》(上海人民出版社,2009年)。

【9】"明使"即是"光明使者"的略稱。通常,摩尼教創建者摩尼自稱或被稱為是奉明尊的派遣,前來俗世拯救被肉體囚禁之光明分子的,故而名為"明使"。但是,在摩尼教的神話傳說中,稱"明使"者遠不止一位,因為早期奉大明尊之命,與暗魔鬥爭的各重要神祇,幾乎都可稱之為"明使",尤其是淨風、惠明、夷數等,更是如此。

【10】阿馱,*Chinesische Manichaica* 譯作 Adda[1],即是摩尼最早的門徒之一 Addā、Addās 或 Mār Addā。他被摩尼派往羅馬帝國的轄境內布教,身份類似於基督教的主教(bishop)。與之同往的還有其"導師" Pattikios(即摩尼的父親)及其他一些"弟兄",他們一起到了埃及的亞歷山大城。約一年之後,Pattikios 回到了薩珊波斯的美索不達米亞,摩尼就在那裏;而 Addā 則主導了埃及的布教事宜。他在西方布教的詳細情況並不清楚,但是,據說其最大的一項成就,是使得羅馬皇后的一位姊妹 Nafšā 皈依了摩尼教。通常認為,Addā 在羅馬境內布教的時期是 244—261/262 年間。

【11】寫本的"Key"字,《大正藏》作"哉";下文相同者不再指出。

【12】寫本的"即"字,《大正藏》作"卽";下文相同者不再逐一指出。

【13】寫本的"閒"字,《大正藏》作"間";下文情況相同者不再指出。

【14】在此的"善知識"一詞當借自漢譯佛經。佛經中的"善知識"系梵語 kalyāṇamitra 之意譯(音譯則作"迦羅蜜",或者"迦里也曩蜜怛羅"),指正直而有德行、能教導正道之人;也作"知識""善友""勝友"等。反之,教導邪道之人,則稱"惡知識"。所以,施微寒的德譯文將"大善知識"譯作 großer, Guter Freund(大好朋友)。

【15】"疑網"一詞借自漢文佛經,意為"疑惑之情,交織如網"。如《法華經·譬喻品》"心懷大歡喜,疑網皆已除",以及《大方廣佛華嚴

[1] Helwig Schmidt-Glintzer, *Chinesische Manichaica: Mit textkritischen Anmerkungen und einem Glossar*, Wiesbaden: Otto Harrassowitz, 1987, p.78.

經》卷14《賢首品》"斷除疑網出愛流,開示涅槃無上道"等句,均屬這種意思。

【16】寫本的"苐"字,《大正藏》作"等";下文相同情況,不再逐一指出。

【17】寫本上"淨"字以下2字已不可辨,《大正藏》補作"風善",是。

【18】"淨風""善母"是摩尼教創世神話傳說中,大明尊"創造"的兩個主神。大致情況是:最初,大明尊為了抵禦侵入明界的眾暗魔,遂作第一次召喚,從而創造了 Mother of Live 或 Mother of the Living,即"善母",善母又召喚出 Primal Man(漢語文書稱"先意"),先意又召喚出他的5個兒子 Five Light Element(五明子)。先意及其兒子們與暗魔戰,卻失敗而被囚禁。於是,大明尊作第二次召喚,便逐級地創造了 Friend of Lights(明友)、Great Ban(大般)和 Living Spirit(淨風)。這樣,善母與淨風便去拯救被暗魔所困的先意及五明子。

【19】寫本的"坃"字,《大正藏》作"坑";下文情況相同者不再逐一指出。

【20】寫本顯示此字的殘跡為"月"傍,原當為"勝"字,但《大正藏》則將它與其下3字均留作空白。

【21】"大智"二字,寫本上只見部分殘跡,《大正藏》補作"大智",是。

【22】"五坑",通常是指暗界的5種形態。按阿拉伯語的《群書類述》,它們分別是雲(clouds)、火焰(flame)、瘟疫風(pestilential wind)、毒(poison)、晦陰(obscurity)。[1] 不過,有的資料則以"煙"(smoke)取代"毒"。

【23】暗界的"五類魔"分別是:雙腿類魔、四腿類魔、飛行類魔、水生類魔、爬行類魔。

---

〔1〕見 Bayard Dodge, *The Fihrist of al-Nadīm-A Tenth-Century Survey of Muslim Culture*, Volume 1, Chapter IX, Section I, "Manichaeans", Columbia University Press, 1970, p. 777,書名下簡稱 *Fihrist*。

【24】“五明”或“五明子”即是上文註釋所言先意的5個“兒子”，亦即摩尼教中最基本的要素“光明分子”，它們分別為5種形態：氣（ether，亦稱“以太”；此概念在古代的宇宙構成學說中佔有重要地位）、風（wind）、光（light）、水（water）、火（fire）。

【25】寫本的“鈎”字，《大正藏》作“鉤”；下文相同者不再指出。這裏所言五類魔“如蠅著蜜”云云，粘著五明身的描述，即是指先意及其五子被暗魔擊敗而吞食之後，明、暗混合的狀態。具體地說，是氣與毒（或煙）、風與瘟疫風、光與晦陰（即暗）、水與雲、火與焰的混合。

【26】按摩尼教的創世神話，淨風（Living Spirit，可稱“生命神”）擊敗了黑暗勢力後，用所殺死的暗魔的尸體建造了八層大地（earth），用它們的皮建造了十重天（sky）。所以，按摩尼教的觀念，天、地都不是“純淨”的。

【27】“業輪”一詞，顯然借自漢文佛經。按佛經之說，善惡之業，能載人而使之輪轉於六道，故以“［車］輪”譬喻之。如“業縛在世間，而不生厭倦。天退人中生，人死入地獄，出彼生畜生，出畜生生鬼。如是業輪中，世間業風吹。流轉於世間，癡故不覺知”諸句[1]，當能體現此意。所以，施微寒將其譯成德文 Rad des Karmas，其 karma 顯然照搬自梵語[2]，則也認可此詞原為佛教用語。不過，在此的“業輪”所要表述的概念，似乎并非如佛教的教義。E. Chavannes & P. Pelliot，“Traité Manichéen Retrouvé en Chine-Traduit et Annoté”（下簡稱 Traité，p. 515，note 2）將它歸之於“一種天體現象”，似與接著談及的日、月聯繫起來。宋德曼則清楚地認為它是指黃道帶，即宇宙中天體的一部分[3]；劉南強似乎也同意這一看法[4]。不過我認為，將借自佛經的梵語詞彙“業

---

〔1〕見〔元魏〕瞿曇般若流支譯《正法念處經》卷47《觀天品之二十六》。

〔2〕原義“業”“因果報應”等；音譯“羯磨”。

〔3〕見 Werner Sundermann, *Der Sermon von Licht-Nous: eine Lehrschrift des östlichen Manichäismus; Edition der parthischen und soghdischen Version*, Berlin: Akademie Verlag GmbH, 1992, p. 83.

〔4〕參看 Samuel N. C. Lieu, *Manichaeism in Central Asia and China*, Leiden: E. J. Brill, 1998, pp. 69, 72.

輪”用來指稱黃道等天體,於理比較欠通,故對此解釋依然存疑。

【28】稱日月為“宮”者,只見於摩尼教的漢語文書和突厥語文書中;至於其他非漢語文書(如科普特語文書和伊朗語諸文書等)中,則多稱為“船”,是為摩尼教的一個重要的象徵符號。[1] 至於為何出現這一現象,杰克森的解釋是:由於在中亞的大片沙漠地區很少見到河流與航船,故漢語和突厥語的文書便以當地居民更常見的“營帳”(ordu)或“宮”取代了“船”的稱呼。[2]

【29】“三衣”,顯然是套用了漢譯佛經的術語。按佛教教義,“三衣”是梵語 triṇi civarāṇi 的意譯,是指那些必須用“壞色”[3]質料製作的,旨在使穿著它們的信徒消除貪心,遠離紅塵的3種法服:一為僧伽梨,梵語 Saṃghāti 的音譯,即大衣、雜碎衣,為正裝衣,上街托缽或入宮覲王時用,由9—25條布片縫製而成;二為郁多羅僧,梵語 uttarāsanga 之音譯,即上衣、入眾衣,禮拜、布薩時所穿,由7條布片縫製而成;三為安陀會,梵語 antarvāsa 之音譯,即中衣、內衣,為日常工作或時所穿的貼身衣,由5條布片縫製而成。佛教對僧侶服飾之質料、顏色、形制、著法的種種嚴格規定,無非是要令穿著者捨棄欲心和排除偷盜他人之心。

但是,摩尼教漢語文書中的“三衣”,僅僅是在字面上借用了佛教術語,其實際含義與佛教的“三衣”毫無關係。它指的是摩尼教創世傳說中,淨風創造的風、火、水3種物質。如科普特語文書《克弗來亞》所言:“生命神(即淨風——引者)來臨後,他帶來了3件外衣,即是風衣、火衣、水衣。”。[4] 中古波斯語文書的說法略有不同:“然後,太陽神穿

---

[1]有關論述,可參看拙文《摩尼教文獻所見“船”與“船主”考釋》(載《歐亞學刊》第1輯,1999年12月),以及拙著《東方摩尼教研究》下編第1章《從“船”的喻意看佛教影響》(上海人民出版社2009年)。

[2]見 A. V. Williams Jackson, *Researches in Manichaeism—with Special Reference to the Turfan Fragments*, Columbia University Press, New York, 1932, p. 42.

[3]梵語 kaṣāya,音譯作“袈裟”;通常為青色、黑色、木蘭色。

[4]見 Iain Gardner, *The Kephalaia of the Teacher—The Edited Coptic Manichaean Texts in Translation with Commentary*, Leiden: E. J. Brill, 1995, Chapter 30, 83^{21-23}, p. 85,書名下簡稱 *Kephalaia*。

上了3件外衣:從混合物中分離出來的風、水、火。"[1]這裏的"太陽神"即是指淨風。至於敘利亞語文書,則以"覆蓋物"指稱"三衣",其說法又相異:"[榮耀之王]召喚出一個覆蓋物,並使之升在三輪的上空,以便在上方遮蔽被征服於諸地層的魔眾,使魔眾的毒液不至於灼傷五明神。"[2]在此,"三衣"(即"覆蓋物")顯然不同於"三輪"。但是,博伊絲認為,其實"三衣"即是"三輪"的另一種表達法,它也由風、水、火構成。[3] 看來,"三衣"問題值得進一步探究。

【30】"三輪",在摩尼教文書中並無詳細的敘述,而只是指由淨風使用從暗魔那裏奪回的部分光明分子創造的宇宙物質風、火、水而已,如前注提到的"三衣"一樣。不過,這一摩尼教術語不僅與漢譯佛經術語"三輪"在字面上一模一樣,其概念也比較相近。蓋按佛教的宇宙開辟論,所謂"三輪",是指構成器世界的風、水、金3種輪圍。風輪,梵語vāyu maṇḍala之意譯,又作風界,由有情之共業力依止虛空,生於最下;水輪,梵語jala maṇḍala之意譯,又作水界,以有情之業增長力起大雲雨,澍於風輪之上;金輪,梵語kāñcana maṇḍala之意譯,又作金性地輪、地界,由有情之業力搏擊水輪,於其上結成金。在這"三輪"之上,則還有現實世界。[4]

【31】寫本的"灾"字,《大正藏》作"災"。正因為寫本的這種寫法,令沙畹和伯希和推測,這裏的"三灾"可能是"三穴"之筆誤。[5] 但是,劉南強認為,由於吐魯番新發現的摩尼教漢語文書殘片上,類似文句中也有同樣的術語,因此,很難說在此所見的"三灾"是偶然的筆誤。

鑒於此,摩尼教文書的"三災(灾)"仍有可能借用了漢譯佛經的術

---

〔1〕M98, b2-4,見A. V. Williams Jackson, *Researches*, p.33.

〔2〕是9世紀Theodore Bar Khoni所撰的敘利亞語文書Book of Scholia,由Dr. Abraham Yohannan譯成英文,題為"On Mānī's Teachings Concerning the Beginning of the World",載A.V. Williams Jackson, Researches,本引文見, pp.239-240.

〔3〕見Mary Boyce, *A Reader in Manichaean Middle Persian and Parthian*, Leiden: E. J. Brill, 1975, p.61, note.

〔4〕參見慈怡主編《佛光大辭典》,北京圖書館出版社據[臺灣]佛光山出版社1989年6月第五版影印。679頁下,"三輪"條。

〔5〕見E. Chavannes & P. Pelliot, *Traité* I, Journal Asiatique, p.518, note 2.

語。按佛經,"三災"有"小三災"和"大三災"之分。前者是指"住劫"所分的20期之間發生的3種災厄:刀兵災——互用兇器殺害,疾疫災——惡病流行,饑饉災——由旱災起饑饉;後者是指"壞劫"所分的20期之間發生的3種災厄:火災——壞欲界至初禪,水災——流失至第二禪,風災——破壞至第三禪天。

【32】漢語佛經有"鐵圍山",梵語 Cakravāḍa-parvata 之意譯,乃佛教世界觀中的一個術語:世界之中心為蘇迷盧山,其周圍共有8山、8海圍繞,而最外側的山由鐵構成,故稱鐵圍山。按佛教之說,最外圍的第8海稱鹹海,而人類居住的四大洲即在此海中,它們分別是東勝身洲、南瞻部洲、西牛賀洲、北俱盧洲。鑒於此,摩尼教文書在此所謂的"鐵圍四院",很可能是借用了佛教"鐵圍山環繞了四大洲"的宇宙觀念,"四院"即是指"四洲"。

施微寒的德譯文作"die vier von dem Eisen (gebirge) umringten Höfe(被鐵山環繞的4個庭院)"[1],則顯然是將"鐵圍四院"視作同一事物;若用上文提及的佛教概念來解釋,可以說得通。然而,若按《大正藏》將"鐵圍"與"四院"斷開的句逗方式,即視之為兩種事物,也未嘗不可:一指鐵圍山,一指四大部洲。

不過,按杰克遜之見,這一"鐵圍四院"似應與其前的"三災"聯繫起來理解,即:"鐵圍四院"簡稱"四圍"(因為下文第24行有"三災、四圍"的詞語),意為4道圍墻,相當於中古波斯語文書 M99 所描繪的生命神(淨風)創造世界時,用以囚禁諸魔的"4道圍墻和3道壕溝"。[2]此說不無道理。儘管如上文所言,"三災"與"三溝"比較難以比定,但若將它們都視之為阻礙生物至另一境界的譬喻,就較為吻合了。

【33】"未勞俱孚(山)",按沙畹與伯希和之見,"未"字當為"末"之訛,故此山之名當為"末勞"。至於"俱孚",則當是帕提亞語、中古波斯語詞 *kof* 的音譯,義為"山脈"。這一"末勞"山與古印度宇宙觀中的世

[1] Helwig Schmidt-Glintzer, *Chinesische Manichaica*, p.78

[2] 參看 A. V. Williams Jackson, *Researches*(此爲 *Researches in Manichaeism—with Special Reference to the Turfan Fragments* 一書的簡稱,下同), pp.55–56, note 62.

界中心“蘇迷盧(Sumeru)”山及伊朗宇宙觀中的世界中心“阿爾布爾茲(Alburz)”山是同樣的觀念[1]。由於梵語常將Sumeru略寫作Meru,故漢譯名也往往稱此山為“彌樓”等。鑒於此,摩尼教文書在此的“未(末)勞俱孚山”一名,“未(末)勞”借用了印度的“彌樓(蘇迷盧)”觀念;“俱孚”使用了伊朗語*kof*(山)的譯音;“山”當然是明確的漢字,不過,它的含義與“俱孚”重複了,故實際上是個衍字。區區5個字,展現了3種不同的文化因素,這是很有趣的現象,同時也是摩尼教漢語文書的顯著特點之一

【34】細檢寫本,此字更似“明”而非“朙”,故從之。

【35】寫本上的此字比較模糊,但是經細檢,它更似《大正藏》所作的“嚄”,而非《林悟殊敦煌文書與夷教研究》所作的“嚛”。又,此字乃帕提亞語音譯字之一(詳見下註),即以“咈嘍嚄德”對譯Padwāxtag。而據施微寒標志的相應漢語讀音,則是p' o-lu-huo-te[2],即讀“嚄”為hou音(同於“穫”,漢語拼音作hu)。相應地,“嚛”字之音與“樸”同,讀若“樸(pu)”,顯然與hu音异。因此之故,此字當以“嚄”爲是,而非“嚛”。

【36】呼嚧瑟德,帕提亞語Xruštag之音譯,意譯即下文所言的“說聽(神)”;英語通常譯作the God Call(呼喚神)。咈嘍嚄德,帕提亞語Padwāxtag,意即下文所言“喚應(神)”;英語譯作the God Answer(應答神)。窣羅沙羅夷,中古波斯語Srōšahrāy之音譯,意即“公正的Srōš”;而Srōš則是瑣羅亞斯德教的神靈之一,以審判靈魂爲主要職司。

【37】寫本的“窂”字,《大正藏》作“牢”;下文相同者不再指出。

【38】此字寫本作“狱”而非“獄”,《大正藏》則作“獄”;下文同類情況者不再指出。

【39】“淨風五子”即是淨風用“召喚”或“發射”的方式,從自身創造出來的5位神靈:他從其理性(Reason)創造出輝煌監管(Custody of

[1]見E. Chavannes & P. Pelliot, *Traité* I, p. 519, note 1.

[2]見Helwig Schmidt-Glintzer, *Chinesische Manichaica*, p. 78

Splendour)，從其才思(Mind)創造出光榮之王(King of Honour)，從其智慧(Intelligence)創造出光明的阿達馬斯(Adamas of Light)，從其思想(Thought)創造出榮耀之王(King of Glory)，從其理解力(Understanding)創造出持撐者阿特拉斯(Supporter Atlas)。相關的其他概念，可參看本編第3章《下部讚》第130行註釋。

【40】寫本的“聴”字，《大正藏》作“聽”；下文相同情況者不再指出。

【41】寫本的“惡”字，《大正藏》作“惡”；下文相同情況者不再指出。

【42】路傷，語源不得而知，但按這裏所載“造立人身”諸事迹比照，當即敘利亞語典籍所言黑暗魔王之子 Ašaqlūn；他與其配偶一起吞食了諸魔的排泄物，從而創造了人類的祖先亞當(Adam)和夏娃(Eve)。寫本之“泱”字，《大正藏》作“泱”，當是筆誤。業羅泱，應是敘利亞語 Namrāēl 或 Nebrōēl 的音譯，即暗魔之子 Ašaqlūn 的配偶；雌雄二魔共同創造了人類。[1]

【43】“礙”，為梵語 pratihata 之意譯，佛家用語。一切迷惑，阻礙人們理解佛旨，使之無法通曉最高真理的，都稱“有礙”。相反，自在通達而通曉大智慧，知生死而獲涅槃的，即稱“無礙”(梵語 apratihata 之意譯)。摩尼教文書在此雖然借用了這些佛教術語，但實際所指者應該是對於本教之“靈知”的掌握與否和獲得與否，而非指佛法。

【44】寫本的“師”字，《大正藏》作“師”；下文相同者，不再逐一指出。

【45】這裏的“摸”字相當於今通常使用的“摹”，意指“金師”(金匠)模仿白象之形，將其形貌刻於指環之內，一般無二。

【46】寫本的“冩”字，《大正藏》作“寫”；下文相同者不再指出。

【47】寫本的“减”字，《大正藏》作“減”；下文相同者不再指出。

---

〔1〕參看 Theodore Barkhoni, *Book of Scholia*, p. 249；E. Chavannes & P. Pelliot, Traité, Nov.–Dec., 1911, p. 525.

【48】寫本的“躰”字,《大正藏》作“體”;下文相同情況,不再逐一指出。

【49】寫本在“身”字之前本有“城”字,但作删除標記。

【50】寫本的“栽”字,《大正藏》作“栽”;下文相同情況,不再逐一指出。

【51】寫本的“葝”字,《大正藏》作“筋”;下文相同情況,不再逐一指出。

【52】寫本的“脉”字,《大正藏》作“脈”;下文相同情況者不再逐一指出。

【53】寫本的“乱”字,《大正藏》作“亂”;下文相同情況者不再指出。

【54】寫本的“怨”字,《大正藏》作“怨”;下文相同情況,不再逐一指出。

【55】寫本的“嗔”字,《大正藏》作“瞋”;下文相同者不再逐一指出。

【56】寫本的“癈”字,《大正藏》作“廢”;下文相同情況者不再指出。

【57】有關此字,《大正藏》作“忘”,但是,林悟殊的最新“釋文”則辨識為“忌”。在其《林悟殊敦煌文書與夷教研究》中,他不僅在正文中作此辨認,並專門作了註釋(見《林悟殊敦煌文書與夷教研究》,427 頁註 2),聲稱比較本文書中諸行所見的相關字形,可證此字為“忌”。不過,我在細檢寫本上的相關諸字後,卻認為此字仍當作“忘”而非“忌”。具體理由申述如次:

首先,本文書中與“廢”字構成“廢 X”詞組的,凡 3 見:第 44 行“廢 X 明心”、第 84 行“廢 X 明相”、第 99 行“廢 X 本思”。因此,在此不妨將這 3 個詞組中“X”的字形,與見於其他各處的包括“忌”字要素和“忘”字要素的諸字做一比照。判斷該字的上半部是更接近“亡”還是更接近“己/已”;那麼,這“X”是“忘”還是“忌”,不就很清楚了麼? 茲挑選數例,比照如下:

與“廢”字構成詞組的3例：第44行；第84行；第99行；

第93行“忘失記念”；第100行“記念不忘”；第254行“亦不妄證”；

第72行“於己五體”；第143行“以己光明”；第330行“曠劫已來”；

顯而易見，本寫本的書寫特點是：凡屬“亡”形，最初的一點都寫成一短横，再加一長横；短横並無直角下折之勢。但凡“己/巳”形，則第一筆的短横有明顯的下折，并且最後一筆的“尾巴”很長。有鑒於此，構成“廢X”詞組的“X”與“亡”形幾無二致，而與“己/巳”相差明顯！所以，這一詞組當為“廢忘”而非“廢忌”，幾無疑問。

其次，除了字形比照可資證明外，“廢忘”的詞義在此也十分符合文意：此為漢語佛經常用之語，即是“忘卻”之意，遍見於各種經文中。如“爾時月王，令此仙人，入其苑已，尋即廢忘，不復更憶”[1]；“我所說諸法，則是汝等師；頂戴加守護，修習勿廢忘”（〔東晉〕法顯譯《大涅槃經》卷上）；“而於小恩，常思大報，乃至成佛，未曾廢忘”（〔宋〕紹德、慧詢等譯《菩薩本生鬘論》卷4）。綜上所述，將此詞組辨識為“廢忘”，應無問題。

【58】寫本的“酔”字，《大正藏》作“醉”；下文相同者不再指出。

【59】寫本的“虵”字，《大正藏》作“蛇”；下文相同者不再指出。

【60】寫本的“舩”字，《大正藏》作“船”；下文相同情況，不再逐一指出。

【61】“輪迴”與“五趣”都是漢譯佛經的術語，在此被摩尼教文書所借用。按佛教教義，梵語 saṃsāra 或 jātimarṇa 意謂各生靈依照其業

〔1〕〔隋〕闍那崛多譯：《佛本行集經》卷55。

因,在六種或五種生存狀態中生死相續,永無窮盡;亦即指一切有情者輪流不息的轉生之處(所生形態)。它們的漢語意譯便是“輪迴”。而這樣“輪迴”的生存之處,梵語稱 gati,漢譯作“道”或“趣”。通常有“五道/趣”或“六道/趣”,小乘教派多取前者,大乘教派多取後者。具體而言,“五道/趣”是:地獄、鬼或餓鬼、傍生或畜、人或人間、天或天上;至於“六道/趣”則在這五者之外,再添阿修羅(阿素洛)。由於“輪迴”脱離不了生與死,達不到“涅槃”境界,故被佛家視為“苦海”。但是它畢竟還是將地獄、鬼、畜生分為“惡道”,阿修羅、人、天為“善道”,亦即是説,佛教並不是將“輪迴”視為絕對痛苦之事。與之不同的是,摩尼教雖然借用了佛教的“輪迴”術語,其內涵卻與佛教不同,亦即是將在世為人視為最悲慘和痛苦的事情,因為這就是“光明分子”被“暗魔”囚禁和折磨的狀態。有關摩尼教與佛教“輪迴”觀的異同論述,可參看拙著《東方摩尼教研究》中編第 4 章《“輪迴”“地獄”與生死觀》。

【62】寫本的“偹”字,《大正藏》作“備”;下文相同者不再指出。

【63】據寫本,此字顯然作“明”而非“朙”,故從寫本;下文類似情況頗多,不再逐一指出。

【64】寫本的“賫”字,《大正藏》作“齎”;下文相同者不再指出。

【65】寫本的“餝”字,《大正藏》作“飾”;下文相同情況,不再逐一指出。

【66】寫本的“惌”字,《大正藏》作“怨”;下文相同者,不再逐一指出。

【67】寫本的“荘”字,《大正藏》作“莊”;下文相同者不再逐一指出。

【68】漢語文書中的“惠明”即是西語文書中的“明心”(Light Mind、Light Nous 或 Great Mind 等),他是大明尊“第三次創造”時所產生的神靈。惠明的主要業績是解救被暗魔囚禁在人體中的“五種淨體”,即摒除受暗魔影響的相、心、念、思、意,確立光明的相、心、念、思、意,也就是本文書下面所談及的將“故人”改造成“新人”的過程,以便使光明分子最終重返明界。需要指出的一點是,本文書在下文引《應輪經》稱,淨

風即是惠明；這一說法並不確當。蓋因實際情況是：淨風的主要業績在於創造天、地，是創造宇宙的神靈；而惠明的主要職責則是拯救人類的靈魂（光明分子），使之回歸明界。只是由於摩尼教主張"宇宙為大人體，人類為小宇宙"的觀念，將宇宙和人體作為互相對應的象徵，遂使二者關係密切，從而二者各自的主宰神靈淨風和惠明也就易於被混同了。[1]

【69】"縛"字，顯然借自佛教術語。蓋按漢譯佛經，"縛"乃梵語 bandhana 之意譯，為拘束之義，亦即"煩惱"的異名。而"煩惱"（梵語 kleśa 之意譯）即是使有情之身心發生、惱、亂、煩、惑、污等精神作用的總稱[2]。所以，摩尼教文書在此所謂的"離縛"，也就是指脫離稱為"煩惱"的種種不正確的思維和觀念；當然，其內涵不同於佛教之說。

【70】寫本原作"淨風妙"，但"風""妙"二字之間有互乙標志。

【71】寫本原作"妙水"，但是《大正藏》作"明力"，顯然是根據上下文意而改動，是。在此則為保存寫本原貌，仍作"妙水"。

【72】據寫本，"忿怒，禁於肉城，令其妙水，即便解脫；又伏"16 字是夾在行間的補遺文字：最初 4 字附於第 60 行末的右側；餘下 12 字則附於第 61 行開首的右側。

【73】寫本的"将"字，《大正藏》作"將"；下文相同者，不再逐一指出。

【74】噫嚼而云嗢，帕提亞語 gryw jywndg 之音譯，意即"充滿生機之靈魂"（Living Soul，簡稱"活靈"）。這就是先意的 5 個"兒子"的名號之一，亦即"光明分子"[3]。他們當初隨同先意與暗魔搏鬥，不幸失敗，被暗魔吞食；後來雖然有一部分被淨風等明使救出，但仍有相當一部分被禁錮在人類、動物等肉體中，以其"靈魂"的形式存在著，始終盼望著"得救"，以回歸明界。

---

[1] 有關分析和論述，可參看拙文《摩尼教神"淨風""惠明"異同考》載《歐亞學刊》第 6 輯，2007 年 6 月，以及《東方摩尼教研究》上編第 4 章《"淨風""惠明"異同析》。

[2] 釋見慈怡主編《佛光大辭典》，5515 頁"煩惱"。

[3] 參看 Peter Bryder, *The Chinese Transformation of Manichaeism—A Study of Chinese Manichaean Terminology*, Löberöd, 1985, pp. 95 – 96，書名下簡稱 *Transformation*。

【75】按寫本,這裏所列的 13 種暗性中,"婬"凡二見,則似有誤。《林悟殊敦煌文書與夷教研究》(427 頁註 5)引陳垣之見,認為其中之一當為"飢"。不無道理。

【76】"無始無明"也是借自佛教的術語。按佛教,"無始"乃是梵語 anādikāla 的意譯,意謂眾生、諸法等一切世間都沒有初始;而不通達真理,不能明白事理真相之精神狀態即是"無明"(梵語 avidyā 之意譯),亦即"煩惱"之別稱。所以,"無始無明"是指"無始"以來便一直存在的生死流轉的根本惑體。

【77】寫本的"苐"字,《大正藏》作"第";下文相同者不再逐一指出。

【78】"方便",借自漢譯佛經的術語,本是梵語 upāya 的意譯。為十波羅蜜之一,亦作"善權""變謀"。意指巧妙地接近、安排,使對象十分容易地接受某種高深的真理。例如,佛、菩薩應眾生之根機,用種種方法施予化益,便稱善巧方便。

【79】這裏所言的"五體""五施"是摩尼教的重要教義,在本文書的下文以及其他漢語、非漢語文書中都有大量的敘述。"五體",是指相、心、念、思、意;它們還有"五妙身""五種淨體""五種國土""五種世界"等漢文異名,以及 Five Glories(五榮耀)等非漢語名稱;"五施"則是指憐憫、誠信、具足、忍辱、智慧。近年,有關"五體"或"五妙身"的研究和辨析,可參看拙文《摩尼教"五妙身"考》[1]、馬小鶴《"相心念思意"考》[2]、張廣達《唐代漢譯摩尼教殘卷——心王、相、三常、四處、種子等詞語試釋》[3]等。

【80】寫本的"悆"字,《大正藏》作"愍";下文情況相同者,不再逐一指出。

【81】寫本未見"化出誠信,加彼淨風;又從明念"12 字。但是,按

[1] 載《史林》2004 年第 6 期。

[2] 載《中華文史論叢》2006 年第 4 期。

[3] 原載日本《東方學報》京都第 77 冊,2004 年;修訂版載《張廣達文集——文本、圖像與文化流傳》,廣西師範大學出版社,2008 年。

"五妙身"之相、心、念、思、意五項內容及其次序,寫本顯然遺漏了從明心"化出"的內容,同時,也未提到"明念"。因此,沙畹與伯希和補充這12個字,是非常正確的[1]。施微寒的德譯文由於很仔細地參考了法語文章 Traité,因此也譯出了這些辭句[2]

【82】"十二大王"是摩尼教特有的象徵符號,即是指摩尼教最推崇的十二種品德,不同語種的許多文書中都談到"十二大王"。但是,各文書所言不盡相同;對此,馬小鶴有過相當詳細的考述(見馬小鶴《摩尼教與古代西域史研究》"摩尼教十二大王和三大光明日考"節)。另一份漢語文書《下部讚》所列的"十二大王"為明尊、智惠、常勝、歡喜、勤修、真實、信心、忍辱、直意、功德、齊心和合、內外俱明。本文書《殘經》與之稍有不同之處是:第一為大王,第六為平等,第十一為齊心一等。

【83】摩訶羅薩本,中古波斯語 Mahraspand 之音譯,意爲"聖語"(Holy Word),源出瑣羅亞斯德教的神靈 Māthra Spenta,最高神阿胡拉馬兹達的指令就是通過他而頒布於人類的。因此,此"七種摩訶羅薩本"或是指摩尼親撰的七種著述。但 *Chinesische Manichaica*(p.7)則將摩訶羅薩本譯作"光明分子"(Lichtelemente)。

【84】這裏所言的"清淨師僧"即是指摩尼教的專職修道士"選民",亦即下文提到的"電那勿",是為東方摩尼教的專門術語。不過,文書在此所用的"僧"字則顯然借自漢譯佛經的術語:梵語 saṃgha 的音譯略稱(僧伽→僧),和合之意。佛家通常用以指稱信受如來之教法,奉行其道而入聖得果者,或者泛指信奉佛法的專業修道者。所以,摩尼教文書的這一借鑒,倒也比較吻合。

【85】寫本的"惑"字,《大正藏》作"或";下文相同者不再指出。

【86】寫本的"寄"字,《大正藏》作"寄";下文相同者不再指出。

【87】寫本的"逆"字,《大正藏》作"逆";下文相同者不再指出。

---

〔1〕見 E. Chavannes & P. Pelliot, *Traité*, 1911, p. 541, note 6.

〔2〕Helwig Schmidt-Glintzer, *Chinesische Manichaica*, p. 82.

【88】寫本的"礼"字,《大正藏》作"禮";下文相同情況者,不再逐一指出。

【89】細檢寫本,當是"人"字覆蓋"明"字(雖因"明"字筆畫多,從而被覆蓋得並不清楚),故《林悟殊敦煌文書與夷教研究》作"明"不妥,當以《大正藏》之"人"字為確。另一方面,按文意而言,從83—108行這一大段中,講的就是"故人"與"新智人"的"五種極大鬥戰",即黑暗的相、心、念、思、意與光明的相、心、念、思、意的戰鬥。而文字則採用排比句式,分述五種"鬥戰":第一,從"暗毒相"中化出的諸魔,與"新人相體"戰;第二,從"暗心"中化出的諸魔,與"新X心"戰;第三,從"無明暗毒念"中化出的諸魔,與"新人清淨念體戰";第四,從"無明思"中化出的諸魔,與"新人思"戰;第五,從"無明意"中化出的諸魔,與"新人意體"戰。由此不難看出,既然其餘四種都分別作"新人相""新人念""新人思""新人意",那麼第二種作"新人心"而非"新明心",自無疑問了。

施微寒的德譯文據自《大正藏》,故也以此字為"人",譯作"... die gegen das Denken des neuen Menschen kämpfen(與新的人的思想交戰)"[1]

【90】寫本的"駈"字,《大正藏》作"驅",下文相同者不再指出。

【91】寫本作"散退",但有二字互乙標志。

【92】寫本"苦"後有一形若"舌"之字,但與上下文難以構成有意義的詞彙,當是衍字。

【93】在此的"持世明使",當是指淨風五子中的一個或兩個兒子。蓋按巴霍尼的敘利亞語文書,淨風在創造天、地之後,"於是,輝煌監管(Custody of Splendor)握住了五明神的腰部,在其腰部的下方分佈著諸天。持撐者(Supporter)則一膝跪著,負載著眾地。"[2]兩位神靈支撐十天、八地的描述,與漢語"持世"的含義相同,故文書在此使用了"持世

[1]見 Helwig Schmidt-Glintzer, *Chinesische Manichaica*, p. 84.

[2]見 Theodore Bar Khoni, *Book of Scholia*, pp. 235 - 236.

明使"之稱。

【94】"十天大王",當是指淨風五子之一"光榮之王"(King of Honor)。因為按敘利亞語文書的描述,在輝煌監管和持撐者 Atlas 擎住天、地之後,"偉大的光榮之王坐在天的中央,始終看管著所有的天層"[1],則光榮之王顯然是諸天之主;由於摩尼教的宇宙說聲稱天有十層,故漢語文書在此的"十天大王"無疑是指他了。

【95】"降魔勝使",應該相當於淨風五子中的"光明的阿達馬斯"(Adamas of Light)。蓋按敘利亞語文書,淨風、善母救出先意之後,便命令五子中的三個兒子去捕殺暗魔,而阿達馬斯便是負責擊殺暗魔,另兩位則負責剝暗魔的皮,以及把它們交給善母,創造諸天。所以,阿達馬斯是善戰的英雄,降魔的大師,與漢語文書的"降魔勝使"稱號相吻合。

【96】"地藏明使"中的"地藏",顯然是借用了漢譯佛經的術語:梵語 kṣitigarbha 之意譯,意譯作"乞叉底蘗婆"。按佛教,"地藏"是受釋尊之囑,在釋迦牟尼涅槃到彌勒臨世期間的一段"無佛時代"內,誓度六道眾生,願意成佛的一位菩薩;按大乘教派的觀念,地藏菩薩與地獄或陰間特別相關。但是,這些教義與摩尼教幾無關係,故摩尼教漢語文書在此借用"地藏"一名,或許只不過因為其名號中有"地"一字。蓋因按摩尼教的創世神話傳說(如巴霍尼的敘利亞語文書),淨風五子中有"支撐者阿特拉斯",而他是負載大地的神靈。

【97】"催光明使"當是指淨風五子中的"榮耀之王"(King of Glory),理由有二:第一,上文已將漢語文書在此提及的"持世明使"等四位神靈與西語文書談及的淨風五子中的四子逐一做了相應比對,尚未提及的最後一子便是"榮耀之王",故當對應於漢語文書的"催光明使"。第二,按敘利亞語文書的描述,淨風使用從暗魔那裏收回的光明分子,不但創造了日、月、星辰,還創造了風、水、火這"三輪";而正是榮耀之王"召喚出一個覆蓋物,並使之升在三輪的上空,以便在上方遮蔽

[1] Theodore Bar Khoni, *Book of Scholia*, p. 236.

被征服於諸地層的魔眾,使魔眾的毒液不至於灼傷五明神。"[1]榮耀之王的這些行為,都與幫助光明天體運行相關,所以漢語文書稱之為"催光明使",還是比較吻合的。

【98】寫本的"圡"字,《大正藏》作"土";下文情況相同者不再指出。

【99】"三常",通常多指摩尼教的"三位一體"(Trinity),即"明父—明子—淨風"。至於為何使用"常"字,或以為是借用了儒家術語"綱常"之"常";但亦有以為借自佛家"佛性即常"之"常",指佛性[2],不過,林悟殊認為,"三常"當是光明王國,即"明界"的同義詞[3]。

【100】"五大"或"五種大"是摩尼教漢語文書中的術語,雖然出現頻率並不高,但是頗具重要性;而對於它的確切含義,迄今似無統一的看法。早期,沙畹與伯希和認為此即"大明尊的五體"(*Traité I*, p.552, note 1),後人從之者頗多;當然,也有認為是指明界五域者。但是,全面地看,"五大(即五種偉大)"之說有兩種:一是指擊敗黑暗的五組神靈,各組的代表神靈分別為大明尊、三明使、光輝夷數、相柱、惠明;一是指構成明界的五種地域,即大明尊、十二永世、永世之永世、活靈之氣、光明之界。實際上,這二說的關係非常密切,因為在摩尼教典籍中,經常見到物被人格化的現象,從而使得"地域"往往轉為神靈,從而縮小了二者的差異[4]。稍後,馬小鶴提出了"五大"的新定義:常明主、十二寶光王、無數世界諸國土、妙香空、金剛寶地[5],很有新意。

【101】"神通",借用自佛教的術語:梵語 abhijñā 的意譯,或作神勇力、神力、通等。一般是指依修禪定而獲得的無礙自在、超凡的,不可思議的作用,如天眼通、天耳通、他心通等等[6]。不過,摩尼教文書在此

---

〔1〕Theodore Bar Khoni, *Book of Scholia*, pp.239-240。

〔2〕張廣達《唐代漢譯摩尼教殘卷——心王、相、三常、四處、種子等詞語試釋》,載《張廣達文集——文本、圖像與文化流傳》,336-337頁,廣西師範大學出版社,2008年。

〔3〕見其《摩尼教"三常"考》節,載《中古三夷教辨證》,132-141頁。

〔4〕有關的詳細論說,可參看拙文《摩尼教"五大"考》,載《史林》2007年第2期;以及《東方摩尼教研究》上編第3章《"五大"諸說辨》。

〔5〕說見其《摩尼教"五種大"新考》,載《史林》2009年第3期。

〔6〕參看慈怡主編,《佛光大辭典》,4251頁"神通"條。

只是泛指一般的超自然靈力,而與佛教教義無關。這似乎是法文譯作 pénétration surnaturelle(*Traité*, I, p. 552),德文譯作 geistigen Durchdringung(*Chinesische Manichaica*, p. 86)的原因。

【102】寫本的"隐"字,《大正藏》作"隱";下文相同者不再指出。

【103】寫本的"舥"字,《大正藏》作"那";下文情況相同者不再指出。

【104】"電那勿"為中古伊朗語的譯音。帕提亞語 dyn'br (*dēnāβar*)兼作形容詞和名詞,義為宗教的、虔誠的、正直的,或者義為信徒、真信者、純潔者;在中亞的摩尼教中,多用作為專業修道士"選民"的稱呼,但有時也作為整個教會的總稱,其中顯然包括了摩尼教的俗家信徒,即"聽者"。不過,本文書數見的"電那勿",則肯定是指摩尼教的專職修道者。

公元 6 世紀,粟特地區的摩尼教教徒在薩德·奧爾密茲德(Sād-Ōhrmizd)的率領下所組成的新教派正式自稱 Dēnāwar;但是很可能早在摩尼教東傳中亞的早期(公元 3 世紀)就已使用這個稱呼。唐初的玄奘在其《大唐西域記》中謂波斯"天祠甚多,提那跋外道之徒為所宗也"(見卷 11"波剌斯國"條),其"提那跋"當即指東方摩尼教徒自稱的 Dēnāwar。

【105】寫本的"堕"字,《大正藏》作"墮";下文相同者不再指出。

【106】寫本的"経"字,《大正藏》作"經";下文相同者不再指出。"應輪經"之名未見於漢譯佛經中,故當與佛教無關。通常認為,摩尼教文書的"應輪"相當於科普特文獻中的 εὐαγγέλιον;當是中亞摩尼教徒對'wnglywn (*ewangelyōn*)一詞的不正確發音的翻譯。意爲"偉大福音"(Great Gospel)或"偉大生命福音"(Great Living Gospel),是摩尼親自撰寫的經典之一;另一漢語文書《摩尼教光佛教法儀略》中也提到此經之名。

【107】寫本的"郍"字,《大正藏》作"那";下文情況相同者不再指出。

【108】《寧萬經》,當與上文的《應輪經》一樣,也是摩尼教的經典,

而非佛經。另一份摩尼教漢語文書《摩尼光佛教法儀略》提到摩尼親撰的七部著述之一《泥萬部》(或譯《律藏經》)應即是其異譯名。

【109】寫本的"囙"字,《大正藏》作"因";下文相同者不再指出。

【110】"五慾/欲",借自佛教的術語:梵語 pañca kāmāḥ的意譯,又作五妙欲、五妙色。指的是染著色、聲、香、味、觸等五境所起的五種情慾,或指色欲、聲慾、香慾、味慾、觸慾五者,或指財慾、色慾、飲食慾、名慾、睡眠慾五者。但是,摩尼教文書在此所欲表達的,當非佛教教義,而是一般的人類慾望。

【111】寫本的"惑"字,《大正藏》作"或";下文相同者不再指出。

【112】寫本的"直"字,《大正藏》作"値";下文相同者不再指出。

【113】寫本的"珎"字,《大正藏》作"珍";下文情況相同者不再指出。

【114】寫本的"殄"字,《大正藏》作"殄";下文相同者不再指出。

【115】按寫本,"寶"之後本有"光明"二字,但加刪除標記。

【116】寫本的"剄"字,《大正藏》作"剛";下文相同者不再指出。

【117】"嗔"字與"瞋"通假,當是借用了漢譯佛經的術語:梵語 pratigha 或 dveṣa 的意譯,亦作瞋恚、瞋怒等,指怨恨的精神作用,是為"三毒"之一。

【118】"恨",借自漢譯佛經的術語:梵語 upanāha 的意譯,指對忿怒之事永遠不忘,是結怨的精神作用;由"污穢心"所引起,為"煩惱"之一。

【119】寫本的"堕"字,《大正藏》作"惰";下文相同者不再指出。

【120】"煩惱",借自漢譯佛經的術語:梵語 kleśa 的意譯,使有情之身心發生惱、亂、煩、惑、污等精神作用的總稱;或者,凡是妨礙實現"覺悟"(為佛)的一切精神作用都稱為煩惱。

【121】"貪慾"或"貪",借自漢譯佛經的術語:lobha 或 rāga 的意譯,又稱貪毒,乃"三毒"之一;也是十不善之一、十大煩惱之一。指對於自身所好之對象生喜樂之念,起貪著之心,產生取得的慾望。

【122】"婬(淫)慾",借自漢譯佛經的術語,即行淫的慾望,與"愛

慾""色慾"同義。

【123】"增上",借自漢譯佛經的術語:梵語 aupacayika 的意譯,為增勝上進之意,亦即加強力量,以助長進展作用,令事物更加強大。

【124】"愚癡",借自漢譯佛經的術語之一:梵語 moha 或 mūḍha 的意譯,亦作"無明",或簡稱"癡";指闇愚迷惑,不能正確判斷事物。是為六種根本"煩惱"之一,也是"三毒(貪、瞋、癡)"之一。

【125】寫本的"柮"字,《大正藏》作"拙";下文相同者不再指出。

【126】寫本的"軽"字,《大正藏》作"輕";下文相同者不再指出。

【127】"貢高",借自漢譯佛經的術語,意謂自負、高傲,始終認為自己優於他人,或者自認為已經達到實際上尚未達到的高級修道水平。

【128】寫本的"嫚"字,《大正藏》作"嫚";下文相同者不再指出。

【129】寫本的"鑼"字,《大正藏》作"鑁";下文相同者不再指出。

【130】寫本此字作"以",由於此後還有一"以"字,故或認為前一"以"系衍字。不過,《大正藏》第一個"以"字作"已",則認為并非衍字,而是替代字或筆誤。

【131】"甘露",借自漢譯佛經的術語:梵語 amṛta 的意譯,亦作"不死液""天酒";由於傳說飲之可不老不死,故佛教以其譬喻妙味長養眾生之身心的佛法。當然,摩尼教文書所言的"甘露",乃是指本教的最高智慧,即"靈知"。

【132】寫本的"羑",是"美"的異體字,但《大正藏》作"羔";下文相同者不再指出。

【133】寫本作"法正",但加互乙標記。

【134】"忍辱",借自漢譯佛經的術語:梵語 kṣānti 的意譯,亦作"安忍""忍";意指令心安穩,堪任外在之侮辱、惱害等,凡加諸身心的苦惱、苦痛,都能忍受。此即六波羅蜜或十波羅蜜之一。

【135】寫本作"律戒",但加互乙標記。

【136】寫本的"脩"字,《大正藏》作"修";下文相同者不再指出。

【137】"精進",借自漢譯佛經的術語:梵語 virya 的意譯,又作"精勤""勤精進"等。意為勇猛勤策進修諸善法;亦即在依教義而修善斷

惡、去染轉淨的過程中,不懈地努力上進。是為修道的根本,是十大善地法之一,是六波羅蜜或十波羅蜜之一[1]。

【138】"二宗"是摩尼教的根本教義之一,即是指有關世界由光明與黑暗兩大要素始終鬥爭的學說。

【139】寫本的"荅"字,《大正藏》作"答";下文相同者不再指出。

【140】寫本的"辝"字,《大正藏》作"辭"。

【141】寫本的"塩"字,《大正藏》作"鹽"。

【142】寫本的"万"字,《大正藏》作"萬";下文相同者不再指出。

【143】寫本的"怜"字,《大正藏》誤作"怕"。

【144】"三界",借自漢譯佛經的術語:梵語 trayo dhātavaḥ的意譯,通常是指眾生所居的欲界、色界、無色界。迷妄眾生在生滅變化中流轉於這三界,輪迴不止。由於三界迷苦,故又稱"苦界";由於其廣闊如大海,故又稱"苦海"。

【145】"淨土",借自漢譯佛經的術語,原指以菩提修成之清淨處所,是佛所居之地,亦稱清淨土、清淨國土、淨界、淨域等。不過,摩尼教文書在此所言的"淨土"是指光明分子聚集的"明界",與佛教無涉。

【146】"夷數",按摩尼教創世神話傳說,是大明尊為了解救被肉體禁錮的光明分子而"召喚"出來的又一位主要神靈。其名 Jesus,即是借用了基督教創始者耶穌之名。夷數在摩尼教神學中扮演了重要的角色,他不但使得人類的第一位男子亞當能夠識別善惡,並不斷地解救被囚禁於人體內的光明分子(靈魂),使之脫離束縛,回歸明界。有關夷數在摩尼教神學中扮演的不同角色,參看本編第三章《下部讚》第6行註釋【14】。

【147】"妙衣"是摩尼教漢語文書中的一個重要術語,當然,它也以其他形式見於許多非漢語文書中。"妙衣"是個重要而複雜的象徵符號,除了象征"光明分子""靈魂"等以外,還有許多其他含義。馬小鶴曾撰寫專文對此做了研究,可參看其《摩尼教與古代西域史研究》一書

〔1〕慈怡主編《佛光大辭典》,5883 頁"精進"條。

中的《摩尼教宗教符號“妙衣”研究》一節,4—25 頁。

【148】寫本作“明光”,但加互乙標志。

【149】寫本“平”後本有“章”字,添刪除標記。

【150】寫本“心”後本有“意”字,添刪除標記。

【151】寫本作“遈”,是為“筵”的異體字。

【152】“慕闍”,摩尼教的最高教職名。是為非漢語的音譯名,相當於粟特語 *mwj' q*、突厥語 *mwck*、帕提亞語 *'mwc' g*（*ammōžāg*）以及中古波斯語 *hmwc' g*（*hammōzāg*）等,其含義即是“導師”。

【153】“拂多誕”,摩尼教的次級教職名,是為非漢語的音譯名,如粟特語 *'ft' δ' n*（*aftāδan*）,義為“主教”。與之同樣意思(義為“主教”“僕從”),指稱同一教職的另一名則為“薩波塞”,系中古波斯語和帕提亞語詞 *'spsg*（*ispasag*）的音譯名。二名均見另一份漢語文書《摩尼光佛教法儀略》。

【154】寫本的“与”字,《大正藏》作“與”;下文相同者不再指出。

【155】寫本的“頋”字,《大正藏》作“顧”;下文相同者不再指出。

【156】寫本的“猒”字,《大正藏》作“厭”;下文相同者不再指出。

【157】寫本的“姤”字,《大正藏》作“妒”;下文相同者不再指出。

【158】寫本的“懈”字,《大正藏》作“懈”;下文相同者不再指出。

【159】寫本原無此“者”字,但據文意,當添。

【160】寫本“限”,當系筆誤;《大正藏》作“狠”,是。

【161】寫本的“咲”字,是為“笑”的異體字。

【162】寫本的“湯”字,《大正藏》作“漫”;下文相同者不再指出。

【163】寫本“四”後衍一“者”字,添刪除標記。

【164】寫本作“耑”,是為“正”的異體字。

【165】“憎”字在此疑為“增”之筆誤;且“上”後略一“慢”字,故此句原文當作“於諸同學而無增上慢”。蓋因“增上慢”為漢譯佛經的術語,乃梵語 abhi-māna 之意譯,義為驕傲自大之心。唯有作這樣解釋,才與上文“心常卑下”相呼應。

【166】寫本在此如第 245 行,也脫一“者”字,故補上。

【167】寫本原作“咀”，當為筆誤，故《大正藏》作“唄”是正確的。蓋因按佛教術語，以曲調誦經，讚詠和歌頌佛德者，稱“梵唄”（梵語 bhāṣā 的音譯），又稱聲唄、讚唄、經唄等。故摩尼教文書在此作“讚唄禮誦，轉誦抄寫”，完全貫通上下文的意思。

【168】在此所言的“有”“無”，當是借自漢譯佛經的術語：梵語 bhava 意譯為“有”，abhava 意譯為“無”；通常，前者是指一切存在之物，後者是指與之相對的一切非存在。“有無”之論為佛教的重要教義之一，釋尊對此非常重視，以至有“一切皆有亦皆無”的“中道”之說，進而了悟實相之理。不過，文書在此所言的“於有說有，於無說無”，顯然并非指佛理，卻也不清楚指摩尼教的什麼教義，只能姑且存疑。

【169】寫本的“决”字，《大正藏》作“決”；下文相同者不再指出。

【170】寫本“導”後衍一“衆”字，添刪除標記。

【171】寫本的“弃”字，《大正藏》作“棄”。

【172】寫本“若”字傍有刪除標記。但按之意思，原文並無不妥，故不取。

【173】“慈悲”一詞，也是借自漢譯佛經的術語：梵語 maitrya 意譯“慈”，義為“慈愛眾生，並給予快樂”，即“與樂”；梵語 karuna 意譯“悲”，義為“同感其苦，憐憫眾生，並拔除其苦”，即“拔苦”。二者合稱，是為“慈悲”。

【174】“繫縛”，借自漢譯佛經的術語：梵語 bandhana 的意譯，指眾生之身心為煩惱、妄想或外界事物所束縛而失去自由，長期流轉於生死輪迴之中。

【175】寫本作“學同”，但添互乙標志。

【176】寫本作“苐”，當是筆誤；故《大正藏》作“弟”，是；下文相同者不再指出。

【177】寫本的“僁”字，《大正藏》作“愆”；下文相同者不再指出。

【178】“法主”，借自漢譯佛經的術語，意指佛法之主，或是對佛陀的尊稱。文書在此當然借以指稱摩尼教的教主摩尼了。

【179】“善巧方便”，借自漢譯佛經的術語：梵語 upāya-kauśalya 之

意譯。謂佛菩薩為順應眾生之能力和素質,運用種種方便,巧妙攝取教化眾生。略稱亦作"善巧"。

【180】"聽者"(Auditor 或者 Hearer),是摩尼教的俗家信徒,相對於專職修道人員"選民"(Elect)而言。教規對於他們的要求較低,例如,他們可以結婚、生子,可以從事他們感興趣或者有利可圖的任何職業。他們除了自己遵照教規而認真修道之外,還得為專職修道的"選民"提供飲食與日常需求品,因為後者是不可以親自製備食品,以免"傷害"光明分子。

【181】"無常",借自漢譯佛經的術語:梵語 anitya 或 anityatā 的意譯,原謂一切有為法生滅流遷而不常住,後逐步引申為指稱於人類死亡之際勾取其靈魂的地府鬼卒。摩尼教文書在此的"無常"當是借用其第二義。

【182】"平等王",借自漢譯佛經的術語,通常用以指冥界十王中的第八王,主管百日時的亡靈,因他公平司掌罪福之業,故稱"平等王";或認為此即"閻羅王(Yama-rāja)"的意譯。不過,摩尼教的平等王之含義與佛教的平等王差異頗大:或以為是指夷數(Jesus),或以為是指夷數"召喚"出的另一神靈"審判者"(或"法官",帕提亞語 d' dbr)。有關論文可參看芮傳明《摩尼教"平等王"與"輪迴"考》[1],以及馬小鶴《從"平等王"到"平等大帝"》[2]。

【183】寫本的"蹔",《大正藏》作"暫";下文相同者不再指出。

【184】寫本作"憎",當是筆誤;故《大正藏》作"增",是。

【185】《大正藏》在"如"下多一"是"字,未見於寫本。

【186】"四難",借自漢譯佛經的術語。一種說法是,眾生有四種難得之事:一是很難相逢佛的出世,二是很難相逢佛陀宣說大法,三是很難理解微妙佛法,四是難得在聞法之後能信受。另一種說法是,修菩薩行有四種困難:一是難以克服私欲而利益他人,二是難以不追求欲樂

〔1〕載《史林》2003 年第 6 期。

〔2〕載《史林》2010 年第 4 期。

而修苦行，三是難以為利益眾生而歷諸般苦，四是難以持久修行而經無量劫。[1] 但是，文書在此所謂摩尼教的"四難"内容卻不甚清楚，或許只是泛指光明分子（靈魂）為擺脱肉體束縛而必須克服的種種困難吧。施微寒的德譯文（*Chinesische Manichaica*, p. 100）作 den vier Schvierigkeiten zu entgehen（擺脱四種困難），當與原意相差無幾。

【187】寫本的"㝵"字，《大正藏》作"礙"；下文相同者不再指出。

【188】"四部之眾"，借用了漢譯佛經的術語。佛教的"四眾"，也稱"四部眾""四部弟子"等，梵語 catasraḥ parṣadaḥ 的意譯。或指出家、在家的四種男女信徒，即比丘、比丘尼、優婆塞、優婆夷；或者僅指四種出家的男子信徒，即比丘、比丘尼、沙彌、沙彌尼。但是，文書在此所謂的"四部之眾"是指摩尼教的四種信徒。據馬小鶴的研究，此即專職修道者（"選民"）的男女二部和世俗信徒（"聽者"）的男女二部這樣四種。有關論述可參看《摩尼教與古代西域史研究》的"粟特文'二部教團'與漢文'四部之眾'"一節。

【189】寫本的"滋"後衍一"茂"字，但添刪除標記。

【190】寫本作"是普"，但加互乙標志。

【191】"含靈"，借自漢譯佛經的術語：梵語 sattva 之意譯，亦作含識、含生、有情、眾生等，意指含有心識之有情眾生，亦即指一切生物。

【192】"如來"，借自漢譯佛經的術語：梵語 tathāgata 之意譯，謂佛陀乘真理而來，由真如而現身，故尊稱佛陀為"如來"；後亦成為諸佛的通號。文書在此的"如來"當然是指摩尼教的神靈，應該或指大明尊，或指教主摩尼。

【193】寫本的"㥄"，《大正藏》作"慢"。

【194】"法藥"，借自漢譯佛經的術語，蓋因佛法能治眾生之苦，故以"藥"譬之。當然，文書在此的"法藥"則顯然是指摩尼教的教法。

【195】寫本的"𥝩"，系"授"的異體字。

【196】寫本的"惱"字，《大正藏》作"煩"，當是筆誤。

---

[1] 參看慈怡主編《佛光大辭典》1851－1852 頁"四難"條。

【197】寫本作“纲”,當是“網”之訛,故《大正藏》作“網”,是。

【198】寫本的“諸”後衍一“戲”字,添刪除標記。

2 《摩尼[1]光佛教法儀略》[2]校釋

2.1 正文

[001]《摩尼光佛教法儀略》一卷

[002] 開元十九年六月八日大德[1]拂多誕[2]奉

[003] 詔[3]集賢院[4]譯

[004]託化國主[5]名號宗教第[6]一

[005]佛夷瑟德烏盧詵[7]者本國梵音也[8],譯雲光明[9]使者,又号[10]

[006]具智法王[11],亦謂摩尼光佛[12],即我光明大慧无[13]上

[007]醫王[14]應、化、法身[15]之異号也。當欲出世,二耀[16]降

[008]靈,分光三體[17],大慈愍故,應敵[18]魔軍。親受明

[009]尊清淨教命,然后化誕,故云光明使者;精真

[010]洞慧,堅疑克辯,故曰具智法王;虛[19]應靈聖,

[011]覺觀究竟,故號摩尼光佛。光明所以徹內

[012]外,大慧所以極人天,无上所以位高尊,醫[20]王

[013]所以布法藥。則老君託孕,太陽流其晶[21];釋迦

---

〔1〕寫本原爲"尼"字,《大正藏》作"尼";下文相同者,不再逐一指出。

〔2〕在此所依據的"寫本",均爲原文書的照相影印件:第一部分見於中國社會科學院歷史研究所、中國敦煌吐魯番學會敦煌古文獻編輯委員會、英國國家圖書館、倫敦大學亞非學院合編的《英藏敦煌文獻(漢文佛經以外部分)》第5卷,四川人民出版社,1992年,第223-225頁;第二部分見於王重民原編,黃永武新編《敦煌古籍敘錄新編》第14冊(子部七),[臺灣]新文豐出版公司,1986年,第333-335頁。此外,G. Haloun& W. B. Henning, "The Compendium of the Doctrines and Styles of the Teaching of Mani, the Buddha of Light", *Asia Major*, New Series, Vol. 3, Part 3, 1953, pp. 184-212, 對於《儀略》的第一部分作了注釋、翻譯和研究,本章在注釋中多有借鑒(尤其是漢譯的語源方面),下文不再逐一指出。

[014]受胎[22],日輪叶其爲[23]。資靈本本,三聖亦何殊?成

[015]性存存,一貫皆悟道。按彼波斯婆毘長曆[24],自

[016]開闢初有十二辰掌分年代,至第十一辰,名

[017]訥[25]管代,二百廿七年,釋迦出現。至第十二辰,

[018]名魔謝[26]管代,五百廿七年,摩尼光佛誕蘇隣

[019]國[27]跋帝王宮[28],金薩健種[29]夫人滿艷[30]之所生也。

[020]婆毘長曆當漢獻帝建安十三年二月八日

[021]而生,涀[31]然懸合矣。至若資稟天符而受胎,

[022]齋戒嚴潔而懷孕者,本清淨也;自胷[32]前化誕[33],

[023]卓世殊倫,神驗九徵,靈瑞五應者,生非凡[34]也。又

[024]以三領[35]、四寂[36]、五真[37]、八種無畏[38],衆德圓備[39],其可

[025]勝言。自天[40]及人,拔苦與樂[41],譔[42]德而論矣。若不

[026]然者,曷有身誕王宮,神凝道慧,明宗真本[43],智

[027]謀特正,體質孤秀,量包乹[44]坤,識洞日月?開兩

[028]元[45]大義,示自性[46]各殊;演三際[47]深文,辯因緣[48]瓦[49]

[029]合。誅耶祐正,激濁揚清。其詞蕑[50],其理直,其行

[030]正,其證真。六十年內,開示方便。感四聖[51]以為

[031]威力,騰七部[52]以作舟航;應三宮而建三尊[53],法

[032]五明而列五級[54]。妙門殊特,福被存亡也。按

[033]《摩訶摩耶經[55]》云:"佛滅度后一千三百年,袈裟

[034]變白,不受染色。"[56]《觀佛三昧海經》云:"摩尼光佛

[035]出現世時,常施光明,以作佛事。"[57]《老子化胡經》[58]云:

[036]"我乘自然光明道氣,飛入西那王[59]界蘇隣

[037]國中,示為太子,捨家入道,号曰摩尼。轉大法輪[60],

[038]說經、戒[61]、律、定、慧[62]等法,乃至三際及二宗門。上

[039]從明界,下及幽塗,所有衆生,皆由此度。摩尼

[040]之後,年垂五九,我法當盛者。"五九四十五,四

[041]百五十年,教合傳於中國。至晉[63]太始二年正

[042]月四日,乃息化身[64],還歸真寂[65]。教流諸國,接化

[043]蒼生。從晋太始至今開十九歲,計四百六十

[044]年,證記合同,聖跡照著。教闡明宗,用除暗

[045]惑;法開兩性,分別為門。故釋經云[66]:"若人捨分

[046]別,是則滅諸法;如有修行人,不應共其住。"又

[047]云:"鳥[67]歸虛空,獸歸林藪,義歸分別[68],道歸涅

[048]槃[69]。"不覈宗本,將何歸趣?行門真實,果證三宮。

[049]性離無明,名為一相。今此教中,是稱解脫[70]。略

[050]舉微分,以表進修。梵本[71]頗具,此未繁載。

[051]形相儀第二。

[052]摩尼光佛,頂圓十二光王[72]勝相,體傗[73]大明無

[053]量秘義。妙形特絕,人天無比。串以素帔,倣四

[054]淨法身[74]。其居白座,像五金剛[75]地。二界合離,初

[055]后旨趣,宛在真容,觀之可曉。諸有靈相,百千

[056]勝妙,寔難傗陳。

[057]經圖儀第三　　凡七部并圖一

[058]第一,大應輪部　　譯云《徹盡萬法根源智經》[76]

[059]第二,尋提賀部　　譯云《淨命寶藏經》[77]

[060]第三,泥萬部　　譯云《律藏經》,亦稱《藥藏經》[78]

[061]第四,阿羅瓚[79]部　　譯云《秘密法藏經》[80]

[062]第五,鉢迦摩帝夜部　　譯云《證明過去教經》[81]

[063]第六,俱緩部　　譯云《大力士經》[82]

[064]第七,阿拂胤部　　譯云《讚[83]願經》[84]

[065]大門荷翼圖一　　譯云《大二宗圖》[85]

[066]　　右七部大經[86]及圖。摩尼光佛當欲降代,

[067]　　衆聖賛[87]助,出應有緣,置法之日,傳受五級。

[068]　　其餘六十年間,宣說正法,諸弟子等隨[88]

[069]　　事記錄,此不載列。

[070]五級儀第四。

[071]第一,十二慕闍　　譯云"承法教道者"[89]

[072]第二,七十二薩波塞　　譯云"侍法者",亦號"拂多誕"[90]

[073]第三,三百六十默奚悉德　　譯云"法堂主"[91]

[074]第四,阿羅緩　　譯云"一切純善人"[92]

[075]第五,耨沙喭　　譯云"一切淨信聽者"[93]

[076]　　右阿羅緩已上,並素冠服,唯耨沙喭一

[077]　　位,聽仍舊服。如是五位,稟受相依,咸遵教

[078]　　命,堅持禁戒,名解脫路。若慕闍犯戒,即

[079]　　不得承其教命。假使精通七部,才辯卓

[080]　　然,為有僁[94]違,五位不攝。如樹滋茂,皆因其

[081]　　根,根若憊[95]者,樹必乾枯。阿羅緩犯戒,視

[082]　　之如死,表白眾知,逐令出法。海雖至廣,不[96]

[083]　　宿死屍[97],若有覆藏,還同破戒。

[084]寺宇儀苐五。

[085]經圖堂一　　齋講堂一　　礼[98]懺堂一　　教授堂一

[086]病僧堂一

[087]　　右置五堂,法衆共居,精修善業,不得別立

[088]　　私室廚庫。每日齋食,儼然待施,若無施

[089]　　者,乞丐以充。唯使聽人,勿畜奴婢及六畜

[090]　　等非法之具。

[091]每寺尊首,詮蕳三人

[092]第一,阿拂胤薩　　譯云"讃顁首",專知法事[99]

[093]第二,呼嚧喚　　譯云"教道首",專知奬勸[100]

[094]第三,遏換健塞波塞

[095]　　譯云"月直",專知供施。皆須依命,不得擅意[101]

[096]出家儀苐六

[097]初辯二宗[102]

[098]求出家者,須知明暗各宗,性情懸隔,若不辯

[099]識,何以修為?

[100]次明三際

[101]　　一初際　　二中際　　三后際

[102]初際[103]者,未有天地,但殊明暗。明性智慧,暗性

[103]愚癡,諸所動靜,無不相背。

[104]中際[104]者,暗既侵明,恣情馳逐;明来[105]入暗,委質

[105]推移。大患猒[106]離於形體,火宅[107]頗求扵[108]出離。勞

[106]身救性,聖教固然,即妄為真[109],孰敢聞命?事須

[107]辯折,求解脫緣。

[108]后際[110]者,教化事畢,真妄歸根。明既歸於大明,

[109]暗亦歸於積暗,二宗各復,兩者交歸。

[110]次觀四穽法身。

[111]四法第七[111]

2.2　校釋

【1】寫本的"徳"字,《大正藏》作"德";下文相同情況者,不再逐一指出。在此的"大德"是借自漢譯佛經的術語,即梵語 bhadanta 的意譯。在印度是對佛、菩薩或高僧的敬稱;但在中國,則不以此稱佛、菩薩,而只用以敬稱高僧。到了隋唐時代,則對於從事佛經翻譯的人都特稱為"大德";顯然,文書在此所謂的"大德",即是用這一義。

【2】"拂多誕"本是摩尼教次級教職名稱的音譯(意為"主教";參看本文書的 072 行),但在此的文意,顯然將它視作了譯經者的本名。漢人的這類誤解頗多,如《佛祖統紀》卷 39 謂延載元年(694),"波斯國人拂多誕持《二宗經》偽經來朝",也是將"拂多誕"視作了個人的名字。

【3】寫本的"詔"字,《大正藏》作"詔";下文相同者不再指出。

【4】"集賢院",為唐代始設的官署名。最初,開元五年在乾元殿寫經、史、子、集四部書,設置乾元院使。翌年,改其名為"麗正修書院";至開元十三年,又改名為"集賢殿書院",通常稱為"集賢院"。而

該機構的官職,則有賢學士、直學士、侍讀學士、修撰官等,並以一名宰相為學士知院,一名常侍為副知院事,掌管經籍的刊輯校理。後世的宋、金、元等朝代都大致上沿襲其制。

【5】寫本的"圡"字,《大正藏》作"土";下文相同者,不再逐一指出。

【6】寫本的"苐"字,《大正藏》作"第";下文相同者不再指出。

【7】佛夷瑟德烏盧詵,為中古波斯語 *frēstag-rōšan* 或帕提亞語 *frēštag-rōšan* 的音譯。*frēstag / frēštag* 義為使者、大使、天使等;*rōšan* 則義為光明,故在此的"佛夷瑟德烏盧詵"即"光明使者"之意。

【8】文書在此註云"本國梵音也",意指"佛夷瑟德烏盧詵"為梵語的譯音。但這顯然是誤釋,因為如前註所示,此詞的語源為中古波斯語或帕提亞語。之所以會有這樣的誤解,是因為古代的漢人不太了解西域的各種語言,往往將來自南亞、西亞、歐洲等地的"西方語言"籠統地稱之為他們比較熟悉的"梵語"。

【9】寫本的"眀"字,《大正藏》作"明";下文相同者不再指出。

【10】寫本的"号"字,《大正藏》作"號";下文相同者不再指出。

【11】"法王",借自漢譯佛經的術語:梵語 dharma-rāja 的意譯。或者作為佛陀的尊稱,因他為法門之主,故稱"法王";或者作為菩薩的尊稱;也可作為冥界閻魔王的別名,因其依法判定冥界眾生之罪,故名。當然,摩尼教文書在此的"法王",顯然是借用了第一義,即是指其教主摩尼;並加修飾詞"具智",即謂他是無所不知的"法王"。施微寒的德譯文 allwissender Gesetzeskönig (*Chinesische Manichaica*, p. 69),基本上準確地反映了這含義。

【12】"摩尼光佛",早就頻繁見於漢譯佛經中的稱號。通常認為,這是摩尼教傳入中國之後,才借用的與其教主名號諧音的一個漢文名稱。然而,依我之見,很可能摩尼教教主早在創教之前,就借鑒了佛教的某些觀念,為自己取了一個與梵語 maṇi(珍珠、寶珠)讀音十分相近的名號 Mani,因為梵語 maṇi 的象徵意義為"光明""真知"等,與摩尼教

的觀念非常接近。[1]

【13】寫本的“无”字,《大正藏》作“無”;下文相同者不再指出。

【14】“醫王”,借自漢譯佛經的術語。是為佛、菩薩的尊稱,蓋因他們能醫治眾生的心病,為一切良醫之最,故稱為“醫王”。[2]

【15】“應身”“化身”“法身”本是漢譯佛經的重要術語,為“三身”(梵語 trayaḥ kāyāḥ)的諸種說法之一。“應身”為梵語 saṃbhoga-kāyā 之意譯,又稱“應佛”“應身佛”等,是指佛陀為教化眾生,順應眾生之機性而顯現之佛身,相好具足,威光殊勝;另有說法謂此即“化身”,或者以“報身”取代“應身”而為“三身”之一。又,“化身”為梵語 nirmāṇa-kāya 之意譯,是佛為六道眾生所化現的龍、鬼等非佛形之身。“法身”為梵語 dharma-kāya 之意譯,是佛之自性真身。當然,摩尼教文書在此提到應、化、法三身,應該沒有什麼特殊的含義,而只是借用佛教之說,指出“摩尼光佛”乃是其教主的多種稱號之一。

【16】“二耀”,亦作“二曜”,即是指日、月。

【17】“三體”,從字面上看,是相當於上文提到的“應”“化”“法”這樣“三身”。但是,這實際上與佛教毫不相干,而當是指摩尼教的三個重要神靈——三位一體(Trinity)的明父、明子、淨風,或當是摩尼教漢語文書中多次提到的“三常”。

【18】寫本的“敵”字,《大正藏》作“敵”;下文相同者不再指出。

【19】寫本的“虗”字,《大正藏》作“虛”;下文相同者不再指出。

【20】寫本的“毉”字,《大正藏》作“醫”。

【21】文書在此的“老君託孕”之說,就如下文的許多內容和辭句一樣,都引自道教的《老子化胡經》。而與“老君托孕”相關的說法是:太上老君(老子)“從常道境駕三氣雲,乘於日精,垂芒九耀,入於玄妙玉

[1] 相關論述可參看拙文《“摩尼光佛”與“摩尼”考辨》(載《傳統中國研究集刊》第4輯,2008年1月),以及《東方摩尼教研究》上篇第1章《“摩尼”名號的源流》。

[2] 有關摩尼教、佛教和基督教之“(大)醫王”之特點和異同的研究,可參看馬小鶴《摩尼教與古代西域史研究》一書中的《摩尼教、基督教、佛教中的“大醫王”研究》節。

女口中,寄胎為人。"[1]

【22】"釋迦受胎"之說,相當於《老子化胡經》中這樣的內容:"我令尹喜,乘彼月精,降中天竺國。入乎白淨夫人口中,託廕而生,號為悉達。捨太子位,入山修身,成無上道,號為佛陀。"[2]

【23】寫本的"𤉣"字,《大正藏》作"象";下文相同者不再指出。

【24】所謂的"波斯婆毗長曆",當是指古波斯所使用的長達12000年的一種紀元,即,將12000年劃分成12個千年,每個千年則以黃道十二宮之一命名。"婆毗"的語原可能是*Bābēl*,在中古波斯語和帕提亞語中拼寫成*b' byl*。

【25】"訥",指的婆毗長曆中的第11千年,亦即以寶瓶座(Aqurius)命名的千年。其漢語古音讀若**ndoʹ*,當是中古波斯語、帕提亞語、粟特語中的*dōl*的音譯。

【26】"魔謝",系指婆毗長曆中的第12千年,即以雙魚(Pisces)命名的千年。其漢語古音讀若**mbwâ-sia*,當是帕提亞語m' sy' g = māsya(g)的音譯,義爲"魚"。由於中古波斯語的"魚"爲māhīg,故知供本文翻譯的原件並非中古波斯語。

【27】"蘇隣",被認爲即是Suristan的譯音。在波斯薩珊王朝時期,該名有兩種含義:一是指稱波斯的Surestan省,大致上相當於今天的敘利亞;此外,亦用以指稱薩珊的Surestan城,亦即今之庫法(Kufa),位於波斯的Middle Bih-Kavad省。

【28】在阿拉伯語文獻中,摩尼父親的名字讀作Fatiq或Futtuq;在伊朗語文書中作Pateg或Patī-g;在拉丁語文獻中作Pattikios。所以,文書在此所謂的"跋帝"應該即是此名的譯音;至於"王宮"云云,可能只是夸張之說,意在抬高摩尼的社會地位。不過,或謂摩尼之父源出安息王朝貴族之一的Hashkaniyya家族;果然,則摩尼與安息王室有親緣關係之說也不無道理。

---

[1]見《老子化胡經》敦煌文書,載《敦煌道藏(全五冊)》第四冊,李德範,輯,中華全國圖書館文獻縮微複製中心,1999年,2073頁。

[2]見《老子化胡經》,2066－2077頁。

【29】“金薩健”則是 Kamsar(a)gān 的譯音,據稱此家族爲安息王朝的王室後裔,公元四世紀的亞美尼亞史籍經常提及。[1]

【30】“滿豔”,是摩尼母親的名號之一 Mar Marjam(或作 Mār Maryam、Marmaryam)的音譯。按西方的非漢語文獻記載,摩尼之母出自安息王朝的貴族,其異名頗多,如 Mays、Mes、Utâchîm、Marmarjam 以及 Karossa 等。

【31】寫本的“泯”字,《大正藏》作“泯”。

【32】寫本的“胷”字,《大正藏》作“胸”;下文相同者不再指出。

【33】在此的“胸前化誕”云云諸事,《閩書》描寫得更為具體:“摩尼佛,名末摩尼光佛,蘇隣國人。又一佛也,號具智大明使。雲老子西入流沙,五百餘歲,當漢獻帝建安之戊子,寄形棕暈。國王拔帝之后,食而甘之,遂有孕,及期,擘胸而出。”[2]

【34】寫本的“凢”字,《大正藏》作“凡”;下文相同者不再指出。

【35】寫本的“頴”字,《大正藏》作“願”;下文相同者,不再逐一指出。在此所謂的“三願”,可能借自漢譯佛經的術語,本指三種誓願,但解釋紛多,或指阿彌陀佛四十八願所分的三類——攝淨土願、攝法身願、攝眾生願;或指阿彌陀佛四十八願中有關修因往生的第十八、十九、二十這樣三願;或指菩薩所起的三願——願使一切眾生知佛法、願以無厭之心為眾生說法、願捨身命護持正法;如此等等。但是,摩尼教文書顯然只是借用了“三願”之形式,而未用其內容;不過,究竟何所指,則不甚了了。

【36】寫本的“寂”字,《大正藏》作“寂”;下文相同者不再指出。在此所言的“四寂”,也見於另一份摩尼教漢語文書《下部讚》,是為摩尼教的重要教義之一,亦稱“四寂法身”“四處身”等。通常認為,此即指“清淨、光明、大力、智慧”四者。

【37】文書所謂的“五真”,不知其確切的含義。疑其“真”字借自

[1]參看 W. B. Henning, *The Book of the Giants*, *in W. B. Henning Selected Papers II* (Acta Iranica 15), Leiden, 1977, p.115, note 4,書名下簡稱 *Giants*。

[2]見《閩書》卷7《方域志 · 華表山》,171-172頁。

佛教術語:佛教之“真”有“真諦”之義;“真土”義為諸佛真身所居的淨土;“真子”指稱諸菩薩,意為信順佛法,堪紹佛業的如來繼承者。鑒於此,“五真”似是喻指摩尼教的“五妙身”,因為後者既是主神大明尊分裂而出的“五體”(也可視作其“子”,即五種次級神靈),也是明界的五種國土,也是五種微妙品性(相、心、念、思、意)。

【38】“無畏”,當是借自漢譯佛經的術語:梵語 vaiśāradya 之意譯,謂佛、菩薩說法時具有無所怖畏的自信,勇猛安穩。但是,佛教有“四種無畏”“六種無畏”“十種無畏”等說,似乎未見“八種無畏”說。如果“八種無畏”出自摩尼教的獨特教義,卻也未見其他文獻有類似說法。

【39】寫本的“偹”字,《大正藏》作“備”;下文相同者不再指出。

【40】這裏的“天”當是借自漢譯佛經的術語,意指天界或天上的神祇,梵語 deva 的意譯。當然,摩尼教文書在此所用的“天”,只是泛指本教的神靈。

【41】“拔苦與樂”,即是漢譯佛經術語“慈悲”的另一種表述:“慈”(梵語 maitrya 之意譯)即慈愛眾生並給予快樂,亦即“與樂”;“悲”(梵語 karuṇa 之意譯)即同感其苦,憐憫眾生,並拔除其苦,亦即“拔苦”。

【42】寫本的“諛”字,《大正藏》作“諛”,當為誤辨。

【43】寫本的“夲”字,《大正藏》作“本”;下文相同者不再指出。

【44】寫本的“乹”字,《大正藏》作“乾”。

【45】“兩元”,指摩尼教的基本教義“二宗”,即光明、黑暗兩大要素。

【46】“自性”,借自漢譯佛經的術語:梵語 svabhāva 之意譯。指自體的本性,即諸法各自具有真實不變、清純無雜的個性。然而,文書實際上是以此指稱摩尼教的基本教義之一“靈魂”或“光明分子”,在其他漢語文書中也稱“明性”“佛性”。有關這些觀念的討論,可參看拙著《東方摩尼教研究》中編第三章《“佛性”與“靈魂”》。

【47】“三際”,指摩尼教的基本教義,即世界經歷的三個漫長階段:初際、中際、後際。本文書下文將具體描述這“三際”。

【48】“因緣”,借自漢譯佛經的術語:梵語 hetu-pratyaya 的意譯。

"因",指引生結果的直接內在原因;"緣",指由外來相助的間接原因。

【49】寫本的"瓦"字,《大正藏》作"瓦"。

【50】寫本的"簡"字,《大正藏》作"簡"。

【51】"四聖",當是借自漢譯佛經的術語。原指聲聞、緣覺、菩薩、佛這樣四類聖者,位於十界中的上四界,都已脫離煩惱,斷絕輪迴之苦。文書的本意當然不是用以指稱佛教的神靈,但究竟何所指,前人似無確切的說法。亨寧疑其指"四福音書"(Four Gospels),即《馬太福音》《馬可福音》《路加福音》和《約翰福音》,為《新約》的第一部分,耶穌的生平事蹟[1],顯然也是沒有根據的。我以為,此"四聖",或許是指摩尼教的四位高級神靈,因為從文書的文意來看,似乎是謂摩尼受"四聖"的感化而獲得無窮威力。

【52】"七部",當即是指摩尼親自撰寫的七部著作,這在文書下文的"經圖儀第三"節中有具體的記述。

【53】無論是佛教還是道教的術語中,似乎都無與文書此意相仿的"三宮"術語;而在諸摩尼教漢語文書中,稱"宮"者只有"日宮""月宮"等名。按摩尼教之神學,"光明分子(靈魂)"被拯救後,是經過日宮、月宮的進一步淨化,才最終回歸"故鄉"明界的。那麼,這"三宮"是否是指日宮、月宮和明界這三個神聖之所呢?果然,則"三尊"便當是這三處的主宰神了,亦即明界的大明尊、日宮的第三使、月宮的耶穌。

【54】"五明",當是指摩尼教神學中的"五明子",亦即先意(Primal Man)召喚出的五個"兒子"(光明五要素):氣(Ether)、風(Wind)、光(Light)、水(Water)、火(Fire)。而所謂的"五級",亦即文書下面"五級儀第四"一節列出的摩尼教信徒所分成的五個級別(類別):慕闍、拂多誕、默奚悉德、阿羅緩、耨沙喭。

【55】寫本的"経"字,《大正藏》作"經";下文相同者不再指出。

【56】《摩訶摩耶經》(梵語 *Mahāmāyāsūtra*),一稱《佛昇忉利天爲

〔1〕見 G. Haloun& W. B. Henning, "The Compendium of the Doctrines and Styles of the Teaching of Mani, the Buddha of Light", p.191, note 33a.

母說法經》,上、下兩卷,南朝簫齊時釋曇景譯,收載於《大正藏》第12冊。此經漢文原語稍異於《儀略》所引,作"千三百歲已,袈裟變白,不受染色"。[1]

【57】《佛說觀佛三昧海經》(梵語 *Buddhāvalokanasamādhisāgara-sūtra*),共10卷,東晉時佛陀跋陀羅譯,收載於《大正藏》第15冊。此經漢文原語稍異於《儀略》所引,作"摩尼光佛出現世時,常放光明,以作佛事,[度脫人民]"。這裏所引佛經"[摩尼光佛]常放光明"諸語,亦如前引《摩訶摩耶經》"袈裟變白"的用意一樣,摘取佛經中早已存在的某些辭句,移植為摩尼教的"預言"。"摩尼光佛"只是漢譯佛經中的大量佛號之一,與摩尼教的教主絲毫無涉;若要談及二者的關係,至多是摩尼教在某個時期借用了這一佛教因素而已。[2]

【58】《儀略》所引《老子化胡經》的基本內容出自卷1即《序說》。此為文書P.2007,與文書P.2004(即卷10)的錄文一起收載於《大正藏》第54冊。但是,《敦煌道藏》收載的《老子化胡經》殘卷更多:除了上述二文書外,還包括卷1的另一版本殘片(文書S.1857)、卷2殘片(S.6963)以及卷8殘片(P.3404)。[3]

【59】寫本之"那"字,《大正藏》作"那"。至於寫本的"王"字,雖然右下有一小點,但色澤極淡,不似書法之"點",卻更似污漬。但是,敦煌文書《老子化胡經》(S.1857和P.2007)同句卻都清楚地寫作"玉"字(見《老子化胡經》,2077頁和2083頁)。所以,恐怕"蘇隣國"確是在

[1] 這裏所引《摩訶摩耶經》"袈裟變白,不受染色"之語,本是指佛教"末法期"來臨之兆:按佛家之制,出家者應穿染有青、黑、木蘭等"不正色"的袈裟,而在家者才穿白衣;若出家者穿白衣,那是犯戒的嚴重行為。因此,當袈裟"變白"之際,便是正法毀滅的徵兆。經文此語便是預言釋尊涅槃1300年後,佛教的"末法時期"即將來臨。但是,摩尼教文書引用此經,卻只是要"證明",在釋尊涅槃1300年後,摩尼教要流行了,因為摩尼教即以穿白色法服為特色。顯然,摩尼教文書只是斷章取義地借用佛經的片言只語來為本教的流行制造"理論根據"。

[2] 有關摩尼教與佛教之"摩尼光佛"稱號的關係,可參看拙文《"摩尼光佛"與"摩尼"考辨》,載《傳統中國研究集刊》第4輯,2008年1月。

[3] 文書P.2007與S.1857的相應段落與《儀略》所引者略有出入,茲錄於此,以資比照:"我乘自然光明道氣,從真寂境,飛入西那玉界蘇隣國中,降誕王室,示為太子,捨家入道,號末摩尼。轉大法輪,說經、誡、律、定、慧等法,乃至三際及二宗門,教化天人,令知本際。上至明界,下及幽塗,所有眾生,皆由此度。摩尼之後,年垂五九,金氣將與,我法當盛。"

"西那玉"而非"西那王"的界內。依我之見,由於"蘇隣"大致相當於敘利亞之地,故這一"西那玉"或為"敘利亞"的音譯名。正文只是為了確切展示寫本的原貌,才仍作"西那王"的。

【60】"轉法輪",漢譯佛經的術語,梵語 dharma-cakra-pravartana 之意譯,謂釋尊為令眾生得道而說法。Cakra 本為印度古代的戰車,故用轉動戰車即可擊敗敵人來譬喻佛宣說教法即能破除眾生的迷惑。所以,佛家的"轉法輪"通常便是喻指宣說佛法,降魔、度眾[1]。當然,摩尼教文書在此借用的"轉大法輪",是指摩尼光佛宣說摩尼教的教法。

【61】寫本的"戒"字,《大正藏》作"戒";下文相同者不再指出。

【62】在此的"經""戒""律""定""慧",都是借自漢譯佛經的術語。"經",梵語 sūtra 的意譯;佛教聖典總括為經、律、論三類,而"經"則主要包括釋尊的教法演說。"戒",梵語śila 之意譯,指行為、習慣、道德等,但一般都指好的行為、道德。"律",梵語 vinaya 之意譯,為調伏、滅、善治等義,亦即制伏、滅除諸多過惡之意,指由佛陀制定,修道者必須遵奉的生活規範的禁戒。"定",梵語 samādhi 之意譯,指心不散亂的修行所達到的特殊精神狀態。"慧",梵語 prajnā 之意譯,指推理、判斷事理的精神作用;"慧"與"戒""定"二者合稱"三學",是佛教的重要教義之一。

【63】寫本的"晋"字,《大正藏》作"晋";下文相同者不再指出。

【64】"化身",借自漢譯佛經的術語,梵語 nirmāṇa-kāya 之意譯,指佛為利益眾生而變現的種種形相之身,是為"三身(應身、法身、化身)"之一。但摩尼教文書在此所用的含義,當然是指摩尼在俗世的肉身。

【65】"真寂",借自漢譯佛經的術語,通常指佛陀的涅槃。文書在此當然是指摩尼的去世。

【66】所謂"釋經云"的兩段引文,似不見於今藏的漢文佛經,疑為摩尼教文書的作者或譯者的杜撰。

【67】寫本的"鳥"字,《大正藏》作"烏",當以寫本為正。

---

〔1〕參看慈怡主編《佛光大辭典》,6619 頁,"轉法輪"條。

【68】“分別”,漢譯佛經的術語,梵語 vikalpa 之意譯,指心及心所(精神作用)對境起作用時,取其相而思維量度之意。

【69】“涅槃”,漢譯佛經的術語,梵語 nirvāṇa 之意譯,指燃燒煩惱之火滅盡,完成悟智的境地,亦即超越了生死,是佛教修行的終極目標。

【70】“解脫”,漢譯佛經的術語,梵語 vimokṣa 之意譯,指由煩惱束縛中解放而出,超脫迷苦的境地,與“涅槃”“圓寂”的含義相通。摩尼教文書借用此詞,則是指“光明分子(靈魂)”脫離邪惡肉體的束縛,回歸明界。

【71】在此所言的“梵本”,當然是指本文書所翻譯的原本;但是如上文指出的那樣,“梵”字只是伊朗語的别稱,而不可能是真正的梵語。此外,從本文書大量引用漢語經文原話的現象來看,這份摩尼教漢語文書與所謂的“梵本”,不太可能是比較嚴格的“翻譯本”,而至多是體現原本之要旨的“編譯本”,因為非漢語的“梵本”幾無可能直接引用漢譯佛經,甚至漢人直接編寫的經典。

【72】按佛教之說,阿彌陀佛成就光明無量之願,其威神為最尊第一。為了讚歎其光明的智體及德用,分列了 12 種稱號:無量光佛、無邊光佛、無礙光佛、無對光佛、燄王光佛、清淨光佛、歡喜光佛、智慧光佛、不斷光佛、難思光佛、無稱光佛、超日月光佛這樣的“十二光佛”。[1] 文書在此則使用了“十二光王”之稱,以描繪摩尼的形象。因此,疑文書借用了佛教贊頌阿彌陀佛的類似方式,來贊頌本教地位最崇高的摩尼。

【73】寫本的“俻”字,《大正藏》作“備”;下文相同者不再指出。

【74】“四淨法身”,當同於“四寂法身”“四處身”等,為摩尼教的重要教義之一,即“清淨”“光明”“大力”“智慧”四者。

【75】寫本的“㓻”字,《大正藏》作“剛”。“金剛”是漢譯佛經的重要術語之一,梵語 vajra 之意譯,謂“金中最剛”,銳利而能摧毀一切,常用來譬喻佛法的最高智慧,能清除一切魔障。所以,文書在此所謂的“五金剛地”,疑指摩尼教展示重要教義的術語“五種國土”(Five

〔1〕參看慈怡主編《佛光大辭典》,334－336 頁,“十二光佛”條。

Worlds)，亦即相應的"五妙身"或"五體"——相、心、念、思、意[1]。

【76】"應輪"，相當於科普特文獻中的 εὐαγγέλιον；當是中亞摩尼教徒對' *wnglywn* 一詞的不正確發音的翻譯。意爲"偉大福音"(Great Gospel)或"偉大生命福音"(Great Living Gospel)。

【77】"尋提賀"，當是中古波斯語 *smṯyh'* (源自阿拉米語，讀若 simtīhā)的音譯。意爲"生命寶藏"(Treasure of Life)。

【78】"泥萬"，當是中古波斯語 *dēwān*(* *dēβān*，或波斯語 *dīvān*)的音譯，意爲"檔案"(archive)。此經或可相當於"使徒書信集"(*The Epistles*)：在中古波斯語中，每一封書信稱為一個 dyb（或 dib)，整個書信集便稱 dipi-pāna[2]。

【79】寫本的"瓚"字，《大正藏》作"瓚"。

【80】"阿羅瓚"，當是中古波斯語或帕提亞語 *Rāzān* 的音譯，意爲"秘密"(Secrets)；此書相當於科普特語文書中的 τά τῶν μυστηρίων (三書，*The Three Books*)。

【81】"鉢迦摩帝夜"，相當於科普特文獻中的 Πραγματεία(Pragmateia)的音譯，意爲"論述、論文"。

【82】"俱緩"，乃是中古波斯語和帕提亞語 Kawān 的音譯，即《巨人書》(*The Book of the Giants*)的書名。

【83】寫本的"讃"字，即今通用的"讚"。

【84】"阿拂胤"，乃是中古波斯語 *āfrīn*(源自帕提亞語 *āfrīwan*)的音譯，意爲"祈禱文"。亨寧稱，名為 Qšudagān āfrīwan 的祈禱書是摩尼所撰，迄今仍可見到少量粟特語、波斯語和帕提亞語的文書殘片[3]。

【85】"大門荷翼"，即"偉大的門荷翼"，相當於科普特文獻提到的一本畫冊，名爲 Εἰκών，它是以圖畫形式來描繪摩尼的教導，特別是表達明、暗兩宗。有人指出，該書的帕提亞語名稱是 *Ārdhang*，意爲"圖

---

[1]有關這些概念的辨析，可參看拙文《摩尼教"五妙身"考》，載《史林》，2004 年第 6 期。

[2]說見 W. B. Henning, "A Pahlavi Poem", in *BSOAS*, Vol. 13, No. 3, 1950, p. 644, note 7。

[3]參看 Tsui Chi (tr.), *Mo Ni Chiao Hsia Pu Tsan*, "*The Lower (Second?) Section of the Manichaean Hymns*", *BSOAS XI*, 1943, p. 217。

畫”。而該名的幾個已經走樣的形式仍保留在波斯語文獻中,如“摩尼的 Ertenk”便相當著名;它的一份抄本至 11 世紀末還見於 Ghazna。一位可信的波斯作者載云:“據說摩尼能在一塊白綢上畫這樣一條線,只要抽出白綢上的一根絲,他所畫的整條線就會消失不見。他是包含各種圖畫的一本書的作者,這書被稱為《摩尼的 Erženg》,收藏於 Ghaznīn 的寶庫中。”[1]此書顯然也是摩尼的一本重要書著,只不過是用圖畫來講解摩尼教的教義而已。

【86】摩尼親自撰寫的著述,通常都說成是七種,故文書在此所言的“七部大經”即是指這七種書。按科普特語《讚美詩》的描述內容,這七種著述與《儀略》所載者基本相同,即:Great Gospel(偉大福音)、Treasure of Life(生命寶藏)、Pragmateia(論文集)、Book of the Mysteries(神秘書)、Book of the Giants(巨人書)、Book of his Letters(書信集),以及兩本 Psalms(讚美詩)[2];似乎二者只是在次序的排列上略有不同。

【87】寫本的“賛”字,即今通用的“贊”。

【88】寫本的“隨”字,《大正藏》作“隨”;下文相同者不再指出。

【89】“慕闍”爲音譯名,相當於粟特語 *mwj' q*、突厥語 *mwck*、帕提亞語 *'mwc' g*(*ammōžāg*)以及中古波斯語 *hmwc' g*(*hammōzăg*)等,其含義都是“導師”[3]。

【90】“薩波塞”,乃是中古波斯語和帕提亞語詞 *'spsg*(*ispasag*)的音譯名,義爲“主教”(bishop)[4]。“拂多誕”,即是粟特語 *'ft' δ' n*(*aftāδan*)的音譯名,義爲“主教”。[5]

【91】“默奚悉德”,乃中古波斯語 *mhystg*(*mahistag*)或同義詞 *m'*-

---

[1]引文見 G. Haloun& W. B. Henning, “The Compendium of the Doctrines and Styles of the Teaching of Mani, the Buddha of Light”, p. 210。

[2]參看 C. R. C. Allberry, *A Manichaean Psalm-Book* (*Part II*), Stuttgart, 1938, $46^{20}-47^{1}$

[3]參看 Peter Bryder, *Transformation*, p. 3。

[4]參看 Mary Boyce, *A Word-List of Manichaean Middle Persian and Parthian*, (*Acta Iranica*, 9*a*), E. J. Brill, 1977, p. 22。

[5]參看 W. B. Henning, *Einmanichäisches Bet-und Beichtbuch*, in *APAW* 1936, Nr. 10, pp. 3–143; also *W. B. Henning Selected Papers I* (Acta Iranica 14), E. J. Brill, 1977, pp. 417–557, p. 533。

ns' r' r 的音譯名,義爲"長老"[1]。

【92】"阿羅緩",乃中古波斯語 *'rd' w' n* (*arδāwān*) 之音譯名,原義爲"公正""正義",後被摩尼教用爲"選民"(專業候選者)的同義詞[2]。摩尼教將信徒分成兩種類型,一種是"選民"(Elect 或 Perfect),他們必須過嚴格的獨身生活,專門從事宗教修煉和向民眾布道、説教,其成員有男有女。選民大體相當於佛教的"出家"僧人,他們要比"在家"的信徒更容易獲得"拯救"。

【93】"耨沙喭",當是帕提亞語 *n*(*i*)*γōšāgān* 之音譯(義爲"聽者",即指摩尼教之普通信徒),而非中古波斯語 *niyōšāgān* 之音譯[3]。"聽者"(Auditor 或 Hearer),是為在家信徒,可以結婚、生育。他們除了根據教規具有一定的宗教生活外,還有一個重要的職責,就是為選民提供飲食,而不能讓選民自己種植和製造食品,否則就是犯罪。所以,對於聽者而言,選民是相當神聖的,不能得罪。

【94】寫本的"慦"字,《大正藏》作"愆"。

【95】寫本的"僫"字,《大正藏》作"傯"。

【96】殘卷的第一部分至此結束。

【97】在此的"海雖至廣,不宿死屍"一語是個譬喻,其真正意思是:摩尼教雖然智慧寬廣,足以改造其他思想,但是對於污染的黑暗卻是決不容忍的;從而引申為本段文字所體現的決不姑息犯戒之人的意思。至於這一譬喻的出典,則見於摩尼教的寓言故事,如粟特語文書在談到"宗教(即摩尼教)與大海"的譬喻故事時,便稱"大海"決不容納"污物";而"大海"即是"宗教(摩尼教)"的喻稱[4]。

【98】寫本的"礼"字,《大正藏》作"禮"。

【99】"阿拂胤薩",爲中古波斯語 *āfrīnsar* 的音譯,"祈讚者之首"。

---

[1]參看 Mary Boyce, Word-List(此爲 A Word-list of Manichaean Middle Persian and Parthian 一書的簡稱,下同), p. 57。

[2]參見 Mary Boyce, Word-List, p. 14。

[3]說見 G. Haloun& W. B. Henning, "The Compendium of the Doctrines and Styles of the Teaching of Mani, the Buddha of Light", p. 195, note 65 及 p. 212。

[4]有關該文書的譯釋,見本書中編第七章。

其同義的帕提亞語名詞爲'*frywnsr*。

【100】"呼嚧喚",是中古波斯語 *xrwhxw'n*（*xrōhxwān*）的音譯名,義爲"布道師"。

【101】"遏換健塞波塞",爲兩個中古波斯語詞彙 *rw'ng'n*（*ruwānagān*）和'*sp'syg*（*ispāsīg*）的音譯,前者義爲"靈魂工作",即"聽者"爲"選民"提供食品等事,後者義爲"僕人""侍者"[1]。

【102】"二宗",即是光明、黑暗兩大要素。按摩尼教的觀念,這是勢不兩立的兩個要素,沒有任何調和的餘地。凡是善良的、完美的、理智的和有秩序的,都歸之為"光明"的品性;相反,凡是邪惡的、愚癡的、紊亂的和物質的,都歸之於"黑暗"的品性。摩尼教的信徒們這樣譬喻二宗:光明與黑暗的區別,猶如國王與豬。光明居於華麗、舒適的王宮中,黑暗則像豬一樣生活在污泥中,喜歡使用污穢物。

【103】按摩尼教的神學,所謂的"初際"就是指"過去"這一時期,亦即目前這個可見世界尚未存在的時期;在此期間,二宗(光明、黑暗)完全分離,光明之界居北方、東方和西方,黑暗之界則位於南方。在此期間,光明與黑暗是互不相干的。

【104】所謂的"中際"是指"現在"時期,是光明與黑暗互相混雜,並持續鬥爭的時期。更具體一些說,由於暗魔垂涎於明界的美妙,起貪婪之心,侵入了明界,遂開啟了明、暗之爭。但是,因明尊猝不及防(或謂故意"誘敵"),所遣的神靈起初未能戰勝暗魔,反而遭暗魔吞食。嗣後,若干明界神靈雖然擊敗了暗魔,回收了被其吞食的部分光明分子,但也未能解救全部光明。這樣,就導致了漫長的"拯救"光明分子的明暗鬥爭過程。目前的人類便是被暗魔(肉體)束縛光明分子(靈魂)的生物,他們生生世世(不斷輪迴)追求的終極目標,便是使得被束縛的"靈魂(光明分子)"脫離肉體,最終回歸明界;而這種解脫的最好方式即是獲得"靈知"(真理)。

---

[1]參見 Mary Boyce, *Word-List*, pp. 22, 79,以及 Samuel N. C. Lieu, *Manichaeism in Central Asia and China*, 1998, p. 86。

【105】寫本的“来”字,《大正藏》作“來”。

【106】寫本的“猒”字,《大正藏》作“厭”。

【107】“火宅”,借自漢譯佛經的術語,梵語 ādiptāgāra 之意譯,“火”,喻指五濁等各種迷惑之苦,“宅”則喻指衆生所居的三界;故“火宅”是指迷界衆生所居的三界,亦即人類生活的俗世。

【108】寫本的“扵”字,《大正藏》作“於”。

【109】在此的“妄”“真”之說,也是借自漢譯佛經的術語。蓋按佛教教義,一切法有真、妄二者:隨無明之染緣而生起之法為“妄”,隨三學之淨緣而生起之法為“真”。文書則以此來喻指摩尼教的二宗:“真”為光明,“妄”為黑暗。

【110】所謂的“後際”是指“未來”時期,即是“光明”獲得最終勝利,“黑暗”被永遠地投入黑獄,兩大要素再度分離的階段。

【111】寫本上隱約可見四字的部分殘跡,據文意推測,當為“四法第七”,故錄如正文;《大正藏》則未錄。

3 《下部讚》[1] 校釋

3.1 正文

[001]□□□□□□□□□□布[1]思一舡[2]里思咄烏嚧詵伊烏嚧詵難□[3]

[002]□□□□□□□□□□□布思三舡里思咄黶[4]引所嫁反伊所紇耶嘓[5]布

[003]□□□□□□□□□□□伊嗚嚧詵于呬所倒五奴嚕阿勿倒六奴嚕

[004]□□□□□□□□□吉反八[6]門倔利呼唵吽九謀蘇吽噎而坭緩十奴嚧呼詘欝

[005]□□□□□□反引聲[7]涅薩底十一拂羅辝[8]所底十二欝喏夷嘓紗嘐[9]嗚嚧詵[10]十三[11]

[006]□□□[12]覽讚[13]夷數[14]文

[007]敬[15]礼[16]稱讚常榮樹,衆寶庄[17]嚴妙无[18]比。擢質弥[19]綸充世界,枝[20]桒[21]花果[22]□□□。

[008]一切諸佛花閒[23]出,一切智惠菓中生。能[24]養五種光明子[25],能降五種貪魔□[26]。

[009]心王清淨恒警覺,與信悟者增記念。如有進發堅固者,引彼

〔1〕在此使用的"寫本"是原件的照相影印本,收載於中國社會科學院歷史研究所、中國敦煌吐魯番學會敦煌古文獻編輯委員會、英國國家圖書館、倫敦大學亞非學院合編《英藏敦煌文獻(漢文佛經以外部分)》第4卷,四川人民出版社,1991年,第143－157頁。

令安平正路。

[010]我今蒙開佛性[27]眼,得覩四處[28]妙法身。又蒙開發佛性耳,能聽[29]三常[30]清淨音[31]。

[011]是故澄心禮稱讚,除諸乱[32]意真實言。承前不覺造諸僣[33],今時懇懺罪銷滅。

[012]常榮寶樹性命海,慈悲聽我真實啓[34]:名隨方土[35]无量名,伎隨方土无量伎。

[013]一切明[36]性慈悲父,一切被抄憐愍母。今時救我離豺狼,為是光明夷數許[37]。

[014]大聖自是无盡藏,種種珎[38]寶皆充滿。開施一切貧乏者,各各隨心得如意。

[015]大聖自是苐[39]二尊,又是苐三能譯者[40]。與自清淨諸眷屬,宣傳聖旨令以[41]悟。

[016]又是苐八光明相[42],作導[43]引者倚[44]託者。一切諸佛本相貇[45],一切諸智心中王。

[017]諸寶嚴者真正覺,諸善業[46]者解[47]脫門。與抄掠者充為救,與纏縛者[48]能為解。

[018]被迫迮者為寬泰,被煩惱[49]者作歡喜。慰愈一切持孝人,再蘇一切光明性。

[019]我今懇切求哀請[50],願[51]離肉身毒火海。騰波沸湧无暫停,魔竭出入吞舩[52]舫。

[020]元是魔宮羅刹國[53],復是稠林[54]蘆筆澤。諸悪[55]禽獸交横走,藴集毒虫[56]及蚖蝮。

[021]亦是悪業貪魔躰[57],復是多形卑訢斯[58];亦是暗界五重坑[59],復是无明五毒院;

[022]亦是无慈三毒[60]苗,復是无惠五毒泉。上下寒熱[61]二毒輪[62],二七兩般十二殿[63]。

[023]一切魔男及魔女,皆從肉身生緣現。又是三界[64]五趣[65]門,復是十方諸魔口。

[024]一切魔王之暗母,一切惡業之根源,又是猛毒夜叉[66]心,復是貪魔意中念。

[025]一切魔王之甲仗,一切犯教之毒網[67],能沉[68]寶物及商人,能翳日月光明佛[69]。

[026]一切地獄[70]之門戶,一切輪迴[71]之道路,徒搖常住涅槃[72]王,竟被焚燒囚永獄。

[027]今還与[73]我作留難,枷鏁[74]禁縛鎮相縈。令我如狂復如醉[75],遂犯三常四處身。

[028]大地草木天星宿,大地塵沙及細雨,如我所犯諸愆咎,其數更多千万[76]倍。

[029]廣惠庄嚴夷數佛,起大慈悲捨我罪。聽我如斯苦痛言,引我離斯毒火海。

[030]願施戒[77]香解脫水,十二寶冠衣纓珞。洗我妙性離塵埃,嚴餝[78]淨躰令端正。

[031]願除三冬三毒結[79],及以六賊[80]六毒風。降大法春榮性地,性樹花菓令滋茂。

[032]願息火海大波濤,暗雲暗霧諸繚蓋。降大法日普光輝,令我心性恒明淨。

[033]願除多劫昏癡病,及以魍魎諸魔鬼。降大法藥速毉[81]治。噤以神呪駈[82]相離。

[034]我被如斯多鄣礙,餘有無數諸辛苦。大聖鑒察自哀矜[83],救我更勿諸災惱。

[035]唯願夷數降慈悲,解我離諸魔鬼縛。現今處在火坈中,速引令安清淨地。

[036]一切病者大毉王[84],一切暗者大光輝,諸四散者勤集聚,諸失[85]心者令悟性[86]。

[037]我今以死願令蘇,我今已暗願令照。魔王散我遍十方,引我隨形染[87]三有[88]。

[038]令我昏醉无知覺,遂犯三常四處身。无明癡愛鎮相縈,降大

法藥令瘳愈。

[039]大聖速申慈悲手,桉我佛性光明頂。一切時中恒守護,勿令魔黨來相害。

[040]與我本界已前歡,除我曠劫諸煩惱[89],盡我明性妙庄嚴,如本未沉貪欲境。

[041]復召清淨妙光輝,衆寶庄嚴新淨土,琉璃紺色新惠日,照我法身淨妙[90]國。

[042]大聖自是吉祥時,普曜我等[91]諸明性。妙色世閒无有比,神通變現復如是:

[043]或現童男微妙相,癲發五種雌魔類;或現童女端嚴身,狂亂五種雄魔黨[92]。

[044]自是明尊憐愍[93]子,復是明性能救父;自是諸佛宂[94]上兄,復是智惠慈悲母。

[045]讚夷數文第二疊

[046]懇切悲嘷誠心召,滿面[95]慈悲真實父!顛捨所造諸僁咎,令離魔家詐親厚。

[047]无上明尊力中力,无上甘露[96]智中王,普施衆生如意寶[97],接引離斯深火海。

[048]懇切悲嘷誠心召:救苦平断无顏面!乞以廣敷慈悲翅,令離能踃諸魔鳥[98]。

[049]无知肉身諸眷屬,併是幽邃坑中子。內外堛塞諸魔性,常時害我清淨躰。

[050]一切惡獸无能比,一切毒虵何能類。復似秋末切風霜,飄落善業諸□□[99]。

[051]懇切悲嘷誠心召:美業具智大毉王!善知識[100]者逢瘳愈,善慈悲者遇歡樂。

[052]有礙无礙諸身性,久已傷沉生死海,肢節四散三界中,請聚

還昇超万有。

[053]更勿斷絕正法流,更勿抛擲諸魔口。降大方便慈悲力,請蘇普厄諸明性。

[054]莫被魔軍刼抄将[101],莫被怨[102]家重來煞。以光明翅慈悲覆,捨我兩[103]般身性罪。

[055]唯願降大慈悲手,按我三種淨法身[104]。除蕩曠劫諸繚縛,沐浴曠劫諸塵垢。

[056]開我法性光明眼,无礙得覩四處身;无礙得覩四處身,遂免四種多辛苦。

[057]開我法性光明耳,无礙得聞妙法音;无礙得聞妙法音,遂免万[105]般虛妄曲。

[058]開我法性光明口,具歎三常四法身;具歎三常四法身,遂免渾合迷心讚。

[059]開我法性光明手,遍觸如如四寂[106]身;遍觸如如四寂身,遂免沉抡[107]四大厄[108]。

[060] 解我多年羈絆足,得履三常正法路;得履三常正法路,速即到抡安樂國。

[061]令我復本真如心,清淨光明常閒寂;清淨光明常閒寂,永離迷妄諸顛倒。

[062]願我常見慈悲父,更勿輪迴生死苦。諸根已淨心開悟,更勿昏癡无省覺。

[063]我今依止大聖尊,更勿沉迷生死道。速降光明慈悲手,更勿棄擲在魔類[109]。

[064]懇切悲嘷誠心啓:降大慈悲恒遮護,恕我曠劫諸愆咎,如彼過去諸男女。

[065]我是大聖明羔子,垂淚含啼訴冤屈。卒被犲狼諸猛獸,劫我離善光明牧。

[066]降大慈悲乞收採,放入柔濡光明群,得預[110]秀岳法山林,遊行自在常无畏。

［067］復是大聖明槃[111]種，被擲稠林荊棘中。降大慈悲乞收採，聚向法場光明窖。

［068］復是大聖蒲萄枝，元植法薗清淨菀[112]，卒被葛勒籐相遶，抽我妙力令枯悴。

［069］復是大聖膏腴地，被魔羢[113]蒔五毒樹；唯希法钁利刀鐮，斫伐焚燒令清淨。

［070］其餘惡草及荊棘，願以戒火盡除之。榮秀一十五種苗，申暢一十五種本[114]。

［071］復是大聖新妙衣，卒被魔塵來坌染；唯希法水洗令鮮，得預法身清淨躰。

［072］懇切悲嘷誠心啓：衆寶莊嚴性命樹，冣上无比妙毉王，平安淨業具衆善。

［073］常榮寶樹性命海，基址堅固金剛[115]躰，莖[116]幹真實无妄言，枝條脩巨常歡喜。

［074］衆寶具足慈悲菓，甘露常鮮不彫果，食者永絕生死流，香氣芬芳周世界。

［075］已具大聖冀長生，能蘇法性常榮樹。智惠清虛恒警覺，果是心王巧分別。

［076］懇切悲嘷誠心啓：具智法王夷數佛！令我肉身恒康預，令我佛性无繚[117]汙；

［077］一切時中增記念，令離能吞諸魔口；令離能吞諸魔口，永隔惡業貪魔[118]□；

［078］放入香花妙法林，放入清淨儒羔群，令我信基恒堅固，令我得入堪褒譽。

［079］懇切悲嘷誠心啓：慈父法王性命主！能救我性離災殃，能令淨躰常歡喜。

［080］作寬泰者救苦者，作慈悲者捨過者，与我明性作歡[119]愉，与我淨躰作依止，

［081］能摧刀山及劍樹，能降師[120]子嚛蚖蝮！難治之病悉能除，

難捨之㤙[121]令相離。

[082]我今决執法門幢,大聖慈愍恒遮護! 慇懃稱讚慈父名,究竟

珎重願如是!

[083]歎无常[122]文　末思信[123]法王為暴君所逼,囙[124]即製之。

[084]告汝一切智人輩,各聽活命真實言:具智法王忙你[125]佛,咸皆顯現如目前。

[085]我等既蒙大聖悟,必須捨離諸㤙愛,決定安心正法門,勤求涅槃[126]超火[127]海。

[086]又告上相福德[128]人,專意勤求解脫者,努力精袊[129]勿閑暇,速即離諸生死怕。

[087]一切世界非常住,一切倚託亦非真,如彼磧中化城閣,愚人奔逐喪其身。

[088]世界榮華及尊貴,以少福德自在者,如雲湧起四山頭,聚以風吹速散罷。

[089]臭穢肉身非久住,无常時至並破毀;如春花菓暫榮柯,豈得堅窂[130]恒青翠?

[090]當造肉身由巧匠,即是虛妄惡魔王,成就如斯窟宅已,網捕明性自潛藏。

[091]无㤙飢火充連鏁,殺害衆生无停住,終日食噉諸身分,仍不免拎生死苦。

[092]積聚一切諸財寶,皆由惡業兼妄語。无常之日並悉留,仍與明性充為杻。

[093]先斷无明㤙愛欲,彼是一切煩惱海。未來緣彼受諸殃,現世充為佛性械。

[094]苦哉世間衆生類,不能誠信尋正路,日夜求財不暫停,皆為肉身貪魔主。

[095]肉身破壞魔即出,罪業殃及清淨性。隨所生處受諸殃,良為

前身業不正。

[096]愛惜肉身終須捨，但是生者皆歸滅；一切財寶及田宅，意欲不捨終相別。

[097]縱得榮華扵世界，摧心須猒[131]生死苦；捨除憍慯[132]及非為，專意勤脩涅槃路。

[098]生時裸形死亦尒[133]，能多積聚非常住。男女妻妾嚴身具，死後留他供別主。

[099]逈獨將羞並惡業，无常已後擔背負；平等王[134]前皆屈理，却配輪迴生死苦。

[100]還被魔王所綰攝，不遇善緣漸加濁；或入地獄或焚燒，或共諸魔囚永獄。

[101]歌樂儛[135]啖[136]諸音樂，喫噉百味營田宅，皆如夢見皎還无，子細思惟无倚託。

[102]世諦暫時諸親眷，豈殊客館而寄住[137]？暮則衆人共止宿，旦則分離歸本圡。

[103]妻妾男女如債主，皆由過去相侵害；併是慈悲怨家賊，所以意分還他力。

[104]食肉衆生身似塚，又復不異无底坑，枉煞无數群生類，供給三毒六賊兵。

[105]佛性湛然閉在中，煩惱逼迫恒受苦。貪婬饑火及先殃，无有一時不相責。

[106]世界漸惡恒忩[138]迫，上下相管无歡娛，衆生唯加多貧苦，富者魔駈无停住。

[107]脩[139]善之人極微少，造惡之輩无邊畔。貪婬饞魔熾燃王，縱遇善緣却退散。

[108]對面綺言恒相競，元无羞恥及怕懼。扵聖光明大力惠，非分加諸虛妄語。

[109]衆生多被无明覆，不肯勤脩真正路；謗佛毀法慯真僧，唯加損害不相護。

[110]汝等智人細觀察:大界小界[140]作由誰?建立之時緣何造?損益二條須了知。

[111]一切有情[141]諸形類,世界成敗安置處,如此並是秘密事,究竟万物歸何所?

[112]善業忙你具開楊,顯說一切諸性相;汝等尋求解脫者,應須覺了諦思量。

[113]布施[142]持齋勤讀誦,用智分別受淨戒,憐愍怕懼好軌儀,依回此力免災隘。

[114]踴躍堅牢扵正法,勤佟智惠如法住。共捨一切惡軌儀,決定安心解脫處。

[115]寧今自在為性故,能捨一切愛欲習。無常忽至來相逼,臨時懊惱悔何及?

[116]子細尋思世間下,無有一事堪憑在。親戚男女及妻妾,无常之日不相替。

[117]唯有兩般善惡業,隨彼佛性將行坐。一切榮華珎玩具,无常之日皆須捨。

[118]智者覺察預前脩,不被魔王生死侵。能捨恩愛諸榮樂,即免三毒五欲[143]沉。

[119]普願齊心登正路,速獲涅槃淨國土。七厄[144]四苦[145]彼元无,是故名為常樂處[146]。

[120]普啓讚文　末夜暮闍[147]作

[121]普啓一切諸明使,及以神通清淨衆,各乞愍念慈悲力,捨我一切諸僁咎。

[122]上啓明界常明主,並及寬弘[148]五種大[149],十二常住寶光王[150],无數世界諸國土。

[123]又啓奇[151]特妙香空,光明暉輝清淨相,金剛寶地元堪譽,五種覺意荘[152]嚴者。

[124]復召初化顯現尊，具相法身諸佛母，與彼常勝先意[153]父，及以五明歡喜子[154]。

[125]又召樂明第二使[155]，及与尊重造新相[156]，雄猛自在淨法風[157]，并及五等驍健子[158]。

[126]復召道師三丈夫[159]，自是第二尊廣大，夷數與彼電光明[160]，并及湛然大相柱[161]。

[127]又召日月光明宮，三世諸佛[162]安置處，七及十二大舩主[163]，并餘一切光明衆。

[128]復召十二微妙時，吉祥清淨光明躰，每現化男化女身，殊特端嚴无有比。

[129]又召五等光明佛，水火明力微妙風，并及淨氣柔和性[164]，並是明尊力中力。

[130]復召富饒持世主，雄猛自在十天王，勇健大力降魔使，忍辱地藏與催明[165]。

[131]又召閻默[166]善思惟，即是夷數慈悲想，真實斷事平等王，并及五明清淨衆。

[132]復召特勝花冠者，吉祥清淨通傳信，㝢初生化諸佛相，及與三世慈父等。

[133]又召喚應警覺聲[167]，并及四分明兄弟，三衣三輪[168]大施主，及与命身卉木子。

[134]復召四十大力使[169]，並七堅固庄嚴柱[170]，一一天界自扶持，各各盡現降魔相。

[135]又召普遍忙你尊，閻默惠明[171]警覺日，從彼大明至此界，敷楊正法救善子。

[136]詮柬十二大慕闍，七十有二拂多誕，法堂住處承教人，清淨善衆並聽者。

[137]又詮新人十二躰，十二光王及惠明，具足善法五淨戒[172]，五種智惠五重院。

[138]一切諸佛常勝衣，即是救苦新夷數，其四清淨解脱風，真實

大法證明者。

[139]又召善法群中相,上下內外為依止,詮柬一切本相貇,上中下界无不遍。

[140]復告實空一切衆,大力敬信尊神輩,及諸天界諸天子,護持清淨正法者。

[141]又召善業尊道師,是三明使真相皃[173],自救一切常勝子,及以堅持真實者。

[142]復召光明解脫性,一切時中无盡藏,及彼最後勝先意,並餘福德諸明性。

[143]我今諦信新明界,及与扵中常住者,唯願各降慈悲力,蔭覆我等恒觀察。

[144]我今專心求諸聖,速與具足真實願,解我得離衆災殃,一切罪鄣俱銷滅。

[145]敬礼清淨微妙風,本是明尊心中智,恒於四處光明宮,遊行住止常自在。

[146]清淨光明大力惠,我今至心普稱歎,慈父明子淨法風,并及一切善法相。

[147]一切光明諸佛等,各願慈悲受我請,與我離苦解脫門,令我速到常明界。

[148]又歎善業終道衆,過去未來現在者,各開清淨甘露口,吐大慈音捨我罪。

[149]末夜今終此歎偈,豈能周悉如法說? 而扵聖凡諸天衆,咸願无殃罪銷滅。

[150]復召一切諸明使,及以神通清淨衆,各降[174]大慈普蔭覆,拔除我等諸僁咎。

[151]清淨光明力智惠,慈父明子淨法風,微妙相心念思意,夷數電明廣大心。

[152]又召真實平等王,能戰勇健新夷數,雄猛自在忙你尊,並諸清淨光明衆。

[153]一切善法群中相,一切時日諸福業！普助我等加勤力,功德速成如所願！

[154]次偈宜從依梵

[155]伽路師羅吂[一]伽路師立无羅[二]伽路師阿嘍訶[三]啊耶詑哩吵【175】[四]伽路師奧卑嘌【176】[五]

[156]伽路師奧補忽[六]伽路師奧活時雲喍[七]欝于而勒[八]嗚【177】嚧嘫而雲咖(引)[九]欝

[157]佛呬不哆(舌頭)漢沙嘫[十]毉羅訶耨呼邏[十一]毉羅訶紇弥哆【十二夷薩烏【178】盧

[158]詵[十三]祚路欝于呬[十四]伽路師[十五]伽路師[十六]【179】

[159]稱讚忙你具智王　諸慕闍作

[160]稱讚忙你具智王,自是光明妙寶花,擢幹弥輪超世界,根果通身並堪譽。

[161]若人能食此果者,即得長生不死身;或復嘗彼甘露味,內外莊嚴令心憘。

[162]即是衆生倚託處,策持令安得堅固,能与我等无生滅,豈不齊心稱讚禮?

[163]珎重珎重慈父名！究竟究竟願如是！

[164]一者明尊　舡羅延佛【180】作

[165]一者明尊,二者智惠,三者常勝,四者歡喜,五者勤修,六者真實,

[166]七者信心,八者忍辱,九者直意,十者功德,十一者齊心和合,

[167]十二者內外俱明。荘嚴智惠,具足如日,名十二時,圓滿功德。

[168]收食單偈　大明使釋

[169]一者无上光明王,二者智惠善母佛,三者常勝先意佛,四者歡喜五明佛,

[170]五者勤修樂明佛,六者真實造相佛,七者信心淨風佛,八者忍辱日光佛,

[171]九者直意盧舍那,十者知恩夷數佛,十一者齊心電光佛,十二者惠明荘嚴佛[181]。

[172]身是三世法中王,開楊一切秘密事;二宗三際性相義,悉能顯現无疑滯。

[173]收食單偈　第二疊

[174]无上光明王智惠,常勝五明元歡喜,勤心造相恒真實,信心忍辱鎮光明,

[175]宜[182]意知恩成功德,和合齊心益惠明:究竟究竟常寬泰!稱讚稱楊四處佛!

[176]初聲讚文　夷數作　義理幽玄,宜從依梵

[177]于嗯喝思嗱[一]蘇昏喝思嗱[二]慕嚅嘟落[183]思嗱[三]唵呼布喝思嗱[四]嗏夷里弗哆

[178]喝思嗱[五]阿羅所底弗哆喝思嗱[六]佛呬弗哆喝思嗱[七]呼于里弗哆喝思嗱[八]

[179]許[184]布哩弗哆喝思嗱[九]呼史拂哆喝思嗱[十]唿哩啊吽你弗哆喝思嗱[十一]唿吽哩弗哆喝思嗱[十二]呼咊无

[180]娑矣弗哆喝思嗱[十三]遏[185]咾[186]以弗多喝思嗱[十四]弭呬哩麼你弗多喝思嗱[十五]

［181］舥呼咊喝思嘸十六阿雲舥㖿詵喝思嘸十七阿拂哩殞喝思嘸十八薩哆

［182］舌中嘷詵喝思嘸十九雲舥囉吽于而嘞喝思嘸二十咈㒒[187]唛烏盧詵喝思嘸[188]烏盧詵喝思嘸廿一止訶舌根

［183］哩娑布哩弗哆惣與前同[189]

［184］歎諸護法明使文　子黑哆忙你電達[190]作　有三疊

［185］烏列弗哇阿富覽[191]，彼驍踴使護法者，常明使衆元堪譽，願降大慈護我等！

［186］无上貴族輝耀者，蓋覆此處光明群！是守牧者警察者，常能養育軟羔子。

［187］真断[192]事者神聖者，遊諸世間㝡自在，能降黑暗諸魔類，能滅一切諸魔法。

［188］進途善衆常提桀[193]，於諸善業恒祐助；與聽信者加勤力，於諸時日為伴侶。

［189］又復常鑒淨妙衆，令離怨嗔濁穢法；勤加勇猛无閑暇，令離魔王犯網毒。

［190］寥萠一切諸明性，自引入於清淨法；訶罰惡業諸外道，勿令損害柔和衆。

［191］光明善衆加榮樂，黑暗毒類令羞恥；下降法堂清淨處，自榮善衆離怨敵。

［192］顯現記驗為寬泰，能除怕懼及戰慄[194]；持孝善衆存慰愈，通傳善信作依止。

［193］滅除魔鬼雜毒焰，其諸虛妄自然銷。備辦全衣具甲仗，利益童男及童女。

［194］一切魔事諸辛苦，如日盛臨銷暗影。常作歡樂及寬泰，益及一切善法所。

［195］接引儭贈不辞[195]勞，利益觸處諸明性。歡樂寬泰加褒譽，

普及同鄉光明衆。

[196]唯願驍勇諸明使,加斯大衆堅固力。自引常安泰寬處,養育我等增福業。

[197]歎諸護法明使文　第二疊

[198]護正法者誠堪譽,所謂大力諸明使。无上光明之種族,普扵正法常利益。

[199]如有重惱諸辛苦,聖衆常蠲離淨法。碎[196]散魔男及魔女,勿令對此真聖教。

[200] 能除寇敵諸暗種,安寧正法令无畏,救拔羔子離豺狼,善男善女寧其所。

[201]芸除恶草淨良田,常自鑒臨使增長。弱者築之加大力,慓[197]者偶之使无懼。

[202]同鄉真衆須求請,如響[198]應聲速來赴。一切時中築淨衆,其樂性者常加力。

[203]造恶業者令羞恥,修善業者令歡喜。清淨法門令寬泰,又復常加大寧靜。

[204]我實不能具顯述,此歎何能得周悉?勇族所作皆成辦,伎藝弥多難稱說。

[205]尊者即是劫傷[199]怒思[200],其餘眷屬相助者,一切時中應稱讚,為是究竟堪譽者。

[206]唯願今[201]時聽我启,降大慈悲護我等,任巧方便[202]自遮防,務得安寧離怨敵。

[207]唯願法門速寬泰,巍巍堂堂无鄣礙,我等道路重光輝,遊行之處得无畏。

[208]歡樂慕闍諸尊首,乃至真心在法者,各加踴躍及善業,必扵諸聖獲大勝。

[209]歎諸護法明使文　第三疊

[210]諸明使衆恕我等,慈父故令護我輩。无上善族大力者,承慈父命護正法。

[211]既於明群充牧主,所有苦難自應防。是開法者終道者,法門所至皆相倚。

[212]護樂性者棄世榮,並請遮護加大力。柔濡羔子每勤收,光明淨種自防被。

[213]法田荊棘勤犁伐,令諸苗實得滋成。既充使者馳驛者,必須了彼大聖旨。

[214]復興法躰元无二,平安護此善明群。世界法門諸聖置,専令使衆常防護。

[215]既充福德驍踴者,實勿輕斯真聖教。頭首大将耶俱孚[203],常具甲仗摧逆[204]黨。

[216]大雄淨風能救父,勅諸言教及戒約。福德勇健諸明使,何故不勤所應事?

[217]勿懷懈怠及變異,莫被類於犯事者。必須如彼能牧主,掣脫羔兒免狼虎。

[218]彼大威聖降魔將,是上人相常記念。元化使衆自莊嚴,故令護法作寬泰。

[219]今請[205]降魔伏外道,以光明手持善衆,勤加勇猛常征罰,攻彼迷徒害法者。

[220]清淨善衆持戒人,各顯加歡及慈力。我今略述名伎藝,諸明使衆益法者。

[221]其有聽衆相助人,與法齊安无鄣礙。救拔詮者破昏徒,摧伏魔尊悅淨衆。

[222]歎无上明尊偈文　法王作之

[223]我等常活明尊父,隱密恒安大明處。高拎人天自在者,不動國中儼然住。

[224]為自性故開惠門,令覺生緣涅槃路。巧示我等性命海,上方下界明暗祖。

[225]微妙光輝內外照,聚集詮蔄善業躰。魔王惡黨覓[206]怒嗔,恐明降暗不自在。

[226]苦哉世閒諸外道,不能分別明宗祖,輪迴地獄受諸殃,良為不尋真正路!

[227]告汝明群善業輩,及能悟此五明者,常須警覺淨心田,成就父業勿閑暇。

[228]分別寥蔄諸性相,及覺明力被捉縛。拎此正法決定修,若能如是速解脫。

[229]世界諸欲勿生貪,莫被魔家絅所着[207]。堪譽惠明是法王,能收我等離死錯。

[230]照曜內外无不曉,令我等類同諸聖。恬寣仙藥與諸徒,餌者即獲安樂逕[208]。

[231]鍊拎淨法令堪譽,心意荘嚴五妙身。智惠方便教善子,皆令具足无不真。

[232]奇特光明大慈父,所集善子回祖力。搥鐘擊皷[209]告衆生,明身離縛時欲至。

[233]究竟分折[210]明暗力,及諸善業並惡敵。世界天地及參羅,並由慈尊當解折。

[234]魔族永囚拎暗獄,佛家踴躍歸明界,各復本躰妙荘嚴,串戴衣冠得常樂。

[235]歎五明文　諸慕闍作　有兩疊

[236]敬歎五大光明佛,充為惠甲堅牢院。世界精華之妙相,任持

物類諸天地。

[237]一切含識[211]諸身命,一切[212]眼見耳聞音,能為骨節諸身力,能為長養諸形類。

[238]復作諸舌數種言,又作諸音數種聲。亦是心識廣大明,能除黑暗諸災苦。

[239]一切仁者之智惠,一切辯[213]者之言辤,能作身貎端嚴色,能為貴勝諸福利。

[240]復作上性諸榮顯,又作勇健諸伎能;是自在者威形勢,是得寵者諸利用。

[241]一切病者之良藥,一切覽者之和顏,能作萬物諸身酵,能為依止成所辦。

[242]復是世界榮豐稔,又是草木種種苗;春夏騰身超世界,每年每月充為首。

[243]若有智惠福德人,何不思惟此大力?常須護念真實言,恒加怕懼勿輕慢。

[244]覺察五大光明佛,緣何從父來此界。了知受苦更无過,善巧抽拔離魔窟。

[245]是即名為有眼人,是即名為智惠者。停罷一切諸惡業,遂送還於本宗祖;

[246]齋戒堅持常慎護,及以攝念恒療治;晝夜思惟真正法,務在銓澄五妙身。

[247]其有地獄輪迴者,其有劫火及長禁,良由不識五明身,遂即離於安樂國。

[248]歎五明文　第二疊

[249]復告善業明兄苐,用心思惟詮妙身,各作勇健智舩主,渡此流浪他鄉子。

[250]此是明尊珎貴寶,咸用身舩般出海,勤瑿被刾[214]苦瘡疣,久

已悲哀希救護。

[251]請各慈悲真實受,隨即依數疾還主;貴族流浪已多年,速送本鄉安樂處。

[252]端正光明具相子,早拔離抡貪欲藏;幽深苦海尋珎寶,奔奉涅槃清淨王。

[253]抽拔惡刺出瘡痍,洗濯明珠離泥溺。法稱所受諸妙供,荘嚴清淨還本主。

[254]夷數肉血此即是,堪有受者隨意取。如其虛妄違負心,夷數自微无雪路。

[255]憶念戰慓命殄[215]時,平等王前莫屈理。法相惠明餘諸佛,為此明身常苦惱。

[256]過去諸佛羅漢[216]等,並為五明置妙法。今時雄猛忙你尊,對我等前皆顯現。

[257]汝等智惠福德人,必須了悟憐愍性。勤行翳藥防所禁,其有苦患令瘳愈。

[258]戒行威儀恒堅固,持齋禮拜及讚誦。身口意業恒清淨,歌唄法言无閒歇。

[259]又復真實行憐愍,柔和忍辱淨諸根。此乃並是明身藥,遂免疼悛諸苦惱。

[260]流浪他鄉一朝客,既能延請令歡喜。荘嚴寺舍恒清淨,勤辦衣粮[217]雙出海。

[261]歎明界文　凡[218]七十八頌[219]　分四句　未冒[220]慕闍撰

[262]我等上相悟明尊,遂能信受分別說[221]。大聖既是善業躰,願降慈悲令普悅。

[263]蒙父慈念降明使,能療病性離倒錯,及除結縛[222]諸煩惱,普令心意得快樂。

[264]無幽不顯皆令照,一切秘密悉開楊。所謂兩宗二大力,若非

善種誰能祥？

[265]一則高廣非限量，並是光明无暗所。諸佛明使扵中住，即是明尊安置處。

[266]光明普遍皆清淨，常樂寂滅无動俎；彼受歡樂无煩惱，若言有苦无是處。

[267]聖衆法堂皆嚴淨，乃至諸佛伽藍[223]所；常受快樂光明中，若言有病无是處。

[268]如有得往彼國者，究竟普會无憂愁。聖衆自在各逍遙，拷捶囚縛永无由。

[269]處所庄嚴皆清淨，諸悪不淨彼元无；快樂充遍常寬泰，言有相悛无是處。

[270]无上光明世界中，如塵沙等諸國土。自然微妙寶庄嚴，聖衆於中恒止住。

[271]彼諸世界及國土，金剛寶地徹下暉，无始時來今究竟，若言震動无是處。

[272]在彼一切諸聖等，不染无明及婬慾，遠離癡愛男女形，豈有輪迴相催促？

[273]聖衆齊心皆和合，分折刀劍无由至，釋意逍遙无鄣礙，亦不顛求婬慾事。

[274]伽藍處所皆嚴淨，彼无相害及相非，生死破壞无常事，光明界中都无此。

[275]彼无怨敵侵邊境，亦无戎馬鎮郊軍；魔王縱起貪愛心，扵明界中元无分。

[276]金剛寶地極微妙，无量妙色相暉曜，諸聖安居无鄣礙，永離銷散无憂惱。

[277]聖衆嚴容[224]甚奇特，光明相照躰暉凝，將此百千日月明，彼聖毛端光尚勝。

[278]內外光明无暗影，妙躰常暉千万種，遊行勝譽金剛地，彼則无有毫氂[225]重。

[279]所着名衣皆可悅,不曰手作而成就;聖衆衣服唯鮮潔,縱久不朽无虽螋。

[280]此界名花皆採集,喻彼微妙端正相;然彼服餝更加倍,奇特荘嚴色无量。

[281]彼諸寺觀殿塔等,妙寶成就無瑕璺[226];飲食餚饍皆甘路,國圡豐饒无饑饉。

[282]琉宛[227]究竟不破壞,一戴更无脫卸期:諸聖普會常歡喜,永无苦惱及相離。

[283]花冠青翠妙荘嚴,相暎[228]唯鮮不萎落;肉舌欲歎叵能思,妙色无盡不淡薄。

[284]聖衆躰輊[229]恒清淨,手足肢節无擁塞;不造有爲生死[230]業,豈得說言有疲極?

[285]彼聖清虛身常樂[231],金剛之躰无眠睡;既无夢想及顛倒,豈得說言有恐畏?

[286]聖衆常明具妙惠,健忘无記彼元无,无邊世界諸事相,如對明鏡皆見覩。

[287]諸聖心意皆真實,詐偽虛矯彼元无,身口意業恒清淨,豈得說言有妄語?

[288]世界充滿諸珎寶,无有一事不堪譽,伽藍廣博无乏少,豈得說言有貧苦?

[289]飢火熱惱諸辛苦,明界常樂都无此,永離飢渴相惱害,彼亦无諸醎苦水。

[290]百川河海及泉源,命水湛然皆香妙,若入不漂及不溺,亦无暴水來損耗。

[291]諸聖安居常快樂,國圡堪譽不相譏,怨憎會苦彼元无,亦不面讃背[232]相毀。

[292]慈悲踴躍相憐愍,妬[233]嫉諸惡彼元无。行步速躚疾逾風,四肢癱緩无是處。

[293]神足運轉疾如電,應現十方无鄣礙。奇特妙形實難陳,諸災

病患无能害。

[294]迫迮諸災及隘難，恐懼一切諸魔事，戰伐相害及相殺，明界之中都无此。

[295]世界常安无恐怖，國土嚴淨无能俎，金剄寶地无邊際，若言破壞无是處。

[296]彼處寶樹皆行列，寶菓常生不彫朽，大小相似无虫食，青翠茂盛自然有。

[297]苦毒酸澀及黯黑，寶果香美不如是，亦不內虛而外實，表裏光明甘露味。

[298]寶樹根莖及枝菓，上下通身並甘露，香氣芬芳充世界，寶花相映常紅素。

[299]彼國園菀廣嚴淨，奇特香氣周園圃；瓦礫荊棘諸穢草，若言有者无是處。

[300]彼金剄地常暉耀，內外鑒照无不見；寶地重重國无量，徹視閒閒皆顯現。

[301]香氣氛氳周世界，純一无雜性命海，彌綸充遍无鄣礙，聖衆遊中香妙𡨭。

[302]虛空法尔无變易，微妙光雲无影礙，湛然清淨无塵翳，平等周羅諸世界。

[303]彼界寶山億千種，香烟[234]涌出百万般，內外光明躰清淨，甘露充盈无邊畔。

[304]泉源清流无閒斷，真甘露味无渾苦；聖衆充飽无欠少，若有渴乏无是處。

[305]妙風飄蕩皆可悅，和暢周迴遍十方，輕拂寶樓及寶閣，寶鈴寶鐸恒震響。

[306]光明妙火无可比，妙色清涼常暉曜，赫尒恒存不生滅，奇特暉光實難類。

[307]火躰清虛无毒熱，觸入扵中不燒煑[235]，彼无灰燼及烟煤，若言焚燎无是處。

[308]彼處殿堂諸宮室,皆非手作而成堅,不假功夫法自尒,若言修造无是處。

[309]所從寶地涌出者,皆有見聞及覺知,得覩无上涅槃王,稱讚歌楊大聖威。

[310]彼處暗影本元无,所有內外明无比,一切身相甚希竒,於寶地者恒青翠。

[311]聖衆形軀甚竒特,高廣嚴容實難思,下徹寶地无邊際,欲知限量无是處。

[312]彼聖妙形堪珎重,元无病患及災殃,有力常安无衰老,說彼无損躰恒強。

[313]若非大聖知身量,何有凡夫能筭[236]說?金剛之躰叵思議,大小形容唯聖別。

[314]聖衆色相甚微妙,放大光明无邊所,无始現今後究竟,若言身壞无是處。

[315]人天聖凡諸形類,叵有肉舌能讚彼。諸佛性相實難思,金剛寶地亦如是。

[316]聖衆常樂无疲極,珎重榮華究竟悅,身相微妙恒端正,內外莊嚴實難說。

[317]聖衆光明甚竒異,无有閒斷互相暉;彼聖齊心皆和合,若言分折元无是。

[318]諸聖嚴容微妙相,皆處伽藍寶殿閣,起意動念諸心想,普相照察无疑錯。

[319]光明界中諸聖等,其身輕利无疲重,妙形隨念游諸剎,思想顯現悉皆同。

[320]聖衆齊心恒歡喜,演微妙音无停止,讚禮稱楊无疲猒,普歎明尊善業威。

[321]讚唄妙音皆可悅,其聲清美皆安靜,上下齊同震妙響,周遍伽藍元不寧。

[322]其音演暢甚殊特,遍互歌楊述妙德。諸聖快樂皆究竟,常住

恒安无疲極。

[323]光明寶地无邊際,欲尋厓岸无是處。元无迫迮及遮護,各自逍遙任處所。

[324]聖衆齊心皆和合,元无分折爭名利,平等普會皆具足,安居廣博伽藍寺。

[325]伽藍清淨妙莊嚴,元无恐怖及留難;街衢巷陌廣嚴飭,隨意游處普寧寬[237]。

[326]一切諸魔及餓鬼,醜惡面貎及形軀,无始時來今及後,若言說有无是處。

[327]雞犬豬豕[238]及餘類,涅槃界中都无此;五類禽獸諸聲響,若言彼有无是處。

[328]一切暗影及塵埃,極樂世界都无此。諸聖伽藍悉清淨,若有昏暗无是處。

[329]光明遍滿充一切,壽命究竟永恒安。珎重歡樂元无間,慈心真實亦常寬。

[330]常樂歡喜无停息,暢悅身意寶香中,不計年月及時日,豈慮命盡有三終?

[331]一切諸聖无生滅,无常殺鬼不侵害。不行婬慾无穢婔,豈得說言有癡愛?

[332]敗壞男女雄雌躰,生死无常婬欲果,極樂世界都无此,處所清淨无災禍。

[333]光明界中諸聖尊,遠離懷胎无聚散;遍國安寧不驚怖,元无怕懼及荒亂。

[334]皆從活語妙言中,聖衆變化緣斯現。一一生化本莊嚴,各各相似无別見。

[335]國土大小皆相類,寺觀安居復无異。各放光明无限量,壽命究竟无年記。

[336]諸邊境界恒安靜,性相平等地无異。三常五大鎮相暉,彼言有暗元无是。

[337]斯乃名為常樂國,諸佛明使本生緣。无有三災[239]及八難[240],生老病死不相遷。

[338]斯乃如如一大力,忙你明使具宣示。能闡生緣真正路,聖衆普會得如是。

[339]第一　旬齋默結願用之。

[340]稱讚忙你具智王,及以五明清淨躰;稱讚一切諸明使,及以護持正法者!

[341]過去一切慈父等,過去一切慕闍[241]輩,過去一切拂多誕[242],過去一切法堂主[243],

[342]具戒男女解脫者,並至安樂普稱歎;亡沒沉輪諸聽者[244],衆聖救将達彼岸!

[343]　　　　　　　　右,三行三礼至扵亡沒聽者,任依梵音唱亡人名,然依後續。

[344]一切信施士女等,扵此正法結緣者,倚托明尊解脫門,普顯離諸生死苦!

[345]今日所造諸功德,請收明使盡迎将;一切天仙善神等,平安遊止去災殃。

[346]一切法堂伽藍所,諸佛明使顒遮防;內外安寧无鄣礙,上下和合福延長!

[347]第二　凡常日結願用之。

[348]稱讚忙你具智王,及以光明妙寶身;稱讚護法諸明使,及以廣大慈父等!

[349]慕闍常顒无礙遊,多誕[245]所至平安住,法堂主上加歡喜,

具戒師僧增福力，

[350]清淨童女策令勤，諸聽子等唯多悟，衆聖遮護法堂所，我等常寬无憂慮！

[351]　　　　右，三行三礼，立者唱了，與前偈結，即合衆同聲言“我等上相……”

[352]我等上相悟明尊，遂能信受分別說。大聖既是善業躰，顛降慈悲令普悅！

[353]　　　　若“我等上相”既了，衆人並默，尊者即誦阿拂利偈[246]，次云“光明妙身”結。

[354]光明妙身速解脫，所是施主罪銷亡[247]；一切師僧及聽子，扵此功德同榮念；

[355]正法流通得无礙，究竟究竟顛如是！

[356]此偈讚明尊訖，末後結顛用之。

[357]大真實主，十二光王，衆妙世界，微塵國玉，常活妙空，堪褒譽地，作光明者，忙你尊

[358]佛，捨諸罪，有礙无礙，或時本意，或隨他意，身口思想，諸不善業，我等善衆及諸

[359]聽者，乞懺罪已，各如本顛！

[360]此偈讚日光訖，末後結顛用之。

[361]稱讚微妙大光輝，世間𡧳上𡧳无比！光明殊特遍十方，十二時中作歡喜。大力

[362]堪譽慈悲母，驍健踴猛淨活風，十二船主五收明，及餘无數光明衆。各乞愍念慈

[363]悲力,請救普厄諸明性,得離火海大波濤,合衆究竟願如是!

[364]此偈讚盧舍舥[248]訖末後結願用之。

[365]稱讚裒譽,蘇露沙羅夷[249],具足丈夫,金剛相柱,任持世界,充遍一切,以自妙

[366]身,以自大力,利益自許,孤捿寵子。我等今者,不能具讚,唯願納受,此微

[367]啓訟,護助善衆,常如所願!

[368]此偈讚夷數訖,末後結願用之。

[369]稱讚淨妙智,夷數光明者,示現仙童女,廣大心先意。安泰一切真如性,再蘇

[370]一切微妙躰;病者為與作翳王,苦者為與作歡喜。五收明使七船主,忙你慈父

[371]光明者!捨我一切諸僁咎,合衆平安如所願!

[372]此偈讚忙你佛訖,末後結願用之。

[373]稱讚褒譽,珎重廣大,彼真實主,宂上光王,常明世界,及其聖衆,忙你法王,明

[374]尊許智,諸聖許惠,從三界外,來生死中,蘇我等性,為大翳王,作平斷

[375]者;開甘露泉,栽活命樹,救同鄉衆,收光明子,扵柔軟群,作當牧者;墻[250]塹[251]

[376]福田,滋盛苗實,扵清淨法,作守護者。敬礼威德!慚愧深恩!對无上尊,

[377]對光明衆,深領大恩,慚賀大澤。實扵我等,除大厄難,作大

歡喜;我等

[378]今者,對扵諸聖,誠心懇懺:一切從忙你佛邊所,受上方法之塩[252]印,日夜

[379]堅持,不敢輕慢;我等今者,扵一淨名,決定終行,究竟獲勝,如先本顛!

[380]此偈凡莫日[253]用為結顛。

[381]敬礼及稱讚,常加廣稱歎,讚此今時日,於諸時冣勝!諸有樂性者,今時入

[382]香水,滲浴諸塵垢,皆當如法住。稱讚大威相,充遍扵淨法;自是夷數佛,

[383]能蘇諸善種[254]。稱讚真實主,大力忙你尊,能活淨法躰,能救諸明性,

[384]顛以慈悲眼,普觀此淨衆,如斯冣小群!如斯冣小處!唯顛自遮防,恒加

[385]力提檠,礙身无礙躰,内外常加被!我等淨法男,諸堅童女輩,及以諸

[386]聽者,究竟如所顛!

[387]此偈凡至莫日,與諸聽者懺悔顛文。

[388]汝等聽者,人各跙跪,誠心懇切,求哀懺悔,對真實父,大慈悲主,十二

[389]光王,涅槃國土;對妙生空,无邊聖衆,不動不俎,金剛寶地;對日月

[390]宮,二光明殿,各三慈父[255],元堪讚譽;對盧舍舡,大荘嚴柱,五妙相身,

[391]觀音勢至[256];對今吉日,堪讚歎時,七寶香池,滿活命水。

有缺七施[257]、十

[392]戒[258],三印[259]法門,又損五分法身,恒加費用;或斬伐五種草木,或勞役五

[393]類衆生,餘有无數僁違,今並洗除懺悔;若至无常之日,脫此可猒肉

[394]身。諸佛聖賢,前後圍遶;寶船安置,善業自迎,直至平等王前。

[395]受三大勝,所謂"花冠、瓔珞萬種、妙衣串佩"。善業福德佛性,无

[396]窮讚歎。又從平等王所,幡花寶蓋、前後圍遶,衆聖歌楊。

[397]入盧舍舡境界,於其境內,道路平正,音聲梵響,周迴弥覆。

[398]從彼直至日月宮殿,而於六大慈父及餘眷屬,各受快樂无窮

[399]讚歎。又復轉引到於彼岸,遂入涅槃常明世界,與自善業,常

[400]受快樂。合衆同心,一如上願。

[401]此偈結諸唄願而乃用之。

[402]梵音唄響,詞美殊佳,善業同資,普及一切。上啓諸天聖衆:荷

[403]重光明,願降大慈,增諸福力,捨我合衆之過,及篤信聽人,於一常

[404]名,究竟安樂!

[405]此偈為亡者受供結願用之。

[406]某乙明性,去離肉身,業行不圓,恐沉苦海,唯願二大光明,五分法身,

[407]清淨師僧,大慈悲力,救拔彼性,令離輪迴,剛強之躰,及諸

地獄，鑊湯

[408]爐炭。唯願諸佛，哀愍彼性，起大慈悲，與其解脫；自引入扵光明世

[409]界本生之處，安樂之境。功德力資，依如上願。

[410]此偈你逾沙[260]懺悔文。

[411]我今懺悔所，是身口意業，及貪嗔癡[261]行，乃至縱賊毒心，諸根[262]放逸；

[412]或疑常住三寶[263]，並二大光明；或損盧舍舵，身兼五明子。扵師僧父母、

[413]諸善知識[264]，起輕慢心，更相毀謗；於七施、十戒、三印法門，若不具脩，願

[414]罪銷滅！

[415]吉時吉日，翻斯讚唄。上願三常捨過及四處法身，下願五級

[416]明群乃至十方賢悊，宜為聖言无盡，凡識有厓。梵本三千之

[417]條[265]，所譯二十餘道；又緣經、讚、唄、願，皆依四處製焉。但道明

[418]所翻譯者，一依梵本。如有樂習學者，先誦諸文，後暫示之，

[419]即知次苐；其寫者，存心勘校，如法裝[266]治；其讚者，必就明師，

[420]須知訛舛。扵是法門蕩蕩，如日月之高明；法侶行行，若

[421]江漢之清肅。唯願

[422]皇王延祚，寥寀忠誠；四海咸寧，万人安樂！

[423]下部讚一卷

3.2 校釋

【1】寫本此處殘缺,但音譯段“三”之末為“布思”,緊接著的音譯段“四”以“舡里思咄”開頭,故推測音譯段“一”之末與“二”之首,也當是“布思舡里思咄”;因此,在殘缺的音譯段“一”之末的“思”前補上“布”字。《大正藏》未補此字。

【2】“舡”即“郍”“那”的異體字。

【3】本行的最後兩字,《大正藏》未錄。但是,原件二字的左半邊依稀可辨,前一字當為“難”之左傍,因為它與第 27 頌“今還與我作留難”、第 81 頌“難治之病悉能除”等處的“難”的左傍極為相似,故補作“難”。後一字更不易辨,狀如“前”的草體,但形小,偏左。*Transformation*(p. 53)則將二字辨認作“莫前”,且以波斯語 **marzēnīd* 當其語源;顯然並不確切。

【4】寫本的“麗”字,《大正藏》作“麗”;下文相同者不再指出。

【5】寫本上的“𡂿”字依稀可辨,但是《大正藏》未錄。

【6】寫本在此雖有殘缺,但可能是作為註釋的四個小號字:“□吉反八”,故疑前三字表音,最後的“八”字則為音譯段的序號。

【7】按寫本,“反”字之前的二字均有殘跡,其中的第二字為“金”傍。

【8】寫本的“辤”,《大正藏》作“辭”;下文相同者不再指出。

【9】寫本的“嘮”字,《大正藏》作“嘍”;下文相同者不再指出。

【10】《大正藏》這三字作“□引□”,當誤。蓋因按寫本,三字中的第一、三字綽約可辨字形:前者隱約似“嗚”形,後者則狀似“詵”,故可能為“嗚嚧詵”三字。

【11】文書開首的這 5 行字,是用漢字轉寫的伊朗語詞彙的發音,*Mo Ni Chiao Hsia Pu Tsan* 以及 *Chinesische Manichaica* 均略而未譯。翁拙瑞認爲,這可能是獻給 Nrysh 神(Narisah,即漢文音譯的“舡里思”)的頌詩,而 Narisah 即是摩尼教神“第三使”(三明使)的波斯語名稱,它

可以溯源至瑣羅亞斯德教的信使臣 Nairyyosaha；至於本段的原文語言，當是伊朗語方言中古波斯語[1]。

按翁拙瑞之說，第一行諸詞的意思分別爲：兒子（布思，*pus*）、*Narisah* 神（舡里思）、光明（烏盧詵，*rōšn*）、光明的（伊烏盧詵，*īrōšn*）、誘使交媾；如前注所言，最後一詞的釋義建立在將殘缺漢字辨認爲"莫前（*marzēn*）"的基礎上，而這一辨認未必確當，故本文不取。第二行諸字的意思爲：兒子（布思）、* Naristusā 神（舡里思咄灑，寫本之"麗（=麗）"，乃是"灑"的通假）、Isaac 神（伊所紇，*Yīšog*，盡管此名未見於摩尼教文獻中）、*Jacob* 神（耶�english布，*Yācōb*；但此釋建立在將第二字辨認爲"嚖"而非"嘓"的基礎上；而按寫本，字形與"嚖"相去甚遠，故不取）。第三行的意思是：光明的（伊烏盧詵）、天堂（于呬所倒，*wahištāw*）、未知其義（奴嚕）、壓迫（阿勿倒，**awištāb*）、未知其義（奴魯）。第四行的意思全部不知，除了最後一字爲"以及"（欝，*ud*）。第五行的意思爲：未知其義（涅薩底）、始終（拂羅辭所底，*frāzišt*）、以及（欝）、永遠（喏夷嘓，*ǰāydān*）、時間（紗嚾，*zamān*）、但願如此（噢引□，**ōh* **bēh*；但此説與本文的辨認相異，姑存疑）。[2]

【12】《大正藏》在標題的"覽"前留空一個字。但是，按《下部讚》寫本的體例，全文章節的標題均頂格而書，故本標題的"覽"前應該殘缺三字。至於殘缺的最後一字的下半部，則顯現"可"形，故全字略近於"奇"字。

【13】寫本的"讃"字，即通常的"讚"；二者通假，下文相同者不再逐一指出。

【14 】"夷數"，西文通常作 Jesus，即是借用了基督教教主耶穌的名號及其基本要素，作為摩尼教的主要神靈之一。按摩尼教創世神學，他是大明尊為了解救被肉體禁錮的光明分子而"召喚"出來的，他不但使得人類的第一位男子亞當能夠識別善惡，並還不斷地解救被囚禁於人

〔1〕見 Peter Bryder, Transformation, pp. 47, 52.
〔2〕見 Peter Bryder, *Transformation*, pp. 51 – 56.

體內的光明分子(靈魂),使之脱離束縛,回歸明界。儘管 Jesus 之名借自基督教,但是他在摩尼教中所扮演的角色,卻重要和複雜得多。首先,Jesus 被確認為是摩尼之前的幾大“先知”之一,并且,摩尼只不過是他的“使徒”。其次,至少有六種不同角色的 Jesus:第一,“光輝者耶穌”(Jesus the Splendor),其職責是救贖被肉體禁錮的人類靈魂;第二,“受難耶穌”(the Suffering Jesus,或者 Jesus Patibilis),相當於被物質所囚禁的光明分子,猶如真實的耶穌在俗世受難一般;第三,“歷史的耶穌”(Historical Jesus),是人形的光明使者,前來俗世傳播真理和施行奇蹟;第四,“末世耶穌”(Eschatological Jesus),在末日審判之後和淨化剩餘光明分子之前管治人類 120 年;第五,“少年耶穌”(Jesus the Child),靈魂祈求獲救之願望的人格化,與光輝耶穌關係密切;第六,“月神耶穌”(Jesus the Moon),強調耶穌在宇宙中的地位,比之為月亮或月神。

【15】按寫本,此字依稀可辨為“敬”,但《大正藏》留空未錄。

【16】寫本的“礼”字,《大正藏》作“禮”;下文相同者不再指出。

【17】寫本的“疰”字,《大正藏》作“莊”;下文相同者不再逐一指出。

【18】寫本的“无”字,《大正藏》作“無”;下文相同者不再指出。

【19】寫本的“弥”字,《大正藏》作“彌”;下文相同者不再指出。

【20】按寫本,此字雖有塗改痕跡,卻仍可約略辨認出“枝”字;且在此作“枝”,於文義亦通。故知《大正藏》作“救”字為誤。

【21】寫本的“棻”字,《大正藏》作“葉”;下文相同者不再指出。

【22】按寫本,“果”字的上半部清楚可辨,但《大正藏》未予錄入。

【23】寫本的“閒”字,《大正藏》作“間”;下文相同者不再指出。

【24】寫本的“能”字,《大正藏》作“能”;下文相同者不再指出。

【25】“五種光明子”,即是摩尼教神學所言,大明尊為了對付暗魔的最初入侵而召喚出的次級神靈“先意(初人)”的五個“兒子”:氣、風、光、水、火,亦即光明五要素,或稱“五明子”“五明身”等,人類的“靈魂”即由他們構成。是為摩尼教的重要教義之一。

【26】因本頌的最後二字殘缺,故《大正藏》未錄。但是,施微寒則

根據文意,認為最後三字當為“貪魔子”,故德譯文作 Söhne des Gierteufels[1]。不過,這一推測未必確切。蓋因《下部讚》全文,多見“魔王”“魔鬼”“魔家”“魔男”“魔女”“魔黨”“魔類”等“魔 ×”組合,卻唯獨不見“魔子”專名;并且,第 8 頌的後兩句若作“能養五種光明子,能降五種貪魔子”,每句結尾都用“子”字,似亦不符合詩句、韻文等的用詞習慣。所以,我認為,最後三字當以“貪魔類”更為適宜。因為同一文書的第 43 頌為“或現童男微妙相,癲發五種雌魔類;或現童女端嚴身,狂亂五種雄魔黨”,則恰好聲稱“魔”有五種,故疑寫本原文的最後一句為“能降五種貪魔類”。[2]

【27】“佛性”,借自漢譯佛經的術語,為梵語 buddha dhātu 或 buddha gotra 之意譯。原指佛陀之本性,或指成佛之可能性,但在摩尼教漢語文獻中,它即相當於“明性”(“光明的本性”,英文 light nature 或 light element)、“法性”、“妙性”、“清淨性”、“真如性”等,含義十分重要,主要是指“光明分子(Light Element)”或者被肉體囚禁的“靈魂(Soul)”,亦即由明界最高神大明尊分裂出來的,與之同質的光明元素,實際上它們是“真知”“靈知”“最高智慧”的象徵。可參看本編第一章《殘經》第 3 行“明性”條註釋。

【28】“四處”,通常是指清淨、光明、大力、智慧這四者,亦稱“四寂(法身)”、“四淨(法身)”等,是為摩尼教的基本教義。可參看本編第 2 章《儀略》第 24 行“四寂”條註釋及第 54 行“四淨法身”條註釋。

【29】寫本的“聴”字,《大正藏》作“聽”;下文情況相同者不再

---

〔1〕見 Helwig Schmidt-Glintzer, *Chinesische Manichaica*, p. 11。

〔2〕當然,另有一種解釋也可供考慮:據亨寧(*The Book of the Giants*, p. 117),中古波斯語 mzn、巴拉維語 mǎzan、māzanīg、粟特語 mzny'n δyw、阿吠斯陀語 māzainya The Book of the Giants 等可譯作“怪物(monster)”或“巨魔(giant demon),或“巨大的,畸形的(gigantic, monstrous)”。鑒於此,則可推測《下部讚》所譯的非漢語原文在此使用了 Mazan 一詞,從而被音義兼譯地寫成了漢語“魔眾”。按摩尼教神學,大明尊第三次“召喚”出的神靈第三使、電光佛(明女)利用裸體的俊男美女形象,誘使雌雄魔類洩出吞食的光明分子和墮下胎兒,後者便化成了五類暗魔,分別是:雙腿類魔、四腿類魔、飛行類魔、水生類魔、爬行類魔,它們仍然禁錮著部分“五明子”。因此,“五明子”與“五類魔”始終結合在一起,不斷搏鬥,經常被同時提及。本編第一章《殘經》第 10—11 行“其五類魔,黏五明身,如蠅著蜜,如鳥被黐,如魚吞鉤”云云,便清楚地表達了這一現象。正因為這樣,本文書在此以“五種貪魔類”對應“五種光明子”,是相當適宜的。

指出。

【30】“三常”,通常多指摩尼教的“三位一體”(Trinity),即“明父—明子—淨風”。[1]

【31】《大正藏》此字未錄,但寫本上可隱約識辨“音”字。

【32】寫本的“乱”字,《大正藏》作“亂”;下文相同者不再指出。

【33】寫本的“傯”字,《大正藏》作“惚”;下文相同者不再指出。

【34】寫本的“啓”字,《大正藏》作“啓”;下文相同者不再指出。

【35】寫本的“圡”字,《大正藏》作“土”;下文相同者不再指出。

【36】寫本的“朙”字,《大正藏》作“明”;下文相同者不再指出。

【37】《大正藏》此字未錄,但按寫本,它極似“許”字,只是稍見模糊而已。

【38】寫本的“珎”字,《大正藏》作“珍”;下文相同者不再指出。

【39】寫本的“苐”字,《大正藏》作“第”;下文相同者不再指出。

【40】文書的這一節本是對夷數的讚詩,但是從本頌的稱呼看,其讚頌對象卻分明是第三使。儘管有一些奇怪,但是事實則很清楚。首先,“大聖自是第二尊”一語中的“第二尊”,即是第三使的稱號,如本文書第126頌“復啟道師三丈夫,自是第二尊廣大”,明白地稱第三使(“三丈夫”)為“第二尊”。同樣地,在摩尼教非漢語文書中,亦作類似的表述,如帕提亞語文書M 77讚頌第三使道:“我將讚頌你的光明,第二偉大者,納里沙夫神,美麗的形相,光芒四射,一切……的審判者和監察者……擁有千眼的光明。”與之相對的,夷數(耶穌)則通常被稱為“第三尊”(即“第三偉大者”),如帕提亞文書M 680讚頌耶穌道:“您已降臨,前來拯救,偉大的一切生命賦予者的生命賦予者。您已降臨,前來拯救,第三偉大者,您是我們與明尊之間的斡旋者。您已降臨,前來拯救,您是將我們的靈魂從死亡中拯救出來的救贖者。”因此,這裏的“第二尊”為第三使無疑。

其次,接著的“又是第三能譯者”句中的“能譯者”,即是“將某方之

〔1〕可參見本編第1章《殘經》第119行“三常”條註釋。

語言轉達給另一方”的意思,亦即“向衆生轉達明尊之旨意”,那麼,就是“(宗教)使者”的意思。所以,“第三能譯者”也就是“第三使(者)”。而本頌的最後一句“宣傳聖旨令以悟”,則更清楚地表達了在此的“第二尊”“第三能譯者”為大明尊之“使者”的意思。所以,不管原因如何,本頌的對象是第三使,而非夷數。

【41】按寫本,依稀可辨的殘跡為“令以”二字,且與前後諸字之義合,但是《大正藏》未錄。

【42】這裏的“第八光明相”與前一頌一樣,也是第三使的稱號。蓋按本文書第168—171頌列數的十二位“大明使”,序號第八者為“忍辱日光佛”;而第三使則是典型的日神,有時候甚至被直接稱為太陽,如《克弗來亞》稱:“它的思想是第三使,他居住在活火之舟(即太陽——引者)上,照耀著……”“它稱為太陽,……活火之舟,……第三使,第二尊……”[1]

【43】《大正藏》此字作“遵”,非是。蓋因寫本先誤為“道”,後則在字下的狹小空間添“寸”字,故實爲“導”,只是不易辨清而已。

【44】寫本的“倚”字,《大正藏》作“倚”;下文相同者不再指出。

【45】寫本之“貇”字,《大正藏》從之。但是,“貇”本爲“懇”的通假字,與“相”組合成“相貇”,於義不通。從“一切諸佛本相貇”句的上下文看,所謂的“相貇”實為“相貌”之意,崔驥英譯文爲“All the original forms and appearances of the Buddhas”[2],施微寒德譯文爲“Die ursprünglichen Glorienaller Buddhas”[3],顯然都作這樣的理解。因此,寫本的“貇”字當是“貌”字的舛訛。下文的相同情況不再指出。

【46】“善業”,借自漢譯佛經的術語,原指能夠招致善果的身、口、意業(行為、活動)。但是在摩尼教文書中,“善業”一名除了指信徒們所幹的符合教義的善事外,還指幹這些善事的人,有時甚至作為“善心

[1] 見 Iain Gardner, *Kephalaia*, 20^{17-18}, 24^{9-11},有關本文書第15頌和16頌中諸名的解釋和比定問題,可參看 Peter Bryder, *Transformation*, pp. 106 – 109。

[2] Tsui Chi (tr.), *Mo Ni Chiao Hsia Pu Tsan*, p. 177.

[3] *Helwig Schmidt-Glintzer*, *Chinesische Manichaica*, p. 12.

的""慈善的"等形容詞使用。

【47】寫本的"觧"字,《大正藏》作"解";下文相同者不再指出。

【48】寫本上的此字模糊,但依稀可辨為"者",《大正藏》則未錄。

【49】寫本的"惱"字,《大正藏》作"惱";下文相同者不再指出。

【50】寫本的"請"字,《大正藏》作"諸",當是印刷錯誤。

【51】寫本的"顛"字,《大正藏》作"願";下文相同者不再指出。

【52】寫本的"舩"字,《大正藏》作"船";下文相同者不再指出。

【53】"羅刹",借自漢譯佛經的術語,為梵語 rākṣasa 之音譯,亦作羅刹娑、羅叉娑等;意譯則作可畏、速疾鬼、護者等。是為印度古代神話中的惡魔、惡鬼之稱。而在此所言的"羅刹國",則是食人羅刹的居處,梵語 rākṣasīdvīpa 的音義混譯名。當然,本文書所謂的"羅刹國"顯然是泛指暗魔的居所。

【54】"稠林",借自漢譯佛經的術語,梵語 gahana 的意譯。本指茂密的森林,但是佛教用來喻指眾生的邪見煩惱,交絡繁茂,猶如茂密的樹林一般。如《大寶積經》曾列舉十種"稠林"之名:心行稠林、煩惱行稠林、意樂勝解行稠林、根行稠林、種種界行稠林、隨煩惱行稠林、死生行稠林、三世業報稠林、習氣煩惱行稠林、諸根行稠林[1]。摩尼教文書在此的"稠林",當然是指與摩尼教教義相悖的諸般思想觀念了。

【55】寫本的"悪"字,《大正藏》作"惡";下文相同者不再指出。

【56】寫本的"虽"字,《大正藏》作"蟲";下文相同者不再指出。

【57】寫本的"躰"字,《大正藏》作"體";下文相同者不再指出。

【58】寫本的"訢"字(《大正藏》亦同),當是"訢"(讀音為 xin)的通假字。施微寒(*Chinesische Manichaica*, p. 12)將"卑訢斯"音譯作 Pi-hsin-ssu,並釋其義爲 Bosartigkeit(惡意),其語源即梵文 vihmṣâ。此釋頗為合理,因為漢語讀音與梵語原音基本吻合。不過,《大正藏》將最後的"斯"易作"期",顯然為印刷錯誤。

按佛教教義,梵語 vihmṣâ 為心所之一,是指欲損害他人之心,屬於

[1] 參見慈怡主編《佛光大辭典》,5546 頁"稠林"條。

有部小煩惱地法之一。漢譯佛經通常作“害”。

【59】寫本的“坈”字,《大正藏》作“坑”;下文相同者不再指出。

【60】“三毒”,借自漢譯佛經的術語,是指貪慾、瞋恚、愚癡三種“煩惱”,又作“三火”“三垢”等。這三種“煩惱”是毒害眾生出世善心中的最甚者,能令有情長劫受苦而不得出離,故特稱“三毒”。摩尼教文書對於“三毒”似無具體的論述,故當是以此泛指一切有礙獲得真知而脫離暗魔羈縛的錯誤觀念。[1]

【61】寫本的“埶”字,《大正藏》作“熱”;下文相同者不再指出。

【62】按摩尼教的創世神學,當淨風創造具有天、地、日、月等的宇宙之後,貪魔也模仿之,創造了與之一一對應的黑暗世界。對於這一點,本編第一章的《殘經》第 11—27 行較具體地作了描述。因此,這裏所謂的“上下寒熱二毒輪”應該視作光明世界的黑暗對應物。那麼,它到底何所指呢?光明世界有風、水、火“三輪”,其中的水、火的品性顯然一“寒”一“熱”,因此,“二輪”應該是指“水輪”與“火輪”。而月亮和太陽的特性往往被標誌為“水”與“火”,如《克弗來亞》稱月亮為“活水之舟”,太陽為“活火之舟”[2]。那麼,這裏的“二毒輪”似可視為月亮、太陽在黑暗世界的對應物,即所謂的“暗月”和“暗日”。而摩尼教的這類說法則承襲自古代伊朗的觀念,如《創世記》早就有“在蒼穹中,暗日對付太陽,暗月對付擁有馴良動物之種的月亮”的說法[3]。

【63】“二七兩般十二殿”一句頗難理解。崔驥的英譯文作“the two-fold seven and two-fold twelve Palaces(?)”,則其中文意思當是“兩倍之七和兩倍之十二的宮殿”;但是,他顯然不能確定,故在句末附了個問號。施微寒的德譯文作“Die zweimal sieben Doppelarten und die zwölf Paläste”,意為“兩種雙倍七和十二宮殿”,也仍然不明其義。依我推

〔1〕可分別參看本編第一章《殘經》第 158 行“嗔”條、第 161 行“貪慾”條及第 164 行“愚癡”條註釋。

〔2〕見 Iain Gardner, *Kephalaia*, 64^{2-4}, 20^{17-18}等。

〔3〕見 Behramgore Tehmuras Anklesaria, Bombay, *Zand-Akasih*, *Iranian or Greater Bundahishn*, 1956; Joseph H. Peterson, Digital edition copyright, 2002, Chapter V, 4, Iranian recension, p. 63.

測，此句恐怕得和前句及整段聯繫起來理解，即，這也是指光明和黑暗兩個世界的對應物：兩種太陽和兩種月亮。首先，摩尼教的西方典籍（如科普特語文書）多稱太陽和月亮為“船”，而東方資料（如突厥語、漢語文書）則多稱它們為“宮（殿）”。其次，居於太陽的主神之一生命神（淨風）有“七船主”的稱號；而居於月亮的主神之一光明少女（電光佛）則有“十二船主”之稱（有關論證，可參看《東方摩尼教研究》下編第一章的“摩尼教的船與船主”節）。因此，“七船（宮/殿）”和“十二船（宮/殿）”便可用以喻指太陽和月亮。鑒于此，本句“二七兩般十二殿”似可解釋為“［明暗］兩種‘七殿（宮）’和‘十二殿（宮）’”，亦即光明和黑暗兩種太陽、月亮。由於《下部讚》以詩文形式撰寫，必須七個字一句，所以它只能用這種不太看得懂的“縮略語”表達了。

【64】“三界”，借自漢譯佛經的術語，為梵語 trayo dhātavaḥ的意譯，指眾生所居的欲界、色界、無色界，是為迷妄之有情在生滅變化中的流轉輪迴之所。在摩尼教文書中，“三界”則是泛指囚禁光明分子（靈魂）的一切生物所居住的俗世。

【65】“五趣”，借自漢譯佛經的術語，為梵語 pañca gatayaḥ的意譯，亦作五惡趣、五道、五有等，指一切眾生在不斷的生死輪迴中所生存的五種形態，即：地獄（naraka）、餓鬼（preta）、畜生（tiryañc）、人（manuṣya）、天（deva）。摩尼教的“輪迴”觀沒有這樣的具體概念，故“五趣”只是泛指禁錮光明分子（靈魂）的不同生物罷了。

【66】“夜叉”，借自漢譯佛經的術語，為梵語 yakṣa 的音譯，亦作藥叉、悅叉、野叉等，意譯輕捷、勇健、祠祭鬼等。此指住於地上或空中，以威勢惱害人，或守護正法的鬼類。顯然，按佛教之說，半人半神的“夜叉”有善、惡之分，但是，摩尼教文書在此所謂的“夜叉”卻是只指稱邪惡的暗魔。

【67】寫本的“綱”字，《大正藏》作“網”；下文相同者不再指出。

【68】寫本的“沉”字，《大正藏》作“沈”；下文相同者不再指出。

【69】“日月光明佛”，即是指日神和月神，他們均為摩尼教的重要神靈，尤其是月神。日神即是第三使（the Third Messenger），漢語文書

稱"日光佛"〔1〕。他是大明尊第三次"召喚"而創造的神靈,與明女(漢語文書稱"電光佛")一起,誘使雌雄諸魔洩出部分光明分子,從而創造了俗世。科普特語的《克弗來亞》曾這樣描繪這位太陽神:"它(指太陽——引者)的思想是第三使,他居住在活火之舟(Ship of the Living Fire)上,照耀著……""它稱為太陽,……活火之舟,……第三使,第二尊……""此外,他們稱第三使為'父尊'。他的尊貴即是活火明舟,他居住在此,他被安置在那裏。"〔2〕

月神即是耶穌(Jesus),亦即漢語文書中的"夷數"。儘管在漢語文書中,夷數的月神身份並不明顯,但是在摩尼教的伊朗語文書中,這一角色卻頗為明確,如中古波斯語和帕提亞語文書 M176 載云:"啊,新月從新的天堂升起! 新的歡樂降臨於新的教會。啊,美譽的耶穌,諸神之首! 您是新月,神啊,您是高貴的父尊! 啊,滿月,耶穌,美譽之主!"〔3〕

【70】"地獄",借自漢譯佛經的術語,為梵語 naraka 或 niraya 的意譯名,音譯則作捺落迦、那落迦、泥犂等。按佛教之說,"地獄"的分類十分繁複,如分"八大地獄"——等活、黑繩、眾合、號叫、大叫、炎熱、大焦熱、阿鼻;而這八大地獄又各有十六個小地獄。另有說法,僅僅阿鼻地獄(無間地獄)的小地獄就有十八寒地獄、十八黑暗地獄、十八小熱地獄、十八刀輪地獄、十八劍輪地獄、十八火車地獄、十八沸屎地獄、十八鑊湯地獄、十八灰河地獄等。諸地獄中的刑罰之多,也是驚世駭俗,多得不可勝數。另一方面,按摩尼教教義,雖然也經常提到地獄,但是其結構卻要簡單得多,地獄刑罰之酷烈也遠遜於佛教。〔4〕

【71】"輪迴",借自漢譯佛經的術語,梵語 saṃsāra 或 jātimarṇa 的意譯。此指各生靈依照其業因,在六種或五種生存狀態中生死相續,永無窮盡。摩尼教借用此詞,只是指在"今生"未能"獲救"的靈魂在"下

〔1〕《下部讚》第 170 行。

〔2〕分別見 Iain Gardner, *Kephalaia*, 20^{17-18}、24^{9-11}、$63^{34-35}-64^{1}$

〔3〕英譯文見 Hans-Joachim Klimkeit, *Gnosis on the Silk Road: Gnostic texts from Central Asia*, New York, 1993, p.161,書名下簡稱 *Gnosis*。

〔4〕有關佛教、摩尼教各自地獄觀的比較和分析,可參看《東方摩尼教研究》中編第 4 章第 2 節"兩種地獄觀"。

世”或再接著的數世仍被禁錮於俗世的某種生物中,其觀念與佛教頗有區別。[1]

【72】寫本的“槃”字,《大正藏》作“槃”;下文相同者不再指出。

【73】寫本的“与”字,《大正藏》作“與”;下文相同者不再指出。

【74】寫本的“鏁”字,《大正藏》作“鎖”;下文相同者不再指出。

【75】寫本的“酔”字,《大正藏》作“醉”;下文相同者不再指出。

【76】寫本的“万”字,《大正藏》作“萬”;下文相同者不再指出。

【77】寫本的“戒”字,《大正藏》作“戒”;下文相同者不再指出。

【78】寫本的“餝”字,《大正藏》作“飾”;下文相同者不再指出。

【79】“三毒結”,當是借自漢譯佛經的術語:“結”即“結使”的簡稱,亦即“煩惱(kleśa)”的異稱;而一切煩惱之本都稱為“毒”,故通攝三界的三種煩惱便稱“三毒”:貪欲、瞋恚、愚癡;則“三毒結”的確切含義當為“三大煩惱”。摩尼教文書在此當然只是借用其名來喻指與本教教義不相容的思想觀念。但是,即使如此,英譯文譯“三毒結”為three poisonous ties[2],也未免有背文書的原義;同樣,德譯文作drei giftigen Fesseln[3]也不貼切。

【80】“六賊”,借自漢譯佛經的術語:指產生煩惱根源的色、聲、香、味、觸、法等六境,它們以眼、耳、鼻、舌、身、意等六根為媒,能劫奪一切善法,故稱為“賊”。

【81】寫本的“毉”字,《大正藏》作“醫”;下文相同者不再指出。

【82】寫本的“駈”字,《大正藏》作“驅”;下文相同者不再指出。

【83】寫本的“矜”字為“矛”傍,但《大正藏》之左傍作“弟”,當系識辨之誤。“矜”字通“矜”,而“哀矜”則有憐憫、同情之義,故此字作“矜(矜)”是正確的。

【84】“大醫王”,借自漢譯佛經的術語:由於佛、菩薩善能分別病相,曉了藥性,治療眾病(此“病”主要是指精神和思想方面的錯誤和不

[1]有關說法可參看本編第一章《殘經》第51行“輪迴五趣”條註釋。

[2]見Tsui Chi(tr.), *Mo Ni Chiao Hsia Pu Tsan*, p.178.

[3]見Helwig Schmidt-Glintzer, *Chinesische Manichaica*, p.13.

足;肉體之"病"當在其次),故以"大醫王"喻稱佛、菩薩。摩尼教文書在此的"大醫王"當然是指摩尼教神靈"夷數";不過,在其他地方也指其他神靈。[1]

【85】寫本之"失"字,《大正藏》作"天",當是誤辨。蓋按本句文意,當作"失心者",即指喪失對於真理之認識者,故施微寒的德譯文作 Alle die ihr Herz verloren haben…[2]。

【86】最後二字殘缺,《大正藏》未錄。但是寫本的殘迹顯示,二字的左側均爲"忄"傍,故補作"悟性"是合理的。

【87】寫本的"涤"字,《大正藏》作"染";下文相同者不再指出。

【88】"三有",借自漢譯佛經的術語:"有"乃梵語 bhava 的意譯,或義為存在、生存,或指有情眾生由善惡業因而招致苦樂果報,相續而不亡失;尤以後一義為常用。所以,常稱欲有、色有、無色有為"三有",指在欲、色、無色三界的業因果報循環不息。摩尼教文書在此借用"三有"之名,是指靈魂(光明分子)落入俗世,被"暗魔"所束縛、困擾的現象。

【89】"煩惱",借自漢譯佛經的術語,為梵語 kleśa 的意譯。使有情之身心發生惱、亂、煩、惑、污等的精神作用,或者妨礙實現"覺悟"(為佛)的一切精神作用,都稱"煩惱"。當然,在摩尼教漢語文書中,這只是指稱與"靈知"相左,或者妨礙獲得"靈知"的思想意識。

【90】寫本原作"沙"字,但按句子的文意,顯然當作"妙",故知寫本為筆誤。

【91】寫本的"荨"字,《大正藏》作"等";下文相同者不再指出。

【92】本句最後三字,《大正藏》未錄。但是按寫本,前二字較清楚地顯示出"雄魔"的左半部字形;最後一字則僅見最左端的兩點殘迹,或以為是"黨"字,合理。*Chinesische Manichaica*, p. 15 譯作 der Söhne

〔1〕有關摩尼教、基督教、佛教各自提到的"大醫王",馬小鶴曾有詳細的比較研究,可參看其《摩尼教與古代西域史研究》一書的"摩尼教、基督教、佛教中的'大醫王'研究"章節(101–120頁)。

〔2〕見 Helwig Schmidt-Glintzer, *Chinesische Manichaica*, p. 14.

des Gierteufels(魔子),不妥。

【93】寫本的"悤"字,《大正藏》作"愍";下文相同者不再指出。

【94】寫本的"冣"字,《大正藏》作"最";下文相同者不再指出。

【95】寫本的"靣"字,《大正藏》作"面";下文相同者不再指出。

【96】"甘露",借自漢譯佛經的術語,為梵語 amṛta 的意譯,亦作不死液、天酒,即是不死神藥或天上的靈酒;或謂飲之可長生不老,且其味甘如蜜,故稱"甘露"。但是,在更多的場合是用以譬喻佛法,因為其味殊妙,可以長養眾生,使之悟道。所以,"甘露"在佛教中也往往成為"最高級智慧"的代稱。摩尼教文書借用此詞,通常也就是使用此義,即以此譬喻"靈知""真知"(gnosis)等。

【97】"如意寶",借自漢譯佛經的術語:"如意寶珠"(梵語 cintā maṇi 之意譯)頻繁見於漢譯佛經,亦作如意寶、如意珠、末尼寶、摩尼寶珠等。原指能如自己意願而變現出種種珍寶的寶珠,並有除病、去苦等功能;但是更多地是用以譬喻佛法與佛德;同時,還與"光明"有著密切的關係。正因為佛教的"如意寶"有光明、真知、最高智慧等喻意,故被摩尼教借來喻指本教的靈知(gnosis);甚至,其教主"摩尼"的稱號也很可能源自這"如意寶"[1]。

【98】按寫本,最後一字有些模糊,但整體形狀似"鳥"字,故前人多以"鳥"字釋之,如崔驥的英譯文作 Help me to leave all devil's birds able to swoop down upon me[2];施微寒的德譯文作 Mich vor den auf mich herabstoßenden Mara-Vögeln bewahren[3],則 devil's birds 和 Mara-Vögeln 都是"魔鳥"之意。不過,林悟殊最近認為,本頌的最後一字當是"島"的異體字,而非"鳥",故其釋文亦作"魔島"[4]。

然而,依我之見,恐怕在此仍然應該釋作"鳥",主要原因在於整句的文意:本頌的基本意思是"靈魂"懇求夷數拯救他,使之脱離暗魔的

---

[1]有關此説,可參看拙著《東方摩尼教研究》一編第一章"摩尼名號的源流"。

[2]Tsui Chi (tr.), Mo Ni Chiao Hsia Pu Tsan, "The Lower (Second?) Section of the Manichaean Hymns", *BSOAS XI*, 1943, p. 180.

[3]Helwig Schmidt-Glintzer, *Chinesische Manichaica*, p. 16.

[4]見林悟殊《林悟殊敦煌文書與夷教研究》,437 頁正文和 465 頁註釋 5。

傷害,故最後一句稱"令離能踃諸魔X"。其中,"踃"字意為"跳躍"或跳動的樣子,通常與"跳"構成詞組"跳踃"。所以,此句的基本意思便是"[夷數]使得[靈魂]脫離會跳躍的諸魔X";那麼,顯然是"鳥"而非"島"更符合"會跳"的特徵。鑒於此,將文書的原意理解為"魔鳥"比釋之為"魔島"更為合理,儘管暫時還不清楚"魔鳥"在摩尼教教義中的具體含義。

【99】《大正藏》未錄最後四字。但是按寫本,倒數第四字為"業"的左半邊,幾無疑問;倒數第三字的"言"傍也清晰可辨,故疑此字或為"諸"。至於最後二字,雖有極少殘迹,但已無法推測整個字形。施微寒的德譯文作 Blasen sie die (Strahlenkränze der) guten (Taten) nieder,則是將最後二字釋作"光芒之冠"。儘管這使得文意方面講得通,但在沒有進一步證據的情況下,不能斷定此說。

【100】"善知識"一詞當借自漢譯佛經:梵語 kalyāṇamitra 的意譯,指正直而有德行,能教導正道之人;也作"知識""善友""勝友"等。[1]

【101】寫本的"将"字,《大正藏》作"將";下文相同者不再指出。

【102】寫本的"怨"字,《大正藏》作"怨";下文相同者不再指出。

【103】寫本的"兩"字,《大正藏》作"雨",顯然是印刷錯誤。

【104】"三種淨法身",當借自漢譯佛經的術語:"法身"(梵語 dharma kāya 之意譯)本指佛所說之正法、佛所得之無漏法,以及佛之自性真如如來藏,認為法身即無漏無為,無生無滅[2]。至於"三種法身",則有數種說法,如鳩摩羅什所立的三種法身為法化生身、五分法身、實相法身;天臺宗所立的三種法身則為但空法身、即假法身和即中法身;還有的分列理法身、智法身、理智無礙法身[3]。不管佛教如何說法,摩尼教文書借用的"三種法身"肯定沒有那麼複雜的概念;依我之見,在此恐怕只是借用了此名的形式,僅僅用來指稱請求尊神拯救的靈魂(光明分子)本身!

[1]參看本編第一章《殘經》第7行同條註釋。

[2]參看慈怡主編《佛光大辭典》,3353頁"法身"條。

[3]参看慈怡主編《佛光大辭典》,653頁"三種法身"條。

【105】寫本的“万”字,《大正藏》作“方”,顯然是印刷錯誤。

【106】寫本的“寐”字,《大正藏》作“寂”;下文相同者不再指出。

【107】寫本的“扵”字,《大正藏》作“於”;下文相同者不再指出。

【108】“四大厄”,可能即是本文書第119行所言的“四苦”,是指人類在俗世所遭受的種種苦難,故也是借自漢譯佛經的術語。

【109】最後三字,《大正藏》作“□魔□”,有二字未録。但是,寫本的殘迹清楚顯示出“在魔類”右側的大部分,故補足。

【110】寫本的“䅥”字,《大正藏》將其左半部辨作“弟”,似不妥。

【111】寫本的“槃”字,《大正藏》作“穀”;下文相同者不再指出。

【112】寫本的“菀”字,《大正藏》作“苑”;下文相同者不再指出。

【113】寫本的“㦲”字,即是今通用的“栽”字;下文相同者不再指出。

【114】最後二字殘缺,故《大正藏》未録。但寫本上仍依稀可辨“種本”字形的右半邊,遂據補。

【115】寫本的“㓻”字,《大正藏》作“剛”;下文相同者不再指出。“金剛”是借自漢譯佛經的術語,梵語vajra的意譯,音譯作伐闍羅、伐折羅、跋日羅等。這是取“金中最剛”之義,常用來譬喻武器和寶石:喻武器者,因其堅固、鋭利,能摧毀一切,卻非萬物所能破壞;喻寶石者,則因其最勝。但是,在佛經中,“金剛”最重要的譬喻是“般若”(梵語prajñā,即智慧),也就是最高智慧“真知”“真如”等等的意思。摩尼教文書的“金剛”之稱,也多用以譬喻光明分子(靈魂),因為它們象徵著“靈知”(gnosis)。如“光明(靈魂)”往往被稱作“金剛(之體)”;由“光明”構成的世界(明界)被稱為“金剛寶地”。《下部讚》使用“金剛”一名的,多達十餘處。

【116】寫本的“莖”字,即今通用的“莖”;下文相同者不再指出。

【117】寫本的“繚”字,《大正藏》作“緾”,非是。

【118】最後二字,《大正藏》未録。但是按寫本,倒數第二字有“魔”字殘跡,故補。

【119】寫本的“歡”字,《大正藏》作“勸”,當是印刷錯誤。

【120】寫本的“師”字,《大正藏》作“師”;下文相同者不再指出。

【121】寫本的“恩”字,《大正藏》作“恩”;下文相同者不再指出。

【122】“無常”,借自漢譯佛經的術語,梵語 anitya 之意譯。即謂一切有為法生滅遷流而不常住,它們皆由因緣而生,依生、住、異、滅四相,於刹那間生滅,而為本無今有、今有後無,故總稱“無常”[1]。佛教的“無常”觀念相當複雜深奥,但在摩尼教文書中,卻似乎只是指“光明分子(靈魂)”被暗魔束縛,從而在俗世不斷輪迴,無法最終回歸明界的狀況。

【123】末思信,即摩尼的繼承者 Mār Sisim,後亦殉教。

【124】寫本的“回”字,《大正藏》作“因”;下文相同者不再指出。

【125】寫本的“你”字,《大正藏》作“儞”;下文相同者不再指出。

【126】“涅槃”,漢譯佛經的術語,梵語 nirvāṇa 的意譯,亦作寂滅、滅度、無生等。意指燃燒煩惱之火滅盡,完成悟智的境地,亦即超越了生死,是佛教修行的終極目標。摩尼教使用此詞,是謂靈魂(光明分子)獲得“靈知”,最終脱離肉體和物質的囚禁,回歸明界,其涵義與佛教並不完全相同。

【127】《大正藏》此字作“大”,故最後二字便構成“大海”的詞組。其他諸本亦作此釋,如崔驥的英譯文作 great Sea,施微寒的德譯文作 große Meer。但是,林悟殊認為,無論從寫本的字形上看,還是從句子的文意上看,在此都宜作“火海”解[2]。其說有理。

【128】寫本的“德”字,《大正藏》作“德”;下文相同者不再指出。

【129】寫本的“脩”字,《大正藏》作“修”;下文相同者不再指出。

【130】寫本的“窂”,即“牢”的通假字。

【131】寫本的“猒”字,《大正藏》作“厭”;下文相同者不再指出。

【132】寫本的“慢”字,《大正藏》作“慢”;下文相同者不再指出。

【133】寫本的“尒”字,《大正藏》作“爾”;下文相同者不再指出。

---

[1]參看慈怡主編《佛光大辭典》,5109 頁“無常”條。

[2]見林悟殊《林悟殊敦煌文書與夷教研究》465 頁,註釋 6。

【134】"平等王",借自漢譯佛經的術語。原指冥界十王中的第八王,主管百日時的亡靈,因他公平司掌罪福之業,故稱"平等王"。不過,摩尼教的"平等王"含義與佛教的平等王差異頗大:或以為是指進行"末日審判"的夷數(Jesus),或以為是指夷數"召喚"出的另一神靈"審判者"(或"法官",帕提亞語 d'dbr),如此等等。[1]

【135】寫本的"儛"字,《大正藏》作"舞";下文相同者不再指出。

【136】寫本的"咲"字,《大正藏》將其右部作"笑",即是今通用的"笑"之義。

【137】按寫本,本句原錄於"暮則衆人共止宿"位置,但有"下句上"更正註釋,故如之。

【138】寫本的"忩"字,《大正藏》作"悤",均爲"怱"的通假字。

【139】寫本的"脩"字,《大正藏》作"修";下文相同者不再指出。

【140】"大界""小界"之稱,都借自漢譯佛經。蓋按教規,在某一特定區域內的僧衆要共同舉行布薩、說戒等活動。而戒場有大有小,大者(或謂方圓一百二十里)稱"大界",小者稱"小界"。但是,摩尼教文書在此的這兩個術語,顯然并非用其佛教原義,綜觀上下文,似乎以"大界"喻指光明分子應回歸的"明界",而以"小界"喻指它們被暗魔囚禁的俗世。

【141】"有情",借自漢譯佛經的術語,梵語 sattva 之意譯,或作"衆生""有識"。但是,或以為二者有區別:"有情"系指人類、諸天、餓鬼、畜生、阿修羅等有情識的生物;相應地,無情識者,如草木、金石、山河、大地等則稱為"非情"或"無情"。而"衆生"則包括了"有情"和"非情",故並不等同於"有情"。當然,摩尼教文書在此的"有情",是指禁錮光明分子的一切生物和物質;而按摩尼教"光明分子無所不在"的教義,則"有情"是指宇宙中的一切存在物。

【142】"布施",借自漢譯佛經的術語,為梵語 dāna 之意譯。最初是指用衣、食等物贈與認真的修道者或貧窮者,後則擴展其含義,用以

[1]有關說法,可參看本編第 1 章《殘經》第 307 行"平等王"條註釋。

指贈與他人財物、體力、智慧等,為他人造福成智而求得功德積累,即所謂的財施、法施、無畏施等。但是,摩尼教文書中的"布施"似乎只是指物質方面的贈與。

【143】"五欲",借自漢譯佛經的術語,梵語 pañca kāmāḥ之意譯。一種說法是指由色、聲、香、味、觸等五境所引起的五種情慾;另一種說法則是指財欲、色欲、飲食欲、名欲、睡眠欲。摩尼教文書在此只是借用此名而泛指使得人類陷於俗世的一切慾望,而非有所特指。

【144】"七厄",當是漢譯佛經"七難"的異名,即是指七種災難。這有好幾種說法:第一,是指日月失度難、星宿失度難、災火難、雨水變異難、惡風難、亢陽難、惡賊難;第二,是指人衆疾疫難、他國侵逼難、自界叛逆難、星宿變怪難、日月薄蝕難、非時風雨難、過時不雨難;第三,是指火難、水難、羅刹難、刀杖難、鬼難、枷鎖難、怨賊難;第四,是指王難、賊難、水難、火難、羅刹難、荼枳儞鬼難、毒藥難[1]。雖然說法各異,但不脫巨大的天災人禍的範疇。在目前所見的摩尼教文書中,似乎未見如此細緻具體的"七難(七厄)"描述,故疑摩尼教漢語文書只是借用了佛教的術語的形式,用以泛指俗世的苦難,而非有所特指。

【145】"四苦",借自漢譯佛經的術語,梵語 catasro duḥkhatāḥ之意譯。有多種說法,如指人間的四種苦:生苦、老苦、病苦、死苦;或指愛別離苦、怨憎會苦、五陰盛苦、死苦[2]。摩尼教文書在此使用此名,亦似上文的"七厄",可能只是泛指人類在俗世之苦難,而并非如佛教那樣具有詳細的分門別類。

【146】按寫本,可見"處"字之頭,據補;但《大正藏》則未錄此字。

【147】"暮闍"(或慕闍),帕提亞語' *mwc' g* (*ammōžāg*) 等非漢語的音譯名,義為"導師",是摩尼教五級教職中的第一級[3]。至於"末夜",則顯然是這位"暮闍"的名字,按照施微寒的德譯文,即是 Mar Zakû(*Chinesische Manichaica*, p. 26)。而在摩尼教伊朗語文書中頗為

〔1〕參看慈怡主編《佛光大辭典》,123－124 頁"七難"條。

〔2〕參看慈怡主編《佛光大辭典》,1736 頁"四苦"條。

〔3〕有關說法可參看本編第 2 章《儀略》第 71 行及其註釋。

多見的 Mar Zakû 即是拉丁語文獻中，最早將摩尼教從美索不達米亞傳播至巴勒斯坦的羅馬資深軍人 Akouas；其布教活動約在 273—274 年，因此，當是摩尼的第二代弟子，奉命前往羅馬帝國的東部省區，鞏固阿達（Adda）和帕蒂克（Patik）等人的傳教成果。羅馬帝國東方的摩尼教徒們相當看重"末夜"，表明他是摩尼的重要弟子之一[1]。

【148】寫本的"弖"字，《大正藏》作"弘"；下文相同者不再指出。

【149】"五種大"即"五大"，是摩尼教的重要術語之一。有關它的內涵有不同說法，但是，總體而言，是指五種主要神靈或者明界的五種地域。相關的說法，可參看本編第一章《殘經》第 119 行"五大"條註釋。

【150】"十二常住寶光王"，即是本文書第 169—171 行所述的十二位"佛"：光明王、善母佛、先意佛、五明佛、樂明佛、造相佛、淨風佛、日光佛、盧舍那、夷數佛、電光佛、惠明佛。而這十二位"佛"或"大王"又各自為十二種高貴品德的象徵：明尊、智慧、常勝、歡喜、勤修、真實、信心、忍辱、直意、功德、齊心和合、內外俱明。[2]

【151】寫本的"竒"字，《大正藏》作"奇"；下文相同者不再逐一指出。

【152】"五種覺意"，即是下文提到的"五妙身"，並有"五體""五種淨體""五種國土"等異名，是為摩尼教的重要教義之一。有關它的各種說法和考證，可參看本編第 1 章《殘經》第 72 行"五體"條註釋。

【153】"先意"（Primal Man），是大明尊為了抵禦入侵明界的暗魔而"召喚"出的第一批神靈之一。

【154】"五明歡喜子"，即是"五明子"或"五明"，是為先意的五個"兒子"（即他分裂出的五個次級神靈），亦即摩尼教最經常提到的"光明分子"。他們最初與先意一起與暗魔搏鬥，不幸戰敗，被暗魔吞食，

---

[1] 參看 Samuel N. C. Lieu, *Manichaeism in the Late Roman Empire and Medieval China*, Manchester University Press, 1985, *p*. 68－69.

[2] 有關這"十二大王"的具體辨析和研究，可參看馬小鶴《摩尼教與古代西域史研究》之"摩尼教之十二大王和三大光明日考"一節（247－283 頁）。

從而需要不斷地奮鬥,以擺脫暗魔(物質和肉體)的束縛。有關觀念,可參看本編第一章《殘經》第10行"五明"條註釋及其他各處。

【155】"樂明第二使",亦即下文所述"十二光王"中位列第五的"樂明佛",英文通常作 Friend of Lights(明友)。他是大明尊在先意失陷暗魔地獄之後,應善母之求,作第二次"召喚"而創造出的一位神靈;由於是明尊第二次創造時產生的神靈,故亦稱"第二使"。

【156】按文意,在此的"造新相"之後當有一"者"字(顯然是為了湊成偈文的每句七字格式才予以刪略),即是指"十二光王"中位列第六的"造相佛",英文稱 Great Ban(大般)或 Great Builder(大建築師)。他是由明尊召喚出的"第二使"或"樂明佛"召喚(創造)出來的。

【157】"淨法風"即"淨風",亦即"十二光王"中位列第七的"淨風佛",英文稱 Living Spirit(生命神)。他是由"大般"或"樂明佛"召喚出來的。淨風在摩尼教的宇宙創生神學中佔有很重要的地位,因為九天、十地、日月、星辰等等,都是以他為主的幾位神靈創造的。可參看本編第一章《殘經》中的相關正文和註釋。

【158】"五等驍健子"是指淨風"召喚"出的五個"兒子",亦稱"淨風五子":輝煌監管(Custody of Splendour)、光榮之王(King of Honour)、光明的阿達馬斯(Adamas of Light)、榮耀之王(King of Glory)、支撐者阿特拉斯(Supporter Atlas)。可參看本編第一章《殘經》第19行"淨風五子"條註釋。

【159】"三丈夫",亦稱"三明使",即是"第三使",英文稱 the Third Messenger,因為他是大明尊第三次"召喚"時創造的神靈;又因其特性相當於太陽神,故漢語文書以"日光佛"稱呼之,如下文將他列為"十二光王"中的第八位。

【160】"電光明"即"電光佛",位列"十二光王"中的第十一位,英文稱 Maidenof Light(明女)。她是由第三使"召喚"出來的,二神分別化身為裸男、裸女,引誘雌雄暗魔洩出含有光明分子的精子,並墮下含有光明分子的胎兒,從而創造了俗世諸生物。故電光佛也是摩尼教的重要神靈之一。

【161】“相柱”,即是英文所稱的 Pillar of Glory 或 Column of Glory(光耀柱),他是由三明使(第三使)“召喚”出來的。在摩尼教的宇宙說中,他相當於銀河;其主要特色是由“光明”構成,拔地而起,直達天界,已經獲得自由的光明分子(靈魂)便通過他而前赴月亮進行初步淨化,再由月亮前赴太陽作進一步的淨化,最終回歸明界。在本文書的下文,有專門讚頌這光耀柱的偈語(第 364—367 行),並稱他為“盧舍那”,其他名號則還有“蘇露沙羅夷”“具足丈夫”“金剛相柱”等。[1]

【162】“三世佛”的稱謂,顯然借自漢譯佛經,蓋按佛教教義,以過去、現在、未來為“三世”,並為這三世各配以主管的佛:彌陀佛為往昔十劫之佛,故稱過去佛;釋迦牟尼佛為現在佛;彌勒佛在五十六億七千萬年後降臨此世,故稱未來佛。摩尼教的基本教義為“三際”,亦即過去、現在、未來三個時段之說,故與佛教的“三世”說十分相似;但是摩尼教所言“三世諸佛”,卻是僅指本教出現於各個時段的神靈,與佛教無涉。

【163】摩尼教文書中的“船”往往指太陽和月亮,但是在此的“七船主”和“十二船主”究竟何所指,卻似乎至今并未形成一致的看法。林德在研究摩尼教科普特語文書後曾說:“與第三使相關聯的是十二少女,儘管并無清楚的證據表明她們與太陽的關係,但是從東方資料看,她們可以被解釋為太陽的十二船主。至於出現在漢語讚美詩中的月亮七船主,則未得到映證。”[2]然而,另一種說法似乎更為合理些:光明少女(電光佛)在月船上設有王座,是為月亮的“船主”之一,而她則具有“十二”的名號,故可稱“十二船主”。

此外,作為太陽之主要“船主”的生命神(淨風)並有“七域之主”(即世界之主)的稱號。“七域主”的觀念來自伊朗的古代神話:大地由七個同心的地域構成,故每個地域稱為“大地的七分之一”;它們形成

[1]有關光耀柱,馬小鶴曾撰有專文予以論述,見《摩尼教的“光耀柱”和“盧舍那身”》,載《世界宗教研究》,2000 年第 4 期。

[2]見 Paul Van Lindt, *The Names of Manichaean Mythological Figures—A Comparative Study on Terminology in the Coptic Sources*, Wiesbaden, 1992, p. 132。

於創世之初，當時天狼星（Sirius）造雨，導致不同的海洋出現，以及大地分成七個部分（說見 Bundahišn）。摩尼教襲用了這類說法，遂有"七域世界"之稱，而稱創造世界的生命神為"七域之主"，亦即"世界之主"，也就順理成章了；則在此的"七船主"當即是指淨風。有關摩尼教"船"與"船主"的問題，可參看拙著《東方摩尼教研究》，下編第 1 章的"日月船上的船主"節。

【164】本頌所述，都是指先意的五子，即"五明"："五等光明佛"是"五明（子）"的尊稱；"水""火""明""風"和"氣"則是"五明"的具體內涵。有關概念，可參看本文書第 26 行"五種光明子"、第 124 行"五明歡喜子"，以及本編第 1 章《殘經》第 10 行"五明"等條註釋。

【165】本頌所述的諸神，分別為持世主（相當於漢語文書《殘經》第 109—111 行的"持世明使"）、十天王（=《殘經》的"十天大王"）、降魔使（="降魔勝使"）、地藏（="地藏明使"）、催明（="催光明使"）。而他們即是指淨風創造的"五子"，在摩尼教非漢語文書中，分別稱為輝煌監管（Custody of Splendour）、光榮之王（King of Honour）、光明的阿達馬斯（Adamas of Light）、榮耀之王（King of Glory）和支撐者阿特拉斯（Supporter Atlas）。有關淨風五子在不同語種文書中的稱呼，以及摩尼為何如此取名的問題，宋德曼曾有過專題研究，可參看他的"The Five Sons of the Manichaean God Mithra"一文[1]。有關漢語與非漢語文書中諸名的各自對應關係，眾說紛紜，目前尚無統一看法。馬小鶴在其《摩尼教十天王考》一文[2]中對這些對應關係有所涉及，可以參看。此外，亦可參看本編第一章《殘經》第 109—111 行的"持世明使""十天大王"等五條註釋。

【166】閻默，當是帕提亞語 ymg（*yamag*）之音譯，而後者則為"孿生者""自我"之意。但是，在摩尼教文書中，ymg（或同義的中古波斯語詞 jmyg）更多地是指摩尼在天界的對應者，故作"精神摩尼"或"神

〔1〕原載 U. Bianchi ed., *Mysteria Mithrae*, pp. 777－787, Leiden-Rom, 1979；後收載於 Sundermann, *Manichaica Iranica*, Band 2, pp. 799－811.

〔2〕載《西域文史》第五輯，2010 年 12 月。

我";有時候,也作為摩尼教教會領袖或諸神領袖的稱號。鑒於此,這裏的"閻默"或是指摩尼的"神我"。

【167】"喚應警覺聲",即是摩尼教非漢語文書中所言的"召喚神"(God Call)和"應答神"(God Answer),亦即善母和淨風前去救援被陷深獄的先意時,一問一答而創造的兩個神靈。在《殘經》中,他們的音譯名稱分別為"呼嚧瑟德"和"嗷嘍嚄德"。可參看本編第一章《殘經》第18行及其註釋。

【168】"三衣"和"三輪"都是摩尼教宇宙創生神學中的概念,分別由風、火、水三者構成。至於其具體的涵義,則很少見於描述。可參看本編第一章《殘經》第15行相關條目的註釋。

【169】在此的"四十大力士",當是摩尼教宇宙創生神學中所提到的擎持諸天的四十位天使。粟特語的M 178 II文書載云:"(淨風)召喚出了四十個天使,他們擎著十重天,向上托起。"[1]

【170】在此所言的七根"莊嚴柱",即是指支撐諸天的七根光耀柱("相柱")。類似的說法見於摩尼教中古波斯語文書M 99:"(淨風)將最低之天設在思想神的頭頂上方,並讓他手握七根方柱,以使其周圍的天保持秩序。"[2]

【171】"惠明",即是西語文書中的"明心"(Light Mind、Light Nous或Great Mind等),是為大明尊第三次"召喚"時所創造的神靈。惠明的主要業績是解救被暗魔囚禁在人體中的"五種淨體",即摒除受暗魔影響的相、心、念、思、意,確立光明的相、心、念、思、意,亦即將"故人"改造成"新人"。有關概念,可參看本編第1章《殘經》第57行"惠明"條註釋。

【172】"五戒",借自漢譯佛經的術語,梵語 pañca śīlāni 的意譯,通常是指在家男女所受持的五種制戒:戒殺生、戒偷盜、戒邪淫、戒妄語、戒飲酒。摩尼教文書雖然借用了這一術語,但是其內容未必與佛教的

---

[1]見 D. N. Mackenzie, "Two Sogdian HWYDGM'N Fragments", *Papers in Honour of Professor Mary Boyce*, II (Acta Iranica 25), Leiden, 1985, p.312.

[2]見 A. V. Williams Jackson, *Researches*, p.35.

相同,且戒條也未必僅有五條。例如,摩尼教對於“聽者”(相當於佛教的在家修道者)制訂的戒條通常為 10 條;各文獻記述這十戒的內容雖然並不完全一致,但是大體是:一,不信僞神,也不信有關神的不實之辭;二,保持言詞的潔淨;三,保持食品的潔淨,不吃葷,不飲酒;四,不說對先知不敬的話;五,在齋戒之日禁止性行爲;六,幫助遭受貪魔折磨者脱離苦難。七,禁止假先知的冒名頂替;八,禁止任何毫無必要的傷害生靈的行為;九,禁止偷盜和欺騙;十,禁止施行巫術和制作巫術藥品。有關戒律條文,可參看阿拉伯語資料《群書類述》[1]。

【173】寫本的“皃”字,《大正藏》作“貌”;下文相同者不再指出。

【174】寫本作“降各”,但有互乙標記。

【175】吉田豐認爲“吵”乃“沙”字之誤,見 *Manichaean Aramaic*(此爲 *Manichaean Aramaic in the Chinese Hymnscroll* 一書的簡稱,下同), p. 328。

【176】翁拙瑞認爲,“嘌”字或許是“嘌”之誤,見 *Transformation*, p. 60。

【177】寫本的“嗚”字,由於抄錄者的習慣寫法,近似於“鳴”,故《大正藏》作“鳴”,但實際上為誤辨。吉田豐認爲當作“嗚”[2],是。

【178】寫本之“烏”字,《大正藏》作“鳥”,當是因誤辨手寫體而致。“烏盧詵”為摩尼教漢語文書中的常見音譯名,義即“光明”。

【179】自 155 行至 158 行,當是阿拉米語(Aramaic)或帕提亞語(Parthian)詞彙相混雜後的音譯,按翁拙瑞參考吉田豐等著述的詮釋,諸詞之義當是:第 155 行:神聖的(伽路師, *q' dwš*)、父親(羅忙, *l' b'*)、神聖的(伽路師)、兒子(立無羅, *l' br'*)、神聖的(伽路師)、精靈(阿嘍訶, *r' wh'*)、以及(咽叱, *hy'*)、被精選(訖哩沙, *qdyš'*)、神聖的(伽路師)、啊(奧, *ōh*)、父親(卑忙, *pidar*)。第 156 行:神聖的(伽路師)、啊(奧)、兒子(補忽, *puhr*)、神聖的(伽路師)、啊(奧)、生命之靈

[1] 見 Bayard Dodge, *Fihrist*, p. 789。

[2] Yutaka Yoshda, *Manichaean Aramaic in the Chinese Hymnscroll*, in BSOAS, Vol. XLVI, Part 2, 1983, p. 328,注 11。

（活時雲嘛，*wād žīwandag*）、與（欝，'*wd*）、選擇（于而勒，*wižīdag*）、生命河流（嗚嚧嘣而雲咖，*rōdān žīwāng*）、與（欝）。第157行：愛（佛呬不多，*frihīft*）、泉水（漢沙嘣，*xānsārān*）、尊神（翳羅訶，'*yl'h'*）、光明（耨呼邏，*nwhr'*）、翳羅訶（威力，'*yl'h'*）、智慧（紇彌哆，* *hmt'*）、神（夷薩，*yazd*）、光明（烏盧詵，*rōšn*）。第158行：大力（祚路，*zōr*）、與（欝）、智慧（于呬，*wihīh*）、神聖的（伽路師，*kādūš*）、神聖的（伽路師）。見 *Transformation*, pp. 58－62。

【180】"那（舡）羅延"，借自漢譯佛經的名號，梵語 Nārāyaṇa 的音譯。原為身具大力的印度古神，故意譯多作"堅固力士""金剛力士"等；又為欲界中的一個天的名稱，故也作"那羅延天"。摩尼教文書在此只不過用"那羅延"作為本段頌詩的作者名，似無他意。但是，由於梵語 nārāyaṇa 的原義是"人所生之子"，而此"人"又指"原人"，故 Nārāyaṇa 後則演進為指稱"原人"本身。鑒於此，本文書或有用梵語神名"那羅延（佛）"來隱喻摩尼教主神之一"先意"（Primal Man，初人）的意思在內。

【181】按翁拙瑞之見，"惠明莊嚴佛"當乙為"莊嚴惠明佛"。蓋因這裏的"莊（庄）嚴"為"惠明"的修飾詞，義為光輝、榮耀、裝飾等，相當於梵文 alamkāraka[1]。因此，施微寒將此神譯作"Weisheitslicht: Schmuck-Gottheit"[2]是不適當的；而崔驥譯作"Hui-ming, the dignified and solemn Buddha"[3]，則庶幾近之。此說有理，但爲保持原貌，這裏仍依寫本。

【182】寫本原作"宜"，雖然字形不是很清楚，但是與其他的"直"字相比，卻顯然有區別。然而，這實際上當是寫本抄錄者的筆誤，蓋因按整句的文意，當作"直意知恩成功德"：按本文書第171行，排序第九的盧舍那佛象徵的品性為"直意"，排序第十的夷數佛象徵的品性為"知恩"，故本句作"直意、知恩成功德"是完全合乎情理的。正因為如

---

〔1〕見 Peter Bryder, *Transformation*, p. 68。

〔2〕見 Helwig Schmidt-Glintzer, *Chinesische Manichaica*, p. 32。

〔3〕見 Tsui Chi（tr.）, *Mo Ni Chiao Hsia Pu Tsan*, p. 191。

此,崔驥的英譯文作"The straight Thinker, the grateful: Accomplisher of Virtues",大體上是正確的。[1]

【183】此字寫本作"落",但很可能是"喝"的筆誤,蓋因此句的語源爲帕提亞文 *mwjdgd' ghsyng*,讀音相當於漢語"慕嚅嘟　喝思嗾",意爲"最初的福音傳播者"[2],故"落"字無着,而"喝"則甚合。

【184】寫本的"訢"字,《大正藏》作"訴",當是辨認之誤。

【185】寫本的"遏"字,《大正藏》作"弗",顯然是筆誤或印刷錯誤。

【186】林悟殊認為,細審寫本,此字當作"咾"字,而非歷來所作的"咤"字[3]。誠然,就寫本所錄的字形來看,此字確實近乎"咾",但是,就"遏 X 以弗多"五個漢字對應帕提亞語 *'rd' wyft* (*ardāwīft*)(義為"正義的社團",即是指摩尼教教會;見 *Dictionary of MP & P*[4], p. 51)的讀音來看,此字以"咤"當之,更為確當:d-、l-相通;但"咾"字的 k-音卻無著落。所以,在此的音譯名,似以"遏咤以弗多"為宜。至於寫本上的字形近乎"咾",則可視作抄錄者的筆誤。

【187】寫本的"㒒"字,《大正藏》將其偏傍改作"扌",當是辨認之誤。

【188】寫本的"咈㒒嗘烏盧詵喝思嗾"一語系補插,故標號"廿一"實際上應置於此語後;而這一讚美語之後的"烏盧詵喝思嗾"則當相應地另標"廿二"序號。

【189】自第 177 至 183 行,均爲帕提亞語原詩的漢字音譯,馬小鶴曾據此前諸學者的考釋,作過系統的整理和漢譯。茲按其文,將對照音譯詞彙的意譯文轉引如下:第 177 行:初聲(于呬喝思嗾, *wcn hsyng*)、初語(蘇昏喝思嗾, *sxwn hsyng*)、初福音傳播者(慕嚅嘟落思嗾,

---

[1]有關辨說,可參看馬小鶴《摩尼教的"光耀柱"和"盧舍那身"》,108－109、112 頁,載《世界宗教研究》,2000 年第 4 期。

[2]參看 Enrico Morano, *The Sogdian Hymns of Stellung Jesu*, *in East and West*, New Series, Vol. 32, 1982. p. 20。

[3]見林悟殊《林悟殊敦煌文書與夷教研究》447 頁及 465 頁註釋 7。

[4]D. Durkin-Meisterernst, *Dictionary of Manichaean Texts*, *Vol. III Texts from Central Asia and China*, *Part 1 Dictionary of Manichaean Middle Persian and Parthian*, Turnhout: Brepols Publishers, 2004,此處使用書名簡稱,下同。

mwjdgd'g hsyng）、初開揚（唵呼布喝思嚨，*'bhwmb hsyng*）。第 178 行：初智能（喋夷里弗哆喝思嚨，*jyryfṭ hsyng*）、初真實（阿羅所底弗哆喝思嚨，*r'štyft hsyng*）、初憐憫（佛呬弗哆喝思嚨，*frhyfṭ hsyng*）、初誠信（呼于里弗哆喝思嚨，*w'wryft hsyng*）。第 179 行：初具足（訢布哩弗哆喝思嚨，*'spwryfṭ hsyng*）、初安泰和同（呼史拂哆喝思嚨，*wxšyft hsyng*）、初忍辱（呢哩啊吽你弗哆喝思嚨，*drgmnyft hsyng*）、初柔濡（呢吽哩弗哆喝思嚨，*nmryfṭ hsyng*）。第 180 行：初齊心和合（呼咊无娑矣弗哆喝思嚨，*hw'bs'gyft hsyng*）、初純善（遏咾以弗多喝思嚨，*'rd'wyft hsyng*）、初廣惠（弭呬哩麼你弗多喝思嚨，*myhrb'nyft hsyng*）。第 181 行：初施（舡呼咊喝思嚨，*d'hw'n hsyng*）、初尋求（阿雲舡咻詵喝思嚨，*wynd'dyšn hsyng*）、初讚唄（阿拂哩殞喝思嚨，*"frywn hsyng*）。第 182 行：初讚禮稱揚（薩哆嘩詵喝思嚨，*'st'wyšn hsyng*）、初選得……（雲舡囉吽于而嘞喝思嚨，*…wjydg hsyng*）、初妙衣（咈傣畯烏盧詵喝思嚨，*pdmwcn rwšn hsyng*）、初光明（烏盧詵喝思嚨，*rwšn hsyng*）。第 183 行：具足圓滿（止訶哩娑布哩弗哆，*cyhr 'spwryft*）。[1]

【190】"子黑哆忙你電達"一名，享寧傾向於認爲，"子黑哆忙你"之語原爲 **saγdmane*，義爲"和諧的"；"電達"則是 *Dēnār* 的音譯，義爲"修道者"[2]。

【191】"烏列弗哇阿富覽"一語中的首字"烏"，《大正藏》作"鳥"，似誤。蓋按享寧之見，若以"烏"字當之，整句可擬爲中古波斯語 ōrt（烏列）frāy（弗哇）āfurām（阿富覽）之音譯，其意爲"來吧，讓我們作更多的贊美"（Come! Let us praise more）。[3]

【192】寫本的"断"字，《大正藏》作"斷"；下文相同者不再指出。

【193】寫本的"筞"字，《大正藏》作"策"；下文相同者不再指出。

【194】寫本在此的"慓"恐怕是"慄"字之訛，蓋因"戰慓"不能構成

［1］見馬小鶴《摩尼教〈下部讚〉"初聲讚文"新考——與安息文、窣利文、回鶻文資料的比較》，載葉奕良編《伊朗學在中國論文集（第三集）》第 86－104 頁，北京大學出版社，2003 年。

［2］見 Tsui Chi（tr.），*Mo Ni Chiao Hsia Pu Tsan*，p. 216.

［3］說見 Tsui Chi（tr.），*Mo Ni Chiao Hsia Pu Tsan*，p. 216.

有含義的詞，而“戰慄”則義為“因恐懼而顫抖”，順應整句的文意。

【195】寫本的“辞”字，《大正藏》作“辭”；下文相同者不再指出。

【196】寫本的“砕”字，《大正藏》作“碎”；下文相同者不再指出。

【197】寫本的“慓”字，恐是“慄”之筆誤。蓋按文義，“慄”有懼怕義，故 *Mo Ni Chiao Hsia Pu Tsan*, p. 193 將此句譯作“Of the frightened they become companions and make them fearless”；*Chinesische Manichaica*, p. 36 作“Und die Verzagtenbegleiten sie und machen sie furchtlos”。但是，“慓”則有急、疾義，與“剽”通；故若置於此，難合文意。《大正藏》將此字錄作“嘌”，則顯屬抄錄之誤，更不可取。

【198】按寫本，“響”後有一“魔”字，《大正藏》照錄之。但是按之文意，此“魔”顯爲衍字，故刪。

【199】寫本的“傷”字，《大正藏》作“傷”，顯系筆誤或印刷錯誤。

【200】“尊者即是劫傷怒思”，寫本此句原作八個字，讀來不太順口，或許抄錄者衍了一個“是”字。有關此句含義的翻譯，崔驥的英譯文和施微寒的德譯文都是錯誤的。前者作“Even if the venerable priests were menaced, injured, or in anger[?]”（即使尊貴的修道者受到威脅、傷害，或惱怒）；後者則作“Von den ehrwürdigen Priestern mögen manche bedroht, verwundet oder verärgert sein”，意思相仿[1]。英、德譯文之誤的原因，一是將寫本的“傷”（音 yi）誤成了“傷”（音 shang），二是從字面上理解“劫傷怒思”四字的意思，而不是將它們看成是某非漢語的譯音。所以，正確的理解應該是：“劫傷怒思”為帕提亞語 kftynws (kaftīnūs) 或其他類似伊朗語的漢文音譯，是一位天使的名字。[2]

儘管總的說來，這樣的解釋頗為合理，但是，就細節而言，我認為尚可作一點修正：寫本上被誤辨為“傷”的一字，恐怕實際上也并非讀作 yi 的“傷”字，而應是讀作 tang 的“傷”字，儘管從形狀上看，它更似前者。我之所以作此推測，是因為 tang（傷）比 yi（傷）更接近於西文 tīn

[1] 分別見 Tsui Chi (tr.), *Mo Ni Chiao Hsia Pu Tsan*, p. 193 和 *Chinesische Manichaica*, p. 36。

[2] 有關解釋，可參看劉南強 Samuel N. C. Lieu, *Manichaeism in Central Asia and China*, 1998, p. 51。

的發音。寫本的抄錄者或許因筆誤,或許因手寫異體,從而將"傷"誤作了"傷"。

【201】《大正藏》此字作"令",誤。今據手稿改正。

【202】"方便",借自漢譯佛經的術語,梵語 upāya 之音譯,意譯作善權、變謀,指巧妙地接近、設施和安排等。通常而言,"方便"是指佛、菩薩根據眾生的各自根基,而用種種方法予以施化,也就是為引誘眾生入於真實法而權設的法門,故亦稱"權假方便""善巧方便"等。摩尼教文書在此的"任巧方便",則是指靈魂(光明分子)隨機應變地採取各種有效的方法,脫離暗魔的束縛。

【203】耶俱孚,中古波斯語或帕提亞語 *y'kwb* (*yākōb*)的音譯,英文作 Jacob(通常譯作"雅各")。此即基督教《聖經》傳說人物以撒(Isaac)的次子,騙取其兄以掃(Esau)的長子名分,為以色列族的祖先。在摩尼教文書中,他有時與 Simon (= Peter)、Cephas、Mariam、Martha、Paul、Thecla 以及 Hermas the Shepherd 等基督教使徒並為世界各地捍衛摩尼教純潔性的得力幹將[1],有時則被描繪成重要的護法天神,稱"耶俱孚大將""俱孚元帥""俱孚聖尊"等,地位頗為崇高,其角色已不同於猶太教的 Jacob[2]。

【204】寫本的"逆"字,《大正藏》作"逆";下文相同者不再指出。

【205】寫本的"今請"二字,《大正藏》作"令諸",故 *Mo Ni Chiao Hsia Pu Tsan*, p. 194 將此句譯作"Let the many conquerors of devils subjugate the heretics";*Chinesische Manichaica*, p. 38 譯作"Laßt die vielen, die die Maras besiegten, die Andersgläubigen unterwerfen",顯然從《大正藏》的錄文。

【206】寫本的"竟"字,《大正藏》作"競";下文相同者不再指出。

【207】寫本的"着"字,《大正藏》作"著";下文相同者不再指出。

---

〔1〕摩尼教中古波斯語文書 M 788,載 Jes P. Asmussen, *Manichaean Literature: Representative Texts Chiefly from Middle Persian and Parthian Writings*, New York, 1975, pp. 12 – 13,書名下簡稱爲 *Literature*。

〔2〕說見馬小鶴《摩尼教耶俱孚考》,待刊。

【208】寫本的“逕”當即“逕”的異體字,《大正藏》作“迳”,為辨認之誤。

【209】寫本的“皷”字,《大正藏》作“鼓”;下文相同者不再指出。

【210】寫本的“折”字,《大正藏》作“折”;下文相同者不再指出。

【211 】“含識”,借自漢譯佛經的術語,梵語 sattva 之意譯,指含有心識的眾生,故亦稱“有情”。參看本文書第 111 行“有情”條註釋。

【212】《大正藏》此字作“諸”,顯爲筆誤,今據寫本改正。

【213】寫本的“辯”字,《大正藏》作“辧”,當是識辨之誤。

【214】寫本的“刾”字,《大正藏》作“刻”;下文相同者不再指出。

【215】寫本的“終”字,《大正藏》作“終”;下文相同者不再指出。

【216】“羅漢”,借自漢譯佛經的術語,梵語 arhat 之音譯,亦作“阿羅漢”;意譯可作應供、殺賊、不生、無生、真人等,指斷盡三界見、思之惑,證得盡智而堪受世間大供養的聖者。但是,摩尼教文書在此只不過是泛指本教較高級別的神靈或者獲得成功的修道者。

【217】寫本的“粮”字,《大正藏》作“糧”;下文相同者不再指出。

【218】寫本的“凢”字,《大正藏》作“凡”;下文相同者不再指出。

【219】文書在此謂《嘆明界文》共有 78 頌,而實際上只見 77 頌,即是從第 262 頌(行)至第 338 頌(行)。究其原因,并非如《林悟殊敦煌文書與夷教研究》所言的是抄錄者之訛(見 465 頁註釋 11),而是抄錄者漏抄或漏譯了一頌。蓋因這節《嘆明界文》的非漢語對應者是帕提亞語文書《胡亞達曼》第一篇(即 M 93 I),雖然帕提亞語文書有所殘缺,但是總體上可與《下部讚・嘆明界文》一一對應。此外,突厥語文書 TM 278 的內容又與《胡亞達曼》第一篇第 65—70 詩節的總體內容吻合,因此,也就相當於《嘆明界文》的第 326—331 頌(行)。而正是在這一突厥語殘片上發現了未見於《嘆明界文》,且其排序在第 327 和 328 頌之間的內容:“他們不知恐怖的噪聲為何物,那裏也無烈焰焚燒,

熱風吹灼"[1]。由此可知,《下部讚·漢明界文》本來確應為78頌(行)。

【220】寫本"未冒"之"未",應是"末"的筆誤,因爲"末冒"可作MārAmmō之譯音;是爲摩尼的親信弟子,曾赴東方布教,精熟帕提亞語,曾撰寫帕提亞語讚頌詩等作品。

【221】"分別",借自漢譯佛經的術語,即推量、思維之意,有"自性分別""計度分別""隨念分別"等分類。參看本編第二章《儀略》第47行"分別"條註釋。但是摩尼教文書在此所謂的"分別說",當僅指辨識本教教義的智慧和理論。

【222】"結縛",借自漢譯佛經的術語,梵語 bandhana 的意譯,亦作"繫縛",本為拘束之意,但按佛教教義,則指眾生的身心為煩惱、妄想或外界事物所束縛而失去自由,長時間流轉於生死之中。通常,謂繫縛眾生之身心者有四大"煩惱":貪慾、瞋恚、戒盜、我見。可參看本編第一章《殘經》第161行"煩惱"條註釋。所以,摩尼教在此的"結縛諸煩惱",乃是指阻礙修道者獲得真知的錯誤思想觀念。

【223】"伽藍",借自漢譯佛經的術語,梵語 saṃghārāma 的音譯略稱,亦作"僧伽藍摩"或"僧伽藍";意譯則作"眾園""僧園"等。原指僧眾所居的園林,後則稱呼僧侶所居的寺院。當然,摩尼教文書在此所謂的"伽藍",只不過是泛指明界諸神的居所而已。

【224】寫本的"客"當是"容"的異體字,但《大正藏》作"客",為識辨之誤。

【225】寫本的"麄"字,《大正藏》作"麁";下文相同者不再指出。

【226】寫本的"疊"字,《大正藏》作"亹",是為辨識之誤。

【227】寫本的"冤"字,應是"冕"的異體字,但《大正藏》作"寃",顯為識辨之誤。

【228】寫本的"暎"字,《大正藏》作"映";下文相同者不再指出。

---

[1]亨寧將其標為突厥文書的序號66a;見 W. B. Henning: "A Fragment of the Manichaean Hymn-Cycles in Old Turkish", *Asia Major*, Vol. 7, parts 1–2, 1959, p. 123。

【229】寫本的“輊”字,《大正藏》作“輕”;下文相同者不再指出。

【230】“有為生死”,借自漢譯佛經的術語,也稱“分段生死”,是指六道眾生在三界之內的生死輪迴,與之對稱的是“無為生死”。而“有為生死(分段生死)”又可分為兩種“分段”,即包括地獄、餓鬼、畜生三種生死的“惡道分段”和包括人、天生死的“善道分段”。所以,摩尼教文書在此所言“不造有為生死業”的真正含義,當是指(明界的)聖眾(光明分子)並無導致墮入俗世輪迴(即遭暗魔囚禁)的言行;而崔驥的英譯文“While they are not creating the active works of birth and death”[1]卻幾未反映出這一層意思,不免欠缺。

【231】寫本作“樂常”,但有互乙標記。

【232】寫本的“背”字,《大正藏》作“皆”,當是辨認之誤。

【233】寫本的“姤”字,《大正藏》作“妬”;下文相同者不再指出。

【234】寫本的“烔”字,《大正藏》作“烟”;下文相同者不再指出。

【235】寫本的“煑”字,《大正藏》作“煮”;下文相同者不再指出。

【236】寫本的“筭”字,《大正藏》作“算”;下文相同者不再指出。

【237】最後兩字,《大正藏》未錄;但是寫本上依稀可辨“寧寬”,故補。

【238】寫本的“犿”字,《大正藏》未錄。有關其義,*Mo Ni Chiao Hsia Pu Tsan*, p. 206 有所懷疑地譯作“貓”(Chickens and dogs, pigs and cats(?), and other animals);*Chinesische Manichaica*, p. 51 也疑爲“貓”(Hühner und Hunde, Schweine und Katzen und andereArten)。

【239】“三災”,借自漢譯佛經的術語,當是指刀兵災、疾疫災、飢饉災,或者火災、水災、風災。參看本編第1章《殘經》第15行“三災”條註釋。

【240】“八難”,借自澤漢譯佛經的術語,梵語 aṣṭāv akṣaṇāḥ之意譯,指不得遇佛,不聞正法等八種苦難。據《阿含經》等載,八難是:一,在地獄難,長夜冥冥,受苦無間,不得聞佛法;二,在餓鬼難,長劫無食,或

[1] Tsui Chi(tr.), *Mo Ni Chiao Hsia Pu Tsan*, p. 201.

者只能食膿血糞穢,受苦無量;三,在畜生難,常受鞭打或殺害,受苦無窮;四,在長壽天難,心想不行,無聞佛法;五,在邊地難,貪著享樂而不受教化,不得聞佛法;六,盲聾瘖啞難,雖值佛出世,而不能見聞佛法;七,世智辯聰難,雖然聰慧,不信出世正法;八,生在佛前佛後難,生不逢辰,無緣見聞佛法[1]。當然,摩尼教文書在此所要表達的,只是泛泛而言,聲稱明界並無種種苦難,卻顯然不是指佛教"八難"的具體內容。

【241】"慕闍"為音譯名,義為導師。參看本編第2章《儀略》第71行註釋。

【242】"拂多誕"為音譯名,義為主教。參看本編第2章《儀略》第72行註釋。

【243】"法堂主",即是長老,其音譯名作"默奚悉德"。參看本編第2章《儀略》第73行註釋。

【244】"聽者",摩尼教俗家信徒的稱呼。參看本編第1章《殘經》第298行"聽者"條註釋。

【245】"多誕",顯然是"拂多誕"的略語,目的是為了湊成每句七字的詩韻格式。

【246】阿拂利,當是 āfrī 的音譯,是爲中古波斯語 āfrīn、āfrīd、āfrīdag,帕提亞語 āfrīwan、āfrīnām 等詞的前半部分;而這些詞都經常置於摩尼教頌詩的開首。是知本文書的"阿弗利偈"系指以這類詞開首的贊美詩。

【247】寫本的"亡"字,《大正藏》作"亾",是爲日文所使用的漢字。

【248】"盧舍舡(那)",借自漢譯佛經的術語,為梵語 Vairocana 之音譯,亦作盧遮那、毗盧遮那等。由於最初義爲太陽,故漢文意譯作"光明遍照""大日遍照""遍一切處"等,原言佛於身智,以種種光明遍照衆生,後成佛的稱號之一。當然,摩尼教文書在此的"盧舍那佛"只是指摩尼教的重要神靈之一"光耀柱"(Column of Glory),也就漢文所謂的"相柱""寶柱""莊嚴柱"等,是為由純淨的光明分子組成的通天

[1] 參看慈怡主編《佛光大辭典》,318－319頁。

之路,也是摩尼教宇宙論中的"銀河"。[1]

【249】蘇羅沙羅夷,即《殘經》所言的窣羅沙羅夷,是爲中古波斯語 Srōš-Ahrai 之音譯,意即"公正的 Srōš";而 Srōš 則是瑣羅亞斯德教的神靈之一,以審判靈魂爲主要職司。

【250】寫本的"墻"字,《大正藏》作"塘",當是誤辨;"墻"即"牆(墻)"的異體字。

【251】寫本的"塹"字,《大正藏》作"塹"。

【252】寫本的"塩"字,《大正藏》作"鹽"。

【253】"莫",是粟特語 *m'xjmnw* (max-žamanu)音譯略語。粟特語的意思為"星期一";而漢字"莫"再加上用作本義的"日"字,亦即"星期一"之意。有關"莫日"的解釋,崔驥的英譯文誤解成"暮":"the time of sunset"[2];施微寒的德譯文也與此類似,作"Sonnenuntergang"[3]。

【254】寫本上的此字後衍一"種"字,但有刪除標記。

【255】本句稱日月宮各有"三慈父",是為摩尼教的六大神靈。對此,科普特語的《克弗來亞》有具體記述:"與之相對應,另有九個王座安置在這個世界中。三個王座設在白日之舟上:一個是使者的,第二個是大神靈的,第三個則是生命神靈的。此外,另有三個王座設在黑夜之舟上:第一個是榮耀耶穌的王座,第二個是初人的,第三個則是光明少女的。這六個王座分別設立在這兩艘船上。"[4]也就是說,日宮的三位"慈父"是第三使、善母、淨風;月宮的三位"慈父"是夷數、先意、電光佛。

【256】"觀音",借自漢譯佛經的術語,梵語 Avalokiteśvara 的意譯,亦稱光世音(菩薩)、觀自在(菩薩)、觀世自在(菩薩)等。他與大勢至菩薩同為西方極樂世界阿彌陀佛的脅使,號稱"西方三聖"。"勢至",

---

[1]有關摩尼教"盧舍那"與"光耀柱"的論述,可以參看馬小鶴《摩尼教的"光耀柱"和"盧舍那身"》一文,載《世界宗教研究》,2000 年第 4 期。

[2]Tsui Chi(tr.), *Mo Ni Chiao Hsia Pu Tsan*, p.212.

[3]*Chinesische Manichaica*, p.61.

[4]見 Iain Gardner, *The Kephalaia*, 82^{28-34}—83^{1}

即是"大勢至"的略稱,梵語 Mahā sthāma prāpta 的意譯,他以智慧光普照一切,令眾生離三途,得無上力。文書在此只是用"觀音""勢至"二名指稱摩尼教的兩個神靈,即是淨風、善母拯救被困於深淵的先意時所創造的"召喚神"和"應答神",亦即漢語文書《殘經》所謂的"呼嚧瑟德"與"嗷嘍嚩德"(參看本編第1章《殘經》第18行註釋)至於文書為何用佛教的觀音、勢至來代稱摩尼教的喚、應二神的原因,則並不清楚。

【257】"施"即"布施",本為漢譯佛經對於梵語 dāna 的意譯,是以慈悲心而施福利於人之義。至於"施"的各類和說法則形形色色,有三施、四施、八施、十世等說;當然,"七施"也是其中之一。按《俱舍論》卷18,所謂的"七施"即是施客人、施行人、施病人、施侍病者、施園林、施常食、隨時施等。儘管摩尼教所謂的"七施"肯定不同於佛教,但是其具體內容卻似乎也不太清楚。在摩尼教供聽者(在家修道者)使用的突厥語《懺悔詞》中,曾經提到"七重布施"(yiti türlüg pušïï)[1]。由於聽者必須為選民(專職修道者)提供日常的食品,故這"七施"可能即是含有豐富"光明分子"的七種食品。

【258】"十戒",借自漢譯佛經的術語,為佛教規定的對於修道者的十條戒律。大乘、小乘佛教各有"十戒":前者為不殺生、不偷盜、不姦淫、不妄語、不販酒、不說在家、出家之菩薩及比丘、比丘尼之罪過、不自讚毀他、不吝施、不禁拒他人謝罪、不毀謗佛法僧三寶等十種戒條;後者則為不殺生、不偷盜、不淫慾、不妄語、不飲酒、不香花嚴身、不歌舞觀聽、不坐臥高廣大床、不非時食、不蓄金銀財富。此外,尚有其他種種十戒。摩尼教聽者的"十戒"當然不同於此,但是也有不一樣的說法,如阿拉伯語《群書類述》的十戒為:戒偶像崇拜、戒撒謊、戒貪財、戒殺生、戒通姦、戒偷盜、戒教唆、戒巫術、戒信仰不一致、戒惰怠[2]。可參看本文書第137行"五淨戒"註釋。

【259】"印",亦當是借自漢譯佛經的術語,即"印相"的略稱,梵語

[1] 見《懺悔詞》XI A 和 XI B。

[2] 見 Bayard Dodge, *Fihrist*, p. 789.

mudrā 的意譯。多用為標幟之義,象徵諸尊內證本誓的功德。摩尼教使用此字,大致意為必須遵從的標誌性教規,或者基本信條的象徵符號。而所謂的"三印",即是指"口印""手印"和"心印",也就是在語言、行為和思想方面所必須遵奉的教規。

【260】"你逾沙",帕提亞語 ngwš'g (*niγōšāg*)的音譯,即"聽者"之意。

【261】"貪嗔癡"中的"嗔"字亦通"瞋",是為借自漢譯佛經的術語,又稱"貪恚癡""淫怒癡",以及"三火""三毒""三垢""三不善根"等,是指最為荼毒眾生身心的三種根本煩惱——貪慾、瞋恚、愚癡。不過,摩尼教文書對此名內容的解釋並不具體。參看本文書第 22 行"三毒"條註釋。

【262】"根",借自漢譯佛經的術語,梵語 indriya 之意譯,通常是指器官、機能。其用法很多,但是比較普遍使用者,則是指眼、耳、鼻、舌、身這五種感覺器官或感覺機能的"五根",或者再加上"意(心)根"而合稱"六根"。摩尼教文書在此之"根",當即此義。

【263】"三寶",借自漢譯佛經的術語,梵語 tri ratna 的意譯,指為佛教徒所尊崇的佛、法、僧這樣三種"寶"。"佛"(梵語 buddha)是指佛教教主釋迦牟尼,或者泛指一切諸佛;"法"(梵語 dharma)是指佛陀所悟而向人宣說之教法;"僧"(梵語 saṃgha)是指修學教法的信徒團體。摩尼教文書使用此詞,是否借以指稱摩尼教的教主、摩尼教的教義及摩尼教的教團呢?據本句文意而論,似乎並不太像;而崔驥在其音譯文中,疑"三寶"(three Treasures)即摩尼教的另一重要術語"三常"(three Constancies),卻不無道理[1]。

【264】"善知識",借自漢譯佛經的術語,梵語 kalyāṇamitra 的意譯,亦作"善友""勝友""親友"等,指正直而有德行,能教導正道之人。摩尼教文書在此顯然是用以指稱那些虔誠而又高水準的摩尼教信徒。

【265】寫本的"絛"字,《大正藏》作"條"。

【266】寫本的"装"字,《大正藏》作"裴",當是辨認之誤。

[1]見 Tsui Chi(tr.), *Mo Ni Chiao Hsia Pu Tsan*, p. 215.

中編 吐魯番非漢語文書譯釋

有關摩尼教的書面資料，儘管從摩尼教創教以降就已存在，其中既包括了摩尼教教主親自撰寫的經典及其弟子們的相關著述，也包括了摩尼教同時代的對手們或後世『異教徒』們頗具敵意的描述。然而，流傳下來者，基本上只是後一類中的一部分，如公元4世紀後期基督教神學家奧古斯丁（曾經是摩尼教信徒）批判摩尼教的《懺悔書》、約成於5世紀初的嘲笑和批駁摩尼教的《阿基來行傳》、成於8世紀末的敘利亞語著述《注疏集》，以及撰於10世紀末的阿拉伯語著述《群書類述》中有關摩尼教的部分，如此等等。這些文獻的數量雖然不少，但是由於其作者們的立場問題，故總是難免對摩尼教有著或多或少的誤會、歪曲，甚至有意識的醜化。

直到20世紀初，主要得益於德國探險隊在吐魯番的數次發現，才獲得了大量的由摩尼教本教成員撰寫的非漢語宗教文書；它們與幾乎同時被發現的3份敦煌漢語文書一起，大大推動了全球性的摩尼教研究熱潮。

德國學者對於中國吐魯番地區的探險完成於1902—1914年間。第一次探險開始於1902年11月，由柏林大衆文化博物館印度部主任格倫威德爾（Albert Grünwedel，漢名舊稱『吕威力』）率隊。格倫威德爾本是印度和西藏佛教的專家，他的興趣在於研究作為希臘—羅馬藝術傳入北印度之中心的吐魯番。令人驚喜的是，他們在名為Complex-α的寺院遺址中不但發現了摩尼教的壁畫，還獲得了許多暫時無法識別其語言的文書殘片。這次考察結束於1903年3月，但是，委託著名漢學家和語言學家繆勒（F. W. K. Müller）識辨的文書，直到一年之後才有了比較明確的結論：這是用稱為Pahlavi的中期伊朗語書寫的摩尼教文書，而發現文書之地也就是中古時期的一個摩尼教中心。

第一次考察的意外成功激發了德國知識階層的熱情，從而有了第二次吐魯番考察。不過，這次考察的正式稱呼是『首次皇家普魯士探險』，因為其經費來自政府的最高層。它開始於1904年9月，由著名的突厥學專家勒柯克（Albert von Le Coq，漢名舊稱『封禮格』）率隊。這次考察的主要收穫來自遺址K（Complex-k），那裏是高昌故城中心的一個重要遺址群。儘管由於自然和人為的破壞，遺址K的一個摩尼教圖書館的文書全部被毀，但是探險隊在Tuyuq仍見到了半毀的圖書館，收穫了包括基督教、佛教、摩尼教文書在内的許多資料；摩尼教資料則包括中古伊朗語和突厥語文書。

1905 年 8 月，勒柯克得知格倫威德爾決定前來喀什與他會合，共同考察。於是，當年 12 月，他們兩人一起開始了所謂的『第三次德國吐魯番探險』，這一直持續到 1907 年 1 月。但是，由於健康原因，勒柯克於 1906 年 1 月離開了探險隊，經由印度回國。他們總共考察了六個遺址，並在 Murtuk 發現了摩尼教手卷。

第二和第三次考察所獲得的大量藝術品和文書，使得諸多學者花費了好幾年工夫待在國內，以整理和研究它們；而吐魯番之社會環境對於西方探險者的人身安全的威脅，也是德國人沒有立即再赴東方考察的原因之一。最後，勒柯克及其助手在向外交部遞交了『探險期間人身安全自負』的聲明之後，才得以開始『第四次德國探險』，時在 1913 年 1 月。這次探險主要考察了 Tumšuk 與 Kurla 之間的佛教遺址，在此卻未獲得摩尼教的文書或藝術品。如今藏於柏林的與這次探險相關的摩尼教文書則是勒柯克在高昌至庫車途中得自當地居民的。1914 年 3 月，勒柯克率隊經由俄羅斯返回德國，恰在第一次世界大戰前夕回到了歐洲。

下文將要譯釋和研究的摩尼教非漢語文書，絕大部分得自吐魯番地區。它們涉及摩尼教的主要教義和主要神靈，包括帕提亞語、中古波斯語、粟特語和突厥語四種語言。所以，可以說大體上反映了中古時期流傳在東方『西域』地區的摩尼教的概況。

4 帕提亞語讚美詩《胡亞達曼》譯釋

一百多年前在新疆吐魯番地區發現的大量摩尼教文書殘片中,篇幅大者並不多見,而帕提亞語的讚美組詩《胡亞達曼》則是少量的大篇幅文書之一。早自20世紀20年代開始,有關該組詩的諸多殘存文書就被陸續釋讀和翻譯成現代文字。然而,到20世紀50年代才由博伊絲首次系統地整理相關殘片,將它譯成英文[1],兩年後並有所增補[2]。後來,亨寧發現勒柯克在1922年刊布的突厥語殘片T. M. 278可補帕提亞語文書的不足[3],麥肯齊補充了兩份粟特語文書殘片[4];西姆斯-威廉姆斯則補充了一份帕提亞語殘片[5]。至1990年,宋德曼發表了作為該組詩補遺的帕提亞語和粟特語文書殘片,是迄今最為完備的補遺,兼有原語之拉丁字母轉寫和英譯文。[6]這是對其進行文獻研究的大致情況,而將該組詩的主要內容譯成英文的,則還見於20

---

[1] M. Boyce, *The Manichaean Hymn-Cycles in Parthian*, Oxford University Press, 1954.

[2] M. Boyce, "Some Remarks on the present state of the Iranian Manichaean MSS. From Turfan, together with additions to Manichaean Hymn-Cycles in Parthian", Mitteilungen des Instituts für Orientforschung, IV, 1956, pp. 314 – 322.

[3] W. B. Henning, "A Fragment of the Manichaean Hymn-Cycles in Old Turkish", 原載 *Asia Major*, new series VII, 1 – 2, 1959, pp. 122 – 124;後收載於 W. B. Henning Selected Papers II (Acta Iranica 15, Leiden, Tehran-Liège, 1977, pp. 537 – 539.

[4] D. N. Mackenzie, "Two Sogdian HWYDGM'N Fragments", *Papers in Honour of Professor Mary Boyce*, II (Acta Iranica 25), 1985.

[5] N. Sims-William, "A New Fragment from the Parthian Hymn-Cycle HUYADAGMĀM", Études Eramo-Aryennes Offertes À Gilbert Lazard (Studia Iranica-Cahier 7), Paris, 1989.

[6] W. Sundermann, *The Manichaean Hymn cycles Huyadagmān and Angad Rōšnān in Parthian and Sogdian*, London, 1990 (Corpus Inscriptionum Iranicarum, Supplementary Series Vol. II).

世紀70年代阿斯姆森的著述[1]和90年代克林凱特的著述[2]中。

這一組詩的標題,取自開篇之首詞,即帕提亞語 hwydgm'n。有關此詞的讀音,博伊絲承襲亨寧的讀法,作 Huwīdagmān,則漢譯可以"胡威達曼"當之。但是,麥肯齊在其1985年發表的文章中卻作了頗有根據的考證,認為義為"幸運"的 *hwydg* 更宜讀作 *huyadag*[3],後人多是之,故今之標題都作 Huyadagmān,漢譯作"胡亞達曼",意為"我們幸運"。

《胡亞達曼》作為大篇幅的摩尼教文書之一,其重要的文獻意義自不待言。另一方面,當人們發現它的第一篇(全詩共有八篇)乃是摩尼教漢語文獻《下部讚》中《嘆明界文》的譯文來源[4]後,它在摩尼教文化傳播研究方面的重要性就更見突出了。然而,這份文書自從在中國境內被發現百餘年來,卻從未有過漢語的譯本和研究,故本章將對此作全面的漢譯和詳細的詮釋,以供中文學界作進一步的研究。[5]

4.1 《胡亞達曼》主體文書譯釋

本節所謂的《胡亞達曼》的"主體文書",是指在此所體現的結構和排序,均嚴格按照博伊絲 *Hymn-Cycles*(*The Manichaean Hymn-Cycles in Parthian* 一書的簡稱,下同)一書所列者,後人(包括其本人)的若干修改和增補,多在註釋中說明,以清眉目。以下即是相關文書的譯釋:

第一篇

《胡亞達曼》始於此

[1] Jes P. Asmussen, *Manichaean Literature: Representative Texts Chiefly from Middle Persian and Parthian Writings*, pp. 81 – 88.

[2] Hans-Joachim Klimkeit, *Gnosis*, pp. 100 – 110.

[3] D. N. Mackenzie, "Two Sogdian HWYDGM'N Fragments", p. 421, note 2.

[4] 亨寧在 *Mo Ni Chiao Hsia Pu Tsan* 的附註中(pp. 216 – 219),正確地指出了這部分帕提亞語組詩與漢語頌詩的對應性。

[5] 本譯文主要依據博伊斯《摩尼教帕提亞語讚頌組詩》一書的英譯(Mary Boyce: *Hymn-Cycles*, pp. 61 – 111),其他德、英譯文則作為次要參考。

《胡亞達曼》第一篇[1]

[1]我們幸運的是,通過你,我們了解並接受了你的教導。仁慈的主啊,向我們展示恩惠吧。[2]

---

〔1〕*Hymn-Cycles*, p.66 根據文書 M 93 I 的正面和反面,將本句的帕提亞語轉寫為 nxwyn hnd'm hwydgm'n,因此意為"《胡亞達曼》第一篇"。但是,*Hymn Cycles H & A* (Werner Sundermann, *The Manichaean Hymn Cycles Huyadagmān and Angad Rōšnān in Parthian and Sogdian*, Turnhout, 1997, 此處使用書名簡稱) p.14 在對文書 M 233 作完全轉寫的基礎上,認為在此應該作'bhwmyd 'wd "šk'rg qwnyd oo mry xwrxšyd whmn 'spsg frz'pt nxwstyn 'y r'stygrn,意思亦即"末華謝德-瓦霍曼(Mār Xwarxšēd-Wahman)主教揭示和使之展現於世。第一正直者完成之"。據此,則摩尼教漢語文獻《下部讚·嘆明界文》開首所稱"歎明界文,凡七十八頌,分四句,未(末)冒慕闍"之語所反映的《嘆明界文》作者為摩尼弟子 Mār Ammō 的說法,顯然未必確切。這點當予注意。《下部讚》中的《嘆明界文》一節,即是本篇的對應譯文,只是將原文每詩節兩行的形式改換成每頌四句;并且,只是大致意思的編譯,而非逐字逐句的對譯。帕提亞語文書的第一篇,自詩節 1 至詩節 78(篇末的最後 9 行已經缺失),相當於漢語文書的 262 頌至 338 頌。則漢語文書僅有 77 頌(雖然開首號稱"凡七十八頌")與帕提亞語 78 詩節相對應;其原因在於漢語《嘆明界文》實際上漏譯了一頌,下文將會具體指出。

〔2〕本詩節相當於《下部讚》第 262 頌,其辭為"我等上相悟明尊,遂能信受分別說。大聖既是善業體,願降慈悲令普悅"(需要說明的是,在此所引的《下部讚》原文,並不嚴格遵照本書第一編所校釋的文字,即是將異體字改成了今天的常用字,以便於讀者辨識。下文亦同此例)。又,*Hymn Cycles H & A*, p.23 轉寫和翻譯的粟特語文書 T ii K (= So.14470)中相當於《胡亞達曼》第一篇的詩節 1 的內容是:"我們幸運的是,通過你,接受並理解了你的神聖話語。仁慈的主啊,向我們展示恩惠吧!"

[2]父尊的使者治愈了精魂[1],給予大家歡樂,並且解除了憂傷。[2]

[3](本詩節只稍見痕迹)[3]

[4]高聳巍峨,無邊無限,那裏從未有黑暗。……[4]

(本詩節缺失)

[6]一切修道院全都華麗宏偉,以及……居處。因爲他們在光明中十分快樂,不知痛苦爲何物。[5]

[7]來到那裏的一切人,都不朽長存。既無毆打也無折磨施加於他們。[6]

---

〔1〕"精魂"的帕提亞詞是 gy'n;但是在摩尼教的帕提亞文書,同樣經常使用的另一個詞則是 gryw,在此譯作"靈魂"。二者意義相近,不過按之摩尼教教義,卻似乎有著細微的區別。宋德曼曾注意到二者的區別,故以《靈魂的雙重性》為題,專節探討了這兩個術語在用法上的異同(見 Werner Sundermann, *Der Sermon von der Seele: Lehrschrift desöstlichen Manichäismus Edition der parthischen und soghdischen Version*, Turnhout,1997, pp. 11–14,書名下簡稱 Sermon von Seele)。其大致觀點是:"精魂(gy'n)"主要是指人類個體的靈魂,與其"肉體"相對立,它需要被救贖,脫離肉體的束縛,回歸明界;而"靈魂(gryw)"則主要是指宇宙性的存在,亦即由氣、風、光、水、火五要素構成的光明分子,它雖與"精魂"同質,但不似"精魂"那樣具有特指性。簡言之,宋德曼以"人類靈魂"和"世界靈魂"來概括靈魂的雙重性。然而,gy'n 與 gryw 的區別是否僅在於此,好像仍有深入探討的必要,因為有些資料所揭示的情況,似乎有辨別"善"(更為純潔)、"惡"(更受污染)光明分子的意思在內。例如,插有帕提亞詞的中古波斯語文書 S 13(S 9 R ii 30)的一段文字雲:"阿緇(Az),一切諸魔的邪惡母親,變得狂暴憤怒,她製造了嚴重的騷亂,以幫助她自己的靈魂(*gryw*)。她用雄魔的泄物、雌魔的污垢製造了這個軀體,自己進入其中。然後,她用五明子,即奧爾密兹德神的甲胄,製成了善良的精魂(*gy'n*),將它束縛在這個軀體內。"因此,gy'n 與 gryw 的關係恐怕仍然有待深入探討。

〔2〕本詩節相當於《下部讚》第 263 頌:"蒙父愍念降明使,能療病性離倒錯,及除結縛諸煩惱,普令心意得快樂。"粟特語文書 So. 14470 對於本詩節的對應內容是:"你是來自父尊(?)的使者,……歡樂(?)……每個隱秘,你揭示給他們,你並消除了他們的憂傷。"(見 *Hymn Cycles H & A*, p. 23)

〔3〕本詩節相當於《下部讚》的第 264 頌:"無幽不顯皆令照,一切秘密悉開楊。所謂兩宗二大力,若非善種誰能祥?"而粟特語文書 So. 14470 的對應內容則是:"每個隱秘你都揭示出來;你顯露了兩宗力,它們隱藏在這個世界裏。"(見 *Hymn Cycles H & A*, p. 23)

〔4〕本詩節相當於《下部讚》第 265 頌:"一則高廣非限量,並是光明無暗所。諸佛明使於中住,即是明尊安置處。"粟特語文書 So. 14470 的對應內容則是:"一種是光明天堂,無邊無限,只見光明,全無黑暗。……并且,這……居住之處。"(見 *Hymn Cycles H & A*, p. 23)

〔5〕本詩節相當於《下部讚》第 267 頌:"聖眾法堂皆嚴淨,乃至諸佛伽藍所;常受快樂光明中,若言有病無是處。"

〔6〕本詩節相當於《下部讚》第 268 頌:"如有得往彼國者,究竟普會無憂愁。聖眾自在各逍遙,拷捶囚縛永無由。"

[8]（本詩節只稍見痕迹）

（10 詩節缺失）

[18]他們所穿的衣服全非手工制成。它們永遠清潔和明亮，其中全無蟲蟻。[1]

[19]（本詩節只稍見痕迹）

（2 詩節缺失）

[22]他們的青翠花冠從不褪色；它們鮮豔繽紛，色彩無數。[2]

[23]他們的身體從不疲勞無力。癱瘓症從不會感染他們的四肢。[3]

[24]他們的靈魂[4]從不昏睡。他們從來不知亂夢與幻覺是何物。[5]

[25]在他們的思想中從無遺忘之事……[6]

[26]……欺騙……[7]

（本詩節缺失）

[28]在此界域內，不知饑餓與苦惱爲何物。那裏沒有乾渴，……[8]

[29]那裏一切湖泊的水都奇妙地芳香。他們從來不知道什

[1]本詩節相當於《下部讚》第 279 頌："所着名衣皆可悅，不因手作而成就；聖衆衣服唯鮮潔，縱久不朽無蟲螋。"

[2]本詩節相當於《下部讚》第 283 頌："花冠青翠妙莊嚴，相暎唯鮮不萎落；肉舌欲歎叵能思，妙色無盡不淡薄。"

[3]本詩節相當於《下部讚》第 284 頌："聖衆體輕恒清淨，手足肢節無擁塞；不造有為生死業，豈得說言有疲極？"

[4]此詞的帕提亞語是 gryw，故漢譯作"靈魂"。由本詩節的內容看來，gryw 確實是指已經回歸明界，并且沒有任何"污染"的光明分子，則與"人類靈魂"迥異了。

[5]本詩節相當於《下部讚》第 285 頌："彼聖清虛身常樂，金剛之體無眠睡；既無夢想及顛倒，豈得說言有恐畏？"

[6]本詩節相當於《下部讚》第 286 頌："聖衆常明具妙惠，健忘無記彼元無，無邊世界諸事相，如對明鏡皆見覩。"

[7]本詩節相當於《下部讚》第 287 頌："諸聖心意皆真實，詐偽虛矯彼元無，身口意業恒清淨，豈得說言有妄語？"

[8]本詩節相當於《下部讚》第 289 頌："飢火熱惱諸辛苦，明界常樂都無此，永離飢渴相惱害，彼亦無諸醎苦水。"

麼是洪水和淹沒。[1]

(2詩節缺失)

[32]他們走路快逾閃電。他們的體內決無疾病。[2]

[33]……一切暗力[3]的活動……從未見於他們之中,也無攻擊與戰鬥。[4]

[34]害怕和恐懼不存在於這些地方,……在這些界內,沒有破壞。[5]

[35]……這些樹不會搖落……所有的菓實。[6]

[36]……其菓實不會腐朽。裏裏外外都光輝明亮。[7]

(本詩節缺失)

[38]所有的花園都發出香氣,以至……它們之中從未見到碎礫和荊棘。[8]

[39]整個界內光明閃爍……見於其間……[9]

(8詩節缺失)

[48]凡是上昇到明界內者,凡是獲得靈知者,都將讚頌這受

〔1〕本詩節相當於《下部讚》第290頌:"百川河海及泉源,命水湛然皆香妙,若人不漂及不溺,亦無暴水來損耗。"

〔2〕本詩節相當於《下部讚》第293頌:"神足運轉疾如電,應現十方無鄣礙。奇特妙形實難陳,諸災病患無能害。"

〔3〕帕提亞語 z'wr'n (*zāwarān*)本義為力量、勢力、軍隊等,但在摩尼教讚頌組詩中,卻專指暗魔的勢力,故在此譯為"暗力";相應的漢譯文則作"魔",亦切其義。

〔4〕本詩節相當於《下部讚》第294頌:"迫迮諸災及隘難,恐懼一切諸魔事,戰伐相害及相殺,明界之中都無此。"

〔5〕本詩節相當於《下部讚》第295頌:"世界常安無恐怖,國土嚴淨無能俎,金剛寶地無邊際,若言破壞無是處。"

〔6〕本詩節相當於《下部讚》第296頌:"彼處寶樹皆行列,寶菓常生不彫朽,大小相似無蟲食,青翠茂盛自然有。"

〔7〕本詩節相當於《下部讚》第297頌:"苦毒酸澀及黵黑,寶果香美不如是,亦不內虛而外實,表裏光明甘露味。"

〔8〕本詩節相當於《下部讚》第299頌:"彼國園苑廣嚴淨,奇特香氣周園圃;瓦礫荊棘諸穢草,若言有者無是處。"

〔9〕本詩節相當於《下部讚》第300頌:"彼金剛地常暉耀,內外鑒照無不見;寶地重重國無量,徹視間間皆顯現。"

人歌頌和仁慈的尊神。[1]

[49]在……無人會有陰暗影子。在此界內的的一切身體和相貌全都發射光芒。[2]

[50]它們的領土……此界的深度沒有止境。[3]

[51]他們十分珍貴,其形體不會遭受傷害。其肢體不會軟弱和衰老。[4]

[52]沒有任何人能夠說出他們的大小,或者得知多少……[5]

[53]他們的形相展現了……[6]

[54]甚至一切……此界……[7]

[55]一切……[8]

(2詩節缺失)

[58]……他們之中沒有任何疲重之軀……思想……[9]

[59]他們歡樂無比,唱頌美妙贊歌。他們持續地敬長崇高的和……尊主。[10]

[60]到處充滿了歡樂,以及甜蜜的,令人愉悦的歌聲……所

---

[1]本詩節相當於《下部讚》第309頌:“所從寶地涌出者,皆有見聞及覺知,得覩無上涅槃王,稱讚歌楊大聖威。”

[2]本詩節相當於《下部讚》第310頌:“彼處暗影本元無,所有內外明無比,一切身相甚希奇,於寶地者恒青翠。”

[3]本詩節相當於《下部讚》第311頌:“聖衆形軀甚奇特,高廣嚴容實難思,下徹寶地無邊際,欲知限量無是處。”

[4]本詩節相當於《下部讚》第312頌:“彼聖妙形堪珎重,元無病患及災殃,有力常安無衰老,說彼無損體恒強。”

[5]本詩節相當於《下部讚》第313頌:“若非大聖知身量,何有凡夫能算說?金剛之體叵思議,大小形容唯聖別。”

[6]本詩節相當於《下部讚》第314頌:“聖衆色相甚微妙,放大光明無邊所,無始現今後究竟,若言身壞無是處。”

[7]本詩節相當於《下部讚》第315頌:“人天聖凡諸形類,叵有肉舌能讚彼。諸佛性相實難思,金剛寶地亦如是。”

[8]本詩節相當於《下部讚》第316頌:“聖衆常樂無疲極,珎重榮華究竟悦,身相微妙恒端正,內外莊嚴實難說。”

[9]本詩節相當於《下部讚》第319頌:“光明界中諸聖等,其身輕利無疲重,妙形隨念游諸刹,思想顯現悉皆同。”

[10]本詩節相當於《下部讚》第320頌:“聖衆齊心恒歡喜,演微妙音無停止,讚禮稱楊無疲猒,普歎明尊善業威。”

有的寺院。[1]

[61]……他們相互贊頌。他們全都永遠健康地生活。[2]

[62]……此界無邊際……一切處所。[3]

[63]……他們沒有……偉大……[4]

[64]寺院全都輝煌華麗,其中不知恐懼爲何物……[5]

[65](本詩節只稍見痕迹)[6]

(2詩節缺失)

[68]到處充滿光明……歡樂與榮耀……[7]

[69]……歡樂和愉快……計算時日(?)……[8]

(9詩節缺失)

(第一篇之末)

---

〔1〕本詩節相當於《下部讚》第321頌:"讚唄妙音皆可悅,其聲清美皆安靜,上下齊同震妙響,周遍伽藍元不寧。"

〔2〕本詩節相當於《下部讚》第322頌:"其音演暢甚殊特,遍互歌楊述妙德。諸聖快樂皆究竟,常住恒安無疲極。"

〔3〕本詩節相當於《下部讚》第323頌:"光明寶地無邊際,欲尋厓岸無是處。元無迫迮及遮護,各自逍遙任處所。"

〔4〕本詩節相當於《下部讚》第324頌:"聖衆齊心皆和合,元無分折爭名利,平等普會皆具足,安居廣博伽藍寺。"

〔5〕本詩節相當於《下部讚》第325頌:"伽藍清淨妙莊嚴,元無恐怖及留難;街衢巷陌廣嚴飾,隨意游處普寧寬。"

〔6〕勒柯克曾於1922年刊布了一份用回紇字母書寫的突厥語文書殘片T. M. 278(A. von Le Coq, "Türkische Manichaica aus Chotscho III", *APAW*, 1922, Nr 2, p. 45),但未注意到它與《胡亞達曼》的關係。亨寧則在1959年指出,此即《胡亞達曼》第一篇第65到70詩節的突厥語譯文,並按內容的對應性,對各詩節標上同樣的序號(W. B. Henning, "A Fragment of the Manichaean Hymn-Cycles in Old Turkish", *Asia Major*, Vol. 7, Parts 1-2, 1959, pp. 122-124)。突厥文書的全部內容列於本文的第二節內,我們將看到,這與帕提亞語文書殘存的內容基本吻合;但是,標號66a的"他們不知恐怖的噪聲爲何物,那裏也無烈焰焚燒、熱風吹灼"之語,卻既未見於帕提亞語文書,也未見於漢語文書。未見於前者,當然是因為那幾個詩節正好缺失;未見於《下部讚》,則只能用漢文獻漏錄來解釋了。亦即是說,之所以《下部讚·嘆明界文》只有77頌來對應《胡亞達曼》第一篇的78詩節,是因為漢語文書漏抄了第327頌以下的一頌,其內容即相當於突厥語TM278文書的66a。

〔7〕本詩節相當於《下部讚》第329頌:"光明遍滿充一切,壽命究竟永恒安。珎重歡樂元無間,慈心真實亦常寬。"

〔8〕本詩節相當於《下部讚》第330頌:"常樂歡喜無停息,暢悅身意寶香中,不計年月及時日,豈慮命盡有三終?"

第二篇

（胡亞達曼）第二篇：罪人之懲罰

……

胡亞達曼第二篇之末[1]

第三篇

（無標題）

[1]……明亮的……將永不凋謝。

[2]……與芳香……使一切……閃耀光芒（?）

[3]……存在……那裏沒有……

[4]花朵……那裏沒有……在其中（?）

[5]那個地方（?）是……

（5詩節缺失）

[11]……為……而哭泣，我的精魂嘆息……

[12]……仁慈地……朋友（?）……從他們以及……

（第三〈?〉篇之末）

第四篇

（無標題）

[1]……自己的……被戴上花冠（?）……一切束縛……

[2]……水晶的……

（第四〈?〉篇第一殘片之末）

第四篇甲

（無標題）

[1]誰將把我從深淵和牢獄中解救出來？那裏聚集了令人不快的欲念。

---

[1]按博伊絲之說，"有關第二篇的內容幾無所知，除了在兩片粟特語殘卷上保存的標題"（*Hymn-Cycles*, p.32）但是，宋德曼所釋讀的粟特文書 T ii K 178（=14610），則展示了第二篇最後四詩節和第三篇第一詩節的部分內容（*Hymn Cycles H & A*, p.25）；具體的漢譯文見本章第二節。

[2]誰將幫我渡過洶湧大海的滔滔洪水？那裏的衝突永不停息。

[3]誰將救我脫離一切野獸的魔爪？它們毫不留情地毀滅恐嚇著一個又一個人。

[4]誰將引導我越過城墻，渡過環城河？它們充滿了來自破壞之魔的恐懼和戰慄。

[5]誰將帶領我逃脫再生[1]，讓我脫離永無休止的一切波濤？

[6]我為我的靈魂而哭泣，說道：但願我能被救離此境，不再遭受吞噬一人又一人的野獸的恐怖。

[7]人類、空中之鳥、海中之魚、四足之獸以及一切昆蟲的軀體，

[8]誰會讓我脫離它們（的束縛），救我逃離這一切，以使我不再遭受這些地獄的毀滅。

[9]這樣，我就不會再被他們沾污，也不會再生，在那裏，一切種類的植物被從……取出。

[10]誰將救我脫離吞噬的極頂和噛食的深淵[2]？那是一切地獄與苦難。

（2詩節缺失）

[13]……捕獵野獸。

[14、18]（該兩詩節只依稀可辨痕跡）

---

〔1〕帕提亞語名詞'jwn（*āžōn*）及動詞'jy（*āžay*）可能都借自粟特語，原為"（被）生"（to be born）的意思（見B Gharib（ed.），*Sogdian Dictionary*：*Sogdian-Persian-English*，Tehran，1995，p.5，item 125及p.94，item 2369，書名下簡稱*Sogdian Dictionary*）。但是，在摩尼教帕提亞語的文書中，卻顯然有了引申，多作"再次誕生"的意思，乃至與z'dmwrd（*zādmurd*，"生死流轉"）和sms'r（*samsār*，"輪迴"）具有相同的含義，即靈魂（光明分子）未能直接回歸明界，而是再被邪惡的肉體囚禁，遭受折磨。雖然諸詞有如此的類似含義，但為了盡可能確切地反映帕提亞語原文的措辭，在此譯作"再生"，而不作"生死流轉"或"輪迴"。

〔2〕帕提亞語'bš'm'mg義為"吞食（的）"、"吞噬（的）"，bwrzynd義為"高度"、"最高點"，x'zyndg'n義為"狼吞虎嚥地吃"、"吞沒（的）"，jfr'n義為"深淵"、"深獄"；所以，該詞組的漢譯作"吞噬的極頂和噛食的深淵"。但是，整句的含義有些難解。依我之見，無論是"極頂"還是"深淵"，都是喻指囚禁靈魂（即光明分子）的暗獄（即肉體），而前者之所以被"囚禁"，是最初暗魔（貪魔）吞噬光明分子所致。那麼，靈魂（光明分子）之"獲救"，便可稱為脫離"吞噬深淵"云云了。

（第四〈？〉篇本殘片之末）

第四篇乙

（無標題）

[1]它們的整個建築將會崩潰，一切暗力將會痛苦地徹底毀滅。

[2]其一切居住者都將被悲慘所籠罩，無情的地獄將徹底毀滅。

[3]誰將拯救我逃離這一切，以至我可以不再被這些深獄的災難所淹沒。

（第四篇之末）

第五篇

（無標題）

[1]誰將心甘情願地把我救離毀滅深淵，救離荒蕪不堪的黑暗山谷？

[2]那裏全是痛苦與死亡之刺，但是全無救助者和朋友。

[3]那裏永遠沒有安全，充滿了黑暗與煙霧。

[4]那裏充滿了憤怒，毫無仁慈，一切進入者都將被刺得遍體鱗傷。

[5]那裏干旱之極，滴水全無，熱風[1]使它堅硬無比。那裏不

---

〔1〕帕提亞語 tft (*taft*) 義為“灼熱的”“焦熱的”，w' d (*wād*) 義為“風”，故詞組 tftw' d 意為“灼熱/焦熱之風”。該術語在摩尼教文書中並不多見，疑是從佛教引進的概念，即地獄中可怕的現象之一。蓋按佛教之說，地獄裏特別折磨的主要手段之一，即是“熱風”，例如：“第五，阿夷波多洹泥犁中，其中有熱風，風大熱，過於世間爐炭；風來著身，焦人身體，皆欲避之者，常與熱風相逢，避之不能得脫，其人求死不能得死，求生不能得生。”（〔東晉〕竺曇無蘭譯：《佛說泥犁經》，《大正藏》第1冊，第87號，大正十三年五月版，第910頁中）“泥犁”是梵語 niraya 的音譯，原義是“無有、無福處”，佛經意譯則作“地獄”。這裏的“熱風”可使受者“求死不能得死，求生不能得生”，足見折磨程度之酷烈，而這也正是佛教“地獄”的主要特色之一。或許，摩尼教借鑒了這一觀念。

曾見過一滴金水[1]。

[6]誰將把我救離那裏？逃離一切傷痛，帶我遠離一切地獄苦難。

(2詩節缺失)

[9]他們在深淵中遭受無情的打擊。那裏充滿病患，絕無康健。

[10]在那地獄般的地方，他們的一切慾望和財富的慰藉全都無補於事。

[11]……朋友……富足(?)……

[12]他們的一切偶像、祭壇和幻影，都無法把他們救離地獄。

[13]他們受到痛苦和殘忍的壓制……所有擊毀(?)他們的人……

[14]……將知道……

[15]……他們發現……願他(?)打開……

(3詩節缺失)

[19]誰將帶我遠離那裏？使我不再陷在其中，不再跌入每一個痛苦地獄。

[20]進入那裏的所有人都會發現無路可逃……對於他們來

---

[1]帕提亞語 zrgwng (*zaryōnag*)義為"金色的""金質的"，另外還有"青翠的"之義；而"金水"一名的出典則可追溯到古代波斯。許多古代史家，包括希羅多德、斯特拉波、普林尼等都提到過這樣的傳說：波斯的國王們只喝源自 Choaspes 河(蘇薩附近的一條河流)中的水，即使征戰遠方，也隨軍帶著此水；而此水即名"金水"。布金漢在其《遊記》中引述了許多前人的記載，並在註釋裏徵引 Jortin 之語云："按 Agathocles(公元前4世紀下半葉人，政治家，曾當過意大利西西利的國王)之說，有其種水，只供波斯國王飲用；如果任何其他作者談及此事，那就必定源自 Agathocles。我們在 Athenaeus 的著述中得知，Agathocles 說，在波斯，有種稱為'金'的水，它由70條河流之水構成。除了國王及其長子外，任何人都不得飲用此水；如果有人喝了，那就得被處死刑。"(見 J. S. Buckingham, *Travels in Assyria, Media and Persia*, Vol. I, London, 1930, p. 208, note)或以為，波斯國王如此珍視和壟斷這種"金水"，恐怕不僅僅在於此水對於身體的可能的良好生理益處，而更在於它的某種精神作用和宗教意義。因此，《胡亞達曼》在此借用"金水"之名，顯然是用以指摩尼教中的珍貴事物，故聲稱在黑暗深淵中不見任何"金水"。

說,那氣味……[1]

(第五篇第一殘片之末)

第五篇甲[2]

(無標題)

[1]他們向著那些……大聲尖叫,……妖邪惡魔不讓他們稍有休息。

[2]他們哭喊著向正直的法官懇請……他并未答應給予他們援助。

(8詩節缺失)

[11]他們的內心始終渴求,在那地獄之中……那吞噬的深淵中毫無希望。

[12]那是荒蕪之地,不見水流;進入那裏的任何人都因極大苦痛而傷心透頂。

(第五〈?〉篇本殘片之末)

第五篇乙

《胡亞達曼》第五篇

[1]從每一個邊界……我的心被取走(?)……[3]

(9詩節缺失)

---

〔1〕標為"《胡亞達曼》第五篇"的粟特語文書 T II D 170(=So. 14445)中的2、3詩節(第5-12行),當是這19、20詩節的對應譯文:一為"誰將帶我遠離它們? 以免我被擠向(?)它們,不再摔倒,跌入或被投入每個痛苦地獄";一為"無論何人陷入那裏,都將永遠找不到出路,也根本無人會來幫助他們"(粟特語轉寫及英譯文見 D. N. Mackenzie,"Two Sogdian HWYDGM'N Fragments",p. 425、426)。

〔2〕按麥肯齊,由於粟特文書14445的第5—12行相當於帕提亞文書"第五篇"的最後兩行(19、20行),而第17—20行相當於帕提亞文書"第五篇乙"的第1行,故 *Hymn-Cycles* 的"第五篇甲"文書的位置不應該在此(見 D. N. Mackenzie,"Two Sogdian HWYDGM'N Fragments", p. 426),易言之,更合理的排列,應當是"第五篇"與"第五篇乙"緊相接,中間不應插入"第五篇甲"。

〔3〕麥肯齊認為,本詩節幾乎可以肯定是粟特語文書 T II D 170(=So. 14445)中詩節5(17-20行)的譯文原件;粟特語譯文為:"從一切邊界,我的靈魂從那裏……我的心靈極其……脫離一切居所。"(見 D. N. Mackenzie,"Two Sogdian HWYDGM'N Fragments", p. 426)

[11]在那高貴(?)的境內絕無罪孽……在他們之間沒有……(第五篇本殘片之末)

第五篇丙[1]

(無標題)

[1]他們的芳香花環神聖而不朽;他們的身體充滿了生氣勃勃的清淨液滴[2]。

[2]全都一心相互贊頌;他們用充滿生機的祝辭相互祝福,永遠祝福。

[3]我在心中仍然記得。我凄慘地大聲哭泣:"誰來救我逃離種種恐懼?"

[4]"誰來把我帶往那樂土,以讓我與那裏的一切居住者共享歡樂?"

第五篇結尾:誰將把我救……

第六篇

第六篇開首是"當我這樣……"

[1]當我這樣哭訴,灑淚於地時,我聽到了慈悲王的聲音。

第六篇甲

(無標題)

---

[1]在此標為"第五篇丙"的全部文字內容(詩節1—4和一句結尾語),以及下面所標"第六篇"的文字內容(一句開首語和詩節1)都來自粟特語文書T II K 178(=So. 14615);*Hymn-Cycles*, pp. 93和95的英譯文由亨寧提供。但是按麥肯齊,在第五篇丙所標詩節1的之前,實際上還有殘存的兩詩節:一為"……軀體諸物……他們待在那裏……是……和……輝煌的";一為"天界絕無不健康的食品,也無令人窒息的食物和飲料"(見D. N. Mackenzie,"Two Sogdian HWYDGM'N Fragments", p. 423)。

[2]粟特語 *šyšk* 義為如水之類的液體的微滴,或淚滴。在此當是指天界令人不朽的仙水、神水,亦即作為使人徹底覺悟,脫離生死的"靈知"、"真知"的象徵符號,其義與"光明分子"相若。實際上,比較佛教化的摩尼教漢語文獻,正是用佛教術語"甘露"來對譯這類術語的。與本句含義最相近的,則是《下部讚·嘆明界文》的"上下通身並甘露"(298頌)。可惜的是,與298頌對應的《胡亞達曼》第一篇第37詩節恰好缺失,否則或可證實其內容正與粟特語的本詩節相仿。

[1]我是……你是第一(?)……

[2]現在……光明的(?)精魂(?)……因為我是虔誠者(?)以及你的(?)靈魂(?)的……

[3]我將把你救離每個……恐嚇你的叛逆勢力的……

[4]我將把你從一切欺詐和騷動的……以及死亡的折磨中解救出來。

(1詩節缺失)

[6]……每個(?)崗哨……所有敵人的……[1]

[7]……並吞噬……那裏有……以及地獄的死亡之潭。

[8]我將終結一切破壞力量的活動,以及終結令你沮喪得要命的一切病患。

[9]我將推翻你面前的一切……以及擊倒……

(第六〈?〉篇本殘片之末)

第六篇乙

《胡亞達曼》第六篇

[1](本詩節僅剩痕跡可以辨認)

[2]……每一種痛苦……精魂(?)……

[3]……他(?)將護衛這寧靜不受……他們是……

(7詩節缺失)

[11]……以及從永遠……的每個牢獄中……

[12]……你應耐心地(?)通過這些印信(?)……我將使你脫離一切暗力……

[13]……我將……你面前的一切……所有的圍墻……

---

[1]本詩節中只見到兩個關鍵詞:帕提亞語 phrg (*pahrag*) 義為"崗哨""監察站";dwšmyn (*dušmen*) 義為"敵人",故整節的意思不甚了了。但是,按博伊絲的理解,這實際上體現了摩尼教的一種觀念:被救贖出來的善良靈魂(光明分子)在前赴天界的途中,仍有黑暗勢力環繞著他,以及敵對星辰的"崗哨"對他虎視眈眈。說見 *Hymn-Cycles*, p. 12。

[14]所有的魔王[1]……將在你面前倒下,以及……

(6詩節缺失)

[21]你不會陷(?)入……那裏充滿了烈焰、災難和傷痛。

[22]我將把你從地獄守衛者手中解救出來,他們對於精魂和靈魂[2]毫不留情。

[23]……那是一個……的地方,你不會墮入地獄。

[24]……仁慈的救世主(?)……你不會再懼怕。

(第六篇本殘片之末)

第六篇丙

《胡亞達曼》第六篇

[1]我將熱心地帶領你展翅高飛,高高地凌駕於一切暗力和叛逆魔王。

[2]我將引導你進入最初的寧靜之地[3];我將讓你見到諸多父尊,我自己的神聖存在(?)。

[3]你將歡愉快樂,將祝福贊頌。你將無憂無慮,並……忘記惡臭。

[4]你將穿上光芒四射的外衣,用光明束腰;我將把王冠戴在你的頭上。

[5]你將……通過……燦爛的珍寶……仁慈的……

(4詩節缺失)

---

[1]帕提亞語'xšynd (*axšēnd*)義為"王公""王子"(相當於英文prince),但是用在摩尼教宗教文獻中時,往往是特指"魔王",即諸多暗魔,故在此加上定性詞,譯之為"魔王"。

[2]這裏分別用了兩個不同的帕提亞詞:gy'n和gryw,如上文註釋所指出的那樣,二者雖然意義相近,但在摩尼教的讚歌中卻似乎有著細微的區別;顯然,在此并列使用二詞,再次證明了這一點。

[3]此即指被救贖後的靈魂(光明分子)所進入的"新天堂"。

[10]利用精神之口[1],在那建築物之上建造了要塞[2],高大寬廣,屬於高貴帝君。

[11]一座宮殿是最初的頭生者[3]的居所,他在其中以歡樂為衣,並戴著王冠。

[12]他還將冠冕戴在所有朋友的頭上,並將歡樂之衣穿在他們身上。

[13]他為一切信眾和虔誠選民穿上讚美之衣,並為他們戴上冠冕。

[14]他們如今被歡樂所主宰,正如他們曾經僅僅因其名字[4]而被囚禁,在敵人手中被痛苦所主宰一樣。

[15]他還使得他們……利用一切……通過顯形……

(4詩節缺失)

[20]自……歸來……因勝利而獲得……的深度;因為敵人已被征服,極頂就在前面。

[21]……是他將顯形之日,仁慈的父尊,光明永世之主。

[22]他將展示他那光芒四射的形象,向居住在那裏的一切神靈顯示其燦爛和光輝的相貌。

(第六篇本殘片之末)

第七篇

(無標題)

---

[1]帕提亞語 rwmb (*rumb*)義為"口""嘴",但博伊絲將它意譯成了"祈禱""咒語",即與前一詞合成了詞組 spiritual invocation(見 *Hymn-Cycles*, p. 103),顯然是謂言辭創造了下文所說的"要塞"。然而,由於言辭(word)在摩尼教中有著特殊的象徵意義,有著神聖而巨大的創造力(如創造神靈、天界、日月等),實際上相當於"光明"的音聲表現形式(說見本書下編第一章),故與其將 rwmb 引申地譯作"祈禱"或"咒語",不如直譯為"口"。因為"精神之口"的詞組更容易被理解為"具有神聖力量的言辭",從而體現 WORD 在摩尼教中的崇高地位。

[2]帕提亞語 dyz (*diz*)義為"要塞""堡壘",在此則是喻指"新天堂",是為靈魂被救贖之後而去的樂土。

[3]"頭生者"即是指初人(=先意),他是最早受明尊派遣,而與暗界眾魔交戰的神靈。

[4]帕提亞語 n'm (*nām*)義為"名字""名聲",在此則特指信眾們的"摩尼教徒"的名稱。

[1]一切信眾都將脱去……並將變成穿著……的身體。

[2]他對我所説的……

(5詩節缺失)

[8]什麼是……通過這三解脱(?)[1]……

[9]由此,選民和一切仁慈者,以及了解神跡和懂得信仰的所有人都將嚮往他。

[10]我的靈魂的救贖者向我揭示這些事物……強大者……直到這位第二尊[2]。

[11]在我離世之日,他仁慈地前來,將我救離種種痛苦與牢獄。

[12]……諸神,通過那偉大之門[3]……神聖的(?)……以及公正的(?)使徒。

(5詩節缺失)

[18]……魔王……所有崗哨。

[19]所有恐嚇(?)你的人將倒在你的面前;那強大的光輝將戰勝他們的形貌[4]。

---

〔1〕對於帕提亞語 synjyn (*sinǰēn*)的釋義,學界略有歧見:安德魯斯與亨寧曾不太肯定地釋之為"拯救"(德文 Rettung,相當於英文 salvation,見 F. C. Andreas&W. Henning, *Mitteliranische Manichaicaaus Chinesisch-Turkestan*, Ⅲ in respectively SPAW ,1934, p. 874,書名下簡稱爲:*Mir. Man.* Ⅲ);博伊絲則也不是很肯定地釋之為"逃避"(英文 escape,見 *Hymn-Cycles*, pp. 105,195)。那麼,在此的 hry synjyn("三拯救"或"三逃避")就顯得有些難解了。因此,依我之見,由於 Rettung 兼有拯救、解救、釋放等義,escape 兼有逃脱、脱離束縛等義,故事實上,德、英兩種釋讀均未遠離帕提亞語 synjyn 的原義:乃是指靈魂擺脱肉體(暗魔)之囚禁束縛,最終獲得救贖的意思,其義十分切合於佛教所謂的"解脱"(梵語 vimokṣa 的意譯),即由煩惱束縛中解放,超脱迷苦境地,不再墮於輪迴,大致與"涅槃"之意相仿。而佛教恰恰有"三解脱"之說,指得到解脱而至涅槃的三種法門——空門、無相門、無願門。因此之故,疑摩尼教帕提亞語組詩在此的 hry synjyn 系借鑒佛教教義而創造的專門術語,那麼譯之為"三解脱",庶幾近之。

〔2〕帕提亞語 bdyg 義為"第二",wzrgyft 義為"偉大"。通常,摩尼教的"第二偉大"是指主要神靈"第三使"(亦即漢語文獻中的"三明使")。《下部讚》第15頌"大聖自是第二尊"句以"第二尊"稱呼之,在此亦從其譯。

〔3〕帕提亞語 br 義為"門",wzrgyft 義為"偉大"。通常,"偉大之門"是耶穌的代稱;亦稱"解脱門",如《下部讚·讚夷數文》稱讚耶穌(夷數)"諸寶藏者真正覺,諸善業者解脱門。與抄掠者充為救,與纏縛者能為解"。

〔4〕本詩節的後半部分系據 W. B. Henning, *Gnosis*, p. 106 之英譯文翻譯。

[20]你肯定將越過他們的境界,并且不會被他們的崗哨逮住。你將被救離痛苦……

[21]你不會跌進地獄,也不會陷入……;那裏的……不會有任何歡樂。

[22]你將不再藏在那污穢的肉體裏……你將不再承受一切病患帶來的哀痛。

[23]精魂啊,你將不再……

(第七〈?〉篇本殘片之末)

第八篇

(無標題)

[1]他對我說道:"你一直厭惡他的團夥,因此,你將獲得讚揚及幸運之冠。"

[2]我將帶你上升,向你展示你自己的起源。在那裏,你將欣喜無比,永遠沉浸在歡樂之中。

[3]你將站(?)……并且……

(7詩節缺失)

[11]他允諾我,將永遠終結我虔誠的磨難,並將對此予以補償。

[12]正因為我始終嚴格信仰和堅持正直,他使我戰勝一切暗力。

[13]……在離世之日……

(第八〈?〉篇本殘片之末)

第八篇甲

(無標題)

[1]但是,你將安全地經過每一個……你將永遠充滿歡樂和自由。

[2]你將進入那境界……并將享受那……的歡樂。

[3]你將居住在寧靜之中……痛苦將再也不會襲擊你。

《胡亞達曼》結束……總共(?)四百(?)……詩節。

4.2 《胡亞達曼》零星文書補充

本節所謂《胡亞達曼》的"零星文書",是指在博伊絲 *Hymn-Cycles* 一書出版後,新發現的與之相關的殘片,其篇幅雖然不大,但可聊補整個讚頌組詩的不足。其部分內容已在上文的註釋中提及,但為了使這篇組詩更具"全面"的形貌,以及對各文書做更深入的探討,便綜合諸殘片,附列於此。

4.2.1 帕提亞語殘片 TM 406a (=T I)[1]

[66a]他們的境內沒有可怕的……,也不括熱風[2]。

[67]他們的居地絕無黑色[3]與煙霧,也沒有黑暗。

[68]他們永恒的生命充滿光明;他們快樂和相互敬重地共同居住。

[69]他們欣喜、歡樂,享受著美妙的芳香;他們的生命永無終結。

---

[1]本文書的英譯文見 N. Sims-Williams,"A New Fragment from the Parthian Hymn-Cycle HUYADAGMĀN", p. 324。按英譯者之見,本文書的內容相當於漢語文獻《下部讚》的第 66a 頌至 71 頌。

[2]帕提亞語 w'd tftw'dyg,直譯為"熱風之風",也就是"熱風"之意,是為地獄的特徵,可能借自佛教的觀念;"熱風"的具體解釋已見前文"主體文書"部分的第五篇,可參看。

[3]按 N. Sims-Williams,"A New Fragment from the Parthian Hymn-Cycle HUYADAGMĀM" (p. 325),在此的帕提亞語 sy'wg (*syāwag*)恐怕只是抽象的名詞(形容詞為 sy'w),義為"黑色"(blackness),不過,它在本段文字中的確切含義,則未得到進一步的解釋。由於此詩節相當於《下部讚》的第 328 頌("一切暗影及塵埃,極樂世界都無此。諸聖伽藍悉清淨,若有昏暗無是處"),故這 sy'wg 應即漢文表達的"暗影"。崔驥將"暗影"直譯為 dark shadows(Tsui Chi tr., *Mo Ni Chiao Hsia Pu Tsan*, p. 206),施微寒直譯為 dunklen Schatten(*Chinesische Manichaica*, p. 51),似乎都是指物質性的現象。但是,若按文書 M 6 所表述的意思("引領者啊,偉大的明燈,使得我們眼睛裏的黑色立即消失"——見 *Mir. Man.* Ⅲ, p. 865 的德譯文),則 sy'wg(黑色)的抽象的譬喻意義便相當清楚了:這當是指陰鬱的情感或不正確的思想。再結合 sy'wg 的另一釋義"夢魘(nightmare)"(見 *Dictionary of MP & P*, p. 312),則如此的釋義似乎更有依據,也更貼近文書的本意。

[70]他們的境内既無生死流轉,也無慾愛之床[1]上的情愛。

[71]在那淨土上,他們不知道什麼是毁滅的暴獸[2]與淫慾的惡果。

4.2.2 突厥語殘片 TM 278[3]

[65]……永恒地……

[66]群犬吠,衆鳥鳴,混亂與討厭的邪惡嚎叫等,他們在此境内一無所聞。

[66a]他們不知恐怖的噪聲[4]爲何物,那裏也無烈焰焚燒、熱風吹灼。

[67]一切黑暗與煙霧都無……在這淨界中均未見。

[68]他們的活靈[5]充滿光明,始終歡樂、榮耀,他們相親相

---

〔1〕帕提亞語 nbdm (*nibaδm*)義為"長榻""床",k'mjnyft (*kāmžanīft*)義為"情慾""色慾",故詞組 nbdm k'mjnyft 當是"慾愛之床"的意思。但是,在此的"床"的真實含義頗難理解。按帕提亞語文書 M507 的一段文字("他們在黑暗之床上腐敗;追求他們引起的情慾,並相互毁滅"——見 *Abecedarian Hymns*, p. 442),則似乎表明"nbdm(床)"往往是邪惡氛圍的喻稱,而并非一般意義上的物質性的"床"。

〔2〕帕提亞語 nhng (*nihang*)有"暴虐""壓迫"之義,故 *New Fragment* 將 nhng cy gwg'nyšn 譯作"oppression of destruction"(p. 324),即"毁滅的暴虐"。然而,nhng 還有鱷魚、河馬、海怪、怪獸等含義,因此漢譯文將該詞組譯作"毁滅的暴獸",以與并列的另一詞組"k'mjnyft b'wg(淫慾的惡果)"相對仗。

〔3〕本文書的拉丁轉寫和英譯文見 Henning, *Fragment of Hymn*, pp. 123 - 124;其内容對應於漢文《下部讚》的第 326 - 331 頌,并且,其中有一詩節(66a)正是《下部讚》所遺漏的一頌,可參看前文註釋。

〔4〕對於這一突厥詞,亨寧釋讀作 itin,並譯成推撞、衝撞(jostling,見"A Fragment of the Manichaean Hymn-Cycles in Old Turkish", p. 123),但是未敢斷定,故在詞後打了個問號;他這樣釋讀和翻譯,是因為 itin 有"推動""推擠"之意。但是,克勞森認為,此詞應該釋讀作 etin,顯然是用回紇字母書寫的 ün 一詞的另一種寫法,義為"聲音";所以,本句的意思很清楚:他們那裏沒有任何令人恐怖的煩人噪聲。(見 Sir Gerard Clauson, *An Etymological Dictionary of Pre-Thirteenth-Century Turkish*, Oxford, 1972, p. 60,書名下簡稱 *Etymological Dictionary*)。

〔5〕突厥語 tirig 義為活的、有活力的、生命等;öz 基本上是指人的無形部分,即"精神""靈魂",相對於有形的軀體而言。因此,詞組 tirig öz 便可譯作"有活力的靈魂"即"活靈";而在摩尼教中,"活靈"(Living Soul)即是"光明分子"的異稱,也就是最高尊神"大明尊"的發射物,所以實際上與神是同質的。這樣,"活靈"就成為摩尼教中的核心角色:明與暗的長期鬥爭、解救靈魂,使之擺脱肉體囚禁而回歸明界的根本宗教使命、對於出家信徒"選民"和在家信徒"聽者"的種種嚴格戒律的設置,如此等等,莫不環繞著"活靈"而展開。顯然,摩尼教教義中的"靈魂"遠比其他宗教重要。

愛,美麗(?)無比。

[69]他們喜悦歡樂,他們繁榮于芳香(?)之中。他們的壽命無限[1]。

[70]他們之中的活靈絕無死亡……

4.2.3 粟特語殘片 T II K 170(= So. 14445)[2]

《胡亞達曼》第五篇:"或者誰"

[1]誰將拯救我脱離一切……?

[2]就彷佛

[3]跌入……,以及

[4]被嚴厲的……所壓迫(?)一樣。/[3]

[5]誰將帶我遠離它們? 以免

[6]我被擠向(?)它們,不再

[7]摔倒,跌入或被投

[8]入每個痛苦地獄。/[4]

[9]無論何人陷入那裏,

[10]都將永遠找不到出路,

[11]也根本無人

[12]會來幫助他們。/[5]

[13]要脱離這一切毁滅和壓制(?),

[14]誰來救度我脱離它們,

[15]脱離這永久的

[16]陷阱? /

---

〔1〕突厥語 künin sanï yoq ular tirig özinäng,若按字面意義直譯,則當作"他們的活靈數量始終無限",故正文中對本詩節只是意譯。

〔2〕本文書的拉丁轉寫和英譯文見 D. N. Mackenzie, *Two Sogdian HWYDGM'N Fragments*, pp. 424 – 426;其内容分别相應於 Mary Boyce, *Hymn-Cycles* 錄譯的帕提亞語文書的"第五篇""第五篇乙"中的部分文字。

〔3〕自這裏開始,將以"/"符號來分隔兩個詩節。

〔4〕本詩節相應於 Mary Boyce, *Hymn-Cycles*"第五篇"的第 19 詩節(p. 89)。

〔5〕本詩節相應於 Mary Boyce, *Hymn-Cycles*"第五篇"的第 20 詩節(p. 91)。

[17]從一切邊界,

[18]我的靈魂從那裏……

[19]我的心靈極其……

[20]脫離一切居所。/[1]

[21]誰將使我飛升至那

[22]愛(?)的世界,那裏充滿了

[23]福樂,并且,那裏

[24]全無憂愁。/

[25]那裏的一切人

[26]都因永恒的福樂而歡天喜地,

[27]并且都有王冠

[28]戴在他們的頭上。/

[29]所有的人都一心讚美

[30]父尊,隱秘光明的

[31]領袖,可讚美的

[32]世界的君主。/

4.2.4 粟特語殘片 So. 14470(= T ii K)[2]

(反面)

[1]我們幸運的是,通過你,

[2]我們接受並了解了

[3]你的神聖話語。仁慈的主啊,

[4]向我們展示恩惠吧。/[3]

[5]你是來自父尊(?)的使者,

[6]……歡樂(?)

---

[1]本詩節當相應於 Mary Boyce, *Hymn-Cycles*"第五篇乙"的第 1 詩節(p. 93)。

[2]本文書的漢堡與哥丁根的照片新編號為 14550,兩張。一張的正面第 1 – 4 詩節的內容屬於《胡亞達曼》第一篇;另一張的正反兩頁上的內容是連續的。其拉丁轉寫和英譯文見 W. Sundermann, *Hymn Cycles H & A*, p. 23。

[3]本詩節相當於 Mary Boyce, *Hymn-Cycles* 所列"第一篇"的第 1 詩節。

[7]……每個隱秘

[8]你揭示給他們,你並消除了他們的憂傷。/[1]

[9]每個隱秘你

[10]都揭示出來;你顯露了兩宗力,

[11]它們隱藏在

[12]這個世界裏。/[2]

[13]一種是光明天堂,無邊

[14]無限,只有光明,全無黑暗。

[15]……并且,這

[16]……居住之處。/[3]

4.2.5 粟特語殘片 So. 14610(T ii K 178)[4]

(正面)

[1]……他

[2]……給予

[3]……從每個傷口

[4]……憂傷。/

[5]他們將永遠地

[6]沒有(沒有慰藉的)聖靈[5]。

[7]隨著這一……的停止……

[8]計劃以及……/

---

[1]本詩節相當於 Mary Boyce, *Hymn-Cycles* 所列"第一篇"的第 2 詩節。

[2]本詩節相當於 Mary Boyce, *Hymn-Cycles* 所列"第一篇"的第 3 詩節。

[3]本詩節相當於 Mary Boyce, *Hymn-Cycles* 所列"第一篇"的第 4 詩節。

[4]本文書上的漢堡與哥丁根照片的編號為 14577。其內容相當於 Mary Boyce, *Hymn-Cycles* 所列"第二篇"的最後五個詩節中的四個詩節,以及"第三篇"的第 1 詩節。其拉丁轉寫和英譯文見 W. Sundermann, *Hymn Cycles H & A*, p. 25。

[5]粟特語 xwm'r w'βy 原意為"安慰者",但是摩尼教文書中則往往是指慰撫信徒之心靈的聖靈,通常是摩尼或者他的"神我(Twin)"。

[9]這是第二種死亡(?)[1],

[10]它是……

[11]吞下它自己的……

[12]他現在不是,并且永遠也不會是這樣。/

(反面)

[1]在這兩……之中……

[2]沒有痛苦。……

[3]正直之神……

[4]揭示出每個秘密……/

[5]《胡亞達曼》第二篇之末。

[6]《胡亞達曼》第三篇之始。

[7]……他命令我們

[8]……海洋的

[9]……他深刻地展示了

[10]……貪婪地……/

4.2.6 粟特語殘片 So. 14577 等[2]

(正面)

[1]……

[2]……在……裏……/

[3]從四面八方,它被

---

[1]在摩尼教教義中,所謂的"第二種死亡"是指在最終時期,不能獲救的靈魂的命運:它們將永遠不能進入明界,而被囚禁在深深的黑獄之中。科普特語的 *Kephalaia* 對此有具體的描述:"第二種死亡,即是罪人之靈魂將要滅亡的那種死亡。屆時,他們將被剝奪照亮世界的光明;他們還被隔離於本可獲得生命氣息的活氣。他們將被褫奪……於世的活靈;他們將被清除出最後境界,囚禁於……女性將變成……他們的折磨與痛苦。鑒於他們的行為……三個處所;因為他們在俗世的每一代都褻瀆和鄙視了聖靈。這即是兩種死亡,第一次種亡是暫時的,但第二種死亡是永恒的。這即是第二種死亡!"(Chapter 39, 104^{6-20}, p.108)

[2]在此是多份殘片的綴合,其中包括 14577(= T ii K 178,正面和反面的 1 - 10 行)、14594(= T ii K 178d,正面和反面的 8 - 11 行)、14594a(= T ii K 178d,正面和反面的 8 - 11 行)以及 14604(= K 178,正面和反面的 11 - 14 行),其內容與"第五篇"相吻合。拉丁轉寫和英譯文見 W. Sundermann, *Hymn Cycles H & A*, p.26 - 27。

[4]包裹在激怒之中。并且,
[5]那裏完全是烈焰
[6]和無情的大火。/
[7]居住在那裏的,
[8]是殘忍的衆魔。
[9]在他們的整個路程中,
[10]沒有絲毫的歡樂。/
[11]那居處有
[12]……整個三
[13]……恐怖和混亂(?)
[14]……/

(反面)

[1]……一切……
[2]……混亂。/
[3]那冰塊碎裂的噪聲,
[4]以及……水流的咆哮聲,
[5]以及吞噬之風的磨牙和吞嚥聲,
[6]都在那裏清晰可聞。/
[7]以激烈的話聲,以痛苦的感覺,
[8]所有的靈魂以
[9]哀怨的聲音悲嘆,
[10]他們為此而哀傷。/
[11]他們全都向四面八方哀號,
[12]因為他們未曾……
[13]……,也不曾……
[14]……以及脫離這……/

4.2.7 粟特語殘片 So. 14610(T ii K 178)[1]

(正面)

[1]……以及我……

[2]……不怕……,因為

[3]我將拯救你脫離那

[4]巨大的困境。/

[5]我是救贖之神,

[6]你的靈魂的根基

[7]是從我而誕生,清晰可見,

[8]從你生命的開始一直至今。/

[9]你是我自己軀體的

[10]外衣,我則是你的

[11]心臟,以及你肢體

[12]的力量。/

[13]你是我的武器,我

[14]曾用你與……戰鬥……

[15]用你……

[16]大的……

(反面)

……始於此/

[1]以及……

[2]諸魔與……的統治者……

[3]地獄。以及……

[4]用所有的……建造了世界。/

[5]你是整座建築物

[6]的實體。而我是

---

[1]本文書相當於《胡亞達曼》第六篇的部分內容,當是繼 So. 14615 之後的內容;其"我是……你是……"句式,與帕提亞語"主體文書"的"第六篇甲"相類似。拉丁轉寫和英譯文見 W. Sundermann, *Hymn Cycles H & A*, p. 27-28。

[7]你的榮耀與
[8]你那美好事物的主人。/
[9]通過你,我使得
[10]對付每種罪過的戰鬥可被看見。
[11]而你自已則變成
[12]力大無窮的光明。/
[13]我是你的力量,你的
[14]不朽的(?)……心靈
[15]……以及你的
[16]……寶石。/

4.3 小結

歸納以上所譯《胡亞達曼》讚美組詩的全部內容,其基本結構是:首先是對於明界的讚美,即第一篇;是為現存組詩中保存得最為完備的一部分,亦即相當於漢語文獻《下部讚》中的第262—383頌。諸如"從未有黑暗""不知痛苦為何物""(衣服)永遠清潔與明亮""身體從不疲勞無力""靈魂從不昏睡""不知飢渴與苦惱為何物""所有的花園都發出香氣""一切身體和相貌全都發射光芒""到處充滿了歡樂""全都永遠健康地生活"等等,莫不是用盡可能最美妙的詞彙來形容"靈魂"最希望回歸的"故鄉"明界。

其次是描述罪人的可怕境遇。遺憾的是,這部分內容殘缺得厲害,只有粟特語殘片T ii K 178的正面、反面以及T ii K D的正面、反面合綴成"《胡亞達曼》第二篇:罪人之懲罰"的標題[1]以及So. 14610殘片有關第二篇的最後四個詩節[2],不過,其主題還是能了解的,包括其篇末說,"罪人"的靈魂最終將接受"第二次死亡",亦即永遠沉淪於黑獄之中。

〔1〕見 Mary Boyce, *Hymn-Cycles*, p.32.

〔2〕見 W. Sundermann, *Hymn Cycles H & A*, p.25.

再次,當是受到暗魔囚禁和折磨的"靈魂"吁請拯救的各種訴說和祈求,其哀求的口吻甚至帶有了很大的絕望成分在內,例如,帕提亞語"主體文書"的"第四篇甲"和"第四篇乙"一連使用了多個"誰將……?"的問句,不斷地問"誰將把我從深淵和牢獄中解救出來","誰將幫我渡過洶湧大海的滔滔洪水","誰將救我脫離一切野獸的魔爪",如此等等,發出極端困境中的哀號。

至於"第五篇"以及第五篇"甲""乙""丙"則基本上是描繪靈魂被"囚禁"時所受的苦難和地獄的可怕情景,如"那裏全是痛苦與死亡之刺,但是全無救助者和朋友","那裏永遠沒有安全,充滿了黑暗與煙霧","那裏干旱之極,滴水全無","他們在深淵中遭受無情的打擊。那裏充滿病患,絕無康健","妖邪惡魔不讓他們稍有休息","進入那裏的任何人都因極大苦痛而傷心透頂",如此等等。

最後,則是拯救靈魂的神靈,亦即這裏所稱的"慈悲王"的講話:"我將把你救離每個……","我將終結一切破壞力量的活動,以及終結令你沮喪得要命的一切病患","我將把你從地獄守衛者手中解救出來","我將熱心地帶領你展翅高飛,高高地凌駕於一切暗力和叛逆魔王","我將引導你進入最初的寧靜之地,我將讓你見到諸多父尊","你將安全地經過每一個……你將永遠充滿歡樂和自由",如此等等,主要見於第六篇至第八篇。

綜觀《胡亞達曼》,其最初的原本顯然是帕提亞語,且其撰寫者即使不是摩尼的主要弟子末冒,也很可能是精通伊朗文化的伊朗人,故全文的主要特色體現了伊朗文化,應該是沒有疑問的。不過,其中也或多或少和或隱或顯地包含了若干印度/佛教因素。例如,第五篇所談到的地獄中的"熱風"(帕提亞語 tftw'd)便很可能借鑒自佛教的地獄觀;又,第七篇提到的 hry synjyn(按字面意義為"三拯救"或"三逃避"),當是摩尼教借用佛教"三解脫"觀念而創造的新名詞。當然,與摩尼教漢語文獻《下部讚》相比,《胡亞達曼》的佛教因素要淡得多了;這似乎表明,一般而言,東方摩尼教對於佛教因素的吸收,隨著時間的推移和地域的東移而越來越濃重。[1]

〔1〕必須注意的是,在此是說"一般而言",即特殊情況除外,因為摩尼教在東方傳播的初期,不無可能為了迎合中亞濃烈的佛教環境而刻意模仿佛經撰寫摩尼教文獻,如所謂的"摩尼致末冒信"(帕提亞語文書 T II D II 134 I,亦即 M 5815 I)便是如此。可參看拙文《帕提亞語"摩尼致末冒信"的譯釋與研究》,(載《史林》2010 年第 4 期)及本書下編第 2 章。

5　帕提亞語組詩《安嘎德羅希南》譯釋

本章譯釋的《安嘎德羅希南》,是一百多年前發現於吐魯番的摩尼教非漢語文書中篇幅較大的一種,如《胡亞達曼》一様,用的也是帕提亞語。全文共分 8 篇,現存殘片中可以辨認的詩節就達二百數十。組詩的標題照錄了讚歌開始語中的部分詞彙——3 個詞彙中的前兩個詞彙:'ngd rwšn'n fry'ng(*angād rōšnān fryānag*)中的 *Angād Rōšnān*。第一詞'ngd 義為"富足的""完美的""慷慨的"等,漢語音譯作"安嘎德";第二詞 rwšn'n 義為"光明本質的",漢語音譯作"羅希南",第三詞 fry'ng則義為"朋友"。由於文書原稿的標題只取了前兩個詞('ngd rwšn'n),故漢譯可作"安嘎德羅希南",但是,這於辭義而言則並不通順。

就內容而言,本組詩可以分為兩大部分:前一部分以"靈魂"(即被肉體囚禁的"光明分子")自述的口吻,訴說自已在這邪惡之世所受的種種折磨和苦難;後一部分則是以救世主的口吻,對靈魂進行說教,鼓勵他脫離肉體(即邪惡、黑暗)的束縛,回歸光明分子的故鄉"明界"。全文展示了摩尼教的許多基本教義,同時也隱含了若干異教文化的因素。其作者被認為是摩尼的得力弟子末阿莫(Mār Ammō,即漢語文書中的"末冒")[1],他受摩尼之命前赴東方布教,早在公元3世紀中葉就在中亞的阿姆河流域乃至西北印度積極活動了。所以,本組詩也是摩尼教的早期原始資料之一,相當珍貴。

自20世紀初以降,就有學者陸續發布和研究了該組詩中的部分片斷,最早的是德國學者繆勒(F. W. K. Müller),後則有塞爾曼(C. Salemann)、賴巨施旦(R. Reitzenstein)等,但在博伊絲之前,無人系統地整理、轉寫、翻譯、研究過這一冗長的摩尼教組詩。[2]嗣後,丹麥學者阿斯姆森(Jes. P. Asmussen)曾經對《安嘎德羅希南》的主體內容做了英譯;[3]克林凱特(Hans-J Klimkeit)也有不同的英譯本;[4]宋德曼(W. Sundermann)則曾依據手稿,對帕提亞語組詩的辨讀和翻譯提出過重要的新看法。[5]本文主要依據博伊絲的釋讀和翻譯,將《安嘎德羅希南》譯成漢文,並作解釋和辨析,以便更確切和深入地理解摩尼教的這一原始史料。

第一篇[6]

安嘎德羅希南(頌詩)始於此[7]

[1]光明本質的富足[8]之友!仁慈地賦予我力量,並利用一

[1]末冒是摩尼第一代弟子中的骨幹,是公元3世紀摩尼教向東方傳播的主要功臣。有關他的經歷,并無具體和確切的記載,但是阿拉美語資料曾提到過他。他與摩尼教的關係十分密切,曾奉其命前赴中亞布教,並在摩尼被捕入獄期間仍然陪伴著他。摩尼因此委託他向教會傳遞信息,并且發出了摩尼的最後一封信。在此信中,摩尼稱末冒為"我的最親愛的兒子"(見 *Einmanichäisches Bet-und Beichtbuch*, p. 18)。儘管本文書很可能確是末冒所撰,從而他可能是摩尼教經文的撰寫者,但是,他的主要功績則在於向東方的布教,以及摩尼教東方教會的創建。他精熟帕提亞語,使之成為摩尼教東方教會的官方語言,並保持這一地位,直到6世紀時被河中地區的粟特語所取代。

[2]博伊絲(Mary Boyce)的著述是:*Hymn-Cycles*, Oxford University Press, 1954.

[3]見 Jes P. Asmussen, *Literature*, New York, 1975, pp. 88-97.

[4]見 Hans-Joachim Klimkeit, *Gnosis*, New York, 1993, pp. 110-117.

[5]見 W. Sundermann, *Hymn Cycles*, London, 1990.

[6]是為 Mary Boyce, *Hymn-Cycles* 所編排的序號,英文作 Angad Rōšnān I。下文同,不再註明。

[7]是為帕提亞文書手稿上的標題,Mary Boyce, *Hymn-Cycles* 作 Begun (is) Angad Rōšnān (*Gnosis*, p. 110 則作[Here] begins[the hymn] Angad Rōšnān)。下文同,不再註明。

[8]Mary Boyce, *Hymn-Cycles*, p. 113 及 Jes P. Asmussen, *Literature*, p. 88 均譯作 rich(富足的);但 Hans-Joachin Klimkeit, *Gnosis*, p. 110 則譯作 bountiful(慷慨的),在此從前者。

切天才拯救我！

[2]主啊，裝備好我的靈魂！應答我！把我從仇敵叢中拯救出來！

[3]請把奸詐肉體折磨得我痛苦萬分的一切蹂躪都驅除。

[4]你是朋友，值得贊頌和仁慈寬容！使我脱離了……

[5]因為你知道……使我脱離了……

[6]以及一切……[1]

（接著的4節詩缺失）

[11]我的靈魂在裹邊哭泣，在每一次憂傷和劇痛時大聲喊叫。

[12]生存的時日和肉體外形，對我而言已經結束；這其實即是死亡的時期！[2]

[13]它[3]顛簸動盪，猶如波濤洶湧的海洋。苦惱接著苦惱，從而蹂躪我的靈魂。

[14]痛苦從四面八方襲來；火被點燃，迷霧充滿煙塵。

[15]黑暗的泉源已全部打開。眾多巨魚[4]嚇得我不能動彈。

[16]我的靈魂看到他們的形體時驚惶失措，因為他們顯得十分可怕；

[17]因為他們全都丑陋不堪。在他們的軀體上見不到人類

---

[1]第5、6節詩，Hans-Joachin Klimkeit, *Gnosis* 略而未譯。

[2]本句從 Hans-Joachin Klimkeit, Gnosis, p.110 之英譯（實際上也是宋德曼的看法）；Mary Boyce, *Hymn-Cycle*, p.115 的譯文則異："This Carrion – form is ended for me, and the hour of life, with (its) turbulent days"。

[3]Boyce 認為，這一代詞"它"當是指"生存之時(the hour of life)"，或可能指"我的靈魂(my soul)"。見 Mary Boyce, *Hymn-Cycles*, p.115, note 1.

[4]手稿原文之"魚"(*m'sy'g*)尚可辨認，但其修飾詞已經殘缺，故"巨大的"(giant)為英譯者所補。之所以作此增補，是因為摩尼教漢語文獻《下部讚》有"我今懇切求哀請，願離肉身毒火海。騰波沸湧無暫停，魔竭出入吞舩舫"（第19頌）之語，而"魔竭"則借自佛經術語，為梵語makara之音譯，意為大體魚、鯨魚、巨鼇，本為印度神話中水神的坐騎，但常被指為在大海中製造災難的怪獸。在佛經中，多以後一形象出現，這裹顯然也以后者喻之。

的形貌。[1]

[18]一切諸魔,被驅逐的魔君[2]們,嚇得我不能動彈,使我痛苦得沮喪萬分。

[19]他們的狂暴聚集,猶如一片火海。沸騰的波濤高高升起,以至可以吞噬我。[3]

[20]我就像……它們渡越大洋的中心,以及往前奔向……

[21]因為在每一邊……由於騷動和狂暴的……

[22]因為在每一地區都聚集著狂風(?)和暴雨,以及一切霧氣的煙塵,

[23]還有電閃、雷鳴和濃厚堆積的冰雹陰雲,並有所有海濤的撞擊聲和咆哮聲。

[24]小船被拋起,直到浪尖,接著又滑到谷底,被波浪掩沒。

[25]所有的船舷(?)都……每一側都有水在灌(?)入。

[26]一切緊固件都因……而松開,鐵鉚由於……而脫出。

[27]每個甲板都被暴風雨掩沒,桅桿在騷亂中折斷。[4]

[28]船舵全都掉進了海裏。恐懼緊緊地籠罩著船上的人。

[29]舵手與導航員們悲傷流淚,失聲慟哭。

[30]在破曉之前到處是恐怖與破船殘骸……被毀滅和

---

〔1〕按摩尼教之說,凡與"光明"對立的一切魔類,不僅品格邪惡,并且外貌也丑陋不堪,不似人形。例如,摩尼描繪暗魔之首的形象道:"撒旦便在此黑暗之地,他本身的整體形體並不永遠相同,但是其構成要素卻始終不變;這些構成要素混合在一起,從而形成了撒旦。他的頭顱為獅子之頭,他的軀體如龍之體,他的雙翼如鳥之翅,他的尾巴像巨魚之尾,而他的四足則如猛獸之腳。"(見 Bayard Dodge, *Fihrist*, p. 778)

〔2〕帕提亞語'xšynd (*axšēnd*)義為王公、王子(prince),在此顯然是基督教術語"魔鬼、撒旦"(prince of darkness)的簡稱,亦即前句 *dyw*(devil)的同位語,故漢譯成貶義的"魔君"。

〔3〕摩尼教科普特語文獻《讚美詩》也有類似的描繪,如:"我陷在敵人叢中,巨獸包圍著我;我所負的重擔是威力和王權。他們怒火燃燒,他們騰升而起對付我,他們奔向……我,猶如沒有牧人的羔羊。"(C. R. C. Allberry, *A Manichaean Psalm-Book* (*Part II*), p. 54[13-16])

〔4〕本節譯自 Hans-Joachim Klimkeit, *Gnosis*, p. 111。其中,"甲板"相應的帕提亞語為 drfš,航海術語,通常指列板、船側、腰板,故 Mary Boyce, *Hymn-Cycles*, p. 119 作 wale;也有人認為,在摩尼教文書的特定情況下,此詞可能指 yard,亦即帆桁,故 Jes P. Asmussen, *Literature*, p. 89 作 yard;至於 Hans-Joachim Klimkeit, *Gnosis* 將它譯作 deck,則不明所據。

消亡[1]。

（接著的7節詩缺失）

（第38—59節詩僅剩少量殘跡；第一篇的結尾約在此）

第一篇甲[2]

安嘎德羅希南第一篇

[1]牢獄的一切束縛、鏈條和關閉物[3]（?）因不斷的救贖[4]而削弱（?）。

[2]一切彗星顫動了，諸星急速旋轉，每顆行星偏離軌道。

[3]在下方，我的基礎大地在震動，在上方，高高的諸天在下沉。

[4]作為我身體之血管的一切河流，[5]其源頭（?）以種種方式干涸。

[5]我的精魂[6]被……壓抑……刺痛。[7]

---

[1]"被毀滅和消亡"一語未見於Mary Boyce, *Hymn-Cycles*，乃*Gnosis*增補。

[2]Mary Boyce, *Hymn-Cycles*的英譯文標作Ia，故漢譯作"一篇甲"，以符合整個編排序列。

[3]帕提亞語*nyxwmbn*義為遮蔽物、關閉物等，但僅是推測性的釋讀（Mary Boyce, *Hymn-Cycles*, p. 120, note 1以及p. 192詞彙表）；故Hans-Joachim Klimkeit, *Gnosis*（p. 111）譯作nail（釘子），卻未說明理由。

[4]Mary Boyce, *Hymn-Cycles*將帕提亞語釋讀為'*njywgyft*，故英譯作redemption（救贖）；Hans-Joachim Klimkeit, *Gnosis*則認為，若此詞釋讀為近似的'*njwgyft*，則意為*anguish*（痛苦）了。今從前者。

[5]這裏將人體血管比作河流的說法，是摩尼教基本教義之一"宇宙為大人體，人體為小宇宙"的又一個例證。科普特語文獻《克弗來亞》記載摩尼對門徒的一段話，能夠清楚地說明這一觀念："宇宙按照人的模樣而構成。他的頭是外衣的領口。他的頸是外衣的項部。他的胃是五個展開部分，是外衣的……。他的肋骨是諸重天。他的臍是星辰和黃道十二宮。此外，他的臍和臀之間的那部分是從黃道十二宮諸星到四世界角落的那部分。他的腰是……之下的三重地，它在門警的上方。他的……是從……到門警穩穩站立的大地的那部分。他的脛骨和腳是……，整個區域隸屬於……。他的心臟是人類。他的肝是四足動物。他的肺是空中飛翔的鳥類。他的脾是水中游泳的魚類。他的腎是地上匍匐的爬行類動物。他的表皮是……的圍牆，包圍著濃烈的大火。他的……是……烈焰的容器。他的……黑暗的……。他的膽是……。他的大腸是各個世界的……。他的血管是……一切井、泉。他的眼睛是……"（見Iain Gardner, *Kephalaia*, Ch. XXXVIII, $90^{20}-91^{13}$, pp. 95–96）

[6]在此使用的是帕提亞語*gy'n*（而非*gryw*），雖然也有"靈魂"之義，但二詞畢竟有細微區別，故將它另譯作"精魂"，以相應於英譯的區別：*gy'n*-spirit和*gryw*-soul。下文均同此例。

[7]本節詩，Hans-Joachim Klimkeit, *Gnosis*略而未譯。

(接著的1節詩缺失)

[7]我的所有肢體[1]都不再相互聯結。一旦它們再度斷裂,它們就準備轉生。

[8]對於我之日月的計算已經結束。傷害[2]降臨於黃道輪的運行軌道。

(接著2節詩缺失)

[11]我的雙腳之踝[3]和我的腳趾關節——我靈魂之生命的每一個環節全都鬆脱。

[12]我雙手和十指的每個關節都已鬆脱,印信[4]被取走。

[13]一切軟骨肢體,其生命(?)虛弱無力。我的每個肢體都變得寒冷徹骨。

[14]我的雙膝因恐懼而被束縛,兩腿的力量被抽泄而出。

[15]我的……椎骨……[5]

安嘎德羅希南第一篇乙[6]

(帕提亞語文書手稿在此無標題)

[1]……肢體……無法拯救其自身。[7]

---

[1]這裏所言的"肢體",當是指靈魂之"體",亦即"五妙身""五體"(相、心、念、思、意);下文將再度提及。

[2]帕提亞語 wzynd (*wizend*)一詞,Mary Boyce, *Hymn-Cycles* 譯作"傷害"(harm);但 Hans-Joachim Klimkeit, *Gnosis* 譯作"邪惡"(evil),不知所據。

[3]Mary Boyce, *Hymn-Cycles* 將殘缺的帕提亞語詞補成 mwhr,故譯作"印信"(seal),但 Hans-Joachim Klimkeit, *Gnosis* 作"(腳)踝"(ankle),似以後者的釋讀為妥。

[4]帕提亞語 *mwhr* 義為印信、印章(seal),但作為摩尼教的術語,便往往具有了神秘的含義,大致是必須記住和遵從的標誌性教規之意,或者是基本信條的象徵符號。通常有"七印""四印""三印"等說,"七印"是後二者的合稱:前"四印"是信條性的,後"三印"則是道德倫理性的。"四印"是:一,敬愛明尊;二,相信日、月是偉大的光明天體;三,崇敬初人所包含的神聖要素,即光明分子;四,確認本教的偉大啟示者的神聖職責;"三印"則是"口印""手印""心印",亦即在言語、行為和思想方面所必須遵奉的教規。關於"七印"的詳說,可參看 A. V. Williams Jackson, *Researches*, pp. 331 - 337。

[5]本節詩,Hans-Joachim Klimkeit, *Gnosis* 略而未譯。

[6]英譯文原標作"Ib",故漢譯作"一篇乙"。

[7]本節詩,Hans-Joachim Klimkeit, *Gnosis* 略而未譯。

[2]看到暗魔[1]多種形貌的我內心的思維[2],被嚇得震顫不已,從而藏在靈魂之中。

[3]我的整個推理能力[3]再也不起作用;我的理解力[4]以及心智[5]也已喪失。

[4]……我變得……我……

(接著6節詩缺失)

[11]我的……[6]

[12]當我看到暗魔時,我五體[7]的力量崩潰了;我的靈魂因暗魔的種種形貌而哀吟。

[13]我十分害怕;我內在的五體全都陷入病態,我的精魂遭受折磨。

[14]……五體……

---

〔1〕原稿上帕提亞語缺失此詞,但 Mary Boyce, *Hymn-Cycles*(p. 125)根據上下文意思以及他處同類句式,添補 t' r,並英譯成專名 Darkness。鑒於本句(也包括下文諸句)的"黑暗"為特指,且被擬人化,故漢譯作"暗魔"。

〔2〕帕提亞語 ' ndyšyšn (*andēšišn*),意為思維、思想,對應於科普特語 ἐνθὺμησις。它在摩尼教的文書中往往具有特定的用法,即是指重要神名"五妙身"(相、心、念、思、意)之第四者"思"。而"五妙身"亦稱大明尊或靈魂的"五體",實際上是極重要的五種心智行為,摩尼教的基本教義之一。

〔3〕帕提亞語 ' wš (*oš*),意為才智、推理(能力)等,相應於科普特語 φρόνησις。Mary Boyce, *Hymn-Cycles*(p. 125)錄科普特詞當之,未譯;Hans-Joachim Klimkeit, *Gnosis*(p. 112)則譯作"才智"(intelligence),並指其為靈魂之"第三體"(p. 120, note 73)。若按漢語文獻《殘經》中"相心念思意"的排序,則當指"念"。

〔4〕帕提亞語 prm' ng (*parmānag*),意為理解(力)、悟知等,相應於科普特語 λογισμός。Mary Boyce, *Hymn-Cycles*(p. 125)錄科普特詞當之,未譯;Hans-Joachim Klimkeit, *Gnosis*(p. 112)則譯作"理解力"(understanding),並指其為靈魂之"第五體"。那麼,若按漢文"相心念思意"的排序,則當指"意"。

〔5〕此詞未見 Mary Boyce, *Hymn-Cycles* 之相應譯文中,而由 Hans-Joachim Klimkeit, *Gnosis* 補充,並標誌帕提亞語 *manohmēd*(即 *Hymn-Cycles* 所附詞彙表中的 *mnwhmyd*),義為心智、理智等,稱它乃是靈魂的"第二體",則當為"心"。

〔6〕本節詩,Hans-Joachim Klimkeit, *Gnosis* 略而未譯。

〔7〕帕提亞語 hnd' m (*bandām*),原義為"各肢體"(limbs),但在此顯然是特指靈魂的"肢體",即相、心、念、思、意五種心理功能,故漢譯作"五體";下文同。

第二篇[1]

安嘎德羅希南第二篇

[1]他們之中的火……沒有任何人……

[2]每個俘虜……他們靠近,變得……

[3]但願我不同樣下滑……但願我不往回走,以及……

(接著7節詩缺失)

[11]……他(?)將在束縛中改變……憂傷將會壓垮他(?)。

[12]……並將被吞沒於每個深獄[2]中……將……一切香味。

[13]……在黑暗之中……以及……

(第二篇甲與第三篇,由於僅剩極少量詞彙可以辨識,故不再翻譯)

第三篇甲

(帕提亞語文書手稿在此無標題)

[1]誰來拯救我……以及為我開辟一條道路……?

[2]誰將一直向我走來……通過那條道路……?

[3](本行僅剩痕跡可辨)

(接著7節詩缺失)

[11]……弟兄們(?)哭泣(?)……

[12]……侮辱(?)……威力的地位

[13](本行僅剩痕跡可辨)

第三篇乙

(帕提亞語文書手稿在此無標題)

[1]……地獄(?)中……沒有同情與憐憫。

[2]……將導致越過(?)每個區域的邊界……瞭望哨與其守護者,彼此(?)支持。

---

[1]自本篇開始,直到第五篇,*Gnosis* 均未翻譯。

[2]帕提亞語 jfr(*žafr*),作形容詞時有"深邃的""低窪的"之義;作名詞時則有"深淵""無底洞"和"地獄"之意。而在摩尼教文獻中,它往往專門用以指稱禁閉和埋藏罪惡靈魂,使之永無出頭之日的深不可測的地獄,故漢譯作"深獄"。下文同。

（接著 7 節詩缺失）

［10］誰……我……？因為在死亡（?）之時……

［11］誰來拯救我……？因為已準備好……

［12］誰將使我脫離一切……脫離熊熊烈火以及毀滅（?）之災？

（接著 7 節詩缺失）

［20］……極度痛苦的……

［21］……他們聲音的憤怒……一切監獄（?）

［22］……每個……

第三篇丙

（帕提亞語文書手稿在此無標題）

［1］……那裏沒有美麗……并且永無止境。

［2］……從這一可怕的大地上……落下的諸天。

［3］誰將引導我前赴那沒有震動的地方[1]？……高貴的地位（?）……

（接著 7 節詩缺失）

［11］誰將帶著我……？誰將以憐憫（?）之心回答我……？

［12］誰將使我整個……？因為……

［13］誰將使我脫離這……軀體，並用新的軀體[2]覆蓋我……？

（第四篇與第五篇，由於僅剩極少量詞彙可以辨識，故不再翻譯）[3]

---

［1］摩尼教所謂的"沒有震動之地"，即是指光明樂土，經常見到類似的描繪，如漢語文獻《下部讚》"彼諸世界及國土，金剛寶地徹下暉，無始時來今究竟，若言震動無是處"（271 頌）以及粟特語文書"在此（明）土上絕無仇敵和傷害者，它的地面用金剛造就，永遠不會震動"（M 178）等，均是。

［2］這裏所謂的"新的軀體"（*nw' g tnb' r*）與上文所言要脫離的"軀體"，同樣使用了 *tnb' r* 一詞，但似乎含義迥異：前一"軀體"是指束縛靈魂的，象徵黑暗的肉體；後一"軀體"則是"光明妙衣"的喻稱（靈魂升天之後，穿上"光明妙衣"，才算最終完成救贖），而不是指再度轉生後的另一種束縛靈魂的肉體。

［3］自第二篇（Angad Rōšnān II）至此，Hans-Joachim Klimkeit，*Gnosis* 均略而未譯。

第六篇

安嘎德羅希南第六篇

[1]當我說了這些話後,我的靈魂顫動著,我看到救世主如光芒一般出現在我的面前。

[2]我看到了所有的舵手[1],與他一起降臨,來裝備我的靈魂。

[3]我朝那個方向仰望,看見一切死亡都被明使掩沒。

[4]所有的災難離我遠遠而去,還有嚴重的病患與憂傷痛苦。

[5]它們的形象隱沒不見,它們的黑暗已經消退。一切都是神聖品質,無與倫比。

[6]光芒照耀,興奮、愛意與福祉,遍及我的心靈。

[7]他以無限的歡樂對我說話,把我的靈魂從深深的痛苦中解脫出來。

[8]他對我說道:來吧,精魂[2]! 不要害怕。我是你的心智[3],是充滿希望的歡樂信息。

---

〔1〕帕提亞語 *n'w'z'n*,意為"舵手"(單數則為 *n'w'z*),故英譯作 Helmsmen。Hans-Joachim Klimkeit, *Gnosis* 稱,此即指月亮上的眾神,但未說明理由(p. 120, note 79)。按摩尼教基本教義,被拯救的"靈魂"(即光明分子)都要經過"渡船"的過渡而最終回歸明界。這些"渡船"即是月亮和太陽,其主神[通常分別為耶穌(夷數)和第三使(三明使)]稱"船主"或"舵手",日、月上的其他諸神亦稱"舵手"。因此,若無其他明確的限定性說明,"舵手"未必僅指月亮上的眾神。

〔2〕本詩節再次使用了 *gy'n*(精魂),似是與前一詩節的 *gryw*(靈魂)形成對照,但是其涵義區別則不甚清晰。或許,被拯救前的"靈魂"是比較污染的光明分子,而被拯救後的"精魂"則是比較淨化的光明分子了,故用不同之詞分別稱呼之。下面一段文字似乎可以較清楚地看到這種對比:"阿緇(Az),一切諸魔的邪惡母親,變得狂暴憤怒,她製造了嚴重的騷亂,以幫助她自己的靈魂(*gryw*)。她用雄魔的泄物、雌魔的污垢製造了這個軀體,自己進入其中。然後,她用五明子,即奧爾密茲德神的甲冑,製成了善良的精魂(*gy'n*),將它束縛在這個軀體內。"(文書 S 13,亦見 S 9 R ii 30)這是插有帕提亞詞的中古波斯語文書,頗有意思的是,對於貪魔的"靈魂",在此使用了帕提亞語/中古波斯語詞 *gryw*,而對於源自五明子的善良"精魂",則使用了帕提亞語/中古波斯語詞 *gy'n*,似是在刻意地區分"壞"與"好"的靈魂。有鑒於此,本文的漢譯亦作細微的區分。可參看本編第一章有關"精魂"的註釋。

〔3〕"心智"一詞,Mary Boyce, *Hymn-Cycles*(p. 141)和 Hans-Joachim Klimkeit, *Gnosis*(p. 113)都採用了專名的表達形式"Mind",而此即大明尊"五妙身"或"五體"之第二者的"心"(*mnwhmyd*)。

[9]你是我的軀體，即戰袍，[1]它曾受到黑暗勢力的欺壓……

[10]我是你的光明，放射光芒，最初存在，是你的偉大心智[2]和完美希望。

（接著6節詩缺失）

[17—19]……以及……以及……[3]

（接著1節詩缺失）

[21]你是我的話語[4]，是我參戰時的全套甲冑，它確保我在戰鬥中免遭一切罪人的傷害。

[22]我是你的高貴旗幟，是你的原始標誌……每個行為的……

[23]……戰慄壓垮了……靈魂。

[24]（本行僅剩痕跡可辨）

（接著2節詩缺失）

[27]（本行僅剩痕跡可辨）

---

〔1〕Mary Boyce, *Hymn-Cycles* 將此語譯作"And thou art the …garment of my body"(p.141)，則視"戰袍"屬於"軀體"，而非其同位語。Hans-Joachim Klimkeit, *Gnosis* 作"And you are my body, the [martial] garment"(p.113)，顯然視二者為同一。本譯文從 *Gnosis*，蓋因在摩尼教中，"軀體"往往有外殼、包裹物等意，故既謂精魂為"戰袍"，則應直接覆之於"我"，而非"我"的"軀體"，從而將"軀體"和"戰袍"視作同位語更為合理。這裏的"你"即是指回歸明界的光明分子，亦即當初被暗魔吞噬的"五明子"的一部分；而初人（先意）在與暗魔搏鬥前，是將他的兒子們"五明子"作為甲冑穿在身上的（"初人穿上五要素，即五神：氣、風、光、水、火。他把他們作為武器裝備。他首先穿上氣，再在其外披上勇敢之光，再在光的外面束上水支配的塵，再在其外包裹緊吹之風。然後，手中持火，作為盾牌和長矛。他迅速下降，來到崖邊，接近交戰處。"——見 *Bayard Dodge, Fihrist*, p.779）。因此之故，這裏所言的"戰袍"即是通常所說的"光明之衣"之類。

〔2〕"偉大心智"，Mary Boyce, *Hymn-Cycles* 和 Hans-Joachim Klimkeit, *Gnosis* 都作專名 Great Mind，*Gnosis* 認為是指摩尼教重要神靈 Great Nous(p.120, note 83)，則即是漢語文獻所謂的"廣大心"，亦即"惠明"。惠明的主要職責在於拯救人類的靈魂（光明分子），使之脫離黑暗肉體的束縛，最終回歸明界；漢語文獻《摩尼教殘經》對於惠明的職能有相當具體的描述。

〔3〕本節詩，Mary Boyce, *Gnosis* 略而未譯。

〔4〕帕提亞語 sxwn (*saxwan*) 義為言辭、言語、話語(word, utterance)等，作為摩尼教的術語，它更多地是用作為象徵符號，在某些情況下，"話語"體現為某種比較高級的神靈；在另一些情況下，它則是摩尼教基本經典和教義的喻稱；此外，"話語"更有創造神靈乃至日月等的神奇能力。鑒於"話語"和摩尼教的根本要素"光明"有著許多共同的品質與功能，所以二者實際上都是摩尼教最高要素"真知"的象徵符號；它們只是分別以視覺和聽覺的不同形式表達而已。有關此說，可參看本書下編第一章。

[28]……痛苦。

[29](本行僅剩痕跡可辨)

(接著1節詩缺失)

[31]我將擊潰和殺死一切諸魔的……,它們……在每個……[1]

[32]我將把你從每個地牢(?)裏釋放出來,使你遠離一切創傷和痛苦。

[33]我將引導你脫離折磨(?)……你將再也不會在每次對抗中感到恐懼。

[34]以及……因……而痛苦……脫離一切災禍。

(接著3節詩缺失)

[38]……以及因烈火……

[39]所有的黑暗勢力……我因它們而……

[40]而你是……[2]

(接著1節詩缺失)

[42]親愛的!我明亮本質的美好事物!我將引導你向前脫離它們,脫離這些低下的牢獄。

[43]我將把你從一切沉淪中解救出來,使你永遠脫離一切創傷。

[44]我將以完美的光明,清除你曾經沾染的污穢與腐朽。

[45]我將引你渡過大海的一切波濤,把你從被溺的深處拯救出來。

[46]……它……通過你……而我將……痛苦。

[47]以及……我將使你遠離……

[48]……你的肢體……經過完美的醫治。[3]

[49]我將使你脫離每一種疾病,以及脫離你曾為之哭泣的每

[1]自第23節至此,Hans-Joachim Klimkeit, *Gnosis* 全部略而未譯。

[2]自第34節至此,Hans-Joachim Klimkeit, *Gnosis* 略而未譯。

[3]自第46節至此,Hans-Joachim Klimkeit, *Gnosis* 略而未譯。

一種不幸。

[50]我不願讓你再落入罪人之手;因為你確實地和永遠地屬於我自己。

[51]你是被埋的寶藏,是我財富中的最偉大者,是眾神的美妙事物珍珠[1]。

[52]我是散布在你肢體中和靈魂中的正義,是你心靈的歡愉。

[53]你是我的所愛,是我肢體中的慈愛;以及英勇的心靈、我肢體的本質。

[54]我是你整個形體的光明,是上方的靈魂和生命的基礎。

[55]最初,你從我神聖的肢體降臨到黑暗地域,你變成了它們的光明。

[56]由於你,王冠戴在了所有敵人的頭上。[2]它變得顯而易見,並在暴政期間搞得歪斜不正。

[57]由於你,諸天以及諸地眾橋發生了戰爭和騷亂。

[58]由於你,……一切黑暗勢力迅速逃開。

[59]為了你,……諸魔君與一切黑暗勢力被囚禁,以及……[3]

[60]為了你,……取走王冠[4]……

[61]為了你,使徒們發射光輝,顯現身形,他們在上方展示光

---

[1]帕提亞語 mwrg'ryd (*moryārīd*)義為珍珠,是為摩尼教的一個重要象徵符號,用以象徵光明本質、被囚靈魂、本教主神,乃至最高智慧。通常認為,其觀念系受基督教影響;但近年的研究則表明,摩尼教很可能在創教之初,就從東方的佛教借鑒了這類觀念。參看拙文《"摩尼光佛"與"摩尼"考辨》,載《傳統中國研究集刊》第4輯,上海人民出版社,2008年1月,60-76頁。

[2]本句的意思是說,由於當初暗魔吞食了先意(the First Man)的"兒子"五明子,從而獲得部分光明。參看 Hans-Joachim Klimkeit, *Gnosis*, p. 120, note 92。

[3]本節詩 *Gnosis* 略而未譯。

[4]克林凱特認為,此語是指第三使(即三明使)從諸魔身上奪回光明分子(見 Hans-Joachim Klimkeit, *Gnosis*, p. 120, note 93)。果然,則是指摩尼教創世神話所言的事蹟:第三使在雄魔面前化出裸露的美麗女身,在雌魔面前則化出裸露的英俊男身,從而使雄魔因色欲大盛而洩出精子,雌魔因色欲大盛而墮胎;他們的精子與胎中則包含了曾經吞食的光明分子。而這一過程,即可概括為"光明神祇奪回光明分子(='王冠')"。

明，並揭露了黑暗之源。

[62]為了你，眾神前來，顯現身形。他們擊倒了死亡，殺死了暗魔。

[63]你是高貴的戰利品，是導致黑暗潰逃的光明標誌。

[64]我前來將你救離罪人，使你完全脫離痛苦，並將歡樂帶給你的心靈。

[65]凡是你所希望的，我都將給予你。我將使你在崇高國度裏的處所煥然一新。

[66]我將為你打開一切諸天的大門，並將鋪平你的道路，消除恐懼和煩惱。

[67]我將盡力接收你，用慈愛包裹你，帶你前赴你家，那福佑之地[1]。

[68]我將永遠向你展示高貴的父尊[2]；我將引導你謁見他，穿著潔淨的服裝。

[69]我將向你展示光明眾神之母。你將永遠享樂著值得讚美的幸福。

[70]我將向你展示聖潔的弟兄們，高貴的(?)……他們沉浸在幸福之中。

[71]你將永遠歡樂地居住在他們之中，還有一切珍寶[3]和值得崇敬的諸神。

[72]恐懼和死亡再也不會控制你，災難、不幸和悲慘也不會再存在。

---

〔1〕帕提亞語'*frydg* 義為"受祝福的"和"使人有福的"(英文 blessed)等，wy'g 則義為"地方"、"處所"(place)等，故漢譯成"福佑之地"。在摩尼教文書中，它經常用來作為明界的代稱；在此是指被拯救之"靈魂"(光明分子)回歸的"新天堂"(New Paradise)。

〔2〕儘管摩尼教的主神大明尊常被稱為"父親"或"偉大父親"(Father)，但在此所指，當是最初奉明尊之命與暗魔戰鬥，並遭敗績的先意(即西文所稱的 The First Man，初人)，因為第 69 節所說的"眾神之母"即是善母，而與善母一起居於"新天堂"的，當即先意，而非大明尊。釋見 Mary Boyce, *Hymn-Cycles*, p. 22。

〔3〕帕提亞語 rdn (*radan*) 通常義為"珍寶"，但在摩尼教文書中，往往用作為神靈的美稱，在此顯然即是此義。rdn 借自梵語 ratna，同樣義為"寶"。

[73]在得救之地，平靜安寧屬於你，也屬於一切諸神和安定生活的所有人。

第七篇

安嘎德羅希南第七篇

[1]來吧，精魂，不要再害怕！ 死亡已被擊倒，病患已經潰逃。

[2]混亂不安的日子已經結束，它的恐怖已在烈火之雲中死去。

[3]來吧，精魂，走向我！ 不要再對苦難之屋[1]存在慾望，

[4]它是完全的毀滅和死亡的痛苦。你確實曾從你的故居[2]被驅逐了出來。

[5]從一開始，你就為了這種慾樂而在地獄中遭受了一切劇痛。

[6]再走近些，歡天喜地，毫不後悔；不要滿足於躺在死亡之所。

[7]不要轉回身，也不要顧及這些軀體的丑陋形貌，他們不幸地留在那裏，還有其追隨者。

[8]看哪，他們每次轉生[3]後又回到俗世，再遭受所有的劇痛和窒息的(?)監禁[4]。

---

〔1〕帕提亞語 *kdg* 義為“房屋”(house)；*dyjw' ryft* 義為不幸、悲慘、苦難(wretchedness, hardship)等，而在摩尼教文書中，“苦難之屋”往往成為囚禁靈魂的肉體的喻稱。

〔2〕帕提亞語 *bwn* 義為“最初的”“基本的”“原來的”等，*'r' m* 義為“居所”“住處”等；但“故居”(*bwn 'r' m*)在摩尼教中則多指光明分子最初的居地，即明界。由於光明分子曾被暗魔吞食、囚禁(通常是指靈魂被肉體所束縛)，故脫離暗魔的羈縛，回歸最初的居地明界，便被稱為“返還故居”了。

〔3〕帕提亞語'jwn (*āžōn*)義為“重新誕生”，是粟特語”*jwn*、”*zwn*(義為“孩子”“存在”“生命”)等的借詞。在摩尼教中，“重新誕生”或“轉生”有著重大的宗教意義，它與佛教的“輪迴”有相似之處，但並不完全一致。特別是，佛教在一定程度上鼓勵人們輪迴(如“今世積德，下世投生富貴人家”之說)，而摩尼教則視再世生存為最可悲者，因為靈魂(即光明分子)將會再度被肉體囚禁而受折磨。有關摩尼教的輪迴之說，可參看拙著《東方摩尼教研究》中編第4章《“輪迴”、“地獄”與生死觀》，240－258頁。

〔4〕帕提亞語 zynd' n (*zēnδān*)義為監獄、監禁(prison)，而在摩尼教文書中，則多為象徵符號，即是喻指囚禁靈魂的肉體；在此，由於談及多次“轉生”，故“監獄”就可能兼指人、獸的肉體。

[9]看哪,他們在一切生物種類裹轉生,其深深的嘆息聲可被聽到。

[10]再走近些,不要迷戀於俗世的"美麗",它們以各種形式遭到毀滅。

[11]它就如陽光中的雪一般崩落和融化,不會留下任何美好的形態。

[12]它凋謝,枯萎,猶如折斷的玫瑰,在太陽中憔悴,優雅被摧毀。

[13]來吧,精魂,不要迷戀於死亡的時期和飛馳的光陰。

[14]不要被每個外表的形象所吸引。慾望就是死亡,它將導致毀滅。

[15]因此,精魂,來吧!……我將引導你升向高空,前赴你的故居。

[16]我將向你展示你的家園[1]……你曾經渴求……的希望。

[17]記住啊,精魂!看看你因所有仇敵之狂暴而曾遭受的痛苦(?)。

[18]注意看看這俗世和萬物之獄;一切慾望都將被迅速毀滅。

[19]恐怖、烈火和破壞將會擊垮居住在那裹的所有人。

[20]高處及其所有居地將被擊得粉碎;一切諸天都將落入深淵。

[21]毀滅的陷阱將迅速把吹牛的騙子們緊閉其中。

[22]整個領域,包括一切星辰的光輝,都將遭到摧毀,以及承受邪惡之舉帶來的痛苦。

---

[1]此詞,Mary Boyce, *Hymn-Cycles*(p. 159)之英譯作 pledge(義為諾言、誓言等),蓋因將相應的帕提亞語釋讀成 pdyst;但 Hans-Joachim Klimkeit, *Gnosis*(p. 115)的英譯則作 home(義為家園、家鄉等),蓋因將相應的帕提亞語釋讀成 pdyšt。從文義看,當以後者為妥。

[23]一切魔君和邊界叛逆[1]都會在熾烈的火中遭受永久的不幸。

[24]每一個期望和每一次照耀都會因……而消解(?)。

[25]從種子到莖幹的整個生命,都會被迅速破壞,終至毀滅。

[26]種種慾望,帶著誘人的外表……烈火將被加諸其上。

[27]……每一座豪宅……它已經建立……都將被砸開,並翻倒在其上。

[28]……每一種……傷害……天與……

[29]……在那天……位於大地下方,它將變成……

[30]……一切諸魔,它們……劇烈的痛苦……以及……拯救(?)。[2]

[31]在混亂不堪的騷動深淵裏,他們得到的報應是無休無止的不幸。

[32]……而他們將……獅子……

[33]……永遠沒有光明……苦難(?)的生活。

[34]……黑暗(?)的寶庫[3]……污穢的建築物(?)[4]

[35]死亡靈魂的肢體將被囚禁在充滿黑暗的死亡之墓中。[5]

[36]那裏全是黑暗之災……他們確實將被包裹在……的不幸之中。

---

[1]帕提亞語 wymnd (*wimand*)義為"邊界",*wstmnbg'n* (*wystmbg'n*)義為"造反者""叛亂者"等,則該詞組的字面意思確為"邊界叛逆";所指的對象為暗魔之類,亦無疑問。但是,為何作此稱呼?似乎仍然典出於摩尼教的創世神話:最初,明界與暗界互不相干,嗣後,暗魔來到與明界的交界處,垂涎於光明樂園的一切美好事物,遂率眾來侵,從此開始明、暗之爭。由於明、暗之爭始發於兩界交接處,故以"邊界叛逆"指稱黑暗魔類,是合理的。

[2]自第28節至此,Hans-Joachim Klimkeit, *Gnosis* 均略而未譯。

[3]帕提亞語 t'ryg (*tārīg*)義為黑暗的,gzng (*gaznag*)義為寶庫。而"黑暗寶庫"在此顯然是譬喻,Boyce 認為,這當是指惡業的貯存庫,相對於善業的貯存庫天堂而言,因此即是指地獄。說見 Mary Boyce, *Hymn-Cycles*, p. 163, note 3。

[4]自第32節至此,Hans-Joachim Klimkeit, *Gnosis* 均略而未譯。

[5]此語的意思是說那些無法獲得拯救的靈魂,最終將被永久地囚禁在黑獄之中。說見 Hans-Joachim Klimkeit, *Gnosis*, p. 121, note 106。

第七篇甲

安嘎德羅希南第七篇

[1]他們[1]將變成劣質和破碎的磚塊(?),不適於上赴大廈的守護者那裏。

[2]他們將墮入深淵,被死亡所吞噬。他們將被包裹在黑暗、災難和烈焰之中。

[3]他們將不再被任何人所同情。沒有人會為他們打開地獄之門。

[4]他們將在一切地震中憂愁悲傷;他們將永遠在囚禁中呻吟和尖叫。

[5]沒有任何人聽見(?)和憐憫他們,由於……毀滅。

[6]……欺騙(?)將被揭露……他們將得到報應。

[7]……在深獄中的他們……[2]

(接著3行詩缺失)

[11]在辭世之日心情愉快,因為你的病患已經結束,還有你的一切困苦。

[12]你將脫離這欺詐者[3],它曾使你因悲傷和死亡的痛苦而軟弱無力。

[13]你曾陷於深獄之中,那裏充滿騷亂;你曾被囚禁(?)於每個地方[4]。

---

[1]這裏的"他們"當是指第七篇第35節所言的"死亡靈魂的肢體",即永遠無法獲救的靈魂。參看 Mary Boyce, *Hymn-Cycles*, p.165, note 4。

[2]Hans-Joachim Klimkeit, *Gnosis* 未譯第6、7節。

[3]帕提亞語 dbgryy (*daβgarī*) 義為欺詐者、騙子,在摩尼教文書中,往往特指囚禁靈魂的肉體。

[4]靈魂被囚禁的"每個地方",當即指靈魂每次"轉生"後,束縛它的種種肉體,亦即或人或獸或禽或魚的形體;按摩尼教之說,這都是"魔類"。

[14]你曾逗留在一切轉生中;你曾在一切諸城[1]中遭受蹂躪。

[15]許多人被……蹣跚而行,毀滅(?)於……和結構。

[16]你曾……因為你曾陷於痛苦之中……

[17]因此,精魂,來吧! ……[2]

第八篇

安嘎德羅希南第八篇

[1]……死亡(?)進程已經離我而去,在許多次戰爭中,它曾將我拖得跌跌撞撞。

[2]我的靈魂從一切罪過中被拯救出來,這些罪過曾使我每天陷於痛苦之中。

[3]黑暗形象已從我身上除去,它曾將我囚禁於陷阱之中。

[4]我現在穿著輝煌的光明外衣,每一種灰塵已從我身上清除。

[5]我已不再有肉體導致的痛苦。一切罪孽遠離我而去。

[6]我的精魂的拯救者裝備和援助了我,通過……威力,它從不會被束縛。

[7]……大陸(?)之外(?)……當時……隱藏(?)……[3]

(接著3行詩缺失)

[11]與諸魔同質者將再經一切牢獄和死亡的輪轉[4]。

---

[1]帕提亞語 šhryst'n (*šahrestān*)義為城市、大鎮、省會等,在此則可能是特指肉身的各個部分,用以囚禁靈魂。蓋因摩尼教漢語文書《摩尼教殘經》曾詳細地描寫了各種"城",其中有一段稱:"魔見是已,起貪毒心,以五明性,禁於宍(肉)身,為小世界。亦以十三無明暗力,囚固束縛,不令自在。其彼貪魔,以清淨氣,禁於骨城,安置暗相,栽蒔死樹;又以妙風,禁於筋城,安置暗心,栽蒔死樹;又以明力,禁於脈城,安置暗念,栽蒔死樹;又以妙水,禁於宍城,安置暗思,栽蒔死樹;又以妙火,禁於皮城,安置暗意,栽蒔死樹。"則"城"均為囚禁明性(光明分子,即靈魂)的肉體的某部分。

[2]自第15節至此,Hans-Joachim Klimkeit, *Gnosis* 均略而未譯。

[3]Hans-Joachim Klimkeit, *Gnosis* 未譯本節。

[4]"經一切牢獄和死亡的輪轉",即是指靈魂在俗世轉生,再遭肉體囚禁之苦的"輪迴"情況。

[12]我看見它[1]變成了黑暗,那裹再無光明;它有著令人憎厭的形貌和碩大強壯的身材。

[13]救世主對我說道:精魂啊,好好地看看你拋棄在恐怖與毀滅深淵中的軀殼吧。

[14]它確實是你的欺詐伴侶,是每個地獄中的痛苦牢籠。

[15]它確實是你的無情死亡,它把你的靈魂從生命永遠分隔開。

[16]它確實是使你蹣跚而行的一條小路,充滿了令人恐懼的行為以及難以數計的疾病。

[17]……每一……的地獄……痛苦……[2]

《安嘎德羅希南》殘片的全文,除了少量嚴重殘缺者外,全都譯釋如上。具體的詮釋已見各註釋,在此,則對該帕提亞語組詩的總體特色做一簡單概括。

首先,作為宗教性的讚歌,雖然通篇都是"靈魂"的訴苦之語和救贖神靈的慰撫、鼓勵之言,但在字裹行間仍不時透露出摩尼教的基本教義和神學內容,這有利於人們加深對於該教的了解和理解。例如,在組詩的前半部分,"我"(即被囚的靈魂)的種種訴苦和抱怨,對於救贖的極度期盼,以及對於囚禁者的極端仇恨,都揭示了摩尼教明暗絕對對立的根本教義,以及堅決摒棄現世生活乃至現實生命的獨特觀念。這實際上即是展示了摩尼教"二宗"(絕對對立的明、暗二宗)的基本原則。

另一方面,縱觀全文,"邊界叛逆"透露了最初暗魔入侵明界的信息,"王冠戴在了敵人頭上"透露了暗魔吞食光明分子,從而明暗混淆的狀態,"我的精魂遭受折磨"透露了光明分子因黑暗勢力而受苦的信息,"我將引導你升向高空,前赴你的故居"透露了靈魂獲救的信息,"毀滅的陷阱將迅速把吹牛的騙子們緊閉其中"和"整個領域,包括一

[1]"它"即是指被靈魂遺棄的肉體,故那裹不再有任何"光明"了。

[2]Hans-Joachim Klimkeit, *Gnosis* 未譯本節。

切星辰的光輝，都將遭到摧毀，以及承受邪惡之舉帶來的痛苦"等語，則透露了黑暗與邪惡之最終下場的信息。所以，諸如此類的句子實際上展示了摩尼教"三際"（明暗分離→明暗混合→黑暗永遠歸於消滅這樣三個時期）的基本教義。姑不論許多詩句還關係到這樣那樣的摩尼教神學，即使這"二宗三際"的特色，也足以體現這一組詩典型的摩尼教特色。

其次，從這首組詩的用詞中，我們可以了解到其文化因素的概貌。例如，若把它與撰寫較晚的突厥語讚歌《摩尼大頌》（約成於10世紀初期）[1]等文書相比，就能發現前者並無明顯的佛教影響。就"重新誕生"或"轉生"一事而論，按摩尼教的教義，認為"靈魂"（光明分子）的最佳歸宿是脫離肉體束縛，回到明界，亦即不再在人世生存；但由於這樣的"救贖"對於大多數靈魂來說，是無法一蹴而就的，而是必須不斷地再世生存，逐步"淨化"、"提煉"。於是，再世生存就成了靈魂為了最終回歸明界而不得不經歷的痛苦過程了；這就被稱為"重新誕生"或"轉生"。反映這一教義的術語，在突厥語《摩尼大頌》中使用了 sansarta 一詞，乃是直接借自梵語的佛教術語 saṃsāra，亦即漢語所謂的"輪迴"（如第26頌云："沒有希望的我輩受苦眾生，只能繼續遭受輪迴的折磨，找不到你的大道終端。"）。而《安嘎德羅希南》則使用了具有一般含義的'*jwn*（借自義為"孩子""生命""存在"的粟特語），表達了同樣的摩尼教教義（如第七篇第8詩節"他們每次轉生後又回到俗世，再遭受所有的劇痛和窒息的監禁"），卻看不到佛教因素的影響。

另一個例子見於對明界的描繪。"明界"是摩尼教神學中的最高樂土，故各類文書均使用了最美妙的言辭來描繪與歌頌，而明界的特色之一便是"不震動"。粟特語文書 M 178 比較具體地描述了摩尼教

[1]其內容見於 T Ⅲ D 258、T Ⅲ D 259 和 T Ⅲ D 260 等文書，突厥語的拉丁轉寫和德譯文，見 W. Bang & A. von Gabain, *Turfan-Texte* Ⅲ, *SPAW*, April 1930, pp. 184 – 205；英譯文則見 Hans-Joachim Klimkeit, *Gnosis*, pp. 280 – 284。該讚歌的標題，德譯名作 Der große Hymnus auf Mani，英譯名作 Great Hymn to Mani。本章有關《摩尼大頌》辭句的辨析，均引自本書中編第九章《突厥語〈摩尼大頌〉譯釋》。

的創世神學[1]，它稱讚明界的一段文字云："明土，是自我存在的，永恒的，不可思議的；其高不可攀及，其深不可覺測。在此（明）土上絕無仇敵和傷害者，它的地面用金剛造就，永遠不會震動。一切美好事物從其而生：……"在此，為了強調明界之"不會震動"，還特別說明其地面是"用金剛造就"（ *'bjyr' ync*），這與摩尼教漢語文獻《下部讚》的說法一樣："彼諸世界及國土，金剛寶地徹下暉，無始時來今究竟，若有震動無是處"（271 頌）。而粟特語 *'bjyr' ync* 則借自梵語的佛教術語 vajra（經常使用的佛教象徵符號），故足以表明粟特文書和漢語文書所受的佛教影響。但是反觀《安嘎德羅希南》，卻只說明界"沒有震動"，而不談"金剛之地"，如"誰將引導我前赴那沒有震動的地方"（第三篇丙第 3 詩節）。也就是說，以"金剛"體現的佛教影響，未見於這一組詩中。

再看有關"地獄"的用詞。摩尼教把囚禁靈魂的肉體喻為萬分可怕的牢獄、地獄、黑暗深獄；有時，這類深不可測的暗獄也用以指"末際"時期黑暗被永遠禁錮的處所。在《摩尼大頌》中，這樣的恐怖地獄被稱為 awiš，而這即是源自梵語佛教術語 avici 的借詞（例見第 32 頌"你告知他們阿鼻地獄受苦的情況"）。但是，在《安嘎德羅希南》中，雖然多處提到"深獄"（如第二篇第 12 詩節"並將被吞沒於每個深獄中"，第三篇甲第 7 詩節"在深獄中的他們"，第七篇甲第 13 詩節"你曾陷於深獄之中，那裏充滿騷亂"等），但都以帕提亞語 *jfr* 一詞當之，未見佛教影響。

當然，在《安嘎德羅希南》中，也并非絕無印度文化的痕跡，如第六篇第 71 詩節"你將永遠歡樂地居住在他們之中，還有一切珍寶和值得崇敬的諸神"一句中的"珍寶"，帕提亞語 *rdn* 便是源於梵語 ratna 的借詞，且在此也作為象徵符號，指稱摩尼教神靈。此外，《安嘎德羅希南》第一篇第 15 詩節"眾多巨魚嚇得我不能動彈"一語中的 *m' sy' g*（魚）的含義，頗似佛教梵語 makara（摩竭），故或有可能融入了印度的佛教

[1] 有關該文書的轉寫、翻譯和研究，見 W. B. Henning, "A Sogdian Fragment of the Manichaean Cosmogony", *BSOAS*, XⅡ, 1948, pp. 306 – 318；後收載於 *W. B. Henning Selected Papers* Ⅱ (Acta Iranica 15, Leiden, 1977), pp. 301 – 313。

文化。

不管怎樣,與後期的摩尼教文書相比,成於3世紀中葉的《安嘎德羅希南》的佛教文化色彩要淡得多,故似乎表明,東漸摩尼教的佛教色彩隨著時間的推移而日益濃重。

6 帕提亞語
“活靈讚歌”文書譯釋

在迄今所見的摩尼教文書中,有為數眾多的以“活靈(Living Soul 或 Living Self)”為主題的讚歌;其中,帕提亞語的讚歌又佔了很大的篇幅,它們都來自於百年之前在吐魯番發現的摩尼教文書殘片。

所謂“活靈”,通常是指人類的“靈魂”,亦即散佈在俗世,被暗魔囚禁在肉體內的光明分子。因此,按照摩尼教教義,這些“活靈”出身高貴,本是大明尊的光明的一部分,居於清淨的明界,只是由於最初之時暗魔的入侵,以及諸神(主要是初人[Primal Man],漢譯稱“先意”)與諸魔的戰爭,才被囚禁於人類和動、植物體內;并且需要經過不斷的自我救贖,脫離束縛,達到最終的解放,回歸“故鄉”明界。所以,“活靈讚歌”的內容主要就是初人(先意)及其五子(“五明子”)與暗魔的搏鬥、被囚禁、最終脫離囚禁的過程,以及在此過程中的種種悲慘遭遇和歡樂情景。

由於“靈魂”是摩尼教的教義的根本要素之一,并且有著其獨特的性質和複雜的內涵,故“活靈讚歌”也就具有了重要的文獻意義。前人對於以帕提亞語為主的“活靈讚歌”已經有過相當全面的整理和翻譯[1],本章則主要依據 *The Hymns to the Living Soul* 和 *Gnosis on the Silk Road* 二書中的相關文書,選擇比較完整和典型者,譯成漢文,並做詳細的校注和詮釋。

---

[1]例如,F. C. Andreas-W. Henning: *Mir. Man.* Ⅲ, *SPAW*, 1934, pp. 869 – 878; M. Boyce: *A Reader in Manichaean Middle Persian and Parthian*, Téhéran-Liège, Bibliothèque Pahlavi, 1975 (*Acta Iranica* 9), pp. 104 – 114; Jes P. Asmussen: *Literature*, New York: Delmar, 1975, pp. 47 – 53; Hans-Joachim Klimkeit, *Gnosis*, New York: Harper, 1993, pp. 43 – 54; D. Durkin-Meisterernst: *The Hymns to the Living Soul—Middle Persian and Parthian Texts in the Turfan Collection*, Turnhout: Brepols Publishers, 2006.

6.1 見於文書 M7 的活靈讚歌[1]

讚歌第一首[2]

（此前有 1 頁缺失）

[ʾ]……將給予你們這些歌頌者以美好的回應，選民[3]啊！你們將會獲得不朽的生命。

淨化光明靈魂，這樣他[4]就會拯救你。[5]

[b]以康樂、平和與誠信吟唱美妙的讚歌。

[g]靈魂的光明魯特琴[6]歡樂而悅耳地吟唱。

[d]吹響歡樂之號，聚集起有待拯救的靈魂。

---

[1]本文書所載的讚歌有五首，都是按字母順序排列的頌詩（每個詩節之首詞的第一個字母與順序字母相同），即所謂的 *abecedarian*；為盡可能與帕提亞語原詩對應比照，漢譯文也為每詩節標志相應的順序字母。

[2]這首讚歌的帕提亞語的拉丁字母轉寫及德譯文，見 F. C. Andreas&W. Henning, *Mir. Man.* Ⅲ, pp. 870 – 871；帕提亞語的拉丁字母轉寫亦見 Mary Boyce, *A Reader in Manichaean Middle Persian and Parthian*, pp. 107 – 108（Text ax）；Hans-Joachim Klimkeit, *Gnosis*, pp. 46 – 47 有其英譯文，標題為"Hymn with an Invocation of the Living Soul"；其拉丁文轉寫、讀音及英譯文，則見 *Hymns to LS*（此爲 *The Hymns to the Living Soul—Middle Persian and Parthian Texts in the Turfan Collection* 一書的簡稱，下同），pp. 23 – 27，標題作"A Hymn about the Living Soul"，較此前諸譯更為完整。按博伊絲，這首讚歌似乎是禮拜儀式頌詩的殘片，只是從其他讚歌中錄引了幾行。但是，卻難以分清哪些是本文，哪些是錄引（見 Mary Boyce, *A Reader in Manichaean Middle Persian and Parthian*, p. 107）。

[3]帕提亞語 wjydgyft（*wižīdagīft*）是"選民"（Elect）的集合名詞，專指這一階層。而"選民"則是摩尼教將信徒的兩種類型之一："選民"（Elect/Perfect）和"聽者"（Hearer/Auditor），相當於佛教的出家信徒和在家信徒。"選民"必須過嚴格的獨身生活，專門從事宗教修煉和向民眾布道、說教，其成員有男有女。"聽者"則可以結婚、生育。他們除了根據教規具有一定的宗教生活外，還有一個重要的職責，就是為選民提供飲食，而不能讓選民自己種植和製造食品，否則就是犯罪。所以，對於聽者而言，選民是相當神聖的，不能得罪。摩尼教信徒中，絕大部分都是"聽者"，"選民"只是極少數，且地位甚高。

[4]"他"即是帕提亞語 wxd（*wxad*）的意譯，指的是"光明靈魂"本身，故克林凱特譯作"這樣，它會倒過來拯救你（so that it may in turn redeem you）"（見 Hans-Joachim Klimkeit, *Gnosis*, p. 47）。

[5]本句可能是讚歌中的和應疊句，在此插於詩節 *alif* 與 b 之間。

[6]帕提亞語 pndwrg（*pandūrag*）一詞，迄今未有確切的含義。按 D. Durkin-Meisterernst, *Dictionary of MP & P*, p. 276 該詞條，雖然釋為"lute（魯特琴）"，但後加問號，顯然不能確認。所以，F. C. Andreas&W. Henning, *Mir. Man.* Ⅲ, p. 870 將它釋作 Wegweiser（路標），也不能肯定為誤譯。

[h]神的諸子[1]因這新的令人欣喜的話聲[2]而十分寧靜地休憩。

[w]念誦"神聖的,神聖的"[3],呼喊"阿門,阿門!"

[z]吟誦"光明的智慧",給予聖潔的回應。

[j]充滿活力的真理話語[4],把被俘者從囚禁中解放出來。

[h]用同一個聲音真誠地讚美吧,你們這些吟唱的人以及給予回應的人。

[t]使得(對神的)畏懼、尊崇和戒條深深融入每個肢體中。

[y]分離的……已故高尚的……光明……

[x]召喚……傳令者……這一偉大的……[5]

[l]世界和整個極其強大的創造物,是靈魂的[6]眼睛與耳朵。

---

[1]這裏所言的"神的諸子(the sons of god)"當即指光明分子,亦即有待救贖的靈魂。

[2]帕提亞語 wcn (*wažan*)義為"說話聲""話語",與摩尼教帕提亞語文書中常用的同義詞 sxwn (saxwan)具有類似的象徵意義,即幾乎相當於"光明",具備無比的玄妙威力(說見本書下編第一章)。故 wen 在此恐怕不是指一般的聲音,甚至也不是指前句所言吹奏的號聲,而是指明尊或其使者發出的拯救靈魂的話語聲。因此之故,克林凱特 *Gnosis*, 47 頁將此聲音譯作"悅耳的旋律(sweet melody)",以及在 p.53, note 25 推測這可能是指前句之號聲,或許都有所誤解。

[3]帕提亞語 k'dwš (*kādōš*)義為"神聖的",在漢語文書《下部讚》中則音譯為"伽路師"(見《下部讚》第155－158行)。

[4]對於帕提亞語詞組 jywhr sxwn cy r'štyft, D. Durkin-Meisterernst, *Hymns to LS*, p.23 的譯法異於前人,作"the righteous word of life"(漢譯當為"公正的生命之語";r'štyft 為"公正的"和"真理"之意);但 F. C. Andreas&W. Henning, *Mir. Man.* Ⅲ, p.870 作"Das Lebenswort der Wahrheit", Hans-Joachim Klimkeit, *Gnosis*, p.47 作"the living word of truth",則與本文的漢譯意思相若。由於如上文註釋所言,帕提亞語 sxwn 與 wcn 都有"話語"之義,且是重要的象徵符號(象征"光明"即靈知、最高級智慧、真如),故 sxwn cy r'štyft 譯作"真理的話語"當更貼切;這與前文"wcnnw'grmnyyg(新的令人欣喜的話聲)"呼應,都是拯救靈魂的"話語"。

[5]由於 y 詩節與 x 詩節殘破嚴重,故 Hans-Joachim Klimkeit, *Gnosis*, p.47 略而未譯。

[6]對於帕提亞語 gy'nyn (*gyānēn*)一詞,F. C. Andreas&W. Henning, *Mir. Man.* Ⅲ, p.871 和 Hans-Joachim Klimkeit, *Gnosis*, p.47 都譯作"靈魂(的)"(德文 Seelen 和英文 souls);但 D. Durkin-Meisterernst, *Hymns of LS* , p.25 則譯作"精神的"(spiritual)。似乎前譯更確切,故譯如正文。

[m]邀請賓客,即諸神之子[1],來赴神聖之宴。

[n]準備好供邀請使用的招待場所,指示通往光明的道路。

[s]使得在五、七、十二組合[2]中的每一種肢體都完美無暇。

[ʻ]這些是七種明亮之寶[3],它們是永世的生命。

[p]通過他們的威力,整個世界和一切生物都被賦予了生命。

[c]他們猶如室中之燈,在黑暗中光亮四射。

[k]高尚聖潔……

[r]真正的選民,……救世主……

[š]世界……教導……眾生。[4]

---

〔1〕帕提亞語 yzd'nz'dg (*yazdān zādag*),意為"諸神之子",在此是指"活靈",即被囚禁的光明分子。按摩尼教教義,這些被囚靈魂的物質性救贖,是依靠選民在每次進食儀式上進行的(參看 Mary Boyce, *Reader*, p.107, note2),亦即是說,選民將他們吞食之後,他們才得到拯救。因此,詩句所謂的"神聖之宴",當是指選民們的進食儀式;所謂的邀請諸神之子赴宴,并非指請"諸神之子"進食,而是讓他們成為選民之"食"。所以,只有這樣的理解才能更確切地體現摩尼教獨特的教義。

〔2〕在摩尼教中,有幾個數字特別具有象徵意義,即五、七、十二等,頻繁地用以指稱神靈、神物或思想觀念等。學界對此亦頗注意,如克林凱特曾說:"東方摩尼教吸納了摩尼訓導的觀念,並做了進一步的發展,形成了以神聖數字爲原則的一個概念體系。三、五、十二概念組尤其具有重要含義。"見 Hans-Joachim Klimkeit, *Gnosis* , p.47, p.53, note30, and p.77。在本書上編所列的摩尼教漢語文書中,多次見到的以"三"為組合的術語有三衣、三輪、三災、三界、三常、三毒苗等等;以"五"為組合的術語有五明、五子、五體、五大、五種智慧、五種國土、五類魔等等;以"十二"為組合的術語則有十二光王、十二永世、十二時、十二寶冠、十二船主等。其中,有些是借自佛教的現成術語,有些則是摩尼教自創的術語;不管怎樣,它們都有著摩尼教自己的特有內涵,而非完全照搬佛教的概念。

〔3〕"七種明亮之寶(rdnhftnys'gyn)"一詞究竟何所指,並不很清楚。克林凱特推測,由於五明子有時被稱作"世界的生命",故或許"七種明亮之寶"即是指五明子加上喚(Call)、應(Answer)二神(見 Hans-Joachim Klimkeit, *Gnosis*, p.53, note 31)。但是,此說有些勉強,而另一種解釋似乎更近是:被摩尼教徒視為傳達最高真理的摩尼親撰的著述共有七部(可參看漢語典籍《摩尼光佛教法儀略》),這實際上就是最具生命力的"真理話語"。那麼,若這裏的"七種明亮之寶"即是摩尼"七部經"的譬喻,既含義貼切,也與上下文呼應。這裏的帕提亞語 rdn (*radan*)乃是梵語 ratna 的借詞,原義為寶物、聖物等。"七寶"專名頻繁地見於佛經中,只是另有涵義,故摩尼教的帕提亞語"七寶"很可能只是借用了佛教術語的形式,而換之以本教的內涵。

〔4〕由於 k、r、š 三詩節殘損得很厲害,故 Hans-Joachim Klimkeit, *Gnosis*, p.47 略而未譯。

[t]你們將會找到安居之帳[1],啊,真正的選民和有功德的聽者。

[n]準備為靈魂進行淨化,使得這一奧秘真正地神聖。

[n]向被拯救者致敬,並把這奧秘教給他們[2]。

(以下2行空白)

讚歌第二首[3]

[']) 如果你需要,我將向你展示古代父尊[4]的若干言論。

[b]正直的救世主瑣羅亞斯德與其靈魂[5]對話時,這樣說道:

[g]"你已陷入了深度的昏睡之中,請甦醒過來,看看我吧!"

[d]"為了你而派遣我前來的那寧靜之土向你問候。"

---

〔1〕帕提亞語 tlw'r (*talwār*) 義為廳堂(hall)或帳篷、臨時住所(tabernacle)(見 D. Durkin-Meisterernst, *Dictionary of MP & P*, p. 323)。*Gnosis*, p. 47 譯此詞為"宮殿(palace)",並註釋稱它是明界的象徵符號(p. 53, note 32);D. Durkin-Meisterernst, *Hymns to LS*, p. 27 則譯作 tabernacle。而按 tabernacle 的原義,主要是指《聖經》所言的臨時居所,或以色列人出埃及時,建立聖殿之前置放約櫃的臨時帳篷。總之,tabernacle 頗有"過渡居所"的意思。因此,這裏的帕提亞詞 tlw'r 可能并非如克林凱特認為的那樣是指"明界",而是指靈魂(光明分子)回歸明界前必須經過的做進一步淨化的處所太陽和月亮(亦稱"渡船");這樣理解的話,似乎則更符合 tlw'r 之"過渡居所"的含義,也與下句的內容比較呼應。

〔2〕帕提亞語 r'z (*rāz*) 義為秘密、奧秘、神秘之謎等,但在此的含義不太明確:因為只有在掌握這"奧秘"之後,才可能成為摩尼教教徒和選民,以及"獲救";那麼,為何再要"教"已經掌握"奧秘"的被拯救者再"掌握奧秘"? 如果此語不是針對被拯救者說的,那麼是對誰說的? 以及是誰在說些話? 這有待於深入的探討。參看 D. Durkin-Meisterernst, *Hymns to LS*, p. 175, note 110。本詩節為增補的 n 詩節,Hans-Joachim Klimkeit, *Gnosis* 未譯,不知何故。

〔3〕這首讚歌保存了開頭的 10 個詩節,其拉丁字母轉寫與德譯文見 F. C. Andreas&W. Henning, *Mir. Man.* Ⅲ, p. 872;帕提亞語的拉丁轉寫亦見 Mary Boyce, *Reader*, p. 108 (Text ay);Hans-Joachim Klimkeit, *Gnosis*, pp. 47 – 48 有其英譯文;D. Durkin-Meisterernst, *Hymns to LS*, pp. 27 – 29 則有其拉丁轉寫、讀音及英譯文。儘管從形式上看,本讚歌以瑣羅亞斯德作為神的使者而與被囚活靈對話,但是所言者都是摩尼教的教義,而非瑣羅亞斯德教的教義。

〔4〕帕提亞語 pyd (*pid*) 義為父親,hsyng (*hasēnag*) 義為古代的、早期的、最初的等。在此使用這一詞組,即是指明尊早期所遣先於摩尼的神聖使者,也就是下文提到的瑣羅亞斯德。按摩尼教教義,受大明尊所遣,先於摩尼的"光明使者"有耶穌、瑣羅亞斯德、佛陀等。

〔5〕在此使用了帕提亞語詞組 gryw wxybyy (*grīw wxēbēh*),前一詞義為"靈魂",後一詞義為"自己的",故詩句意指瑣羅亞斯德在與自己的靈魂交流。不過,這一"靈魂"最終與泛指的"活靈"成為了同一體。

[h]他回答道:"我,我是清白的窣羅沙[1]的溫順子。"

[w]"我處於混雜的狀態[2]。我正在受苦受難。請引導我脫離死亡的束縛吧!"

[z]瑣羅亞斯德問候了他,並用一句古老的話語詢問他:"你是我的肢體[3]嗎?"

[j]"願你的故鄉賜予你生命的威力和最偉大世界的康樂。"

[h]"追隨我吧,溫情之子!請把光明之冠載在你的頭上。"

[t]"你是強大者的兒子,卻被他們搞得貧弱不堪,以至始終到處行乞。"[4]

(此下缺失1頁)

讚歌第三首[5]

(此前有一頁缺失)

---

[1]帕提亞語 srwš' w (*srōšāw*)在摩尼教文書中指的是大明尊。此名借鑒自瑣羅亞斯德教中以審判靈魂為主要職司的神靈 *Srōša*;類似的借詞還有"公正的 *Srōša*"(*srōšāhrāy*)。而後者在漢譯的摩尼教文書《殘經》(第20行)中作"窣羅沙羅夷",故本文譯帕提亞語 srwš' w (*srōšāw*)為"窣羅沙"。

[2]帕提亞語 wmyxt (*wimēxt*)在此的意思是"被混雜(狀態)"。而按摩尼教教義,靈魂(光明分子)"被混雜",即是被"囚禁"——被象徵黑暗的物質所禁錮,與之混雜在一起,故必須脫離束縛,進行淨化,最終回歸明界。

[3]帕提亞語 hnd' m (*handām*)義為"肢體",而在摩尼教教義中,"肢體"一名有著特殊的象徵意義,即光明分子,顯然是因為一切光明分子(靈魂)全由大明尊散發而出,才有這樣的譬喻。由此更清楚地看出,這裏的"瑣羅亞斯德"只是摩尼教神靈的一個代名。

[4]這一詩節並不完整,其意思當是指光明分子自從被暗魔吞食,囚禁於物質之內後,就喪失了戰鬥力,倍受痛苦。按 D. Durkin-Meisterernst 之說,"行乞"云云,是指被囚禁的光明分子(靈魂)始終可憐巴巴和焦急地等待著獲救(見 D. Durkin-Meisterernst, *Hymns to LS*, p. 175, note 120)。但按 Klimkeit 之見,則可能是以《新約·路加福音》第十五章的浪子回頭、洗心革面的寓言故事作為典故的(見 Hans-Joachim Klimkeit, *Gnosis*, p. 54, note 42)。摩尼教顯然頗受基督教的影響,但是說這一詩節中的數語源自《路加福音》,卻似嫌證據不足,姑且存疑。

[5]這首按字母順序的讚歌只保存了第二部分,第一部分的14詩節已經逸失。帕提亞語的拉丁轉寫與德譯文見 F. C. Andreas&W. Henning, *Mir. Man.* Ⅲ, pp. 873 – 874;拉丁轉寫亦見 Mary Boyce, *Reader*, p. 109 (Text, az);Hans-Joachim Klimkeit, *Gnosis*, p. 48 有其英譯文;D. Durkin-Meisterernst, *Hymns to LS*, pp. 31 – 33 則有其拉丁轉寫、讀音及英譯文。本讚歌的內容體現為對個人靈魂所說之話,要他聽從神的話語,而不被暗魔的話所欺騙云云。應予特別注意的,是"話語"在此的象徵意義,而"神"(即明尊)的"話"即是"靈知";Mary Boyce 曾指出了這一點:"(the individual soul) is urged to listen to the word of God (i. e. to accept gnosis) rather than be deceived by the Devil' s sayings."見 *Reader*, p. 109。

[n]……內心與外表的，即思想、言辭、行為中的一切罪過，其有害的結果是什麽？

[s]高尚的思想與邪惡的思想混雜在一起，你應該明白這點，把它們區分開來。[1]

[ʻ]你應該識辨出你自己的清淨語[2]，唯有他才是體內靈魂的引領者。

[p]因此，你也就能徹底看透導向暗獄的虛妄語，即地獄引領者。

[c]就如（末日審判時）審判者用天平稱重一樣，話語可以判別獲救者和遭譴者。

[q]你應該記住轉生循環和酷烈地獄，靈魂在此備受折磨和痛苦傷害。

[r]你應始終具備精神熱情，即語藏，這樣你便能接近……[3]

[š]羞愧的……以及……強烈的火……人們……

---

[1]D. Durkin-Meisterernst 對這一詩節的英譯文為"Will you teach the mixture of virtuous and evil thoughts, and will you separate them one from the other"，但在註釋中指出（*Hymns to LS*, p. 176, note 122），該詩節的原句結構并非如此順序，而是"The mixture of thoughts virtuous and evil, will you teach and separate one from the other(s)"。為使譯文盡可能接近帕提亞語文書的原風格，故漢譯文表述如正文，這無損於其原義。

[2]對於這裏的帕提亞語句ʻzwʼrʼwxybyy bʼwg sxwn pwʼg，諸譯有所不同：F. C. Andreas&W. Henning, *Mir. Man.* Ⅲ, p. 873 的德譯文作"Begreife Dein Wesen: die reine Rede"，似將"你自己（Deine Wesen）"和"清淨語（reineRede）"視作同位語關係，即二者同一；而 Hans-Joachim Klimkeit, *Gnosis*, p. 48 的英譯文則作"Your being (and) the pure word"，顯然視作平列關係，即二者為不同的主體；D. Durkin-Meisterernst, *Hymns to LS*, p. 31 則作"the pure word of your being"，即以二者為隸屬關係。本文認為後譯更確切，故漢譯如正文。

[3]對於本詩節，Hans-Joachim Klimkeit, *Gnosis*, p. 48 的譯法頗異："保持對於靈魂和語藏的熱情，這樣你就可能進入[明界]"（"Maintain the fervor of the soul [and] the treasure of the word, so that you may enter [the Paradise of Light]"）；而 D. Durkin-Meisterernst, *Hymns to LS*, p. 33 之對應詩節的英譯文則為："Will you have spiritual zeal, the verbal treasure, so that you may go near…"。之所以有此相異之處，主要是因二者對帕提亞詞 rwʼnyn（義為"靈魂的""精神的"）的擇義不同，並對它與後一詞"語藏"的相互關係的看法也不同。即，前書取"靈魂的"作為 rwʼnyn 之義，後書則取"精神的"之義；前書將"靈魂"和"語藏"作為兩種并列的不同事物，並以ʼbrng（熱情）兼屬於這兩種事物，而後書則將"靈魂"和"語藏"作為同位語，並以ʼbrng（熱情）只屬 rwʼnyn（精神的）；最後，前書推測原文書後半句所缺之賓語為"明界（the Paradise of Light）"，但後書則仍付闕如。因此，二書的譯文在含義方面便出現了較大的差異。本文則認為後書的理解更合理些，故漢譯如正文。

[t]你，光明靈魂，在這些……獲救……永受地獄之苦和轉生循環。

[n]抑制你的心靈，不要有邪惡的騷動，登上前赴明界的寧靜之路。

（以下2行空白）

讚歌第四首[1]

[' b g d]我們向你祈禱，高尚正直的[2]神，活靈啊，父尊的禮物！神佑你啊，神佑你，光明的靈魂！祝你安全康樂地登上你的故地。[3]

[h w z j]十分豐富的威力，精選出來的偉大，極其強大的威勢，聰慧而卓有見識。

[ht y k]一切光明之神，因你而鬥爭。被挑選者啊，他們頌揚你。

[l m n s]他們顫栗……，在世界的中央，……向你，窣羅沙之子。

[' p c k]你所遭受的痛苦、虐待與困苦，有誰能夠詳加詮釋[4]？

[r š t n]帶來光明的，慈悲的，神聖的，強大的和公正的

---

[1]這首讚歌從 *alif* (') 到 n 的字母順序詩節都是完好存在的，只是各詩節都比較短，故在此將每四個詩節合在一起譯述。其內容既見於文書 M 7，也見於 M 496a R.。帕提亞語的拉丁字母轉寫和德譯文，見 F. C. Andreas&W. Henning, *Mir. Man.* Ⅲ, p. 874；拉丁轉寫亦見 Mary Boyce, *Reader*, p. 106 (text av)；Hans-Joachim Klimkeit, *Gnosis*, pp. 45－46 有其英譯文；D. Durkin-Meisterernst, *Hymns to LS*, pp. 33－35 有其拉丁轉寫、讀音和英譯文。

[2]帕提亞語 hwnr'wynd (*hunarāwend*) 義為 virtuous 或 valiant（見 D. Durkin-Meisterernst, *Dictionary of MP & P*, p. 193），Hans-Joachim Klimkeit, *Gnosis* 和 D. Durkin-Meisterernst, *Hymns to LS* 當是都取第二義（*Gnosis* 譯作 mighty, *Hymns to LS* 譯作 valiant），則一作"強大的（神）"，一作"勇敢的（神）"。但按摩尼教文書對於神的形象的通常描繪，似以取第一義為妥，即作 virtuous，"高尚正直（的神）"。

[3]本句是讚歌中的和應疊句，在此插在詩節 d 和 h 之間。

[4]帕提亞語 wyfr's (*wifrās*) 義為教導、展示、訓誡等（見 D. Durkin-Meisterernst, *Dictionary of MP & P*, p. 352），故 *Hymns to LS*, p. 35 譯作 expound（闡述，詳細講解）；但 Hans-Joachim Klimkeit, *Gnosis*, p. 46 則譯作 endure（忍受，忍耐）。今從前者。

君主,仁愛的摩尼主。

我們將始終讚美這神聖的榮耀,它向你,光明靈魂,展示了救贖之道![1]

(以下2行空白)

讚歌第五首[2]

['1-4]我源自光明與諸神,
但我一直被流放在外,脫離了他們。
仇敵們聚集起來對付我,
把我導向死亡。
但願你獲救,因為你將我的靈魂救離了苦難。[3]

[b 1-4]我是一個神,由諸神所誕生,
光輝燦爛,宏偉壯麗,光明閃耀,
色彩鮮明,芳香四溢,美麗悅目的神。
但是如今我卻始終陷在苦難之中。

[g 1-4]無數惡魔抓住了我,
可恨的暗魔俘虜了我。
我的靈魂因此被奴役,
我被撕成碎片,被他們吞食。

---

〔1〕本句為和應的讚美辭,通常置於詩末。

〔2〕這首讚歌也是按字母順序撰寫的,但只保存了開初的五個字母。它與其他字母順序詩的不同之處是,每一詩節的標誌字母都重複了四遍,即,在每個詩節中,共有四行詩的第一個字母都與標誌字母相同。因此,它的每個詩節的篇幅差不多是一般的字母順序詩的四倍。其帕提亞語的拉丁轉寫和德譯文,見 F. C. Andreas&W. Henning, *Mir. Man.* Ⅲ, pp. 874 – 875;拉丁轉寫亦見 Mary Boyce, *Reader*, pp. 106 – 107 (text aw);Hans-Joachim Klimkeit, *Gnosis*, p. 46 有其英譯文;D. Durkin-Meisterernst, *Hymns to LS*, pp. 35 – 37 有其拉丁轉寫、讀音和英譯文。

〔3〕本句是和應之句,插在第一詩節之末。但其含義有點曖昧不清,即這裏的"你"(或其他譯文中的第三人稱)究竟指什麼對象,不很清楚。若按字面意思,似乎先是"你"拯救了靈魂,然後作為報答,"你"本身也獲得了拯救,頗有一種"互惠"的意思在內。Hans-Joachim Klimkeit, *Gnosis*, p. 46 的譯文則更將這種"互惠"提升到"交換條件"的程度:"Blessed be he who rescues my soul from distress, so that it may be saved(祝福把我靈魂救離苦難的那人,這樣他也可得救了)"。不管是"你"還是"他(它)",與"活靈"究竟是怎樣的關係,又如何反映在摩尼教的教義中,似乎迄今仍未有令人滿意的解釋,有待更加深入的探討。

[d 1 -4]諸魔、藥叉和女巫,[1]

難以躲避,(還有)黑暗之龍

醜陋、惡臭與烏黑,

我因它們而遭受了許多死亡的痛苦。

[h 1 -2]它們全都吼叫著攻擊我,

它們追逐我,沖向我……

(以下 1 頁缺失)

---

[1]帕提亞語 dyw(複數為 dyw"n)、yxš(複數為 yxš'n)、pryg 為三個魔名,而這種結構的詞組則是借鑒自瑣羅亞斯德教,常見於《阿維斯陀》(*Avesta*)經典中。只不過在此將第二魔名替換成了 yxš;而典型的詞組則是 dyw(阿維斯陀語 daēva)- drwxš(阿維斯陀語 druĵ)- pryg(阿維斯陀語 pairikā),這在摩尼教文書中也可見到,如中古波斯語文書 S 9 recto 便作"dēw drūxš 'ūd ḥarv parīg",Jackson 英譯成"demon, fiend, and every witch"(見 A. V. Williams Jackson, *Researches*, p. 79)

Dyw(daēva)的含義為"魔",詞性為陽性,故通常是指雄性魔。按 *Vendidad*, 8,80,daēva 是"黑暗的幼崽";按 *Yasna*, 32,3,daēva"源自邪思、謊言和傲慢";此詞的複數常常用來泛指所有的魔類。drwxš(druĵ)義為"虛假""欺詐"等,在許多場合都是魔首 Ahriman 之邪惡精神的體現物,因此,它有時候就被視同於 Ahriman。其詞性通常為陰性,故它往往被描繪成雌魔,如 *Vendidad*, 18,30 -59 所言,druĵ 向善神窣羅沙(Srausha)承認,四個雄性為惡者使她懷了孕。pryg(pairikā)是指漂亮妖魅的女巫,按《阿維斯陀》,她主要對火、水、土、牛、樹施加邪惡影響即"不潔"(*Vendidad*, 11,9);魔首 Ahriman 還令這類女巫對星辰施法,阻止下雨等等(諸名解釋,可參看 A. V. Williams Jackson, *Zoroastrian Studies: the Iranian Religion and Various Monographs*, New York: Columbia University Press, 1928, pp. 80 -81, 99 -100, 103 -104)。總之,這三種魔,不管是合成詞組還是單獨使用,都是瑣羅亞斯德教文獻中常見的魔名,摩尼教文書對其的使用,則展示了摩尼教對於瑣羅亞斯德教文化因素的繼承和借鑒。

當然,本文書所使用的這"三魔詞組"稍作了更動,即第二魔 drwxš 改成了 Yxš,而後者即是借自梵語 yakṣ的外來語,yakṣa 則是常見於佛經中的神、魔名,漢譯通常作"夜叉""藥叉"等。夜叉有正、邪兩類,即是指居於地面或上空,以威勢惱害人或守護正法的鬼神。身為正法守護神的夜叉,如宮毘羅、跋折羅等十二大將,誓言護衛《藥師如來本願經》之受持者;為害眾生的各類夜叉,如諸夜叉、羅刹鬼等,常作獅、象、虎、鹿、馬、牛、驢、駝、羊等形狀,或頭大身小,或一頭兩面,手持刀劍,相貌恐怖,能使見者錯亂迷醉,進而飲啜其精氣。顯然,摩尼教文書 M 7 在此所說的"夜叉"雖然借鑒自佛經,但只是用了其"邪惡者"之義。這也是摩尼教借鑒其他宗教文化時"取其所需"的特色。

6.2 見於文書 M 10 的活靈讚歌

讚歌第一首[1]

……讚歌[2]

(前部分所佔的 1 頁缺失)

選民遏制……;他們保護聖潔以及虔誠的宗教行為。

他們始終遏制那(邪)手,使之不能毀滅你,因而成為在此境界中的調解者。

為了你,那善良的舵手明心[3]時刻準備著把你運到彼岸,因此,你能平安地前赴光明之國。但願我們能見到寧靜與你相伴。

(1 行空白)

---

〔1〕這首讚歌的前一部分佔據一頁,已經失逸;見於此的後半部分內容則大多未曾發表過。它是否為字母順序詩,並不清楚,因為雖然見到以 t 字母開首的詩節,但在該詩節之前卻未見以 š 開頭的詩節。

〔2〕是為標題。

〔3〕帕提亞語 n'w'z (*nāwāz*)的本義為舵手、導航員,而在摩尼教中,此詞則具有特殊的含義。蓋按摩尼教教義,被救贖的靈魂(光明分子)在回歸明界的途中,必須再經日、月等中轉站的進一步淨化,猶如從大海之此岸到彼岸,須有渡船中轉一樣。故日、月往往被稱為"渡船",而主宰日、月之神祇,特別是直接救贖、接待和引導"靈魂"的神祇,便稱船主或船師、舵手等。而縱觀各種語言的摩尼教文獻,被稱作"船主、船師、舵手"的神靈甚多,幾乎各大主神都有這種稱號,如生命之母(Mother of Life,即漢文典籍所稱的善母)、初人(the First Man,漢文典籍所稱的先意)、活靈(Living Spirit,漢籍所稱的淨風)、第三使(the Third Messenger,漢籍所稱的三明使)、耶穌(Jesus,漢籍所稱的夷數)、光明少女(Virgin of Light,漢籍所稱的電光佛)等均是,此外,並包括他們之下的諸多次級神靈(有關詳說,可參看拙文《摩尼教"船"與"船主"考釋》,載《歐亞學刊》第 1 輯,1999 年 12 月,223－242 頁)。

帕提亞語 mnwhm'yd (*manohmed*)義為心靈、心智、智慧,在摩尼教文獻中,它往往與 rwšn(義為光明)合成詞組,作為一位重要神靈的專名——"明心"(Light Nous, Light Mind,即漢籍所稱的惠明),其主要職責是拯救"靈魂",使之脫離暗魔的囚禁,最終回歸明界。此神曾被漢文《摩尼教殘經》指為即是"淨風(淨法風)",其實不確。蓋因二者雖然關係密切,但淨風是"大宇宙"的主宰,惠明是"小宇宙(即人體)"的主宰,主司不同;只是因摩尼教"宇宙是大人體,人體是小宇宙"的基本教義,才使得人們易於混淆這二者。有關二神異同之考辨,可參看拙文《摩尼教"淨風""惠明"異同考》,載《歐亞學刊》第 6 輯,2007 年 6 月,84－96 頁。

讚歌第二首[1]

[']歡迎你的到來，光明靈魂！祝你獲得你的父尊的迎接。

[b]正直之神，諸神中的最尊者，他的王冠與光輪[2]永遠不朽。

讚美你，活靈！神聖，神聖[3]，神靈摩尼主！[4]

[g]當你[5]在明界誕生之時，衆光明中的極樂者[6]欣喜異常。

---

〔1〕此為字母順序詩，其部分原文抄錄和德譯文，見 *Dogmatik*, p. 580 和 *Stellung*, p. 126；完整的德譯文見 W. B. Henning, *Geburt und Entsendung des manichäischen Urmenschen*, *NGWG*, 1933, pp. 306 – 318；帕提亞文的拉丁轉寫見 Mary Boyce, *Reader*, text at, p. 104；Hans-Joachim Klimkeit, *Gnosis*, p. 44 有其英譯文；拉丁轉寫和英譯文則見 D. Durkin-Meisterernst, *Hymns to LS*, pp. 38 – 41。本讚歌描述了初人誕生時的明界情景；頗堪注意者，是充滿了歡樂的氣氛和必勝的凱旋豪情，而這與摩尼教創世神話所反映的悲壯氣氛迥異。蓋按創世神話，初人誕生後與暗魔戰鬥，即遭慘敗，五明子被暗魔所困，甚為窘迫。鑒於此，克林凱特認為，此詩當是創作於中亞，當時摩尼教已作為"勝利的宗教"而相當興盛，故對於生命和世界之看法也趨向於樂觀了（參看 Hans-Joachim Klimkeit, *Gnosis*, p. 43）。

〔2〕帕提亞語 dydym（*dīdēm*）義為王冠、王權、花環等；frh（*farrah*）則義為榮耀、（神或聖人頭上的）光輪等。這經常被用來描繪大明尊的狀貌，故在本例中，并非比喻或夸張之說。

〔3〕帕提亞語 q' dwš（*kādūš*）源自希伯來語，義為神聖的；在漢文典籍《下部讚》的音譯段落中作"伽路師"。

〔4〕本句當是和應疊句。就其內容來看，似有將"活靈"與摩尼視為同一的意思，頗為費解。

〔5〕這裏的"你"，即是指初人，而非直接指"活靈"。由於一切"靈魂"都是被囚的初人的發射物——光明分子，故初人在某種意義上也可被視作"活靈"，則這些內容作為"活靈讚歌"的一部分，也未嘗不可。

〔6〕"衆光明中的極樂者"是指大明尊。

[d]十二個兒子[1]以及在高空的永世之永世[2]也十分快樂。

[h]一切諸神,以及眾山、眾樹、眾泉的棲居者[3],

[w]寬敞、堅固之宮殿和禮拜堂的居住者,全都為你高興,朋友啊!

[z]當可愛的姑娘和少女們見到你的時候,她們心花怒放[4]。

---

〔1〕帕提亞語 dw'dys (*dwādes*)義為十二,pwhr (*puhr*)義為兒子,但詞組"十二兒子"卻是譬喻,當是指摩尼教的專用名詞"十二時"。而這"十二時"則具有相當豐富的內涵。按摩尼教漢語文獻《下部讚》,有如下的描述:"一者明尊,二者智惠,三者常勝,四者歡喜,五者勤修,六者真實,七者信心,八者忍辱,九者直意,十者功德,十一者齊心和合,十二者內外俱明。庄嚴智惠,具足如日,名十二時,圓滿功德。"(第 165 – 167 頌)據此看來,這"十二時"即是十二種良好的品德;但是,還不止於此,蓋因它們並與摩尼教的十二個主神一一對應,如《下部讚》接著說:"一者無上光明王,二者智惠善母佛,三者常勝先意佛,四者歡喜五明佛,五者勤脩樂明佛,六者真實造相佛,七者信心淨風佛,八者忍辱日光佛,九者直意盧舍那,十者知恩夷數佛,十一者齊心電光佛,十二者惠明庄嚴佛。身是三世法中王,開楊一切秘密事;二宗三際性相義,悉能顯現無疑滯。"(第 169 – 172 頌),這即是所謂的"十二大王",在摩尼教的其他語種(如粟特語、突厥語)等文書中也都有所反映。有關"十二時"或"十二光明大時"在摩尼教教義中的含義、地位、演變等問題,可參看馬小鶴《摩尼教"十二大王"和"三大光明日"考》一文,載馬小鶴《摩尼教與古代西域史研究》,第 247 – 283 頁。

〔2〕帕提亞語 šhr (*šahr*)義為世界、國土、地區、未來的世界、天堂、永存之世等,等同於科普特語 ἀéὼί(英文 aeon,漢譯作永世);帕提亞語 šhršhr'n 則義為"諸永世中的永世",是為摩尼教借自靈知派的重要神學概念。"永世"的釋義和用法很多,範林德根據摩尼教科普特語資料,對"永世"做了研究,其結論是:"十分清楚,在大多數情況下,'永世'是個空間概念。然而,同時也常見它被視同於光明之國中諸神的例子。"(語見 Paul Van Lindt, *Names*, p.30)"永世之永世",按科普特文《讚美詩》,乃是光明王國的"第三個偉大",從它們曾化出 144 個神靈;在粟特語文書中則名之為"福佑之土"或"極樂世界"('frytyt 'wt'kt);漢語文獻或譯之為"涅槃國土"。

〔3〕帕提亞語 m'nynd (*mānendān*)義為居民、居住者。有關它與其他諸詞的關係,有不同的理解和譯法:Hans-Joachim Klimkeit, *Gnosis*, p.44 似乎推測此僅是明界的居民,故譯作"inhabitants [of the Realm of Light]"("明界"乃英譯者所添);而 D. Durkin-Meisterernst, *Hymns to LS*, p.39 則以此 inhabitants 隸屬於其後的所有名詞,即指為全部山、樹、泉、宮殿、禮拜堂的居住者,且未提及"明界"一名。今漢譯從後者。

〔4〕mnwhm'yd (*manohmed*)義為心靈、心智、智慧,並常與"光明"組合,形成"明心"術語,作為摩尼教重要救贖神靈之名,故克林凱特將它與其後的 wyspryxt(義為涌出、萌發等)結合起來,解釋成"從靈心中生發出(had sprung from the Nous)",從而將整句譯成"當從靈心中生發出的可愛的姑娘和少女們見到你時(when the lovely virgins and maidens had sprung from the Nous saw you",顯然將 mnwhm'yd 一詞理解為神(見 Hans-Joachim Klimkeit, *Gonsis*, p.44)。然而,按摩尼教創世神話,初人誕生之時,明心(LightNous)尚未被大明尊"召喚"出來,故這裏的 mnwhm'yd 恐怕只能理解為一般意義上的思想活動(參看 Mary Boyce, *Reader*, p.104)。可能正是鑒於此,Durkin – Meisterernst 將 mnwhm'yd 理解為少女們的內心活動(the minds of lovely girls and maidens),作為主語,並將 wyspryxt 解釋為該主語的行為——興發,像花一樣展開(blossom),從而使這兩詞組合具有"心花怒放"之意(參看 D. Durkin-Meisterernst, *Hymns to LS*, p.41)。漢譯文遂從之。

[h]她們異口同聲地讚美你,沒有瑕疵的年輕人。

[t]手鼓、豎琴、長笛所奏的樂曲聲從四面八方傳來。

[y]所有的神靈都在你的面前,王子啊,君主之子。

[x]來自空中的各種語聲響起,悅耳的樂曲來自明界。

[k]他們此時對明尊說道:"將帶來和平的鬥士[1]正在誕生。"

[l]永遠是最優秀的,諸神中的最尊者將三項任務交給你:

[m]你得毀滅死亡,你得殺死仇敵,你得把整個光明天堂隱蔽起來!

[n]然後,你就致敬;然後,你就出外戰鬥;然後,你就隱藏整個光明天堂。

[s]你把強大的暗王永遠地囚禁起來。你摧毀了暗魔們的居地。

[']光明的朋友初人就待在那裏,直到他實現了明尊的意願。(剩餘的內容在另一紙上,已失逸)

6.3 見於文書 M 33 的活靈讚歌

讚歌第一首[2]

[']……三百十一萬零四百弗里斯坦[3]的六倍。

[p]在每個黑夜和白天的週期中,有二十四個小時。

---

[1]帕提亞語 rzmywz (*raznyōz*),直譯即是"尋求戰鬥者",而它通常是指稱那些為了拯救靈魂而奮鬥不息的諸神。

[2]這首讚歌的帕提亞語的拉丁轉寫及德譯文,見 F. C. Andreas&W. Henning, *Mir. Man.* Ⅲ, p. 875;拉丁轉寫亦見 Mary Boyce, *Reader*, text ba, p. 109;拉丁轉寫及英譯文則見 D. Durkin-Meisterernst, *Hymns to LS*, p. 45。是為字母順序詩,但前部分有多行缺失,按 *Hymns to LS*, p. 45, alif 詩節可能即是文書 M 1436 的 Hymn 46 的內容;而 b、g、d、h̲、w、z、j、h、t̲、y、k、l、m、n、s 等詩節共 18 行則缺失,此後也仍有所缺失。

[3]帕提亞語 frys̲t̲"n (*fristān*)為計時單位,相當於 10 秒,故這裏的"三百十一萬零四百弗里斯坦"即相當於 31104000 秒,也就是一年(360 天)裏的秒的總數。至於在本句中,為何還要將這些時間乘以 6,并且意欲表達什麼意思,則因語句殘缺,難以斷定。

[c]環繞著十重天[1]的是……

(q、r、š 三詩節缺失)

[t]……是……符合於(摩尼)關於諸天的教導。

[n]我們讚美你的榮耀,讚美真誠地講授了這一奧秘的末摩尼。

(以下2行空白)

讚歌第二首[2]

[']我對你說呀,我的被囚靈魂[3],你可記得天堂……以及……

[b](本字母詩節缺失14行)

[g, d](這兩個字母詩節全部缺失)

[x = h?]你可記得吞噬……它貪婪地吞噬了你……

[w]你可記得那眾多的野獸?它們使你焦慮不安,使你在深淵中騷動。

[z]你可記得最初的那場艱苦戰鬥,以及你與黑暗勢力的多次交戰?

---

〔1〕按照摩尼教的宇宙觀,整個世界分為"十天"和"八地",由大明尊召喚出的高級神靈"生命之母"(Mother of Life,即漢語文書中的"善母")和"生命神"(Living Spirit,即漢語文獻中的"淨風")所創造。敘利亞語文書稱,善母用所殺暗魔之皮鋪成了十天;漢語文書《殘經》則謂淨風用五類魔與五明身,二力和合,創造了十天、九地。諸說略異,但"十天"之構成素材包括了暗魔之身,則無疑問。有關摩尼教涉及天地創造的諸文書,可參看 A. V. Williams Jackson, *Researches*, pp. 314 – 320。

〔2〕這首讚歌的拉丁字母轉寫及德譯文,見 F. C. Andreas&W. Henning, *Mir. Man.* Ⅲ, p. 876;拉丁轉寫亦見 Mary Boyce, *Reader*, text bb, p. 110;英譯文見 Hans-Joachim Klimkeit, *Gnosis*, pp. 48 – 49;D. Durkin-Meisterernst, *Hymns to LS*, pp. 45 – 47 則有其拉丁字母轉寫及英譯文。

〔3〕帕提亞語 wrdg (*wardag*)義為被囚禁的、囚徒或奴隸,在此用來指稱被物質囚禁的光明分子(靈魂)的狀況,這并無疑義。但是,"我對你說"一語,究竟表達了誰對誰說,卻含義不清。D. Durkin-Meisterernst 對此做了分析:顯然,說話者并非囚禁靈魂,而是試圖以諾斯替方式來把遺忘自己身世的靈魂喚醒。至於這首讚歌是對誰在說話,則既不像是選民在對自己說話(因為選民的靈魂是始終清醒的),也不像選民或聽者在對非摩尼教信徒說話,也不像選民或聽者在對被囚於選民之食品裏的靈魂說話(因為這與"我的靈魂"這種語氣不相吻合)。所以,有可能是聽者在對自己的靈魂說話(見 D. Durkin-Meisterernst, *Hymns to LS*, p. 181, note 179)。其說有理。

[j]你可記得……活……你……?

[h, t, y](這三個詩節的19行全部缺失)

[k]你可記得……以及你看見了前來尋找你的救世主們[1]?

[l]你可記得,當父尊[2]上赴天界之時,你遭受的顫栗、哭泣和分離的痛苦?

[m]你可記得兩股勢力[3]交界的那個處所……?

(以下內容載於已經缺失的一頁上。)

讚歌第三首[4]

[' b](缺失)

[g d](缺失)

[h w](缺失)

[z j](缺失)

[h t](缺失)

[y k](缺失)

[l m](缺失)

[n s]……神聖的強權者;

[' p]看見了敬愛的父尊們的形象。[5]

---

[1]帕提亞語 bwj'gr (*bōžāgar*)義為救世主,而原文在此用了複數形式 bwj'gr'n,則所謂的"救世主"便不止一位。D. Durkin-Meisterernst 認為,此即是指創世之初,下降黑獄,拯救被暗魔所困的初人的善母與淨風;當然,也有可能是指如今聚集起來的專門選民團體(見 D. Durkin-Meisterernst, *Hymns to LS*, p. 181, note 185)。

[2]帕提亞語 pyd 義為父親,除了指稱大明尊外,還經常用來指稱摩尼教的各大神靈,在此則是指初人。意謂初人被拯救而回歸明界時,將被囚的光明分子棄在了俗世。

[3]帕提亞語 z'wr(*zāwar*)義為力量、勢力、軍隊等,在此是指明、暗兩股勢力;不過,此詞可能更多地是指黑暗勢力。

[4]這首讚歌的拉丁轉寫及德譯文,見 F. C. Andreas&W. Henning, *Mir. Man.* Ⅲ, p. 876 - 877;拉丁字母轉寫亦見 Mary Boyce, *Reader*, text bc, p. 110 - 111;英譯文見 Hans-Joachim Klimkeit, *Gnosis*, p. 49;D. Durkin-Meisterernst, *Hymns to LS*, pp. 48 - 49 則有其拉丁轉寫和英譯文。如今殘存的只是全部讚歌的最後部分;這也是字母順序詩,但其格式是每半行使用一個新字母。

[5]F. C. Andreas&W. Henning, *Mir. Man.* Ⅲ, p. 876 將前一詩節與本詩節結合在一起翻譯:"Schaut auf der freundlichen Väter mächtige, göttliche Gestalt";Hans-Joachim Klimkeit, *Gnosis*, p. 49 從之,故德、英譯文的意思都是"仰望強權者,敬愛的父尊們的神聖形象"。

[c　k]有德者能見到神聖之相[1];

[r　š]真誠的信徒,福祐的聽者,

[t　n]仁慈的人能抵達神聖的殿堂。

[讚美辭[2]] 這是正直的[3]、福祐的、值得讚美的聽者。這是他必須為其靈魂所行的善業……

讚歌第四首[4]

[’　b](缺失[5])

[g]太初父尊[6]之子,王子,君主之子來了,

[d]為了整個明界,他讓自己的靈魂受制於其敵人。[7]

---

[1]帕提亞語 cyhrg (*čihrag*) 義為性質、本質、相貌、(美麗的)外形等。或以為,這裏"神聖的相貌"即是"獲救"的象徵符號(見 Hans-Joachim Klimkeit, *Gnosis*, p.54, note 45)。

[2]由於本節原文以'ym(義為指示代詞"這")一詞開頭,故已非字母順序詩的一部分,可能是讚歌最後的和應疊句,或者是新的非字母順序詩的開頭讚美辭。

[3]帕提亞語'rd'w (*ardāw*)義為公正的,正直的,有時候,確也作為選民的代稱。當是出於這個原因,Hans-Joachim Klimkeit, *Gnosis*, p.49 將'rd'w 之後的形容詞 frwx(幸運的,保佑的)屬上,譯作"福祐的選民",遂與 ngwš'g(聽者)pwnwnd(值得讚美的)這一詞組并列,譯成"the blissful elect and the meritorious auditors"。但是,'rd'w 或有可能只是作為形容詞,與其後的兩個形容詞一起修飾"聽者";易言之,此句並未提及"選民",而只是強調了"聽者"。D. Durkin-Meisterernst, *Hymns to LS*, p.49 的譯文及 p.182 的註釋(note 195)便是作如此理解。今漢譯從後者。

[4]這首讚歌的拉丁轉寫及德譯文,見 F. C. Andreas&W. Henning, *Mir. Man.* Ⅲ, p.877–878;拉丁轉寫亦見 Mary Boyce, *Reader*, text bd, p.111;英譯文見 Hans-Joachim Klimkeit, *Gnosis*, p.49–50;D. Durkin-Meisterernst, *Hymns to LS*, pp.49–53 則有其拉丁字母轉寫和英譯文。

[5]原文書在此缺失的共有 13 行詩,其中除了本讚歌開頭的"'"與"b"詩節外,還有前一讚歌的結尾部分。本讚歌這兩個詩節的內容,有部分保存在文書 M 1423 的讚歌 33 中。

[6]帕提亞語 pydr 義為父親,單數,其複數名詞則為 pydr'n。故詞組 pydr hsyng 便當指單數的"最原始的父尊",亦即指大明尊;而其"兒子"即指初人(由大明尊"召喚"或"發射"而出)。但是 Hans-Joachim Klimkeit, *Gnosis*, p.49 却將"父親"譯作複數:"[the son] of the primeval Fathers)",顯然令本來指稱初人的這一詞組的含義變得難以捉摸了。其原因,可能是參考德譯文(F. C. Andreas&W. Henning, *Mir. Man. III*, p.877)時,誤將"[der Sohn] des uranfänglichen Vaters"中的 Vaters 轉譯成英文 Fathers 了。但德文 Vaters 在此只是陽性名詞單數的所有格形式,而非複數(複數應是 Väter),且帕提亞原語 pydr 也只是單數形式,故英譯 Fathers 肯定為筆誤。本句嗣後的"王子"和"君主之子"也都是指稱初人。

[7]本句中的"他",Mary Boyce 認為可指大明尊,也可指初人,但不管何所指,其基本含義都一樣(見 Mary Boyce, *Readers*, p.111);Hans-Joachim Klimkeit 從其說(*Gnosis*, p.54, note 48)。但是,D. Durkin-Meisterernst 則認為此說不妥,蓋因本讚歌的焦點是初人,而非明尊(見 *Hymns to LS*, p.183, note 200)。

[h]一切諸地都因他而憂傷。

[w]他向生命之母祈禱,她則再向偉大父尊籲請:

[z]"為了什麼緣故,這美麗而無辜的孩子被監禁在群魔之中?"

[j]那活……

[h t y](缺失)

[x = k]召喚神[1]……好運,康樂,[說道:]"聚集起你的肢體[2]!"

[l]那美麗的光輝之相將登上他自己的領地。

[m]母親擁抱了他,親吻了他,[說道:]"你已經回來了,被逐的孩子!"

[n]"快一點,快快進入光明之界吧,你的家族非常地相信你。"

[s]她配製和安置了諸地與諸天……一切……

[' p c](較多內容缺失)

[q r]……奥秘……教導。

[š]祝願心情愉快,正直者(即選民)和聽者、光明的肢體!

[t]祝願強大有力,……在這福祐寶藏中的富裕世界!

[n]把新的王冠戴在你的頭上!與那些偉大者一起變得強大。

(以下2行空白)

---

〔1〕帕提亞語 xrwštg (*xrōštag*)義為呼喚,或者作為摩尼教專用的神名"召喚神";在摩尼教漢文典籍《殘經》中,或者音譯作"呼嚧瑟德",或者意譯作"說聽(神)"。它與相對應的"應答神"(帕提亞語 pdw'xtg,漢文音譯嗍嘍嚄德,意譯喚應)乃是善母與淨風在拯救初人時,一喚一應而形成的兩個神靈。

〔2〕帕提亞語 hnd'm (*handām*)義為肢體、部分、部件。在摩尼教中,由於每個神靈都是由"光明分子"構成,故他的"肢體"也就是一部分"光明分子";這對於初人而言尤其如此,因為他的五個兒子"五明子"便是其肢體,且在與暗魔的最初搏鬥中被吞噬了。所以,摩尼教的"聚集肢體"的含義,往往是指拯救被黑暗囚禁的光明分子,使之回歸明界。

6.4 見於文書 M 83 的活靈讚歌

讚歌第一首[1]

……他們使他變得純淨,光明之寶,君主的快樂者,……王座,明亮的座位。

[和應疊句或讚美辭] 慈悲為懷,衷心祝願,萬物中的最優耶穌,慈愛的君主。

讚歌第二首[2]

[' b] 值得為你祈求,已被救贖的靈魂。

[和應疊句] 願你受到歡迎,靈魂哪,願我們也受到歡迎。

[g d]你是精魂[3]和榮耀[4];你是神的顯現及其光輝。

---

[1]在 D. Durkin-Meisterernst, *Hymns to LS* 一書出版之前,本首讚歌的大部分都沒有發表過。而按 D. Durkin-Meisterernst 說,儘管該讚歌並不是針對活靈的,但是為了全篇頌詩的完整性起見,仍將這些內容置於此(見 *Hymns to LS*, p.185, note 227)。

[2]本首讚歌採用的格式是,每半個詩節使用一個新字母。原文的拉丁字母轉寫見 Mary Boyce, *Reader*, text au, p.105;英譯文見 Hans-Joachim Klimkeit, *Gnosis*, pp.44 - 45;帕提亞語的拉丁轉寫、讀音和英譯文則見 D. Durkin-Meisterernst, *Hymns to LS*, pp.62 - 65。

[3]摩尼教的中古伊朗語文書中經常使用的表達"靈魂"之義的名詞有兩個:gryw (*grīw*)和 gy'n (*gyān*),它們在確切含義上究竟有何區別,在作全面的考證之前,很難作明確的結論。但是,由於在某些場合,作者似乎故意同時使用了兩個不同的詞來表述,所以二者或許是有一定區別的,例如:"阿緇(Az),一切諸魔的邪惡母親,變得狂暴憤怒,她製造了嚴重的騷亂,以幫助她自己的 gryw。她用雄魔的泄物、雌魔的污垢製造了這個軀體,自己進入其中。然後,她用五明子,即奧爾密兹德神的甲冑,製成了善良的 gy'n,將它束縛在這個軀體內。"(文書 S 13,亦見 S 9 R ii 30)這是插有帕提亞詞的中古波斯語文書,在此,對於邪惡的貪魔,使用了帕提亞語/中古波斯語詞 gryw,而對於善良的五明子,則使用了 gy'n,似是在刻意地區分"壞"與"好"的靈魂。有鑒於此,本章暫時用"靈魂"對譯 gryw,用"精魂"對譯 gy'n,以示區分。

[4]帕提亞語 b'm (*bām*)義為光輝、榮耀等,但同時也用以指稱五種高級思維活動或五種神靈"五妙身"(漢文作"相、心、念、思、意")的為首者,即"相"。但是在此未必有指稱五妙身之"相"的意思,故仍譯作"榮耀"。

[h　w]你仁慈和公正，；你甜蜜而芳香[1]。

[z　j]你美麗而無瑕疵；你聰慧而有理智。

[h　t]你受到福祐，帶來幸運；你渴望給人愉悅和友善。

[y　x]你是才華橫溢的戰士；你聰明而高貴。

[l　m]你是世界的君主，一位君主；你是彌賽亞和審判者。

[n　s]你勇敢而靈巧；你是領袖和舵手。

[‘　p]你是使者和詮釋者；你是守衛者和組織者。

[c　q]你是眼睛和（神的？）相貌；你是被救贖的創造者。

[r　š]你是我們的光明；你是歡樂……

[t　n]你，你是偉大的靈魂；你是最初的和最後的（神？）。

[和應疊句或讚美辭] 衷心地祝福和讚美你！

（以下1行空白）

讚歌第三首[2]

[’　b　g　d　h]必須憐憫弟兄們[3]；善為保護靈魂！

[w　z　j]獲得大力，即永久的生命！

[和應疊句] 阿門，頭生的天使，摩尼主，我們的救世主！

[h　t=t　y　k]始終奮鬥，為了良善而鬥爭！

[l　m　n　s]始終高度警惕[4]，擊退撒旦的進攻！

[‘　p　c　k]每天讚美，教導善業的真理！

---

〔1〕對於"wxš' yy' wd' nwšyn"一語，D. Durkin-Meisterernst 說，他是從 Hans-Joachim Klimkeit, *Gnosis*, p. 44 之譯的；但是 E. Waldschmidt und W. Lentz, *Die Stellung Jesuim Manichäismus*, APAW, Nr. 4, Berlin, 1926, p. 117 的德譯文則作"Schön bist du und unsterblich（你美麗而不朽）"。故前者當有對供給食用者萃取光明分子的食品（諸如甜瓜）而言的意思，而後者則有僅對靈魂而言的意思。見 D. Durkin-Meisterernst, *Hymns to LS*, p. 186, note 236。

〔2〕從本首讚歌的語氣看，似乎是某個個人對一群人的訓誡；受眾有可能是選民，而說話者則可能是摩尼（說見 D. Durkin-Meisterernst, *Hymns to LS*, p. 187, note 254）。至於其格式，也頗特殊：詩節內的每個詞都是按字母順序排列的，故全詩的字母是完備的，但字數卻不多。

〔3〕帕提亞語 br' d (*brād*) 義為弟兄，常用來指男性選民。但是從這裏的上下文看，更可能是指光明分子。

〔4〕帕提亞語 lrz (*larz*) 原義為（因焦慮、興奮等而）顫抖、極為擔心、憂慮等，在此則似有保持高度緊張狀態，毫不鬆懈地戒備暗魔之侵擾的意思，故譯如正文。

[r š t n]戰勝那污穢而無恥的肉體！

[讚美辭] 枝葉茂盛的清淨妙樹，我們的永恒歡樂……永久的。

(以下3行空白)

讚歌第四首[1]

以上為目前所見摩尼教帕提亞語"活靈讚歌"的主要文書，在這些資料中，有關摩尼教的"靈魂"的基本概念大體上都得到了表述，並凸現了它與其他宗教的迥然不同之處，值得引起研究者的注意。

這些文書所體現的另一個特色，是多種文化的融合現象，例如，它們使用了屬於基督教範疇的"阿門""耶穌""彌撒亞""撒旦"等，屬於瑣羅亞斯德教範疇的"瑣羅亞斯德""窣羅沙""三魔組合"等以及屬於佛教或印度文化範疇的"七寶""藥叉"等，儘管摩尼教文書往往只借用了某個名稱，而代之以本教的實際內涵，但摩尼教廣泛借鑒古代世界的各大宗教文化的特徵還是顯而易見的。當然，它也有許多獨創的教義和觀念，并且屬於主要部分，這使得摩尼教更像一個融合了多種文化因素的"世界宗教"。

本組摩尼教文書的"功績"不僅在於它們表述和體現了什麼內容與特徵，并且還在於提供了若干可供深入探討的問題；有些是因為文書殘缺而導致了"問題"，有些則是需要通過全面和深入的研究才能解決的"問題"。例如，它們提到了具有神聖意義的五、七、十二數字，還有"三百十一萬零四百弗里斯坦的六倍"的時間數字；"七種明亮之寶"之所指；使用了不同的詞彙來描述"靈魂"：gryw（*grīw*）和 gy'n（*gyān*），前者漢譯暫作"靈魂"，後者則作"精魂"，因為二者有著微妙的區別，而對它們的探討卻是十分複雜的大問題。諸如此類，其所欲表達

[1]本首讚歌的內容與"活靈"無關，故不再譯釋。其帕提亞語的拉丁字母轉寫見 Mary Boyce, *Reader*, text dgb, pp. 176 – 177；英譯文則見 Hans-Joachim Klimkeit, *Gnosis*, p. 128。

的確切含義是什麼？文化源流又如何？顯然，這都無法一言以蔽之的，當有待於專文的討論。

總而言之，即使殘缺不全的摩尼教帕提亞語"活靈讚歌"文書，也為我們對摩尼教的深入探討提供了不可多得的珍貴資料。茲譯釋如上，以饗讀者。

7 中古波斯語等“光輝者耶穌”讚歌文書譯釋

“耶穌”(Jesus)是摩尼教借自基督教的一個名號,它同樣用來指稱一位神靈,并且是一位十分重要的神靈。布爾基特曾這樣評價摩尼教中的“耶穌”道:

耶穌在摩尼的體系中佔據着特殊的地位。他是摩尼之前一系列先知中的最後一位,但是他卻勝過所有這些人。對於摩尼而言,耶穌是位神人,他出現於人世,但是並非由女人所生;基督教徒認為耶穌被釘十字架,只是世俗誤解。此外,耶穌不僅僅是摩尼之前的最後一位先知以及最接近摩尼的先驅者,摩尼還把自己視作耶穌的使徒。……“耶穌”象徵着神對人類的拯救,神對人類的孕育,多少還伴隨着幾乎不可思議的神為了人類而受難的觀念,以及“猶地阿之耶穌”說產生的所有觀念。[1]

儘管摩尼教之“耶穌”的主要概念借自基督教,但是,摩尼教的“耶穌”除了在名稱以及與之相關聯的若干人(神)物和故事和基督教相同或相仿外,其涵義有了更大的擴展或變易,他所扮演的角色也更為複雜。本章將譯釋和探討的“光輝者耶穌”(Jesus the Splendor),只不過是“耶穌”在摩尼教中的諸多角色之一,儘管是十分主要的一個角色。為了盡可能清楚地理解摩尼教中的這一角色,有必要首先簡單地了解一下“耶穌”在摩尼教文獻中的各種不同體現類型。

7.1 摩尼教中“耶穌”角色簡述

有關摩尼教中的“耶穌”角色,此前已有不少論著涉及,今則簡要

〔1〕F. C. Burkitt, *The Religion of the Manichees*, London, Cambridge University Press, 1925, pp. 38, 42.

地介紹一下諸學者的相關觀點;他們通常都將摩尼教中的"耶穌"分成三種到六種不同的類型。

布爾基特(Burkitt)將耶穌分成三種角色:一是作為救贖者(redeemer)的耶穌,二是作為受難者(sufferer)的耶穌,三是作為養育者(nourisher)的耶穌。[1] 對此說法,其後有不少學者響應之,如博伊絲(Boyce)、克林凱特(Klimkeit)、劉南強(Samuel Lieu)等。

波洛茨基(Polotsky)則將耶穌劃分成兩類:一為"光輝者耶穌"(Jesus the Splendour),二為"耶穌基督"(Jesus Christ),亦即是指歷史上真實存在的耶穌。但是他認為,所謂的"受難耶穌"(Jesus Patibilis)當是處於神學耶穌和歷史耶穌之間的一個折衷調和角色。[2]

魯道爾夫(Rudolph)認為,摩尼教中耶穌是一種三重性的救贖者,即光輝耶穌、歷史耶穌、受難耶穌三者結合在一起。不過,他還提到過四個不同的耶穌角色,即上面所言的三種耶穌,再加上"少年耶穌"(Boy Jesus)。[3] 他并未談到"少年耶穌"與其他三者到底有什麼關係,儘管在其早期的著述中,他將這"少年"視作"光輝者耶穌"的另一個"神我"。

羅斯(Rose)一方面劃分出耶穌的三種角色——受難耶穌、歷史耶穌和宇宙的基督(Cosmic Christ),另一方面還進一步推測耶穌作為"光明使者"(Apostle of Light)和"世界判官"(Judge of the World)的角色。他還認為,有必要從不同的視角來區分耶穌的角色,例如,"被救贖的救贖者"(Saved Saviour)、光輝者耶穌、先知耶穌、判官耶穌,還有拯救亞當的救贖法理中的耶穌,以及為摩尼教信徒之現實生活服務的神聖儀式中的耶穌。[4]

---

[1] Brukitt, *Manichees*(此爲 *The Religion of the Manichees* 一書的簡稱,下同), p. 42.

[2] Hans Jacob Polotsky, "Manichäismus", in *Collected Papers by H. J. Polotsky*, ed. Kutscher, 1971, pp. 699 – 714.

[3] Kurt Rudolph (ed.), *Gnosis und Gnostizismus*, Wissenschaftliche Buchgeselschaft, Darmstadt, 1975, pp. 156 – 157, 339.

[4] Eugen Rose, *Die Manichäische Christologie*, Otto Harrassowitz, Wiesbaden, 1979, pp. 58, 59, 63 – 64.

宋德曼則提出了"六種耶穌"說:光輝者耶穌、受難耶穌、歷史耶穌(即光明使者)、末世學的耶穌(即判官)、少年耶穌(Jesus the Child),以及月神(月亮)耶穌(Jesus the Moon)。他並指出,摩尼教中耶穌的大部分角色可以被更為實在的其他神話存在物所取代,如光輝者耶穌可被大明心(Great Nous)取代,受難耶穌可被"世界靈魂"(World Soul)取代,少年耶穌可以被"生命思維"(Enthymesis of Life)取代,以及"月神耶穌"(Jesus the Moon)可以被月亮所取代。[1]

近年,弗朗茨曼(Franzmann)撰寫專著,結合東、西方資料,對摩尼教文獻中展現的耶穌形象做了全面的歸納和分析,又有新的看法。他把宋德曼羅列的六種耶穌分成兩大類,進行比照、分析:第一類為光輝者耶穌、光明使者耶穌、判官耶穌;第二類為受難者耶穌、青年耶穌(Jesus the Youth)、月神耶穌。他的最終結論是,這六種耶穌實際上是同一個耶穌:"在上文的'中期歸納 1'中,我已經指出,光輝者耶穌、使者耶穌和判官耶穌是相同的;在'中期歸納 2'中,則指出了受難耶穌稍欠明確地等同於青年耶穌;而在本節'最終歸納'中,則將指出這兩大類耶穌的同一性。此外,在'中期歸納 2'中,我并未將月神耶穌考慮在內,但是認為這源自於光輝者耶穌的完全演變。""來自摩尼教文書的充分證據可以確切地表明,摩尼——至少是摩尼之後的早期摩尼教社團——相信和崇拜在許多不同情形下具備諸多形象的單一耶穌。我業已展示,這個多角色耶穌的統一體在東方和西方文書中都可以有所體現。儘管這個'統一體'看法可能因為有關青年耶穌的資料較少而稍受妨礙,但我相信肯定有足夠的資料充分證明這一主張。奧古斯丁(Augustine)曾責問福斯特斯(Faustus):'還有,你們到底製造了多少個基督?'如今,隨著我完全地分析了耶穌的每個角色,並確認了他們之間的同一性,我就可以相當肯定地回答道:'只有一個。'"[2]

---

[1] Werner Sundermann, "Christ in Manicheism", in *Encyclopaedia Iranica*, vol. 5, Routledge&Kegan Paul, London, 1992, pp. 536 – 538.

[2] Franzmann, Majella Franzmann, *Jesus in the Manichaean Writings*, T & T Clark Ltd, New York, 2003, pp. 133, 138 – 139.

弗朗茨曼的此書是迄今為止最全面和詳細探討摩尼教之"耶穌"角色的專著,我們無論是同意還是不同意他的觀點,都不能不承認,"光輝者耶穌"(Jesus the Splendor)只不過是摩尼教中諸多耶穌角色的一小部分,儘管是十分重要的一部分。而本章在下節所欲譯釋的,也只是見於東方(吐魯番)的相關的非漢語文書。所以,本章的重點在於涉及"光輝者耶穌"的某些文書,而非全面和深入探討摩尼教的"光輝者耶穌"角色;這是需要說明的。

7.2 中古伊朗諸語文書譯釋

在此譯釋的諸文書,主要見於克林凱特《絲綢之路上的靈知》一書第五章的譯載者,凡見於他書所載者,將會相應指出。

稱揚王者耶穌的讚歌:我們將實現願望[1]

[1]我們的口中充滿讚美,我們祝福您,

稱頌和致敬於偉大的明月[2],

生命的賦予者,楚爾凡[3]神的愛子,

仁慈的全世界之主!

我們大聲地向您祈求,

---

[1]是為本讚歌的標題。此讚歌最初用阿拉美語(Aramaic)撰寫,後在中亞則譯成帕提亞語和粟特語;而迄今所見的頌詩的開頭部分卻只有粟特語的版本,即文書 So 14411,亦即 T II D II 169。瓦爾特施密特和楞茨在其《耶穌在摩尼教中的地位》長文中則有該文書的希伯來字母轉寫和德譯文(見 E. Waldschmidt und W. Lentz, *Die Stellung Jesuim Manichäismus*, p.94)。

[2]上文已經談及,耶穌在摩尼教中扮演的多個角色之一是月亮或月神,所以,在此的"明月"即是指耶穌。中古波斯語和帕提亞語文書 M 176 這樣讚頌耶穌道:"啊,新月從新的天堂升起!/新的歡樂降臨於整個教會。/啊,美譽的耶穌,諸神之首!/您是新月,神啊,您是高貴的父尊!/啊,滿月,耶穌,美譽之主!/啊,滿月,耶穌,美譽之主!"(英譯文見 Hans-Joachim Klimkeit, *Gnosis*, p.161;原文的拉丁轉寫見 Mary Boyce, *Reader*, text dv, pp.192–193)

[3]粟特語 zrw' 相當於中古波斯語和帕提亞語 zrw'n,讀作 zarwā、zarvān、zurvān 等,它們都源自古伊朗的阿維斯陀語 zruvan,原義為"時間",或"久遠年代"。當然,此名主要體現為古伊朗的神靈,特別是瑣羅亞斯德教的分支楚爾凡教(Zurvanism)更將此奉為最高神靈,視為無窮之時間和空間的獨一無二之神;他無性別,無感情,也無善、惡之區分,卻是最高善神 Ahura Mazda 和最大惡神 Angra Mainyu 的父母。摩尼教借用了這一神名,卻并未完全借用其涵義,以此作為摩尼教的最高善神"大明尊"的稱號之一。

願您將光明照入我們的內心,
托您的威力聚集於我們的肢體。
[2]您已降臨,前來拯救,
您已降臨,前來拯救,
您已降臨,前來拯救,
拯救這整個世界的光明!
[3]您已降臨,前來拯救全部靈魂,
您已降臨,前來拯救我們心中的光明,
您已降臨,前來拯救,仁慈的神啊,
您比一切諸神更為和藹可親。

("我們將實現願望"讚歌續,帕提亞語文書[1])

[1]您已降臨,前來拯救,偉大的一切生命賦予者的生命賦予者。

您已降臨,前來拯救,第三偉大者,您是我們與明尊之間的斡旋者。[2]

您已降臨,前來拯救,您是將我們的靈魂從死亡中拯救出來的救贖者。

您已降臨,前來拯救,您是我們向上仰望的眼睛,您是我們傾聽(聖語)的耳朵。

---

〔1〕如上文所言,"我們將實現願望"讚美詩的接續見於帕提亞語文書,即 M 680 和 M 189。其希伯來字母的轉寫和德譯文見 E. Waldschmidt und W. Lentz, *Die Stellung Jesuim Manichäismus*, pp. 95 – 97;其拉丁字母轉寫則見 Mary Boyce, *Reader*, text br, p. 122。

〔2〕帕提亞語 'ndrbyd (*andarbed*)義為中介者、斡旋者、調解人、中保等(英文作 mediator)。頌歌在此稱摩尼教神靈耶穌為凡人與明尊之間的 mediator,是完全借用了基督教的慣常用法,因為基督教即是將耶穌稱為上帝與子民之間的 mediator 的。漢譯《聖經》往往將 mediator 譯作"中保",如《新約·加拉太書》第三章 19—20 節:"這樣說來,律法是為什麼有的呢? 原是為過犯添上的,等候那蒙應許的子孫來到,并且是藉天使,經中保之手設立的。但中保本不是為一面作的,神卻是一位。"(見《新舊約》,第 245 頁)儘管漢譯《聖經》將 mediator 譯作"中保",但是我認為,此名的通常涵義與"耶穌"的這一角色並不確切吻合,故在正文中譯作"斡旋者"。

您已降臨，前來拯救，您是我們最初的右手[1]，您是我們生命的呼吸。

您已降臨，前來拯救，您是我們結成整體的輝煌[2]，您是我們真正的心智[3]。

您已降臨，前來拯救，您是我們完美的覺悟[4]，您是我們熱烈的思維[5]，您是我們免於憂傷的慎思[6]。

（此下若干詩節已缺失）

[2]您已降臨，前來拯救，您是我們偉大的門戶[7]，我們靈魂

---

〔1〕帕提亞語 dšn (*dašn*)義為右手或者右側。在摩尼教的神學中，"右手"有著特殊的意義，蓋因當初淨風（生命之神）奉大明尊之命，前赴暗獄拯救被暗魔所困的先意（初人）時，是伸出右手將他拉出暗獄的。如《阿基來行傳》所言："然後，黑暗魔王將他擊敗，並吞食了他的部分甲冑，即靈魂。初人則在下面遭到暗魔的殘酷折磨。要不是父尊聽到了他的祈求，派出了從自身創造的，名為生命之神的另一大力下赴深獄，向他伸出了右手，將他救離暗獄，初人早就始終待在那裏，身陷危險之中了。自此之後，他便留下靈魂依然待在下面的深獄中，并且出於這一原因，摩尼教教徒們相遇時，都各自伸出右手致意，以表示他們已經從黑暗中被拯救出來；而每個異教分子則據說仍舊陷在黑暗之中。"（見 Hegemonius, *Acta Archelai*(*The Acts of Archelaus*), tr. by Mark Vermes, with Introductionand Commentaryby Samuel N. C. Lieu, Manichaean Studies IV, Lovanii, 2001, pp. 47 – 48）

〔2〕帕提亞語 b'm (*bām*)本義為光輝、顯赫等，但在摩尼教文書中，往往用它指稱心智體"五妙身"之五要素"相、心、念、思、意"中的第一個要素"相"。儘管學界對此有所異議，但是從下文連續使用的四詞來看，此詞相當於五妙身的"相"，當不成問題。

〔3〕帕提亞語 mnwhmyd (*manohmed*)義為心智、智力、觀念、堅信等，它也是摩尼教"五妙身"的五個構詞之一，故在此當可相應於"相心念思意"中的"心"。

〔4〕帕提亞語'wš (*oš*)義為意識、覺悟、認識等。若按"相心念思意"的順序，它應該相當於"念"；但就含義而言，似乎更應是第五要素"意"，姑存疑。

〔5〕帕提亞語'ndyšyšn (*andēšišn*)義為思維、智力、情感等，在此相當於"相心念思意"中的"思"。

〔6〕帕提亞語 prm'ng (*parmānag*)義為思慮、反省、慎思等。若按"相心念思意"的順序，它應當相就於"意"；但是就含義而言，似乎更接近於第三要素"念"，姑存疑。

〔7〕帕提亞語 br (*bar*)義為門，它作為摩尼教的象徵符號，有多種含義。不過，在此的"門"應該是特指通往天界的"門"，實際上也就是象徵了導致獲救的"靈知"。摩尼教的突厥語文書 T II D 173 b[1]描述道：呼喚神（Khrōshtag）為初人（Khūrmuzta）打開了從暗界通往天界的門；呼喚神和應答神（Padvākhtag）把初人從地獄中救出來，送他向上，前赴神聖的天堂（參看 A. V. Williams Jackson, *Researches*, pp. 262 – 263）。初人獲救的模式，也就是嗣後諸"靈魂"獲救的模式，因此，在本讚歌中，祈求"獲救"的靈魂將耶穌譬喻為"偉大的門"。

的舟船[1]。

您已降臨,前來拯救,您是我們新的領地,我們高貴的信眾,親愛的神子。

您已降臨,前來拯救,您是我們仁慈的父尊,我們真正的希望。

您已降臨,猶如一位父親,您是我們的仁慈醫師[2]。

您顯現在我們面前,猶如一位母親,您如弟兄那樣有益於我們。

您像兒子一樣被派遣而來[3]。

您像僕人一樣認真服務。

快來吧,仁慈的父尊,把我們的靈魂安排得秩序井然……

---

〔1〕帕提亞語 n'w (*nāw*) 義為"船",是為摩尼教重要的象徵符號之一,在此是喻指日月。蓋按摩尼教教義,靈魂(光明分子)獲得拯救而回歸明界的過程中,都要先經月亮、太陽的中轉,在那裏做進一步的"淨化",最後才抵達明界。而日、月作為將獲救靈魂從黑暗地界轉載至光明天界的運載器具,通常也就稱為"舟船"。如漢文《摩尼教殘經》第 48 – 49 行云:"又復淨風造二明船,於生死海運渡善子,達於本界,令光明心究竟安樂。"科普特語的《讚美詩》云:"靈魂啊,抬起你的眼睛,注視高空,對於你的羈縛仔細考慮……你已經抵達;你的父尊正在召喚你。如今,登上光明之船,接受榮耀花冠吧,回到你的故國,與永世(Aeons)共享歡樂。"(見 C. R. C. Allberry, *A Manichaean Psalm-Book* (*Part* Ⅱ), 55^{9-14})

〔2〕帕提亞語 bzyšk (*bizešk*) 義為醫師、醫生,也是摩尼教的重要象徵符號之一。在摩尼教的文書中,這一名號主要用以指稱耶穌和摩尼。例如,漢語文書《下部讚》在"讚夷數文"一節中稱讚耶穌道:"一切病者大醫王"(第 36 行)、"美業具智大醫王"(第 51 行),以及"最上無比妙醫王"(第 72 行)等。科普特語《讚美詩》:"耶穌,受傷者的醫師,活靈的救贖者,迷路者尋覓的通道,生命寶藏的門戶。"(C. R. C. Allberry, *A Manichaean Psalm-Book* (*Part* Ⅱ), 2^{24-26})此外,以此指稱摩尼者,例見《下部讚》:"忙你法王,明尊許智,諸聖許惠,從三界外,來生死中,蘇我等性,為大醫王。"(第 373 – 374 行)。馬小鶴曾撰專文,論及摩尼教等宗教中的"大醫王"稱號,可參看其《摩尼教與古代西域史研究》,第 101 – 120 頁。

〔3〕在摩尼教的神學中,經常將耶穌說成是最高神大明尊的"兒子",雖然按其創世神話,耶穌并非由大明尊直接"召喚"或"發射"出來。所以,"耶穌為明尊之子"的說法或許是受了基督教"聖父—聖子—聖靈"之說的影響。摩尼教科普特語文獻《克弗來亞》載云:"光明使者再次對坐在他面前的聽眾們說道:耶穌,偉大者之子來到這個世界時,他揭示了其偉大,他登上了十個載具,他駕馭它們,在宇宙中遨遊。"(見 Iain Gardner, *Kephlaia*, Chapter 8, 36^{30-33}, p. 41)而漢語文書《下部讚》也稱耶穌(夷數)為"自是明尊憐愍子"(第 44 行)。所以,本文書謂耶穌"像兒子一樣被派遣而來",其中的"兒子"即是指大明尊之子。

讚頌生命賦予者耶穌[1]

[1]……一切存於一心。
我們伸出雙手祈求,
我們張眼仰望您的(美妙)身形,
我們開口向您籲請,
我們播舌,隨時準備讚美(您);
我們向充滿生命力的您籲請,
我們讚美您,光輝者耶穌,新的天堂[2]。
[2]您啊,您是正義之神,高貴的醫師,
最敬愛的兒子[3],最受福佑的靈魂。
歡迎[4]您,解放我們的君主!
前來救助吧,善良的神靈,和平的使者,
溫順良民的幫助者,鎮服侵略者的勝利者!
歡迎您,新的君主!
歡迎您,囚徒的救贖者,
以及受傷者的醫師!
歡迎您,喚醒沉睡者的神,
您使得昏睡的人起身,
您使得死亡的人復活!

---

[1]本文書用中古波斯語撰寫,其文書為 M 28 II R i – V i;內容主要是向耶穌的祈求。它最初的版本由摩尼親自創作,用的是阿拉美語。本文書亦見 F. C. Andreas&W. Henning, *Mir. Man.* II, 312 – 316,有希伯來字母的原文轉寫以及德語譯文。原文的拉丁字母轉寫則見 Mary Boyce, *Reader*, text bt, pp. 123 – 124。

[2]中古波斯語 šhr (*šahr*)義為土地、國土、地區、世界、來世的世界,以及天堂、永世(aeon)等,故在此的 šhr'y nwg 詞組本應譯作"新[的]天堂"。但是,克林凱特的英譯文引申為 the New Dispensation,即"新的管理[者]"(見 Hans-Joachim Klimkeit, *Gnosis*, p. 65)。不過,依我之見,按摩尼教教義,凡被"拯救"的"靈魂"(光明分子)都是前赴天界新的樂園的,故詩文若有"新天堂"之說,並無不妥。另一方面,在摩尼教文書中,往往兼用神名和地域名來指稱同一事物,所以,在此用"新天堂"喻指耶穌,似乎也合情理。

[3]猶如前文註釋指出的那樣,這一"兒子",指的便是最高神大明尊之子,亦即耶穌。

[4]中古波斯語 dryst (*drīst*)義為好的,正確的,適宜的,'wr (*awar*)義為這裏、向此處等;而 dryst'wr 構成的詞組則意為"歡迎"(welcome)。在本頌詩中反覆出現 dryst'wr 的語式,則可以理解為"前來這裏拯救"(come to save)之意。說見 Hans-Joachim Klimkeit, *Gnosis*, p. 65。

歡迎您，強大的神靈，神聖的喚聲[1]！
歡迎您，真正的聖語[2]，偉大的明燈和充足的光明！
歡迎您，新的君主和新的白天[3]！
歡迎您，眾世界的基礎和豐盛的飲食[4]！
歡迎您，美好的禮物，文雅的祝福，
您獲得淨化者的崇拜！
歡迎您，敬愛的父尊，您是您所庇護的那些人的
慷慨大方的捐助者！

---

〔1〕中古波斯語 w'ng (*wāng*) 義為聲音、呼喚、喊叫、喧鬧等，故文書在此的 w'ngywjdhr 詞組，其字面意義應該是"神聖的聲音"或"神聖的喚聲"。克林凱特因此認為(Hans-Joachim Klimkeit, *Gnosis*, p.68, note14)，耶穌在這裏被視同於呼喚神(Khrōshtag，即漢語文書所稱的呼嚧瑟德，英文所稱的 God Call)，也就是最初淨風、善母拯救被陷於暗獄中的初人(先意)時，與之一喚，一答而創造出來的兩位神靈之一。但是，我認為，這一"神聖的喚聲"未必就是指具體的"呼嚧瑟德"神(呼喚神)，因為在此即使將耶穌譬喻為足以救度世人，使之幡然覺醒的"神聖喚聲"(即真理之聲)，也是完全說得通的，故從一般意義上理解這一詞組為"神聖的喚聲"，也未嘗不可。

〔2〕中古波斯語或帕提亞語 sxwn (*saxwan*) 義為言辭、話語，亦指散文或韻詩形式的文書；而在摩尼教中，則往往指本教的經典作品，即摩尼的教導；但是最有象徵意義的，是指尊神的最神聖的話語，其意相當於"光明"，只是前者表現為聽覺形式，後者表現為視覺形式而已，都是喻指"靈知"。鑒於此，在此的漢譯作"聖語"。然而，克林凱特的英譯則作 Logos(見 Hans-Joachim Klimkeit, *Gnosis*, p.65)。儘管借自希臘語的 Logos 是基督教神學中的常用詞，從原義的"言"、"理"而引申為"上帝的言辭"，以及用以指稱作為造物主之化身救贖者耶穌，從而與本文書在此的意思相吻合，但是，我認為，摩尼教文書中經常使用的 sxwn 一詞自有其專門的象徵意義(有關這點，可參看本書下編第一章)，在此不宜被希臘詞 logos 直接取代，故漢譯如正文。

〔3〕中古波斯語 rwc (*rōz*)，作為名詞時義為白天、白日，作為動詞時則義為照耀、產生光明等。顯然，此詞與"光明"的關係十分密切。事實上，在摩尼教的中古伊朗語文書中，經常見到"白天"(rwc)與"黑夜"(šb)相對應的句式，而這通常都是用以譬喻光明(象徵正義與善良)與黑暗(象徵邪惡)的關係。例如，帕提亞語文書稱："白天與黑夜是相敵對的。白天獲得勝利，而黑夜則被征服，就如初人的模式那樣。"(帕提亞語的拉丁字母轉寫見 Werner Sundermann, *Der Sermon von Licht-Nous: eine Lehrschrift desöstlichen Manichäismus; Edition der parthischen und soghdischen Version.*, p.52；德譯文則見 p.69)所以，本文書在此所言的"新的白天"，也就是讚譽耶穌的美稱了。

〔4〕中古波斯語 zyyšn 或 zyšn (*zīyišn*) 義為生命、膳食、宴會等；ws (was) 則義為許多、充足等。故文書在此的詞組 zyyšn'ygws'n 即是"眾多的膳食"或"豐盛的飲食/宴席"等意思。摩尼教的這一表述形式，有其特殊的含義——指稱耶穌。蓋因摩尼教借用和引申了基督教有關聖餐即耶穌之血肉的觀念，把選民的飲食說成是耶穌的肉和血，如《下部讚》第 253－254 行："法稱所受諸妙供，莊嚴清淨還本主。夷數肉血此即是，堪有受者隨意取。"或許正是因為此語有這樣的出典，故儘管中古波斯語的原文在此並無"神聖的"一詞，克林凱特的英譯文卻仍然補充為"[sacred] meal of many"(Hans-Joachim Klimkeit, *Gnosis*, p.65)，顯然意指"聖餐"。有關摩尼教之"夷數肉血"說與基督教之"耶穌聖餐"的關係，馬小鶴有專文研究，可參看其《摩尼教與古代西域史研究》，第 121－135 頁。

歡迎您，我們的父尊，您是我們的強大庇護者，
我們堅定地信任您！

（此下6行或者缺失，或者嚴重損壞）

[3]請您大發慈悲，向我們展示您的慈愛，
啊，為一切人所愛的仁慈者！
不要把我們視作為惡者！
拯救已經得到您庇護的人，
請對我們發發慈悲吧。

[4]啊，最被敬愛的和最具愛心的您，
我們已經看見了您，新的天堂，
我們一直渴望見到為一切人所愛的您。
我們見到您，敬愛的主後，歡樂異常，
我們注意到，您的名字是彌賽亞[1]。
請把我們從罪人群中分離出來，
主啊，我們是屬於您的，請向我們發發慈悲吧！
快來吧，快來擊敗罪人們，
因為他們桀驁不馴，并且這樣說道：
"我們就是我們，沒人與我們相像。"
展示強大力量，戰勝入侵者！

（以下3行嚴重損壞）

[5]我們讚美您的名字，它是真正值得讚美的，
您的高貴的偉大，是純粹的歡樂。
讚美您的名字，父尊啊，
對您的偉大表示敬意！
我們將永遠永遠地這樣做！

---

[1]中古波斯語 m'mwsyn 一詞，本來是個難題，因為此詞僅此一見。後來，亨寧推測道，這或許是敘利亞詞 mšīḥā 的錯誤的縮略寫法，意即彌賽亞（Messiah）；嗣後，其他學者似乎也從此說。參看 Mary Boyce, *Reader*, p. 124, note 4; D. Durkin-Meisterernst, *Dictionary of MP & P*, pp. 224－225。

（中古波斯語的“耶穌讚歌”[1]）

[1]我們的眼睛裏充滿讚美之意，

我們張開嘴，祈求您。

我們帶給您……尊敬和偉大，

向您，光輝者耶穌，被解放了的君主，以及新的天堂。

[2]您啊，您是福佑之衣袍[2]。

您是最親愛的弟兄。

您前來拯救，您是完全的拯救。

您前來施予慈悲，您是完全的慈悲。

您前來賜予關愛，您是完全的關愛。

您作為醫師而來，您是完全的康復。

您帶來了和平，您是完全的和平。

您作為勝利者而來，您是完全的勝利。

您作為君主而來，您是完全的權威。

您前來救贖靈魂[3]，您是完全的靈魂物品[4]。

---

〔1〕在此所載者，只是某耶穌讚歌中的一部分，見於中古波斯語文書 M 28 II V i－V ii，以及 M 612 V。原文的希伯來字母轉寫和德譯文見 F. C. Andreas&W. Henning，*Mir. Man.* Ⅱ（pp. 316－318）；原文的拉丁字母轉寫，則見 Mary Boyce，*Reader*，text bu，p. 125。

〔2〕中古波斯語 j'mg（*jāmag*）義為衣服、外衣等，是為摩尼教的重要象徵符號之一，在很多情況下，它是用來指稱耶穌的。其思想主要來源於基督教，當然，摩尼教做了進一步的演繹。按馬小鶴之見，摩尼教的“衣服神學”可分為五幕：“1. 靈魂本身是光明耶穌的‘新妙衣’，但是被魔塵所污染。2. 通過類似洗禮的用水的淨化儀式，使靈魂重新恢復純潔。3. 光明耶穌的‘妙衣’能夠使靈魂飛升，永遠離開污穢的塵世。4. 靈魂上升天界，與眾神一起，眾神都以耶穌為衣。5. 在天界，靈魂得到妙衣、花冠、瓔珞三種勝利的獎勵。”（見《摩尼教與古代西域史研究》，第 5－6 頁；有關妙衣的專文討論，則見同書第 4－25 頁）

〔3〕中古波斯語 rw'ncyn（*ruwānčīn*）本義為“靈魂收集的（工作）”，“慈善的（事情）”（見 D. Durkin-Meisterernst，*Dictionary MP & P*，p. 297 該條）。而按摩尼教教義，將失陷於暗魔的靈魂（光明分子）收集起來，使之最終回歸明界，即是摩尼教的根本任務，亦即最大的“慈善事業”；所以，在此的“收集靈魂”，也就是“救贖靈魂”，遂譯如正文。

〔4〕中古波斯語或帕提亞語 rw'ng'n（*ruwānagān*）義為“靈魂的物品”，尤其是指聽者為選民提供的食品（裏面富含光明分子，以便選民採集吸收後，使之回歸明界），亦即“施捨品”。文書在此為何這樣稱呼耶穌，很可能還是基於“耶穌聖餐”或“耶穌肉血”的理念，即是以耶穌的身體為餐食，從而達到“拯救”的目的——收集光明分子，使之回歸明界。

[3]歡迎您,新的君主和新的醫師。

歡迎您,新的救贖者和新的被救贖者。[1]

歡迎您,新的尊神,高貴的榮耀和偉大的光明。

歡迎您,時的頭生者和新的時。[2]

歡迎您,完全歡樂的日[3]。

歡迎您,帶來大豐收的年[4]。

歡迎您,原始者和最初的頭生者。

歡迎您,善良的斡旋者……斡旋於我們與父尊之間。

以上譯釋的文書,儘管只是涉及"光輝者耶穌"的大量文書中的一小部分,但是已經大體上勾勒出了這一耶穌角色的基本形象:主要體現為天界的神靈,地位很高——是大明尊的"兒子";身份顯赫——代

---

〔1〕中古波斯語或帕提亞語 bwxt'r (*bōxtār*)義為救世主、拯救者;而'wmšt 或'wmwšt (*ōmušt*)則義為被解放的,被拯救的,故本句譯如正文,都是用以稱呼耶穌。但是,需要解釋的是:為何耶穌兼具這兩種形式上看來是相反的稱號?稱他為"救世主"或"救贖者",自無疑問,因為他確是奉明尊之命,降臨凡世,來拯救被困的光明分子(靈魂)的。至於為何又有"被救贖者"之稱?則恐怕與摩尼教中耶穌的另一個角色"受難耶穌"有關:光明分子(靈魂)被暗魔囚禁,其情況類似於耶穌曾經飽受邪惡勢力的禁錮與折磨,因此,"受難耶穌"(Jesus Patibilis)便往往成了被困靈魂的代稱。既然被困靈魂最終會被救贖出來,那麼,"(受難的)耶穌"也就有了被救贖的經歷和角色,於是,稱之為"被救贖者"也就順理成章了。本文書的第一節最後一句稱耶穌為"被解放了的君主"(šhry'r'wmwšt)也使用了同樣的表達法。

〔2〕本句,中古波斯語作 dryst'wr, nxwryg'y zm'n'wdzm'n'y nwg。英譯文(Hans-Joachim Klimkeit, *Gnosis*, p.66)漏譯;德譯文(F. C. Andreas&W. Henning, *Mir. Man.* Ⅱ, pp. 317 – 318)則譯出。在此,nxwryg (naxwarīg)義為頭生者,zm'n (*zamān*)義為時間、小時、時刻,故詞組 nxwryg 'y zm'n,似應意為"時之初"。至於"頭生者"(nxwryg)則是摩尼教文書中經常使用的耶穌稱號,源於他是大明尊之"子"。例如,科普特語《讚美詩》在"耶穌頌歌"中稱:"啊,頭生者,耶穌呀,我敬愛您,請您不要將我摒棄於磨難之中。"[*C. R. C. Allberry, A Manichaean Psalm-Book* (*Part* Ⅱ), 91^{20-21}];又,"耶穌啊,我真正的護衛,請您保護我;光明父尊的頭生者,請您保護我。"[*C. R. C. Allberry, A Manichaean Psalm-Book* (*Part* Ⅱ), 151^{4-5}]。此外,類似說法也見於漢語文書中,如《下部讚》"讚夷數文"稱夷數(耶穌)"自是明尊憐愍子"(第 44 行),雖未稱"頭生子",但稱他為最高神之"子"則是確鑿無疑的。

〔3〕中古波斯語 rwc(*rōz*)義為白天、一日,儘管上文提到的"新的白天"中的 rwc 當作"白天"解,但在此,由於上句提到了時間單位"時",故本句似乎也當解作時間單位了,即更大的時間單位"日"。

〔4〕中古波斯語或帕提亞語 s'r (*sār*)義為"年"。鑒於讚歌的接連三句,相繼提到了自小至大的三個時間單位,故 s'r 在此按其字面意義釋作"年",應該是沒有問題的。至於為何讚歌連續用三個不同的時間單位來喻稱耶穌,則不得而知。

表著光明；現世很早——奉大明尊之命啟示人類先祖亞當；作用很大——是"生命賦予者"。他特別庇護陷於死亡痛苦中的虔誠信徒，引導他們走向通往光明的正確道路。他並是宇宙鬥士，為了給人類帶來啟示而與宇宙內的一切邪惡敵人作鬥爭。如此等等的輝煌業績，使得他的基本形象為神聖、崇高、不同凡響，給人以"仰望"之感的天界神靈。這與其他的耶穌角色自然有所不同。

7.3 "光輝者耶穌"與其他耶穌角色之關係簡析

如本章開頭所言，耶穌在摩尼教中扮演著各種不同的角色，歷年來，有的學者將諸角色分列開來，似乎諸角色之間并無密切的聯繫；但是有的學者則認為，諸角色乃是一個統一體的不同表現方面。不管持何觀點，摩尼教中的耶穌形象確是紛雜多變，即使上文羅列了各種說法，也不過是提到了數個名號而已，一般讀者對其內涵恐怕仍然不甚了了。因此之故，本節將簡要地介紹一下其他的幾個耶穌角色，並分析他們與光輝者耶穌的關係，以期讀者對摩尼教的"耶穌"形象有一個比較全面的了解和認識。

按弗朗茨曼的歸納，摩尼教的耶穌角色總共體現為六類。下文即按他的羅列順序，逐個談論除了"光輝者耶穌"以外的其他五種角色。

第一，所謂的"光明使者耶穌"(Jesus the Apostle of Light)，也簡稱"使徒耶穌"(Jesus the Apostle)，而這也大致上相當於"歷史耶穌"(the Historical Jesus)，亦即出生於以色列的拿撒勒(Nazareth)，以人類形貌出現的"光明使者"，在人間傳播真理和施行"奇蹟"的耶穌。毫無疑問，他是由最高神"大明尊"派往人間，以"拯救"眾生的。有關他的使命，摩尼教科普特語文獻《克弗來亞》有所描繪：

> 當他(摩尼——引者)講完這些後，站在他面前的眾人中立刻有一位門徒對他說道："大師啊，請告訴我們，就這個問題指導我們。按你所言，人類偶像並不屬於尊神，那麼，為什麼生命之神的

兒子耶穌來到這個世界？他並在此啟示。他遭受折磨和迫害。他們將他吊在十字架上，他的敵人折磨他和以其惡行羞辱他。”

使者對他們說道：“耶穌並不僅僅是為了人類而來此拯救世界，而是……他來到凡世啟示……外界是強大的……當他在外界的大宇宙中完成這一任務後，他來到……他還與亞當、夏娃一起來，啟示他們。儘管如此，他還派遣使徒們前赴善人處，一代復一代，向他們啟示五件大事。”[1]

由此可知，“光明使者耶穌”的遭遇，以及他在人世所行的善事，與“歷史上的”耶穌幾無什麼不同。他除了“啟示”世人外，還治病救人，施展“奇蹟”，如《讚美詩》羅列了耶穌所做的許多事，其中有：“他使得因其原罪而死亡的人復活。他使得出生時就瞎眼的人重見了光明。他使得聾子的耳朵聽到了聲音。”[2] 所以，摩尼教中的“光明使者耶穌”的作用與形象，和基督教經典所描繪的其教主“真實的耶穌”相差無幾。

可以認為，“光明使者耶穌”（歷史耶穌）的基本形象是凡世的普通人類，他儘管布福音，行善事，施“奇蹟”，但是并未高高在上，而是與凡人無異，甚至還會遭受被釘十字架的苦難。就這點看來，他與基本上是“天界神靈”形象的光輝者耶穌相比，似乎是完全不同的兩種角色。但是，不乏資料表明，光輝者耶穌也曾下凡，化作人形，以拯救人類；而這便使得兩種耶穌角色“合而為一”了。如科普特語《克弗來亞》所載：

第四次拯救是光輝者耶穌的拯救。自從他出世之後，他在蒼穹中展示了他的形相，從而淨化了上界的光明分子。他建立了最早的宗教組織……一切教會。他顯現了……的相貌……他使得自己貌似天使……直到他周遊各地，降臨凡界而呈現肉身。他使得眾大地和一切束縛物井然有序。他還鬆開了……整個結構中的無量光明。他給予選民呼喚與應答，他創造了青年耶穌。他升

[1] Iain Gardner, *Kephalaia*, Chapter 112, $267^{18}-268^{4}$, pp. 272 – 273.

[2] *C. R. C. Allberry*, *A Manichaean Psalm-Book* (*Part* Ⅱ), 194^{24-26}.

天後,安居於明界。[1]

不難看出,光輝者耶穌在"下凡"後所幹的事,與"歷史耶穌"(光明使者耶穌)從事者幾無二致。所以,若據此而謂"光輝者耶穌"與"光明使者耶穌"實為同一,也并非完全沒有道理。

第二,另一個角色是所謂的"判官耶穌"(Jesus the Judge)。由於他的主要職責是在"末日"進行"審判",故有時也稱"末世耶穌"(the Eschatological Jesus)。他的主要形象是天神,其居所位於人世的上方;他在完成凡間的一切審判和更新之後,便會回歸天界。不過,他在完成最終審判之前,以及用大火淨化剩餘的可救贖光明分子之前,將治理人類一百二十年。有關"判官耶穌"的描繪,見於許多摩尼教文書,如科普特語《讚美詩》的"耶穌頌歌"載云:

> 我一聽到救世主的呼喚,一股力量就充滿了
> 我的全身;他們的可惡高牆被我
> 摧毀,他們的層層牢門被我擊倒,我奔向我的判官。
> 他把榮耀的花冠戴在我的頭上,他把勝利的獎品
> 放到我的手中,他為我穿上光明的衣裳。
> 他將我舉升到我一切敵人的上方。
> 我因晉見父尊而歡呼雀躍,正是他幫助我征服了
> 黑暗之國。啊,偉大的國王,把我擺渡
> 到眾神和諸天使之鄉吧。[2]

在此,耶穌被稱為"判官",則頌歌在此所描繪的,應該是"末世"之際,耶穌以"判官"形象拯救光明分子的情景。這固然是"判官耶穌"的事業之一,但是,其最主要的行為卻是對善人和惡人的真正的"末日審判"。例如,摩尼親自撰寫的《沙卜拉幹》中便有這樣的記述,只是,文書在此用另一個尊號"赫拉德沙"(Xradešahr)稱呼耶穌:

> 屆時,赫拉德沙神將派遣使者前赴東方和西方,他們將把虔

[1] Iain Gardner, *Kephlaia*, Chapter 19, 61^{17-28}, pp. 64 – 65.

[2] C. R. C. Allberry, *A Manichaean Psalm-Book* (*Part* Ⅱ), 50^{21-29}.

誠信徒及其幫助者,還有惡人及其共犯,一起帶到赫拉德沙面前,全都向他恭敬致禮。

虔誠信徒們將對他說道:“神啊,我們的主,假如你樂意的話,我們將把罪人對我們所幹的事告訴您。”赫拉德沙神將如此回答道:“你們見到我,就會很快樂。此外,無論何人傷害你們,我都將為你們尋求公正,責問他們。但是你們想告訴我的每一件事,我都知道。”

他隨後祝福他們,令他們心情平和,安排他們位於自己的右側,與賜予他們福佑的衆神待在一起。他將作惡者與虔誠信徒分開,將他們置於自己的左側,詛咒他們,如此說道:“你們不會升天,不會有前途,因為你們犯下了罪過,導致了不公平的苦難,你們對(人子?)幹了……”

他對站在右邊的人這樣說道:“歡迎你們,這些始終得到偉大父尊福佑的人。當我饑渴時,你們給我種種食品;當我裸露時,你們給我衣穿;當我生病時,你們治療我;我被束縛時,你們給我鬆綁;我成為囚徒時,你們將我釋放;當我流浪時,你們將我帶入你們的家。”然後,虔誠信徒的幫助者全都對他深深地鞠躬,說道:“主啊,你是神,是不朽的,貪婪與欲望對你無可奈何。你不會饑餓、不會乾渴,傷痛和病患不能侵犯你。那麼,我們到什麼時候才能為您這樣效勞呢?”赫拉德沙答道:“你們這樣對待虔誠信徒,如同這樣對待我。我要獎勵你們,讓你們升入天堂”他將使他們快樂萬分。

然後,他又對站在左邊的作惡者這樣說道:“你們這些作惡者,物欲橫流,貪得無厭,一味作惡。我指責你們,是因為當我饑渴時,你們未給我任何食品;當我裸露時,你們未給我衣穿;當我生病時,你們未能治療我;當我成為囚徒和流浪時,你們未將我帶入你們的家。”作惡者將這樣對他說:“神啊,主啊,你何時如此遭難,而我們未能救助你?”赫拉德沙對他們說道:“你們如此對待虔誠信徒,就是傷害我。這就是我指責你們的原因。你們是罪人,因為你們已成了虔誠信徒的奸詐敵人。你們給他們帶來了不幸,卻毫不同情。你們對衆神犯下了罪過。"然後,他命令天使看管這些作惡者,他們將抓起他們,投入地獄之中。[1]

在此,需要説明兩點:其一,摩尼教之"判官耶穌"如此生動的"末日審判"場景,實際上幾乎完全移植自基督教的《聖經》,如這段文字與《馬太福音》第25章,第31—46節的内容幾乎一般無二,從而表明摩尼教中基督教因素之厚重程度。其二,儘管在此描述的場景完全是"判官耶穌"的所作所為,但是,緊接這些内容的前一段文字所描繪的"赫拉德沙"的事蹟,卻恰恰是"光輝者耶穌"的典型業績:"赫拉德沙,智慧世界之神,首先給予人類的第一個男人以智慧和知識,隨後,他並一代繼一代地將智慧與知識給予人類。而到最後的時代,接近革新時代時,主赫拉德沙將與諸神和虔誠信徒一起……站在天上,發出偉大的呼喚,傳遍整個宇宙。"[2]由於耶穌向第一個人類亞當傳播智慧和知識之事,通常都歸之於光輝者耶穌,所以,摩尼親撰文書的這段話十分清楚地將其他文書分别歸於光輝者耶穌和判官耶穌二者的事跡都歸之於"赫拉德沙"一人了。那麼,至少可以認為,在某些場合,"光輝者耶穌"與"判官耶穌"是被視作同一神靈的。

第三,再看摩尼教的"受難耶穌"(Suffering Jesus,或者拉丁語 Jesus Patibilis)。實際上,這一名號在許多場合是作為"靈魂"(光明分子)的人格化喻稱。蓋因按摩尼教教義,光明分子是無所不在的,它們被混雜在人類、動物、植物,乃至礦物之中;而"耶穌"也是無所不在的,於是就成了光明分子(靈魂)的象徵。又,光明分子/靈魂因與暗魔(物質)搏鬥失敗而被禁錮在萬物之中,備受折磨;而耶穌則也是為了普救衆生而被釘在十字架上,遭受苦難,所以,這一相似之處也使得"受難耶穌"成為光明分子/靈魂的象徵符號。需要指出的是,"受難耶穌"只是在某些場合作為光明分子/靈魂的譬喻稱呼,而不是完全等同,故在其他許多情況下,光明分子/靈魂與"耶穌"完全可能是指截然不同的兩個

---

〔1〕D. N. Mackenzie, *Mani's Šābuhragān I*, in *BSOAS*, Vol. 42, No. 3, 1979, pp. 505–509.

〔2〕D. N. Mackenzie, *Mani's Šābuhragān I*, p. 505.

對象。

有關耶穌與“光明”的關係,以及他的無所不在性,科普特語的《多馬福音》描寫得很生動:“耶穌說道:‘萬物之上的光明即是我。世間萬物即是我。萬物自我而生,萬物遍及於我。劈裂一塊木片,我就存在其中。拾起一塊石頭,你將發現那裏有我。’”[1]他如《讚美詩》的“耶穌頌歌”也有類似的表達法:“我的主啊!光明的天體即是孕育你的神聖子宮。其中的樹木和果實即是你的神聖身體。我主耶穌啊!”[2]這些描述雖然寥寥數句,但是簡明扼要地展示了“耶穌即光明”以及耶穌之無所不在性的兩大特點,而這也就是“受難耶穌”往往成為“靈魂”之喻稱的主要原因。

《讚美詩》之“耶穌頌歌”的另一節以耶穌自述口吻的描寫,不僅展示了耶穌即是光明/靈魂,耶穌無所不在之特點,更體現了耶穌“受難”的特徵,可以說是比較典型的有關“受難耶穌”形象的一段文字:

> 黑癘[3]及其諸子將我分割包圍,他們
> 他們用火焚燒我,使我痛苦不堪。
> 陌生者與我混雜相處,他們並不認識
> 我;他們品嘗我的甘汁,他們意欲使我始終
> 與他們在一起。
> 我是他們的生命,但他們卻是我的
> 死亡;我在他們的下面受苦,他們把我當作
> 袍服而穿。
> 我存在於萬物之中,我負載着諸天,我是基礎,我支撐着

---

[1] *The Gospel of Thomas*, logion 77, in *Nag Hammadi*, p. 135.

[2] *C. R. C. Allberry, A Manichaean Psalm-Book* (*Part* Ⅱ), 121$^{30-33}$.

[3]摩尼教科普特語文獻對於暗界魔首有很多具體的描繪,在大多數場合,魔黨魁首被稱為ÿλη,也就是希臘文 ŸΛΗ(拉丁字母轉寫為 Hylè)。而 hylè 本為“木材”“物質”之意,在古希臘的哲學用語中,則為“實質”“原質”“原始物質”之義;此外,按照二元論的思想,又是與“心靈”、“精神”相對立的“物質”。本文所引用的英譯本將它意譯為 Matter(漢譯通常作“物質”)。但是,摩尼教使用此詞作為暗界魔魁的名號,顯然是有意識的,是旨在強調“物質世界”之惡,從而而凸現精神世界之善。所以,在此按音譯的原則,同時兼顧含義,將 Hylè 譯作“黑癘”,以免混淆這一摩尼教專名與“原質”的含義。

諸地。我是照耀四方的光明,將歡樂帶給
衆多靈魂。
我是世界的生命,我是存在於一切樹木中的
乳汁。我是存在於黑鷹諸子下部的
甘甜之水。[1]

顯然,頌歌在此是十分清楚地用受難的耶穌來譬喻遭難的光明分子/靈魂,只是未直接并列二者的稱號罷了。事實上,將二者并列而稱的情況確實不多,帕提亞語文書 M 6650 是其中的一例:"你啊,靈魂啊,我們將讚美你,光輝的生命! / 我們將讚美你,耶穌彌賽亞(Jesus Messiah)! / 仁慈的生命賦予者,看著我們! / 值得向你致敬,被救贖的光明的靈魂!"[2]

有關光輝者耶穌與受難耶穌的"同一關係",從道理上而言,確實不太容易解釋。蓋因一般說來,"光輝者耶穌"是神聖、崇高的,是純粹的光明。而"受難耶穌"則是指被暗魔所困,與邪惡的"物質"混和在一起的光明分子,顯然是並不潔淨的。那麼,要說二者等同,就於理欠通了。但是,摩尼曾教導弟子們說,光輝者耶穌猶如人體之舌頭,將或內或外,或顯或隱的事物都展示出來,而受難靈魂的情況也被包括在內。如《克弗來亞》所述:

舌頭是外在的,它將一切展現出來。它也宣示肉體的榮譽和恥辱。它講話,揭示出肉體因瘡患而導致的痛楚。光輝者耶穌亦然如此,他受明尊的調遣。他展現和揭示一切事物,既有外在的,也有內在的;既有上方的,也有下方的。展示出隱藏和不可見的外部世界,或者看得見的光明之舟。他即是展示它們的人。他也是展示那裏的居住者之榮耀和偉大的人。有關活靈(living soul)遭受敲打和傷害的事,耶穌也是其展示者。他還宣示靈魂及其和睦。他示現它的淨化與康復。[3]

按這段引言所言,則光輝者耶穌是將可見和不可見的一切事物都

[1] *C. R. C. Allberry*, *A Manichaean Psalm-Book* (*Part* Ⅱ), 54^{17-30}.

[2] 英譯文見 Hans-Joachim Klimkeit, *Gnosis*, p. 51。

[3] Iain Gardner, *Kephalaia*, Chapter 60, 152^{4-17}, pp. 159 – 160.

示現出來，那麼，當他示現遭受肉體（暗魔）折磨的靈魂的情況時，也就等同於"受難耶穌"了。這一說法，也正是弗朗茨曼"摩尼教之耶穌只有一個"說的理論根據之一。[1]

第四，再談摩尼教的另一個耶穌角色，即"青年耶穌"（Jesus the Youth）或"少年耶穌"（Jesus the Child）。所謂"青年"或"少年"的名號，源自科普特語 ðëéëïã，它在《克弗來亞》中出現得很多；而加德納（Gardner）的《克弗來亞》英譯本則作 Youth。當然，無論作"青年（Youth）"還是"少年（Child / Boy）"，都無所謂正確或錯誤，甚至也無適宜和不適宜之分。

在摩尼教文書中，"青年耶穌"的名號固然存在，卻是個並不"發達"的角色：有的地方提到了這一名號，有的地方則僅僅提到了"青年"或"少年"，并且不能很清楚地比定為"青年/少年耶穌"；此外，似乎並未見到獨立的大段文字談及"青年耶穌"。因此，這一角色並不清晰，也不重要，他很可能只是在某些場合作為"受難耶穌"的代稱，或者作為遭受折磨而企求獲救的"活靈"的喻稱。

前文所引《克弗來亞》第 9 章，有"（光輝者耶穌）給予選民呼喚與應答，他創造了青年耶穌"之語，則知"青年耶穌"源自光輝者耶穌的創造。同書的另一處也談到了"青年耶穌"，不過，他似乎是由第三使所創造："此外，使者（即第三使——引者）還從他們提煉出生命五智，並有呼喚與應答，一起置於那裏。如今，他們構成了生命之神的六子，還有初人的六子。使者還在他們之間置入偉大明心，他即是光耀柱，純善人。此外，青年耶穌也被置於那裏，他是生命話語，即呼喚與應答的形象表徵。"[2]這兩段文字表明，所謂的"青年耶穌"，似乎即是生命之神（淨風）拯救初人（先意）時所創造的喚、應二神的人格化象徵。

但是，如果科普特語《讚美詩》所引"多馬頌歌"中提到的"青年"（Youth）是指青年耶穌的話，那麼，他應該是受難活靈（光明分子）或

[1]參看 Majella Franzmann, *Jesus*, pp. 133 – 136.

[2]Iain Gardner, *Kephalaia*, Chapter 38, 92^{1-8}, pp. 96 – 97.

“受難耶穌”的另一代稱了：

青年在地獄底部的坑窪裡呻吟，悲泣，
青年呻吟，悲泣，他的叫喊聲……
“您聽到沒有，偉大的光明？
您沒有……地獄已經騷動
和叛反，深獄中的暗魔已經披上甲冑？
反叛的偽神已經穿上其甲冑來對付我們；
那些雌魔，羞恥的女兒們，已穿上她們的甲冑
來對付我；那些雌魔，羞恥的女兒們，已經準備好
她們的長矛；那惡臭和腐爛的諸魔
已準備好向我開戰。”當
強大者聽見，當他們告訴他這些話後，他
就召喚出一名使者，光明的阿達馬斯（the Adamas of Light），
……之子。他召來光明的阿達馬斯，
反叛者的無情征服者，說道：“到
下邊去，阿達馬斯，去救助青年，
去救助那陷於地獄底部坑窪中的青年。
對於暗魔，縛住他們的雙腳；對於雌魔，銬住
她們的雙手；對於惡臭和腐爛的諸魔，讓其頭頸折在領口下面；對於反叛
的偽神，則弄瞎他們，關在暗山的下面。
對於身處地獄底部坑窪中的青年，則要給予力量，並鼓勵他。并
將他帶上天界，來見父尊。”阿達馬斯便武裝自己，
迅速下凡。他解救了青年，他
解救了位於下方地獄坑窪下的青年；他
給培魔上了腳鐐；他給雌魔
上了手銬；他將惡臭和腐爛諸魔的頭頸折在領口下面；而反叛的偽神

則被他囚禁在暗山之下。

他把力量給予曾在下方地獄坑窪下

的青年,鼓勵他,他給予青年力量並鼓勵他;

他(指青年——引者)登上天界,來見父尊。父尊

說道:"非常歡迎你!"光明富裕者

說道:"祝賀你,讚美(?)你,你確實獲得了祝賀與讚美(?),啊,青年!"

因為你已得到了安息 ,啊,小傢伙![1]

與以上頌歌所表達的主題和場景類似者,也見於其他的許多文書之中,而其中"青年"角色往往被清楚的"靈魂"或"活靈"所取代。所以,"青年耶穌"很有可能主要是希冀獲救之靈魂(光明分子)的人格化符號或象徵符號,只是並不十分明顯而已。

第五,看一下最後一個耶穌角色——"月亮耶穌"。按摩尼教創世神學之說,月亮是生命神(淨風)創造的天體之一,如中古波斯語文書 M 98 所言:

> 此外,他(指生命神/淨風——引者)又引導光明分子來到明暗交界處,接著再送入光明之顛。他淨化了暗質混合物,從中分離出風、光、水、火,並以此創造了兩種光明之車。其一是由火與光構成的太陽,有以太、風、光、水、火五重圍墻,並有十二道門、五邸宅、三寶座,以及五位收集靈魂的天使,所有這一切都位於烈火圍墻之內。他還從風與水創造了月亮,有以太、風、光、水、火五重圍墻,並有十四道門、五邸宅、三寶座,以及五位收集靈魂的天使,所有這一切都位於水牆之內。[2]

由於月亮與太陽一起,被視作獲救的光明分子(靈魂)回歸明界途中的中轉站和精煉站(進一步淨化),因此,它也如太陽一樣,受到摩尼教信徒們的經常性崇拜。摩尼教的特色之一,所謂的"朝拜日,夕拜

〔1〕*C. R. C. Allberry, A Manichaean Psalm-Book* (*Part* Ⅱ), $209^{13}-210^{17}$.

〔2〕見 M 98 a7 - a24;引文的相關註釋可參看本編第 5 章。

月"便鮮明地展示了這個特點。既然如此,月神也就成為摩尼教較為重要的神靈之一。

耶穌的身份之一便是"月神"(當然,具有"月神"地位的神靈,也不止耶穌一位),一份粟特語文書對此說得很清楚:"然後,加布里亞布(Gabryab)在當月的第十四天,與其弟子們一起站著祈禱和讚頌,黃昏左右,當耶穌(月亮)升起之時,加布里亞布繼續讚美耶穌道:'您是真正的神靈,您是靈魂的生命賦予者;如今請幫助我,仁慈的主!'"[1]

這裏直接將月亮稱為"耶穌";類似的例子也見於他處,如中古波斯語文書 M 176 云:"啊,新月從新的天堂升起!新的歡樂降臨於整個教會。啊,美譽的耶穌,諸神之首!您是新月,神啊,您是高貴的父尊!啊,滿月,耶穌,美譽之主!啊滿月,耶穌,美譽之主!"[2]不過,儘管在此將"耶穌"之名直接比同了月亮,但是有些學者卻認為這一"耶穌"指的"光輝者耶穌";亦即是說,這段文字未必能表明另有獨立的"月亮/月神耶穌"角色。

事實也確是如此:一是直接將"耶穌"作為月亮名號的資料並不多見;二是不少資料確是將"光輝者耶穌"與月亮聯繫了起來,例如,《克弗來亞》第 29 章在談及一切父尊的十八個寶座時描繪道:"白日之舟上的三個寶座是:第一個是使者(即第三使——引者)的,第二個是偉大神靈(the Great Spirit)的,第三個是生命神的。此外,黑夜之舟上也有三個寶座:第一個是光輝者耶穌的,第二個是初人的,第三個是光明少女的。這六個寶座設置在這兩只船上。"[3]又如,《克弗來亞》第 20 章在談及諸"父尊"(the Father of Greatness)的名字時,說道:"此外,他們還稱第三使為'父尊'。他的偉大即是他所居住的活火光明舟,他被安置在那裏。又,光輝者耶穌也被稱為'父尊'。他的偉大即是他所居

---

[1]文書 So 18224(=TM 389d)。英譯文見 Hans-Joachim Klimkeit, *Gnosis*, p. 210。

[2]原文的拉丁字母轉寫見 Mary Boyce, *Reader*, text dv, pp. 192 – 193;英譯文見 Hans-Joachim Klimkeit, *Gnosis*, p. 161。

[3]Iain Gardner, *Kephalaia*, Chapter 29, 82^{29} – 83^{1}, pp. 84 – 85.

住的活水之舟，他被安置在那裏。”[1]而所謂的“活火之舟”是指太陽，“活水之舟”則是指月亮；所以，月亮在此再一次與“光輝者耶穌”聯繫在一起，而非異於他的另一個“月亮/月神耶穌”。

不過，不管是否存在完全獨立的“月亮/月神耶穌”角色，在摩尼教文書中，“耶穌”與月亮的關係始終是十分密切的。如科普特語《讚美詩》所載，或稱耶穌為“航船”、或稱耶穌為“船主”，而二者都是指月亮或月神：“啊，這是我們的救世主，我們對他敬崇萬分。耶穌即是航船，我們若能乘上此船，便幸運異常。”“耶穌的航船來到港口，裝載著花冠和華美的棕櫚枝。駕船的是耶穌，他將船靠著碼頭，直到我們登船。聖徒們是他所攜帶者，貞潔女是他所……讓我們也令自己純潔，以使我們的旅程……耶穌的航船將一直駛向高空。”[2]

綜上所述，可知耶穌在摩尼教中扮演著多種角色，并且大多數角色的地位都比較重要。儘管目前尚無相當充分的資料，清楚地描繪出耶穌諸角色之間的確切關係，以及他們的演變軌跡，但是有一點似乎可以肯定：“光輝者耶穌”是其中的最主要者和最重要者。所以，首先梳理和研究“光輝者耶穌”的方方面面，將有助於更正確地理解基督教要素“耶穌”在摩尼教中的地位與作用。

---

[1] Iain Gardner, *Kephalaia*, Chapter 20, $63^{34}-64^{4}$, p. 66.

[2] 分別見 C. R. C. Allberry, *A Manichaean Psalm-Book* (*Part* II), 166^{10-11}和$151^{31}-152^{4}$.

8 中古波斯語“宇宙創生”文書譯釋

公元3世紀中葉,創建於波斯的摩尼教以“二宗三際”為其根本教義,即認為光明與黑暗兩個要素(“二宗”)是絕對對立和永遠鬥爭的;而其經歷的時期則分過去(初際)、現在(中際)、未來(後際)三個階段(“三際”)。宇宙即整個世界的創造,乃是初際結束、中際開始(當今處於“中際”階段)的標誌,所以,“宇宙創生論”(cosmogony)是摩尼教基本教義中的一個重要環節,釐清和辨析這一說法和理論,對於了解和研究摩尼教有著相當重要的意義。

但是,摩尼教的宇宙創生論涉及諸多方面和眾多神靈,內容較多,故本書將分兩章譯釋相關文書和論述相關問題;本章則談論其中的“天體創造”部分。同時,鑒於東、西方摩尼教在某些說法和措辭上有所差異,故在此將以東方摩尼教的文書研究為主體,適當探討它與西方摩尼教的異同。

8.1 宇宙創生神話簡述[1]

摩尼教的宇宙創生說可以概括兩大方面:一是天體的創造,一是俗世生物,即人類和動植物的創造。而這兩大類物體的創造過程,又可相應於摩尼教的最高神靈“大明尊”(Father of Light)的三次“召喚”或“發射”所形成的三個階段:第一召喚出 Primal Man(摩尼教漢語文書稱為“先意”)等,他率眾與暗魔格鬥,最終失敗;第二次召喚出 Living Spirit(漢語文書稱為“淨風”)等,他救出先意,並創造了天體;第三次

〔1〕本節的主體內容,可參看 Manfred Heuser & Hans-Joachim Klimkeit, *Studies in Manichaean Literature and Art*, Leiden:E. J. Brill, 1998, pp.25-48。

召喚出 Third Envoy（漢語文書稱"三明使"）等，主要由他創造了人類和動植物世界。具體而言，其經過大致如次：

最初，分別以善良與邪惡為特色的光明與黑暗互不相干，各居其處：光明處於北、東、西方，黑暗處於南方，這即是所謂的"初際"階段。但是，暗魔忽然獲得機會，見到了明界的種種美景，從而頓生貪慾之心，意欲佔領之，遂率眾侵入了明界。

大明尊為了抵禦暗魔的入侵，便從自身"發射"或者"召喚"[1]出 Mother of Life（漢語文書稱"善母"），善母又以同樣的方式創造了先意。於是，先意隨即奉命前去和暗魔戰鬥。所以，嚴格地說，先意並不是大明尊"第一次召喚"的直接創造物。

與先意同赴戰場的還有他的 5 個"兒子"，這實際上是先意也用"召喚"方式創造的次級神靈。這"五子"即是 5 大元素氣、風、水、光、火，合稱"光明分子"。在此，它們既作為先意的兒子和助手，也是他的甲冑或戰袍。然而，明尊派遣這支隊伍的目的似乎并非旨在取勝，而只是個誘餌：先意及其 5 子在戰鬥中敗給了暗魔，5 子被暗魔吞食，先意本人也在黑暗深獄昏睡不醒；而暗魔卻因滿足於此勝利，不再侵犯整個明界。明尊的這一"計謀"也就相當於牧羊人拋給了獅子一只小羊羔，使之不再侵犯整個羊群一樣。不管怎樣，自此開始，光明與黑暗不再兩不相干，而是互相混雜在一起了，平靜的"初際"階段也就結束了。

當然，明尊并未真的犧牲其光明分子，他應善母拯救先意的請求，進行了第二次"召喚"或"發射"，從而創造了 Beloved of Lights（明友，漢語文書稱"樂明"），明友再創造 Great Builder（大般，漢語文書稱"造相"），大般相繼創造了 Living Spirit（淨風）。所以，在"第二次召喚"中扮演主角的淨風，猶如"第一次召喚"中的先意一樣，也只是大明尊的間接創造；比淨風更"高級"的明友和大般，倒像是無足輕重的配角。

[1]大明尊的"發射"（emanate）或"召喚"（call）都是同一種意思，即從自身分離出同質的光明分子，形成新的神靈。所謂"發射"是從視覺角度而言（可視的光明），而"召喚"則是從聽覺角度而言（可聞的話語），二者都是指最神聖的本質"靈知"，是摩尼教的重要教義。有關摩尼教的光明與話語之間的關係及其象徵意義，可參看拙文《摩尼教"話語"考釋》（《傳統中國研究集刊》第八輯，上海人民出版社 2011 年 2 月版，第 195－207 頁）或者本書下編第一章。

總之,淨風擔負起了拯救先意和光明分子的重任,率領他所創造的“五子”(分別名為輝煌、光榮王、阿達馬斯、榮耀王,阿特拉斯[1]),偕同善母一起,前赴深獄,拯救先意。淨風先在地獄邊呼喚先意,告訴他即將拯救他;而先意則被喚醒,做出了應答。這“呼喚”(Appellant)與“應答”(Respondent)兩個舉動也就成為兩位神靈,分別作為淨風的第六子和先意的第六子;漢語文書則稱之為“說聽”和“喚應”。隨後,先由善母向先意伸出右手,幫他脫離困境,接著,淨風也伸出右手,二神一起將先意救離深獄。於是,伸出右手從此也成為摩尼教的一個象徵性手勢。先意隨同善母、淨風回歸了明界,成為最初的殉難者和最初的被拯救者。

然而,先意雖被救出,其“兒子”即光明分子卻仍被暗魔所囚禁,因此,淨風便採取了進一步的行動,創造了整個宇宙(更確切地說,是創造了宏觀宇宙,而並不包括微觀宇宙——人類與動植物),即現今所見的一切天體,以便將散佈於暗界的光明分子解放出來。

淨風殺死了許多暗魔,並用暗魔的屍體造成了八層地,用暗魔的皮造成了十層天。還有許多暗魔則被囚禁於這些天、地之中。淨風還創造了太陽、月亮、三輪、黃道十二宮和五顆行星,而這些天體是有善、惡之分的。例如,太陽和月亮基本上由光明分子構成,出於“偉大本質”,故代表善宗。它們具有強大的威力來淨化回歸明界的分子,是光明分子(或“活靈”)回歸明界時的中轉站或淨化場所。風、水、火三輪則象徵著這些元素的動力,也用以淨化光明分子。

而黃道十二宮和五大行星則基本上是囚禁暗魔的處所,代表了惡宗的勢力。例如,雙子宮、人馬宮是屬於黑暗世界的五界中的煙界;白羊宮、獅子宮屬於火界;金牛宮、寶瓶宮、天秤宮屬於風界;巨蟹宮、室女

---

[1]更具體一些,是淨風從其 Reason(理性)喚出了 Splendour(輝煌),從其 Mind(才思)喚出了 King of Honour(光榮王),從其 Intelligence(智慧)喚出了 Adamas(阿達馬斯),從其 Thought(思想)喚出了 King of Glory(榮耀王),從其 Understanding(理解力)喚出了 Atlas(阿特拉斯)。在此的理性、才思、智慧、思想、理解力五者即是漢語文書所言的相、心、念、思、意,亦即“五妙身”,是摩尼教的重要教義之一。有關“五妙身”的論述,可參看拙文《摩尼教“五妙身”考》(《史林》2004 年第 6 期,第 86 – 95 頁)或《東方摩尼教研究》上編第二章。

宮、雙魚宮屬於水界；摩羯宮、天蝎宮則屬於暗界。至於五大行星，則稱宙斯（Zeus，即木星）、阿弗洛狄忒（Aphrodite，即金星）、阿瑞斯（Ares，即火星）、赫爾墨斯（Hermes，即水星）和克洛諾斯（Kronos，即土星）。它們所象徵的品格正好與太陽、月亮相反。

為了解救依然被暗魔禁錮的光明分子，大明尊作了第三次"召喚"或"發射"，創造了三明使，三明使又相繼創造了 Pillar of Glory（漢語文書稱"相柱"）、Jesus the Splendour（漢語文書稱"夷數"）和 Maiden of Light（漢語文書稱"電光佛"）。三明使使得太陽、月亮和三輪開始轉動起來。他並和電光佛以裸體美男、美女的形象展現在被囚禁於蒼穹中的暗魔前，致使雄性暗魔因色慾旺盛而洩出精液。部分精液墜落海中，變成海怪；另一部分落到陸地上，則變成樹木與植物。另一方面，業已懷孕的雌魔也因見到美男而興奮異常，從而導致流產，墜落地上的胎兒因所含的光明分子少於雄魔精液所含者，遂變成了相應於五類魔（雙腿類、四腿類、飛行類、水生類、爬行類）形貌的生靈。

由於雌雄魔的這些排洩物中含有光明分子，暗魔仍想爭奪之，故魔王命令一對暗魔盡量吞食這些排洩物。嗣後，這對暗魔交配，生下了一男一女，男性名叫亞當，女性名叫夏娃，他們的形貌則分別類似於三明使和電光佛。亞當與夏娃結合後所產的子孫，便是後世的人類。光明分子作為人類的靈魂，被禁錮在由貪慾、仇恨等構成的肉體內，受盡折磨，因此，拯救被肉體囚禁的光明分子（靈魂）便成為"中際"階段的一項最重要和最艱巨的任務。

第三使所創造的"相柱"即是銀河，被解救的光明分子便是通過它而抵達月亮進行淨化，再由此進入太陽，作進一步的淨化。因此，三明使的職能其實兼及了宏觀宇宙和微觀宇宙的創造。

8.2 中古波斯語文書 M98、M99 譯釋

從以上所述可知，淨風和三明使對於天體的創造，只不過是摩尼教整個宇宙創生論中的一部分，儘管是十分重要的一部分。本節譯釋

的中古波斯語文書 M 98 和 M 99 最初由繆勒刊布於 1904 年,配有德譯文[1];嗣後,傑克遜於 1932 年對此殘片内容作了拉丁轉寫和英譯,以大篇幅的註釋對其進行了詳細的研究[2];博伊絲於 1975 年以拉丁轉寫的形式刊布了其原文,並有若干註釋[3];克林凱特於 1993 年對此作了英譯,但最後一段略而未譯[4]。相比之下,傑克遜的轉寫、翻譯和註釋都比較全面、深入,故漢譯文以此為底本,再以其他諸本校勘之。

此文書是用摩尼體的中古波斯語書寫,由兩張對折頁構成連續的四頁,其前和其後的頁張都已失逸。每頁書寫 25 行,但是 M 98 那對折紙的兩頁上的最後一行都已損壞,而另一對折紙上的 25 行則保存完整。兹譯釋如下:

[標題] 我,[名叫]耶穌[5]之子,是個新的和無能的書寫員,和其他一切悲傷者一樣,都只有最少的榮耀。[6]

[正文]

[1]見 F. W. K. Müller, *Handschriften-Reste in Estrangelo-Schriftaus Turfan*, *Chinesisch-Turkistan* Ⅱ, aus den Anhangzu den APAW, 1904, pp. 37 – 43.

[2]見 A. V. Williams Jackson, *Researches*, pp. 22 – 73.

[3]見 Mary Boyce, *Reader*, pp. 60 – 62.

[4]見 Hans-Joachim Klimkeit, *Gnosis*, pp. 225 – 227.

[5]按敦煌出土的漢語文書,摩尼教的此神譯作"夷數"。由於筆者認為,摩尼教神靈的許多漢譯名是在東方摩尼教融入濃厚佛教色彩之後的產物,故將未必具有如此濃重佛教色彩的其他非漢語文書中借用的基督教神名 Jesus,仍按通俗漢譯而作"耶穌"。下文的同類情況,亦按該原則處理。

[6]本段文字見於 F. W. K. Müller, *Handschriften-Reste in Estrangelo-Schriftaus Turfan*, *Chinesisch-Turkistan* Ⅱ 的德譯文,但是 Hans-Joachim Klimkeit, *Gnosis* 未作英譯,故在此的漢譯據自 *Researches* 的英譯文,它對德譯文作了修正。

M 98,a1－a6：他〔1〕(即生命神〔2〕)固定了七行星〔3〕,並還束縛了二龍〔4〕,將它們綁定在最低天的高處;為了令它們隨召喚而轉動蒼穹〔5〕,他委託一男一女兩位天使看管它們。

M 98,a7－a24：此外,他又引導光明分子來到明暗交界處〔6〕,接著再送入光明之顛。他淨化了暗質混合物,從中分離出風、光、水、火,並以此創造了兩種光明之車〔7〕。其一是由火與光構成的太陽,有以太〔8〕、風、光、水、火五重圍墻,並有十二道門、五邸宅、

〔1〕Hans-Joachim Klimkeit, *Gnosis*, pp. 225,227 將此詞譯作“他們”,並註釋稱此即生命神(Living Spirit)和生命母(Mother of Life)。

〔2〕本譯名亦循上文“耶穌”之例,不取敦煌漢語文書之對應神名“淨風”,而按原義 Living Spirit 譯作“生命神”。另一方面,由於此前這一重要神名 Living Spirit 和另一重要專名 Living Soul 往往都被譯成“活靈”,遂易於導致漢語學界的概念混淆,故筆者認為,凡是不適宜直接用“淨風”對應 Living Spirit 的情況下,將後者譯作“生命神”更為恰當。

〔3〕中古波斯語 'b'xtr (*abāxtar*)義為行星,在此,“七行星”作為邪惡勢力的代表之一,其觀念源自古代伊朗文化,例如,在瑣羅亞斯德教中,它們與暗魔阿赫里曼(Ahriman)的邪惡力量一起,大肆破壞天界的秩序。古伊朗的《創世記》說:“這些行星就這樣進入蒼穹,它們與諸星座交戰:暗日、暗月與發光體之王太陽、月亮搏鬥;木星與北方魁首七熊星座(Seven Bears)搏鬥;金星與南方魁首薩塔維薩星座(Satavaesa)搏鬥;火星與西方魁首心大星座(Antares)搏鬥;水星與東方魁首天狼星座搏鬥;土星與眾魁之首,中天之主搏鬥。”(見 Behramgore Tehmuras Anklesaria, Bombay, *Zand-Akasih*, *Iranian or Greater Bundahishn*, Chapter V, A, 3, p. 64)。

〔4〕中古波斯語 'jdh'g (*azδahāg*)是西文義為 dragon 的一種想象中的怪獸(有翼,有爪,口中噴火),中文雖然通常譯之為“龍”,但與中國傳統的神話生物“龍”的形象及品性迥異,故在此只是姑且借用習慣譯法而已,並不十分確切。有關此“二龍”之所指,學界之說較多,本章下文另列專題討論,在此不贅。

〔5〕顯然,本文書是將“二龍”說成為天體最初運轉的推動者,但其他記載則有不同說法。有關問題將在下文作專題討論,在此不贅。

〔6〕中古波斯語 wymnd (*wimand*)義為邊界、邊境、界限,但在摩尼教文書中,它多指暗魔入侵明界之前,明、暗兩界的原始交界處。

〔7〕中古波斯語 rhy (*rahy*)義為乘具、戰車、馬車等。在東方摩尼教文書中,似乎多以“車”或“光明車”作為太陽和月亮的喻稱,但在西方文獻中,相應的名稱卻多為“船”或“光明舟”。有關此類名稱的辨析,將在下文作專題討論,在此不贅。

〔8〕中古波斯語 pr'whr (*frāwahr*)義為氣、以太。而“以太”(ether)一名在古代世界的宇宙構成學說中佔有相當重要,也頗為神秘的地位,各大文明幾乎都有類似的說法。如古代希臘哲學家亞里士多德將 Aiθήρ 作為土、火、氣、水四大元素之外的第五元素,並是比其他四者更為精微、更為輕巧,更為完美的一種要素;其他要素的運動為直線,它的運動則作循環。在古印度,梵語稱之為 ākāśa(漢語譯作“虛空”),它表現為“空”,但并非真的一無所有,它也有品質,例如,它不似火之發熱,故為“冷”;不似土、風之重,故為“輕”;不似風之推力,故為“靜止”;不似其他要素的顯眼,故為“隱”。古伊朗的瑣羅亞斯德教也有類似的說法,這些都為摩尼教的宇宙說提供了文化來源。

三寶座,以及五位收集靈魂的天使,所有這一切都位於烈火圍墻之內。他還從風與水創造了月亮,有以太、風、光、水、火五重圍墻,並有十四道門、五邸宅、三寶座,以及五位收集靈魂的天使,所有這一切都位於水牆之內。

M 98,a25 – b8:這些……(本行結尾損壞,下一行,即本頁最末一行全部丟失)他穿上了……然後,太陽神穿上了三件外衣[1]:從混合物中分離出來的風、水、火。淨化後剩下的暗質則下沉至暗地[2]。為了在上方創造偉大新天堂的聖跡,他剷除了死亡五窟,把它們填平。

M 98, b8 – b17:與上方諸天相應,他在暗地之上堆積了一層又一層,共四層大地[3],即焦風層、陰暗層、烈火層和濕水層。他並構築了一道圍墻,從明界向東,向南,向西延展,最終回到明界而銜接。

M 98, b17 – b25:M 99, c1 – c10:他又創造了另一大地,將它

〔1〕中古波斯語 myhr (*mihr*) 義為太陽, yzd (*yazad*) 義為神靈,故這裏的 Myhryzd 一詞便譯"太陽神"。在摩尼教文書中,"太陽神"多指生命神(Living Spiril,淨風)或第三使(Third Messenger,三明使),故若按這樣的譯法,是指生命神自己穿上了三件外衣。但是,A. V. Williams Jackson, *Researches*, p. 33 的英譯卻作"Then… furthermore he clothed the Sun God with three coverings",顯然意謂"他"(本文書的主角生命神)為太陽神穿上了三件外衣,則"太陽神"成了區別於生命神的另一神。而 Hans-Joachim Klimkeit, *Gnosis*, p. 226 則譯作"Then Mihryazd (the Living Spirit) [put on, of] the same purified light, three garments",顯然是謂生命神自己穿上了三件外衣。鑒於前譯於文義欠通(突然出現出了一個并非生命神的"太陽神"),故參考後譯,作正文之漢譯。另一方面,中古波斯語 pymwg (*paymōg*) 本義為外衣、長袍,故在此的 pymwg sḥ便可直譯作"三件外衣"。博伊絲說,這其實即是"三輪"的另外一種表達法;而"三輪"即是火、水、風,也是生命神為了拯救光明分子而創造的(見 Mary Boyce, *Reader*, p. 61, note)。

〔2〕A. V. Williams Jackson, *Gnosis*, p. 226 將此語英譯成"and descended to the Earth of Darkness",則是謂生命神本身下降暗地。但是,早在公元 4 世紀希臘學者 Alexander of Lycopolis 反對摩尼教的著述中,就介紹摩尼教的教義道:"從太陽和月亮分離出來的黑滓(ὕλη,拉丁轉寫作 Hylè;即黑暗物質)被擲出宇宙;那東西是火,能燃燒,但如黑暗一樣,不見光明,猶如黑暗。"傑克遜認為,這與本文書的說法吻合(見 A. V. Williams Jackson, *Researcehes*, p. 47, note 31)。傑克遜的看法有理,故漢譯文不取 *Gnosis* 的譯法。

〔3〕中古波斯語 nyr'myšn (*nirāmišn*) 本義為"層",但在摩尼教文書中,只見於對最下部的四層大地的稱呼中;因此,它與 ch'r (*čahār*) 構成的 nyr'myšnbch'r 詞組(字面意義為"四層"),便成了號稱為"暗魔居所"的這四層大地的專名。

置於其他四層地之上，並委派思想神作為"戶主"而治理之[1]。在此大地上，他建造了另一道圍墻，伸向東方、南方和西方。在這三個區域內，他建造了三個立柱和五個拱門。第一個拱門始自位於西方的牆端，相接西邊立柱；第二個拱門始自西邊立柱，相接南方立柱；第三個拱門始自南邊立柱，相接東邊立柱；第四個拱門始自東邊立柱，相接東方的牆端；第五個拱門魁偉巨大，從東邊立柱一直連接到西邊立柱。

M 99, c10 - d4：他又建造了巨大和堅固的一層地，共有十二道門，相當於諸天之門。在這層地的四周，他建造了四道圍墻和三道壕溝；在壕溝內則囚禁著諸魔。[2] 他將最低之天設在在思想神的頭頂上方，並讓他手握七根方柱[3]，以使其周圍的天保持秩序。他將這層大地置於立柱、拱門和兩道圍墻上，而它們又架在戶主神（思想神）的雙肩上；戶主神維持著位於最外圍墻上方的大地之東方、南方、西方，以及直達明界的北方的秩序。

M 99, d4 - d23：在這一廣闊而強大[4]的地面之上，除了諸壕溝之外，他還建造了另外兩層大地，有諸門、溝渠、地下水道，它們用以提升大量的風、水、火[5]。在這層大地的周圍，他建造了一堵

[1]中古波斯語 prm'ngyn（*parmānagēn*）義為思想，yzd（*yazad*）義為神，而此"思想神"則是生命神（淨風）從其相、心、念、思、意創造出的五子中的第四子。M'nbyd（*mānbed*）義為戶主（master of the house），也是這位神靈的名號。傑克遜將此語譯作"made the Mānbēd commanding god over it"（A. V. Williams Jackson, *Researches*, p. 33）；克林凱特則作"appointed the God of Thought to be the lord of the house"（*Gnosis*, p. 226）。似以後者更確切，故漢譯從其意。

[2]這四道圍墻和三道壕溝，其結構應該是一道圍墻之外為一條壕溝，再依次一道圍墻、一道壕溝、一道圍墻、一道壕溝，最後一道圍墻包在最外側，從而形成每條壕溝都被兩道圍墻所隔。而諸魔則被禁錮在溝中，無所脫逃。

[3]中古波斯語 tskyrb（*taskirb*）義為四種形貌的、四方形、四足動物等。但傑克遜認為在此或當作"四倍的"理解，這裏的"立柱"之數不是七，而是七的四倍，亦即二十八。他說，或許可以推測，"二十八根立柱是相應於農曆月的二十八天之數"（*Researches*, p. 58, note 66）。但是，博伊絲和克林凱特則均將此詞理解成"四方的"（分別見 *Reader*, p. 62, note 和 *Gnosis*, p. 226），今從之。

[4]用來形容生命神所造第六地的中古波斯語 m'zmn（*māzman*）的含義不明，傑克遜認為，或可與讀音相近的梵語相比較，取其義為"強大的"（mighty）（見 *Researches*, p. 60, note 79）。今姑取其說。

[5]在此，"建造……"云云一語據自 Hans-Joachim Klimkeit, *Gnosis*, p. 226；A. V. Williams Jackson, *Researches*, p. 36 - 37 對此未有完整的轉寫和翻譯。

設有四道門的圍墻;他在四方委派了四位天使,以管理最低之天,其服飾亦如較高天上的天使一般。[1] 為了清除四個地區中的暗質殘滓,他建造了十二個地獄,每個地區三座地獄。此外,他還設置了一道環形牆,其中是邪物禁閉所,在邪物禁閉所的中央,他建造了一座囚禁毒魔們的監獄。

M 99, d24 – d25:接著,他又在大地的表面上建造了蘇迷盧山[2]。(餘者失逸)

8.3 M 178 II 文書譯釋

摩尼教宇宙創生論中有關天體創造的文書,最為重要者除上文譯釋的 M 98 – 99 之外,還有粟特語文書 M 178(特別是它的第二頁)。按亨寧之說,它甚至是諸多不同版本中最為詳細、複雜的記載,并且有著其他文書所未見的記述。[3] 鑒於此,本文亦列專節對該粟特語文書進行譯釋,主要參考者為亨寧和克林凱特的著述。[4] 在此的譯釋內容,只是具體描繪天體創造的那一部分,即粟特語文書中的第二頁(M 178 II),而非全部:

[明尊命令生命神和生命母創造了世界]……"清除他們(光明分子)所受的阿赫里曼[5]之毒,淨化他們,隨後將他們帶上天堂。"

---

〔1〕克林凱特之英譯文到此結束,嗣後的內容未見翻譯(見 *Gnosis*, p. 227)。

〔2〕有關這一詞組,文書殘損,前一詞為 kwp,義為"山""山脈";後一詞則僅見最後一個字母 r,但傑克遜推測為 smyr (*sumēr*)之殘存,故補其詞組為"蘇迷盧山",而這也正是許多摩尼教東方文書經常借用的佛教術語(見 *Researches*, pp. 69 – 70, note 111)。其說有理,今漢譯從之。

〔3〕見 W. B. Henning, *A Sogdian Fragment of the Manichaean Cosmogony*, *in BSOAS*, 12, 1948; also *W. B. Henning Selected Papers*, II(Acta Iranica 15), Leiden, 1977, p. 306。

〔4〕亨寧的 *A Sogdian Fragment of the Manichaean Cosmogony* 中有該文書原文的拉丁字母轉寫和英譯本,並有詳細註釋;此文除原載 *BSOAS* 卷 12 的 306 – 318 頁外,後還收載於亨寧的 *Selected Papers II*, 301 – 313 頁。克林凱特則依據亨寧,將 M 178 中有關天體創造的那部分譯文錄於其 *Gnosis* 的 235 – 236 頁,並略作註釋。

〔5〕阿赫里曼(Ahriman)本是瑣羅亞斯德教頻繁使用的魔王名,是最高神的敵手。摩尼教借用此名,通常指稱暗魔之首。

於是，七域之主和正直之母[1]便開始規劃如何安排這一世界，他們開始創造它。首先，他們創造了五塊地毯，讓輝煌[2]落座於此。然後，他們創造了十重天，設置了具有十二面的魔法透鏡，並讓尊神的一位兒子作為督察官而落座於此，以使十重天中的一切諸魔都無法再為害。他[3]召喚出了四十個天使，他們擎著十重天，向上托起。[4]

他們為每一層天設置了十二道門；另外，他們又在四個方位的每面建造四道門，由這些天使在此守衛。十重天的厚度達到十萬帕勒桑；而空間層的厚度則達到一萬帕勒桑。[5]

他們為每層天的十二道門中的每道門都建造了六道門檻，而每道門檻則有三十個集市，每個集市呈十二排，每排有兩側。他們在一側設置了一百八十個小間，另一側也設一百八十個小間。每個小間中囚禁了藥叉和諸魔，雄魔與雌魔分隔開來。[6]

---

〔1〕粟特語詞組'*βtkyšpy xwṯ' w* 意為“七方之主”（'βt 義為七；*kyšp* 義為地區、地帶；*xwṯ' w*義為國王、宗主），在此即是生命神的異稱；但在粟特語文書中，不如“生命神”之稱那麼多見。這一觀念來自伊朗的古代神話：大地由七個同心的地域構成，故每個地域稱為“大地的七分之一”；它們形成於創世之初，當時天狼星（Sirius）造雨，導致不同的海洋出現，以及大地分成七個部分（說見 *Bundahišn*）。摩尼教承襲了古伊朗的這類說法，遂有“七域世界”之稱，並以創造世界的生命神為“七域之主”，亦即“世界之主”。

粟特語詞組'*rd' wn m'ṯ*則義為“正直之母”（'*rd' w* 義為正直的、公正的、誠實的；*m'ṯ*義為母親），是為生命母的異稱。摩尼教漢語文書的“善母”當是此名的直接意譯。

〔2〕粟特語 *xšyšpat* 是生命神之五子的第一位，西文通常作 Splenditenens，意為“輝煌”，其職責是保護諸天，直到物質世界被大火燒盡，一切復歸原始狀態時為止。

〔3〕之所以作“他”而非“他們”，亨寧謂是“原文如此”（W. B. Henning, *A Sogdian Fragment of the Manichaean Cosmogony*, p. 312）。則可理解為僅指生命神（淨風），今從英譯文。

〔4〕本句的類似意思也見於漢語文書《下部讚》第 134 頌：“復啟四十大力使，並七堅固莊嚴柱，一一天界自扶持，各各盡現降魔相。”

〔5〕粟特語 *fswx* 即是如今通用的 parasang，為古伊朗的長度單位，原為步兵在某段時間內的行軍距離，具體長度則諸說各異，大約相當於今天的 3 到 5 公里。有關這段文字的確切意思，亨寧解釋道：“這段文字的辭句很拙劣，可能意為：每層天的厚度為 1 萬帕勒桑，而在每兩層天之間的空間層的厚度也為 1 萬帕勒桑。因此，從最低天之底部到最高天之頂部的距離當為 19 萬帕勒桑。”（W. B. Henning, *A Sogdian Fragment of the Manichaean Cosmogony*, p. 313, note 1）

〔6〕顯然，這裏之所以聲稱將雄魔和雌魔分隔囚禁，是體現了防備黑暗勢力再度繁殖的意思；同時，也表明摩尼教採納了古希臘有關天體也分雌雄性的觀念。

此後,萬物創造者[1]召喚出諸天之主。他們讓他落座於第七天的王座上,但是充任所有十重天的主人和王者。

然後,在十重天之下,他們建造了一個滾動輪和黃道。在黃道內,他們囚禁了眾暗魔中的最邪惡、兇殘和難以駕馭者。他們為十二星座和七行星的整個混合世界設立了治理者,並使它們相互對立。

他們從已被監禁在黃道內的一切暗魔那裏往復編織了根基、脈管和環扣。[2] 他們在最低的一層天上鑽了個孔,將黃道懸掛在那裏。尊神的兩個兒子被置於此,作為督察者,以便……卓越之輪持續地……。

8.4 若干内容與術語辨析

上文譯釋的幾件文書雖然大體上展示了摩尼教有關宏觀宇宙創生的概況,但是仍有不少細節未曾提及,并且,與其他文書相比,其說法也有相異之處。因此,在此選擇幾個問題,略作比較、辨析和歸納,以更加全面地了解摩尼教的(宏觀)宇宙創生說。

8.4.1 "二龍"的指稱

前引文書 M 98 a1 - a6 提到"二龍",在此較詳地談一下此詞在本文書中的含義及其文化淵源。首先,在這份摩尼教文書中,所謂的"二龍"顯然是指光明諸神的敵對勢力,亦即屬於"魔"類。但是,它具體是指什麼魔,卻不甚了了,至少,傑克遜認為,這"龍"不知是指哪兩種魔,

[1] 粟特語 wyšprkr (*wišparkar*) 義為創造一切者,其語源來自梵語 Viśvakarman。後者音譯作"毘首羯磨",是為古印度的天神,住於三十三天,乃帝釋天的大臣,執掌建築、雕刻等。在《梨俱吠陀》中稱為宇宙之建造者。此名在此指摩尼教的生命神(淨風),但似乎并非他的專名,而是對所有"世界創造者"的通稱。

[2] 粟特語 wyx (*wēx*) 義為根部、根基、根源等;r'k (*rǎk*) 義為血管、葉脈、脈絡、脈管等;ptβnd (*patβand*) 義為環節、紐帶、連接等。摩尼教有關創造"脈管",連通諸天與諸地的說法頗為複雜,也頗古怪;但其源流當來自古代伊朗文化,因為瑣羅亞斯德教的經典《創世記》(*Bundahishn*) 有類似的說法。下文將對此問題作專門論述,在此不贅。

儘管摩尼教中有許多魔都稱為"龍"。[1] 克林凱特則謂"此即月球結節(That is, the lunar nodules)",而未作任何其他解釋;[2]不過,其說當來自博伊絲:"二龍是月球結節,由於它和日、月食結合在一起,故被視作邪惡的。在瑣羅亞斯德教的著述中,它們往往作為兩顆行星而取代太陽和月亮。"[3]則似乎暗示"二龍"是指太陽和月亮的邪惡對應者。

中古波斯語 'zdh'g (*azdahāg*)或者'wzdh'g (*uzdahāg*)、'jdh'g (*aždahāg*)都是指同一類神話生物,它是具有五花八門形貌的蛇狀怪物,通常十分巨大,或居空中,或居地面,或居海裏;有時候與自然現象相關,特別是下雨和日月食。在大多數情況下,它都是邪惡的魔類(這樣的"龍"與中國的傳統概念截然不同,故在此只是借用"龍"字而已)。在瑣羅亞斯德教中,這種魔類與天象關係密切,故摩尼教的類似觀念便當是借鑒自瑣羅亞斯德教。

瑣羅亞斯德教的《創世記》所描繪的蛇狀魔類或"龍怪"中,有兩個主要者,一稱古契爾(Gōčihr),一稱穆希佩里(Mūšparīg),它們的通稱為 azdahāg,亦即"龍怪",其狀貌則有長尾或翼翅。如,"古契爾位處天空中央,狀若龍怪,其頭在雙子座,尾在人馬座";"龍怪古契爾將被熔化的金屬所燒";"有尾的穆希佩里配有雙翼。太陽將她羈縛在自己的光芒中,以使之無法再作惡。"[4]

古契爾與穆希佩里這兩個龍怪在瑣羅亞斯德教的天象學中扮演了相當重要的角色,它們與五大行星(這在瑣羅亞斯德教和摩尼教中都屬於邪惡的一方)一起,共同對付光明和善良的一方。例如:"行星的七個魁首對抗星座的七位領袖:水星對付提什塔爾(Tishtar),火星對付哈普托林(Haptoring),木星對付瓦南德(Vanand),金星對付薩特維斯(Sataves),土星對付天中央的偉大者,古契爾與鬼鬼祟祟的穆希佩

[1] A. V. Williams Jackson, *Researches*, p. 38, note 3.

[2] Hans-Joachim Klimkeit, *Gnosis*, p. 237, note 27.

[3] Mary Boyce, *Reader*, p. 60, note.

[4] 分別見 Behramgore Tehmuras Anklesaria, Bombay, *Zand-Akasih*, *Iranian or Greater Bundahishn*, Chapter V A, 5 (Iranian recension), p. 65; Chapter XXXIV, 27 (Iranian recension), p. 142; Chapter V A, 6 (Iranian recension), p. 65.

里(它們都有尾巴)則對付太陽、月亮和星辰。"[1]這段文字暗示了,龍怪古契爾和穆希佩里是太陽和月亮這兩個最大光明體的邪惡對應者。這一點在伊朗版《創世記》(即更為詳細的 *Great Bundahishn*)的相應段落中得到了更清楚的展示:"在蒼穹中,暗日對付太陽,暗月對付擁有馴良動物之種的月亮。……七個行星魁首對付七個星座領袖,例如水星對付提什塔爾,木星對付北斗七星哈普托林,火星對付瓦南德,金星對付薩特維斯,行星之首土星對付中天之主,而有尾的龍怪和穆希佩里則對付太陽、月亮和星辰。"[2]

在這段引文中,首先提到暗日對付太陽,暗月對付月亮,緊接著的詳細敘述中,則談到"有尾龍怪"(在此顯然是指古契爾)和穆希佩里對付太陽、月亮。那麼,龍怪古契爾和穆希佩里即是"暗日"和"暗月",應該可以推定。事實上,這兩個魔怪與光明天體太陽、月亮的對應關係,在《創世記》的其他地方也反映得很清楚,例如:"在這些行星中,暗日和穆希佩里以混合的狀態被羈縛起來,暗日被拘於太陽的光芒中,暗月被拘於月亮的光芒中。"[3]既然本文譯釋的摩尼教文書 M 98 提到了光明之神"束縛了二龍",則其意與《創世記》之古契爾、穆希佩里二龍被分別羈縛於日月光芒中之說十分相似。故若謂摩尼教文書中的"二龍"即是借用了瑣羅亞斯德教文獻中的古契爾、穆希佩里,亦即所謂的"暗月""暗日",當是合乎情理的。

另一方面,月亮運行軌道的特徵也可以被理解為"二龍"之說的來源:《創世記》描述道,"古契爾位處天空中央,狀若龍怪,其頭在雙子座,尾在人馬座,故其首尾之間始終有六個星座。它是不斷向後運動的,故每隔十年,其尾便變成原來之首,其首則轉成原來之尾了。"[4]亦

[1] Behramgore Tehmuras Anklesaria, Bombay, *Zand-Akasih*, *Iranian or Greater Bundahishn*, Chapter V, 1 (Indian recension), p. 159.

[2] Behramgore Tehmuras Anklesaria, Bombay, *Zand-Akasih*, *Iranian or Greater Bundahishn*, Chapter V, 4 (Iranian recension), pp. 63 – 64.

[3] Behramgore Tehmuras Anklesaria, Bombay, *Zand-Akasih*, *Iranian or Greater Bundahishn*, Chapter V A, 7 (Iranian recension), p. 65.

[4] Behramgore Tehmuras Anklesaria, Bombay, *Zand-Akasih*, *Iranian or Greater Bundahishn*, Chapter V, A, 5, p. 65.

即是說,每隔十年,月亮的運行軌道便在黄道兩側形成首尾真好相反的兩條"龍",那麼,若因此而有"二龍"之稱,似乎於理也通。

不管怎樣,摩尼教文書中所見的"二龍",其主要文化因素源自伊朗古代文化,特别是瑣羅亞斯德教,則是可以斷定的。

8.4.2 天體的最初推動者

按摩尼教的宇宙創生說,在神靈創造諸天體之後,它們是静止的[1],其最初的運動來自某些神的推動。但是在不同的記載中,其"推動者"也有所不同。在此則就該問題略作梳理。

按前文 M 98 a1—a6 的内容所示,被創造的天體是由"二龍"推動的。但是,按《阿基來行傳》,這些天體是由生命神(漢語文書稱"淨風")推動的:"生命神創造了這些天體,它們由靈魂的殘餘構成;他並使得它們繞著蒼穹運轉。"[2]又,按科普特語的《克弗來亞》所言,則天體之運轉當歸功於第三使:"開悟者又說道:使者(即第三使——引者)降臨,完成了十項業績。第一,[召唤]大建築師前來,建造了新永世。第二,[使得]眾船運行在諸天的高空。……"[3]在摩尼教科普特語文書中,"船"多指太陽、月亮或其他天體,故太陽等天體的最初運轉,顯然被說成是第三使所為。

然而,按 Theodore bar Khoni 所撰的敘利亞語文書,則天體的推動者是第三使指派的"三名隨從":"使者來到這些舟船後,他命令三位隨從驅使這些舟船運行。他並命令大般建造新地,以及用以登升的三輪。"[4]在此,敘利亞語詞組 *lᵉlāthā ʻabhdīn* 的直譯之義便是"三位隨從",所以從句子的文義看,他們似乎是第三使的"隨從"。然而,按其他各種摩尼教文書的記載,似乎未見第三使有過什麽"隨從",因此,傑

---

〔1〕天體被創造之後静止不動的這一觀念,並非源自摩尼教,而可追溯到更古的伊朗文化,例如,瑣羅亞斯德教的經典也作此說:"在三千年内,這些創造物只有軀體,而無法用其肚臍行走;太陽、月亮、星辰始終保持静止"(見 *Zād-sparam*, Chapter I, 22,原文為中古波斯語,E. W. West 英譯,載 *Sacred Books of the East*, Part V, Clarendon, 1880, p.159)。

〔2〕見 Hegemonius, *Acta Archelai*, 8.1, p.49.

〔3〕Iain Gardner, *Kephalaia*, Chapter 34, $86^{31}-87^{5}$, p.90.

〔4〕Theodore Bar Khoni, *Book of Scholia*, pp.242-243.

克遜認為,這三名隨從即是生命神的三個兒子,因為同一敘利亞文書在前文談及生命神創造天地時,曾提到他命令其五個兒子中的三個兒子去宰殺諸魔(一子負責宰殺,另二子負責剝皮),以用其尸體建造天地。生命神的這三個兒子的事蹟頗為突出,故可能在此被移植到第三使的名下,作為"三名隨從",來推動天體的初始運轉。這三神當即是善戰的英雄阿達馬斯(Adamas)、榮耀王(King of Glory)以及光榮王(King of Honor)。[1]

歸納以上諸說,則天體的初始運轉,或當歸功於"二龍",或當歸功於生命神,或當歸功於第三使,或當歸功於三位隨從(而這被認為可能即是生命神的三個兒子),至少有四種說法,頗為紛雜。若無更多證據,恐怕難以肯定某一說。然而,對於其中的一說似乎可以略加辨析,即三位"隨從"的比定。

一方面,如果按傑克遜之見,啟動天體的三位"隨從"即是生命神五個兒子中的三個兒子,那麼,當可進而推測,指派"隨從"的主神并非第三使,而是"隨從"的父親生命神。理由是:首先,生命神是大明尊第二次"召喚"出的一批神靈之一,其使命是創造宏觀宇宙;而第三使是大明尊第三次"召喚"出的一批神靈之一,其使命是創造微觀宇宙,即人類和動植物。那麼,推動天體的任務由以生命神為首的神靈承擔,是順理成章的事情。其次,大般(大建築師,漢語文書稱造相佛)也屬於大明尊創造的第二批神靈之一,故與生命神合作比接受第三使指揮更合乎情理。最後,必須指出的一點是,在摩尼教的帕提亞語和中古波斯語文書中,myhr一詞有時指稱生命神,有時指稱第三使(當然亦指稱太陽),[2]因此,在其他文書中,亦不無可能誤解了詞義,從而混淆了二者。亦即是說,該文書的原義本是指生命神命令"三名隨從"啟動天體,結果卻被誤解成了第三使。

另一方面,如果取下令運轉天體者確是第三使之說,那麼可以推

---

〔1〕參看 A. V. Williams Jackson, *Researches*, p. 233, note 45 和 p. 242, note86。

〔2〕見 D. Durkin-Meisterernst, *Dictionary of MP & P*, p. 235, myhr 條。

測,這“三名隨從”恐怕并非如傑克遜認為的那樣是生命神之子,而更可能是同在大明尊第三次“召喚”中誕生的另外三位次級神靈,即是由第三使本身“召喚”出的光耀柱(Pillar of Glory,漢語文書稱相柱)、耶穌(Jesus,漢語文書稱夷數)和光明少女(Virgin of Light,漢語文書稱電光佛)。科普特語的《克弗來亞》對此有一段描述:“第二父尊源自第一父尊,即是第三使,諸光之王的典範。他也從自身召喚出三大威力。一是光耀柱,即淨善人,撐起萬物;是福佑的偉大支柱,是比任何其他搬運者更偉大的搬運者。二是榮耀耶穌,通過他就能獲得永久的生命。三是光明少女,榮耀的智慧;她以其美貌赢得了眾君王之心和權力,滿足了偉大的愉悅。”〔1〕顯然,光耀柱、耶穌和明女三位次級神靈,既是由第三使本身創造出來,雖然並未明確稱之為“隨從”或“兒子”,但其地位與生命神的五個“兒子”是完全一致的。那麼,他(她)們奉第三使之命去幹些什麼事,當然比生命神之子奉其命幹事更合乎情理了。由此或可推測,敘利亞語文書中啟動天體的“三名隨從”乃是這“三大威力”。

8.4.3 “光明舟”“光明車”與“光明宮”

前文所引中古波斯語文書 M 98 的 a 10—11 行提到了“光明車”一名,在此的“車”即是中古波斯語 rhy (*rahy*),義為乘具、戰車、馬車等。在摩尼教文書中,此詞凡與“光明的”構成詞組後,通常都是指稱太陽和月亮。在有些地方,它則直接與日、月構成詞組,稱“太陽車”和“月亮車”。例如,見於吐魯番的用中古波斯語書寫的摩尼著述《沙卜拉幹》殘片中多次使用這樣的名稱:“然後,密特拉神(Mihryazd,即是指生命神——引者)將從太陽車上下來,走向宇宙”;“然後,奧爾密茲德(Ohrmezd,通常是指初人——引者)的女形母身將從太陽車上顯現,觀看諸天”。〔2〕

但是,以“車”喻指太陽和月亮的情形似乎只多見於摩尼教的東方文書中,蓋因其西方文書往往以“船”或“光明舟”來指稱太陽和月亮。

〔1〕Iain Gardner, *Kephalaia*, Chapter 7, 35^{8-17}, p.39.

〔2〕見文書 M 472 I R,原文的拉丁轉寫及英譯文,見 D. N. MacKenzie,“ Mani's Šābuhragān”, *BSOAS*, Vol.42, No. 3 (1979), pp.512, 513。

例如,奥古斯丁在其拉丁文的著述中談及摩尼教時,提到"舟船"[1],使用了 navis 一詞,即是船、艦的意思。又,《阿基來行傳》曾提到,耶穌、生命母、明女等神靈居於"小船"中,生命神等則居於"大船"中。[2] 在此,"小船"是指月亮,"大船"是指太陽;而"船"一詞,拉丁文版用 navis,希臘文版用 πλοίῳ,都是"船"的意思。再如,記述摩尼教有關創世説的敘利亞語文書提到神靈"第三使"命令三個"隨從"去推動"這些舟船"開始運動。[3] 而這些"舟船"即是指剛剛創造出來的太陽和月亮,敘利亞文為 '*elpē*。

除了上引的早期拉丁文、希臘文、敘利亞文等文書外,更多的將太陽、月亮稱為"船"的例子則見於摩尼教的科普特語文書,通常單數作 ϫαϊ,複數或同單數,或作 εϫнγ。例如,"……我父的航船,太陽和月亮";"航船即是太陽和月亮:他登上了航船";"我發現了航船,這航船即是太陽和月亮,它們運渡我,直抵我的城池。"[4] 又如,"此外,太陽清楚展示了另外三個原型,涉及最尊貴者的奥秘。首先,日船之盤飽滿滾圓,它的航船一年四季始終飽滿滾圓,它一點也不蝕損,不會像月船那樣蝕損。"[5] 當然,以上諸例是以"船"直接指稱太陽、月亮;而有的地方,"船"即使并未明指,但就其文義看,實際上也是指日、月,如:"靈魂啊,抬起你的眼睛,注視高空,對於你的羈縛仔細考慮……你已經抵達;你的父尊正在召喚你。如今,登上光明之船,接受榮耀花冠吧,回到你的故國,與永世們(Aeons)共享歡樂";"如今,在你的光明禮物中,……從此船到彼船,向著使者……他將運載我,渡過……";"航船正在高空等候你,它們會接引你上升,將你帶到光明世界"[6] 諸如此類的例子不勝枚舉,清楚展示了在摩尼教西方文獻中,"船"與太陽、月亮的密切譬喻關係。

---

〔1〕Augustine, *De Haeresibus*, 46.

〔2〕見 Hegemonius, *Acta Archelai*, 13.2, p.57。

〔3〕Theodore Bar Khoni, *Book of Scholia*, p.242.

〔4〕分别見 *C. R. C. Allberry*, *A Manichaean Psalm-Book* (*Part* II), 75^{4}、134^{24-25}、168^{5-8}。

〔5〕Iain Gardner, *Kephalaia*, 162^{22-26}, Chapter 65, p.171.

〔6〕分别見 *C. R. C. Allberry*, *A Manichaean Psalm-Book* (*Part* II), 55^{9-14}、85^{7-9}、163^{14-15}。

而摩尼教的東方文書中,除了上文談到的以“車”喻稱日、月外,雖然也有稱太陽、月亮為“船”者(如漢語文書《摩尼教殘經》:“又復淨風造二明舩,於生死海運渡善子,達於本界,令光明性究竟安樂。怨魔貪主,見此事已,生嗔妬心,即造二形雄雌等相,以放日月二大明舩,惑亂明性,令昇暗舩,送入地獄,輪迴五趣,備受諸苦,卒難解脫。”[1]),但是還有其他喻稱,例如,漢語文書《下部讚》中屢稱日、月為“宮”:“又啟日月光明宮,三世諸佛安置處,七及十二大舩主,並餘一切光明眾”(第127行);“對日月宮,二光明殿,各三慈父,元堪讚譽”(第389—390行);“從彼直至日月宮殿,而於六大慈父及餘眷屬,各受快樂無窮讚歎”(第398—399行)。

稱日月為“宮”的表達方式也見於東方的突厥語文書中:供“聽者”(即摩尼教俗家信徒)使用的突厥語懺悔詞有這樣的辭句:“第二,是對於日月神,是對居於二光明宮中的神靈所犯的罪過”(II A);“我的明尊啊,如果我們曾經無意中以某種方式得罪了日月神,居於二光明宮中的神靈”[2]。這裏所謂的“宮”,突厥詞為ordu,而它最初的意思即是“王家的居所”“統治者的營帳”等,或者用在宗教方面則是“天宮”;後來被借用,則漸有“軍營”等義了。[3]

由此可見,摩尼教在由西往東傳播的過程中,原先太陽、月亮的喻稱“舟船”似乎有所演變,即由“船”向“車”“宮”變異。如何解釋這一現象?傑克遜有一個解釋:摩尼長期生活在兩河流域,摩尼教也是在兩河流域創建。而底格里斯河與幼發拉底河中自古以來就有一種圓形的渡水器具,狀如浴盆,稱之為gufas。這種形狀的擺渡工具可能啟發了摩尼,使他將跨越天空的圓形天體日月與gufas聯繫起來,因為日月不僅呈圓形,並按摩尼教教義,還是“靈魂”(光明分子)回歸明界的中

〔1〕見《殘經》第48－52行。

〔2〕突厥語的拉丁字母轉寫和英譯文,分別見Jes p. Asmussen, *X^{u}āstvānīftī: Studies in Manichaeism*, Prostant Apud Munksgaard, Copenhagen, 1965, pp.169, 170, 194;漢譯文則見芮傳明《摩尼教突厥語〈懺悔詞〉新譯和簡釋》,《史林》2009年第6期,第56頁。

〔3〕參看Sir Gerard Clauson, *Etymological Dictionary*, p.203.

間運渡站。而中亞地區由於水流稀少,故居民們不熟悉大河的渡水器具,遂將"船"改成了他們熟知的"營帳""宫殿"。[1] 如果接受此説,那麼,我們可以進一步推測,"車"(戰車、馬車)更是中亞人,特别是中亞遊牧人所常用的器物,所以在摩尼教的東方文獻中,喻指日月的"舟船"被改成了他們更加熟悉的"馬車"。這種現象展示了宗教文化在傳播時往往因信衆居住環境的不同而有所演變。

8.4.4 溝通天地的三種"脈管"

粟特文書 M 178 II 在最後提到了生命神和生命母從黄道十二宫編織了"根基""脈管"等,語句過於簡單,其含義不甚清楚。實際上,"脈管"之説在摩尼教的宇宙創生説中頗有講究,故需要作較詳的探討;而對此作較多闡述的文字則見於科普特語的《克弗來亞》。兹將《克弗來亞》第 48 章中的相關敘述譯釋如下:

> 開悟者又説道:從暗獄到諸天的全部域界内都存在著三種導管。
>
> 第一種導管是上方一切威力[2]的根基,它們存在於一切諸天。它們被拋下,並羈縛於下方諸地。因為下方之地是"剝光之物",是上方諸天之衆威力的外衣和軀體。
>
> 因為生命父尊建造天界之時,他剝光了它們的軀體,將它們拋擲到下方諸地。
>
> 這樣,上方諸界就由靈魂與精神構成,而下方諸界則由軀體和尸體構成。……如今,正因為如此,他……天上諸威力。他在諸地上的軀體和尸體上蓋上印章,從而當生命從諸地的成熟中産生時,它能被完全汲取到天上的固緊在它們軀體裏的根基中,同時,一切生命也能在那裏得到淨化。然而,上登天界的淨化者所清除

---

[1] A. V. Williams Jackson, *Researches*, p. 42.

[2] 科普特語 6αμ 義為力量、權勢、威力等。在摩尼教文獻中。它大多用來指稱明界的正義力量或神靈,但有時亦用以指稱與之相對的黑暗勢力。在本節中,該詞似乎主要是指被生命神囚禁於黄道(天界)的衆暗魔;由於這些暗魔此前吞食了光明分子,故便導致了在它們身上汲取"生命",排除"廢渣"的必要性,從而産生了這裏所描繪的通過"導管"上上下下"淨化"的情景。

出的廢物將通過這些導管而丟落下方之地,將被倒入……以及扔至陰暗處。這即是第一種導管,它發自天界的諸威力,通往它們在諸地的軀體和尸體;也從諸地上的軀體和尸體通往諸天的眾威力。

第二種導管始自天界的寺廟、住宅和城市,下至地界,通往生長在地上的五類樹木。生命從樹木向上通往寺廟和城市。而天上之物的殘渣也通過導管下落到眾樹木。

第三種導管始自居於一切諸天的所有威力和戶主,從其根基向下通到蠕動於地上的五類肉體,相互固定。這樣,將被聚集起來的來自肉體世界的威力與生命以不同的外形分散在它們之間。上方的威力將通過導管把它們汲取上去。天界威力的更強烈的廢渣、貪欲、惡行和惱怒也將通過不同的導管而傾倒至地上。它們將被卸到人類和其他剩餘的動物身上。天界將清除自己的廢渣、臭氣和毒物,傾倒給下界的肉體生物;下界的這些生物也會因它們在天上的父輩的行為而以更強烈的貪欲、惱怒和惡行而相互爭鬥。

使者說道:再看看眾星之輪,它在地上並無根基,但是它的根基卻結合在整體中。眾星之輪從經過導管而自諸地上升到諸天的威力和生命那裏獲取生命。它也從那些從蒼穹和天界獲取生命的導管那裏取得生命。[1]

顯然,即使這段引文的字數也不少,但仍未完全清楚地表述其意,特別是兩個關鍵詞"導管"(科普特語為λιϩμε)[2]和"基地"(科普特語 ΝΟΥΝΕ)的含義,畢竟與通常的用法不一樣。不過,其總體意思大致是可以理解的,即:天體與地界是無法分割的,它們之間始終有著緊密的聯

[1] Iain Gardner, *Kephalaia*, Chapter 48, $120^{24}-122^{4}$, pp. 128 – 129.

[2] 在早期的科普特語文書編纂譯本中,λιϩμε一詞未作解釋,顯然是對其義不甚了了。後漸有各種解釋,例如,或以為源自中埃及方言波海利語(Bohairic)的λαϩεμ義為幹、枝、莖、管等(見 W. E. Crum, *A Coptic Dictionary*, The Clarendon Press, Oxford, 1939);或以為源自義為連接、弦的阿拉美語(Aramaic)詞 lihme,因為《克弗來亞》最初很可能是用阿拉美語書寫的(見 E. B. Smagina, "Some Words with Unkown Meaning in Coptic Manichaean Texts", *Enchoria*, Vol. 17, 1990, pp. 121 – 122);當然,在本文所引的 Iain Gardner, *Kephalaia* 英譯本中,此詞則譯作"導管(conduits)"。從文書上下文的內容,當以"導管"之釋最為近是。

繫。維繫其間交流的是三種"導管",通過這些導管,地界的神聖生命可被汲取上天界,并且進行淨化;同時,天界的邪惡廢渣則通過它們傾倒入地界。

至於三種導管相互之間比較一下,也是有優劣的。有關這點,第48章接著作了解釋:第一種導管最偉大,因為它與所有的地界聯結在一起,能汲取最多的神聖生命。第二種導管由於和地界的五種植物聯結起來,而植物廣泛地分佈於世界各處,故這類導管能夠汲取較多的生命。第三種導管最差,因為它與地界的肉體生物聯結在一起,而包括人類在內的肉體生物只居於地界的一小部分(在南方)。[1]

摩尼教有關宇宙創生的這類說法,與伊朗古代文化甚有淵源。例如,以伊朗古宗教瑣羅亞斯德教諸典籍為藍本而編纂的中古波斯語著述《創世記》(*Bundahishn*)集中談論了宇宙的創造情況,而其中就涉及星辰與"導管"的問題:"他(指瑣羅亞斯德教主神 Ohrmazd——引者)將大熊星座佈置在北方,那裏是入侵者來犯時期的地獄所在地。有條繫鏈將七大陸中的每塊大陸都與大熊座連接起來,其目的是在混合時期內治理諸大陸。這就是大熊星座被稱為 Hoftōreng 的緣故。"[2]

在此初看之下,似乎并無"導管"之詞,但是實際上,大熊星的別稱 Hoftōreng 即是中古波斯語 *haft rag* 的合稱,而 *haft* 義為"七",*rag* 義為"血管、脈管"等,亦即相當於前引粟特語文書中的 *răk*(r'k)。所以,瑣羅亞斯德教典籍《創世記》所謂的"七繫鏈"(Hoftōreng)其實也就是"七導管",目的即是為了維繫上方天體與下界地面的聯繫,對其發揮作用。[3]

那麼,摩尼教宇宙創生論中的"天體導管說",顯然頗受瑣羅亞斯德教或古代伊朗文化的影響。

---

〔1〕Iain Gardner, *Kephalaia*, Chapter 48, 123^{29} – 124^{22}, pp. 131 – 132.

〔2〕Behramgcre Tehmuras Anklesaria, Bombay, *Zand-Akasih*, *Iranian or Greater Bundahishn*, Chapter 2, A 27^{11}, 英譯文見 W. B. Henning, "An Astronomical Chapter of the Bundahishn", *JRAS*, No. 3, Oct. 1942, p. 232.

〔3〕說見上註的引文, p. 232, note 6。

綜上所譯，所釋，所論，足見摩尼教的宇宙創生論雖然頗為複雜，也頗有自己的獨創之處，但是有許多重要因素仍然源自伊朗的古代文化；當然，也或多或少地以直接或間接的形式融入了希臘、印度的文化因素。同時，隨著時代和地域的不同，摩尼教本身的文化也始終在不斷地發展和演變，這是在探討摩尼教教義時決不能忽視的一點。

9 中古波斯語"俗世創生"文書譯釋

摩尼教的"宇宙創生論"(cosmogony)汲取了希臘、伊朗、印度等古代文化中的某些因素,又融入自己獨創的說法,遂形成了頗為奇特的宇宙創生論;宇宙創生論兩大部分中的後一部分,即俗世生物(人類和動植物)創生的說法,更是有別於其他宗教文化,往往被視作"異端邪說"。本章選擇相關的主要文書(以中古波斯語為主),進行翻譯、註釋和研究;一方面梳理摩尼教的俗世生物創生觀念,另一方面也盡量探討其文化淵源。

9.1 中古波斯語文書 T III 260 譯釋

本文書實際上是 T III 260(= M 7980—7984)所包括的多種殘片中的一部分,主要內容當是源自摩尼的親自說教。安德魯與亨寧編撰的《中國突厥斯坦所見中古伊朗語的摩尼教文書》有其德文譯本,並附希伯來字母的原文轉寫;[1]博伊絲在其《中古波斯語和帕提亞語讀物》一書中則有該文書的拉丁字母轉寫,並作若干簡單註釋;[2]阿斯姆森在其《摩尼教文書》中將這部分內容譯成英文;[3]克林凱特對於該文書的英譯文和若干註釋則見其《絲綢之路上的諾斯替教》。[4] 在此,將主要參照克林凱特的英譯文,對這些內容進行譯釋;編排順序和標號,則依照博伊絲的拉丁轉寫部分。譯釋如次:

---

〔1〕見 F. C. Andreas&W. Henning, *Mir. Man.* Ⅰ, pp. 191 - 203.

〔2〕見 Mary Boyce, *Reader*, Text y$^{35-51}$, pp. 71 - 74.

〔3〕見 Jes P. Asmussen, *Literature*, pp. 127 - 131.

〔4〕見 Hans-Joachim Klimkeit, *Gnosis*, pp. 231 - 234, 238.

有關蓋穆爾德[1]與穆爾迪雅娜[2]的演說

[35]……他[3]將首先把它[4]從宇宙中提取出來,脫離阿赫里曼[5]和諸魔,向上引導至太陽和月亮,再引導至天堂,它的故鄉。然後,世界就會恢復原狀。[6] 阿緇[7]和諸魔將被摧毁,日月和諸神將獲得安寧和平。

[36]也是在最初之時,諸神使得日月旋轉,利用它們的盈虧而劃分諸域、諸界;他們使得晝、夜顯現,同時出現月、年之分。他們從宇宙中收回光明,並引導它上升。那時,阿緇的幼崽遭到打擊,遂從蒼穹落下,裹在樹木和植物之中。眾馬贊[8]和阿斯雷什塔[9]的流產胎兒就這樣藉助樹木和植物,裹在了其中。諸魔見到納里薩[10]之後,其胎兒自天上墮落而下,納里薩神的榮耀顯現在

[1]中古波斯語 gyhmwrd (*gēhmurd*)乃是人類第一個男人的名字,源自阿維斯陀語 gaiia - marətan,原義當是"生命 - 男人"。這相當於基督教傳說中的亞當(Adam);事實上,摩尼教的其他不少文書便是直接使用"亞當"一名指稱這一角色的。

[2]中古波斯語 mwrdy' ng(*murdyānag*)乃是人類第一個女人的名字,也就是相當於基督教傳說中的"夏娃"(Eve)。

[3]這一"他"當是指第三使(the Third Messenger),亦即漢語文書所謂的"三明使"。

[4]這一"它"是指被拯救出來的光明分子。

[5]中古波斯語或帕提亞語 'hrmyn (*Ahremen*),源自阿維斯陀語 Aŋra Mainyu。本是瑣羅亞斯德教中與善神(通常為 Ohrmizd,相當於摩尼教中的 Primal Man)敵對的邪惡魔首之名;被摩尼教借用後,基本意思未變,也用來指稱邪魔之首、暗魔之王等。

[6]此語若直譯,當是"世界就會變成 fršygyrd"之意。而中古波斯語或帕提亞語 fršygyrd/ pršygyrd (*frašegird/prašegird*)則是一個專門術語,義為"世界之末"或者"恢復和更新到最初狀態(的世界)"。

[7]中古波斯語"z (*āz*)為古伊朗宗教中的貪婪之魔,在摩尼教中,更是諸魔之王,並往往為雌性。

[8]中古波斯語 mzn (*mazan*) 義為巨魔、怪物,其觀念源自伊朗古代文化,往往貌為巨大的怪獸、怪龍狀。

[9]中古波斯語 'sryšt' r (*āsarēštār*) 義為大魔、主邪魔,在摩尼教文書中,這類魔經常與馬贊(Mazan)結合在一起出現,并且相互之間似無明顯區別;但其中的兩個成員則在摩尼教的宇宙創生神話中扮演了十分關鍵的角色,即是創造了人類最初的一對男女。

[10]中古波斯語 nrysh(*narisah*)是指稱第三使(the Third Messenger)的名字,借自瑣羅亞斯德教的神名,阿維斯陀語作 Nairyō - saŋha,原意為"向人類發布公告者",與聖火關係密切,職責是向人類發布信息。不過,傑克遜認為,瑣羅亞斯德教的此神名並不相當於摩尼教的第三使,而是"第二使"明友(初人即"先意"為第一使),見 *Researches*, p. 279, note 24。

他們的面前[1]……阿緇見到光明分子在日月中獲得照看,也見到曾被她攫取的光明諸神的光輝和美麗,他們被不斷淨化,並導往太陽和月亮。光明正在脱離阿緇的利牙,正在脱離陳舊的宇宙,而被帶到日月車中,最終前赴天堂。[2]

[37]於是,上當的阿緇十分惱怒[3],她開始採取措施,想道:"我將按照我在天上見到的納里薩神的男身和女身的形貌,製造一男一女,這樣,他們就成了我的外衣和遮蔽物。我將管理他們……這兩人不能被諸神從我身邊奪走,我將不對他們施加貧困與苦難。"

[38]於是,阿緇把從天上落下的一切諸魔的後裔,即雄性阿斯雷仁塔和雌性阿斯雷什塔作為外衣穿上;他們狀若獅子,貪婪,狂暴,罪孽深重和偷盗成性。她把他們作為自己的遮蔽物和外衣,内藏慾望。

[39]正如阿緇在最初就在其居所黑暗地獄裏教唆男身和女身的諸魔、諸巫、怒魔、諸馬贊和阿斯雷什塔縱欲和交媾那樣,如今,她又繼續教唆從天上下落到地上來的那些雄性馬贊和雌性阿斯雷什塔縱欲和交媾,以使他們亢奮得軀體緊密纏結,從而生育

---

[1]在此,眾魔見到納里薩的"榮耀"之後便胎兒墮落云云諸語,實際上是對一段神學傳説的簡單而含糊的概括,其原意是:第三使在雄魔前顯裸露美女身,在雌魔前顯裸露俊男身,從而導致眾魔情慾大盛,雄魔射出精子,雌魔墮落胎兒;而這些"精子"和"胎兒"即是他們此前吞食的光明分子。具體描繪,參看下文譯釋的其他文書。

[2]以上一段文字的英譯文,相當於 Hans-Joachim Klimkeit, *Gnosis*, pp. 231 – 232 的 Text F。

[3]中古波斯語 wyptg (*wīftag*)義為欺詐的、被欺騙的,故阿斯姆森將此句譯作"Then that tricked Āz was filled with heavy anger"(於是,奸詐的阿緇十分惱怒)。但是,克林凱特則譯作"Then that Āz who had been deceived was filled with great wrath"(於是,那曾被欺騙的阿緇十分惱怒)。顯然,後者理解為阿緇是"被欺騙"的;我認為這更近是,蓋因前文謂第三使以"色相"引誘雌雄魔洩出精子(光明分子),這可以視作是一種"騙術",令邪魔上當而釋放出光明分子,故阿緇事後有被騙即"上當"之感,是順理成章的。遂譯如正文。

出阿茲達哈魔怪[1],被阿緇取而吞食,用以製造出一男一女。

[40]然後,雄性馬贊和雌性阿斯雷什塔教唆其他諸魔縱欲和交媾,他們身體纏繞,結合在一起,從而懷孕和繁育後代。隨後,他們將自己的後代送給狀若獅子,充滿淫欲的雌雄阿斯雷什塔,作為阿緇的外衣。阿緇便吞食了這些後代,雄馬贊和雌馬贊興奮得交媾,身體纏繞,結合。阿緇用她所吞食的由諸馬贊和諸阿斯雷什塔的後代混合體,以其自身的淫蕩,製成了一個男身,具備骨、筋、肉、脈、皮。

[41]於是,起初存在於水果和花蕾中的光明與美麗,如今便與馬贊的後代混雜在一起了,作為精魂[2]被禁錮在肉體之內。阿緇還在其體內嵌入了貪婪、淫欲、色情、性交、仇恨、誹謗、嫉妒、罪孽、憤怒、不净、昏聵、無知、仇教、疑神、偷竊、撒謊、搶劫、惡行、固執、虛僞、報復心、狂妄、焦慮、憂傷、悔恨、痛苦、貧窮、匱乏、疾病、衰老、惡臭和偷盜心。

[42]她(阿緇)將諸馬贊的形形色色的語言和聲音都賦予了

---

〔1〕中古波斯語'wzdh'g(*uzdahāg*),亦作'zdh'g(*azdahāg*),是伊朗古代神話傳說中具有形形色色種類的蛇狀怪物,通常十分巨大,或居空中,或居地面,或居海裏;有時候與自然現象相關,特別是下雨和日食、月食。在大多數情況下,它都是邪惡的魔類,摩尼教的觀念與此相仿。西文通常譯之為dragon,則漢語當譯之為"龍"。但是,由於中國古代文化中的"龍"的形象與之大相逕庭,故在此音譯其物之名,以辨清概念。

〔2〕原文在此使用了中古波斯語/帕提亞語gy'n(*gyān*)一詞,由於它與另一常用的中古波斯語/帕提亞語近義詞gryw(*grīw*)有所區別,故漢譯文亦加以區分:前者譯作"精魂",後者譯作"靈魂"。有關這二者含義的區別,宋德曼曾以《靈魂的雙重性》為題,專節予以探討(見*Der Sermon von der Seele: Lehrschrift des östlichen Manichäismus Edition der parthischen und soghdischen Version*, pp.11-14)。其大致觀點是:"精魂(*gy'n*)"主要是指人類個體的靈魂,與其"肉體"相對立,它需要被救贖,脫離肉體的束縛,回歸明界;而"靈魂(gryw)"則主要是指宇宙性的存在,亦即由氣、風、光、水、火五要素構成的光明分子,它雖與"精魂"同質,但不似"精魂"那樣具有特指性。簡言之,宋德曼以"人類靈魂"和"世界靈魂"來概括靈魂的雙重性。然而,gy'n與gryw的區別是否僅在於此,好像仍有深入探討的必要,因為有些資料所揭示的情況,似乎有辨別"善"(更為純潔)、"惡"(更受污染)光明分子的意思在內。例如,插有帕提亞詞的中古波斯語文書S 13(S 9 R ii 30)的一段文字云:"阿緇(Az),一切諸魔的邪惡母親,變得狂暴憤怒,她製造了嚴重的騷亂,以幫助她自己的靈魂(*gryw*)。她用雄魔的泄物、雌魔的污垢製造了這個軀體,自己進入其中。然後,她用五明子,即奧爾密茲德神的甲胄,製成了善良的精魂(gy'n),將它束縛在這個軀體內。"顯然,文書對於邪惡貪魔的靈魂使用了gryw一詞,而對於善良的五明子則使用了gy'n,似乎旨在刻意地區分"壞"與"好"的靈魂。因此,gy'n與gryw的細微辨析恐怕還有待於更加深入和全面的探討。

這個創造物,使之能夠講和理解這些不同的語言。[1]

[43]她曾見過[日月]車上的諸神的男性後代(指第三使——譯者),於是以此為原型,製造了第一個男性人類。她還將他與上方蒼穹中的諸馬贊、諸阿斯雷什塔,以及黃道諸星座和諸行星聯繫起來,使得其上方的馬贊和黃道諸星座降下憤怒、淫欲和罪孽之雨,充滿其心靈,使之變得越來越殘酷、越來越像馬贊,越來越貪婪和淫蕩。當這男性人類誕生之後,她便取其名為"第一個人",即蓋穆爾德。

[44]然後,狀若獅子的雄性阿斯雷什塔和雌性阿斯雷什塔,再吞食了其同類的後代,充滿了淫欲,它們交合,軀體纏繞,結合在一起。

[45]阿緇吞食了這對馬贊所吃的諸魔的後代,以同樣的方式製造了一個女性人類,具備骨、筋、肉、脈、皮。[2] 於是,起初存在於水果和花蕾中的光明與美麗,如今便與馬贊的後代混雜在一起了,作為精魂被禁錮在肉體之內。阿緇還在其體內嵌入了貪婪、淫欲、色情、性交、仇恨、誹謗、嫉妒、罪孽、憤怒、不淨、昏瞶、無知、仇教、疑神、偷竊、撒謊、搶劫、惡行、固執、虛偽、報復心、狂妄、焦慮、憂傷、悔恨、痛苦、貧窮、匱乏、疾病、衰老、惡臭和偷盜心,以及各種各樣的邪信和最惡行為之心,使之像充滿蓋穆爾德一樣充滿了她。[3]

[46]她(阿緇)將諸馬贊的形形色色的語言和聲音都賦予了這個創造物,使之能夠講話和理解這些不同的語言。

[47]她曾見過[日月]車上的諸神的女性後代(即明女——譯者),所以她就以此為原型,製造了這個女人。她(阿緇)也將她與

---

[1]此語的意思當是表明摩尼教將世上眾多的語言視作為暗魔的產物。

[2]Mary Boyce, *Reader* 所列第45節的大部分及第46節(p. 73),Jes P. Asmussen, *Literature* 和 Hans-Joachim Klimkeit, *Gnosis* 均略而未譯,因為45節餘下者與第41節基本相同,而46節則與42節同。但漢譯文則據中古波斯語文書補足英譯文所節略者,以體現文書原貌,並指出前後段落之相異辭句。

[3]"以及各種各樣……"一語,為第45節新添。

蒼穹中的黃道諸星座和諸行星聯繫起來,使得其上方的由馬贊和黃道諸星座降下憤怒、淫欲和罪孽之雨。這樣,就可使這個精魂變得越來越殘酷和罪孽深重,充滿了淫蕩和性欲,從而能夠以其淫欲欺騙最早的男人。這樣,人類就將因這第一對男女而誕生,并且也變得貪婪、淫蕩、狂暴、仇恨、殘忍,就會傷害水、火、樹木和植物,他們就會崇拜阿緇和貪魔,就會按照諸魔的意願行事,並且(最終)將會進地獄。

[48]女身之人誕生後,他們便為她取名為"榮耀女人"(Female of Glories),即穆迪雅納格(Murdiyānag)。

[49]這一男一女誕生於世,並且成長後,阿緇和阿斯雷什塔諸魔都欣喜異常。阿斯雷什塔的頭領(阿緇)召集馬贊和阿斯雷什塔,對這兩類魔說道:"我為了你們,創造了大地和蒼穹、太陽和月亮、水與火、樹木和植物,以及野獸和家畜,使得你們因此得以歡樂、幸福、高興,履行我的意願。"

[50]一個可怕的馬贊被委派來作為這兩個孩子的護衛,她說道:"他應該保護他們,不允許任何人把他們從我們身邊帶走。由於馬贊和阿斯雷什塔非常害怕諸神,所以不應讓任何神前來打擊和束縛我們,以帶走按照諸神的形貌而製造出來的這兩個孩子。"

[51]此後,"最初男人"和"榮耀女人",即最早的男人和女人開始統治大地,他們體內的貪婪發作,充滿狂暴。他們開始淤積泉流、砍伐樹木和植物,肆虐大地,貪婪之極。他們不敬畏神靈,不承認可以使得世界卓有秩序的五明子(即 Amahrāspands),而是無情地折磨他們。

(以下有一段篇幅不明的文字已經缺失)

9.2 中古波斯語文書《斥疑解》第16章譯釋

約成於公元9世紀下半葉的一本中古波斯語著述,題為 *Shikand-GūmānīgVizhār*(或者 Škand-Vimānīk Vičār),意思是"祛除對於宗教之懷疑的解釋"(英文作 *Doubt-displling Explanation*)。作者為馬坦·法魯克(Martān-farūkh),他主張瑣羅亞斯德教有關善惡獨立起源的教義,而試圖駁斥摩尼所持的某些異端觀點。該書的第16章便是他對於摩尼教做專門說明性解釋的部分,與本章的主題相關,因此譯釋於此;至於其他關係不大的"駁斥部分"則不予涉及。

此書最初的版本是用鉢羅比(Pahlavi)字母書寫的,但迄今未見,而所見者只有尼爾約尚(Neryosang)撰成於公元12世紀的用帕贊德-梵(Pāzand-Sanskrit)字母書寫的版本;而所謂的帕贊德版本,即是用阿維斯塔字體(Avestan script)書寫的中古波斯語。早在19世紀末,威斯特就將全書譯成英文[1];後來,俄國學者賽爾曼對此曾有德文譯本[2];但稍後傑克遜的英譯本更為完善,並有詳細註釋[3]。在此,則主要依據傑克遜的英譯文,對於這段文書做漢譯和註釋,各節的標號也按傑克遜。

[§1]在此,進一步撰寫有關摩尼的成千上萬異端邪說之一,[2]因為我無法用更充分的方式來談論摩尼和摩尼教徒們的邪說、胡話與謊言,[3]那是需要花費我大量心思和長久的日常工作的。

---

〔1〕E. W. West, *The Sacret Books of the East*, 24, pp. 115 - 251, Oxford, 1885.

〔2〕C. Salemann, *Ein Bruchstük manichaeischen Schrifttums im Asiatischen Museum, miteinem Facsimile*. In Mémoires Acad. Impér. Des sc. De St. Pétersbourg, 8me sér. Vol. 6, no. 6, pp. 18 - 20. St. Peterburg, 1904.

〔3〕A. V. Williams Jackson, *Researches*, pp. 174 - 201.

[§4]如今,你們這些瑣羅亞斯德的馬茲達崇拜者[1]們應該知道,摩尼的最初宣言便是有關原始要素之無限性的;[5]第二即是有關要素之混合的,[6]最後是有關光明與黑暗之分離,[7]而這更像是不分離。[2]

[§8]此外,他還聲稱,俗世[3]是邪魔阿赫里曼(Ahriman)的軀體形成的,[9]肉體本身即是阿赫里曼的創造物。[10]與此對應的說法是:天空用(暗魔的)皮造成,[11]大地用肉造成,[12]山脈用骨造成,植物則是由邪魔庫尼[4]的頭髮造成。[14]雨即是被囚禁於蒼穹中的馬贊諸魔的精液[5],[15]人類是兩條腿的魔,動物則是四條腿的魔。[16]庫尼是阿赫里曼的軍隊的司令官,[17]阿赫里曼在(與光明的)第一次戰鬥中用其爪子搶劫了奧爾馬茲德(Ormazd)神,吞食了其光明;[18]在第二次戰鬥中,邪魔庫尼與眾魔一起被諸神捕獲,[19]一些魔被囚禁在蒼穹;庫尼則被殺死;[20]正是從他成就了這一偉大的創造。

[§21]太陽和月亮被安置在天空之外的最高處;[22]這樣,

---

[1]帕贊德書寫體系的 *Mahəst* 一詞即相當於缽羅比書寫體系的 Mazdayasn,意為"Mazda(神)的崇拜者"。而馬茲達(Mazda)即是古伊朗最高善神 Ahura Mazda(中古波斯語作 Ohrmezd)的簡稱:ahura 義為君主、帝王,mazdāh 義為知識、智慧等;故 Ahura Mazda 為"賢明之主"之意。瑣羅亞斯德教奉此神為最高神靈,且以火的崇拜為特色,故通常亦將"馬茲達崇拜"譯作"拜火教"。在此為盡量體現文書的原貌,故如正文所譯。

[2]這里所引摩尼所說的三點,即是摩尼教根本教義中的"三際"——世界發展的三個階段:第一,光明與黑暗互不相干的原始時期;第二,黑暗與光明搏鬥,從而混合,并且努力將光明從黑暗束縛中解救出來的時期;第三,光明最終完全戰勝黑暗,與黑暗再度完全分離的時期。

[3]中古波斯語 gytyg (*gētīg*)為"世界"之義,但是通常是指有形的和物質性的凡俗世界,因此下文有"阿赫里曼的軀體形成"云云的說法。

[4]中古波斯語 Kunī 或 Kund(亦作 Kūndag)是瑣羅亞斯德教中著名的邪魔,不喝酒而醉,其部分力量就來自醉;有時候扮演男巫之坐騎的角色。其形狀碩大無比,摩尼教突厥語文書 T II, D. 121 所謂的頭枕東方山脈,下身處於西方,雙肩位於南、北方,中腹即在須彌山的巨魔,儘管并未標明名號,卻顯然是借用了瑣羅亞斯德教的這一"庫尼魔"傳說。

[5]帕贊德字體的 *šuθur* 即相當於缽羅比字體的 *šusr*,義為含有遺傳天性的種子。按傑克遜,此詞也相當於阿維斯陀語 *xšudra*(見 *Researches*, p. 186, note12),而 *xšudra* 則有"液體""混合液體""男性精液"等含義(釋見 C. Bartholomae, *Altiranische Wörterbuch*, Strassburg, 1904, p. 555 該條)。又,此詞還相當於梵語的 vīrya,則有男子氣概、勇氣、力量、男性精液等意思;佛教的"精進""精勤"術語亦用此詞。因此,綜合此詞諸義及原文書的內容,這裏的漢譯文作"精液"當最貼切。

就逐漸地,通過太陽和月亮的向上吸引和提煉來淨化被諸魔吞食的光明。[23]此後,阿赫里曼預見[1]到了光明分子將因太陽和月亮的吸引而很快地得到淨化,從而脫離暗魔。[24]為了使得光明不能快速脫離黑暗,他設置了這個小世界,即是人類、牲畜和其他一切生物,完全複製了大世界,包括其他的具體創造。[25]他將生命和光明囚禁在軀體之內,[26]這樣,被太陽和月亮吸升的光明就會因生物的交配和生育,被迫再度返回原處,[27]於是,光明與黑暗的分離過程就會變得更慢。

[§28]雨即是馬贊諸魔的精液,[29]因為當眾馬贊被羈縛於蒼穹後[30](他們曾吞食了光明),[31][諸神]為了將光明與他們分離開來,使用了一種新的方式,將楚爾凡[2]的光明[與邪魔]區分出來。他們在雄性馬贊面前顯現了楚爾凡的十二顯赫女兒[的狀貌],[32]從而誘發出雄馬贊們的色慾,[33]遂從其體內射出了精液。[34]精液所含的光明便流到地上;[35]植物、樹木、穀物也就從那裏而生長;[36]馬贊諸魔體內的光明就這樣通過其精液的射出而被分離出來,[37]同時,地土中所含的光明則通過植物而被分離出來。

[§38]此外,有關生命(=靈魂)和軀體之性質的不同,他說道,生命(靈魂)是被束縛和囚禁在軀體內的。[39]既然具有軀體

〔1〕中古波斯語 *pəš-vīnāihā* 義為預見、預知,這是一種高級的智慧。但是,在瑣羅亞斯德教的教義中,"預見"決不是邪魔阿赫里曼的品性;相反,他始終被說成是愚昧、無知的,如《創世記》所言:"而阿赫里曼處於黑暗之中,只有低劣的理解力和破壞的慾望";"那邪神由於低劣的知識,不能覺察到奧爾密茲德神的存在";"然後,那邪神由於不善於觀察和徹底的無知,滿足於那個協定"(見所謂的"印度版創世記",Chapter 1, §3, 9, 19,載 Behramgore Tehmuras Anklesaria, Bombay, *Zand-Akasih*, *Iranian or Greater Bundahishn*, pp. 153 – 154)。所以,一旦摩尼教將邪神阿赫里曼說成也具有"先知先覺"之能力後,便遭到了其他教派的激烈駁斥,指責其為謬論。

〔2〕中古波斯語 Zarvān(亦作 Zarvān、Zruvān)是古伊朗的一個超級神靈,代表無窮之時間、空間和命運,本來只是一個通稱,因為該神是無名的,并且無性別,無情慾,乃至就善與惡而言,也是中性的。瑣羅亞斯德教將這楚爾凡神視作最原始的創造者,亦即時間和空間的原質。該教的分支楚爾凡教派(Zurvanism)更將楚爾凡說成是最高善神奧爾密茲德(Ohrmuzd,即 Ahura Mazda)和惡神魁首阿赫里曼(Ahriman,即 Angra Mainyu)這對孿生兄弟的父親。摩尼教借用了這一文化要素,以"楚爾凡"指稱其最高光明神靈大明尊。

外形的一切物質的創造者和維護者即是阿赫里曼,[40]那麼就不該生育,繁衍子孫,[41]否則他就是阿赫里曼的合謀者,維持了人類和牲畜,強迫生命和光明返回肉體;甚至,栽種植物和穀物也是不適宜的。

[§42]此外,他們又自相矛盾地說,[43]創造物的摧毀者也是阿赫里曼,[44]鑒於這一原因,也不該宰殺任何生物,[45]因為宰殺正是阿赫里曼所幹的事。

[§46]此外,他們還說,儘管阿赫里曼在維護著這俗世,但尊神最終肯定會取得勝利的,[47]即是通過將生命(靈魂)從軀體分離而取勝。[48]最終,這個俗世將被毀滅;[49]此後,不會再有類似的新世界建立起來,也不會有死亡和軀體的恢復。

[§51]此外,他們還說道,這兩個最初的創造物始終一起存在,猶如陽光和陰影一般,[52]二者之間沒有任何界線和空間。

9.3 敘利亞語文書《注疏集》譯釋

西奧多·巴庫尼(Theodore Bar Kōnay)是公元8至9世紀基督教聶斯脫利教派的一位教士和作家,為美索不達米亞人。他撰寫過有關葬禮演說和教會史等方面的書籍,但其中最重要者則是成於791—792年的敘利亞語著述《注疏集》(*Book of Scholia*,敘利亞語的拉丁轉寫名為k^{e} ṯāḇā deskōlyōn)。此書共分11講,包括邏輯學、語法、神學、反異端的解釋等,特別是問答式的為基督教教義的辯解和對異端教派的駁斥。而對伊朗研究最具重要價值的是第11講,其中涉及古伊朗的許多教派,最為重要者即是有關摩尼教的資料,它直接引自摩尼的著述,主要談論了摩尼教的宇宙創生說,而有關本章主題,即凡俗世界之創造的神學在該書中得到了很清楚的描述,因此極具學術價值。

早在一百多年前,西方學者就開始對《注疏集》的摩尼教內容進行翻譯和研究,如波尼翁(Pognon)的法譯文[1]、居蒙(Cumont)的法譯文和研究[2]、謝德爾(Schaeder)的德譯文[3]、傑克遜(Jackson)的英譯文和註釋[4]、以及亞當(Adam)、波利西(Böhlig)等的德文著述[5]。在此則主要依據傑克遜的英文版,譯釋《注疏集》中有關俗世和生物創造的記載如下:

> 使者來到這些舟船後,他命令三位隨從驅使這舟船運行[6]。他並命令大般建造新地,以及用以登升舟船的三輪[7]。當舟船向上,抵達天空中央後,使者便顯現了男身和女身的形相,讓一切暗魔,無論雌雄,都看見此身。一切諸魔見到使者俊美的身形後都充滿了慾望,雄魔因女身之神而起慾念,雌魔因男身之神而起慾念,

---

[1] H. Pognon, *Inscriptions mandaïtes des coupes de Khouabir* Ⅱ, Paris, 1899.

[2] F. Cumont, *Recherchessur le manichéisme*Ⅰ: *La cosmogonie manichéenne d' après Théodore bar Khoni*, Brussels, 1908.

[3] H. H. Schaeder, "Iranische Lehren," // R. Reitzenstein and H. H. Schaeder eds., *Studien zum antiken Synkretismus aus Iran und Griechenland*, Leipzig and Berlin, 1926.

[4] A. V. Williams Jackson, *Researches*, New York, 1932.

[5] A. Adam, *Texte zum Manichäismus*, Berlin, 1954; A. Böhlig with the collaboration of J. P. Asmussen, *Die Gnosis* Ⅲ: *Der Manichäismus*, Zurichand Munich, 1980.

[6] 摩尼教文獻中的"舟船"多指日月,而在此所稱驅使日月運行的"三位隨從"(敘利亞語 *lᵉlāthā 'abhdīn*)究竟是何等神靈,是可以探討的。從文義看,這三者似乎是第三使的"隨從"。然而,似乎未見其他文書提到過第三使的"隨從"。故傑克遜認為,這三名"隨從"當是生命神的三個兒子,因為同一敘利亞文書在談及生命神創造天地時,曾提到他命令其五個兒子中的三個兒子[善戰的英雄阿達馬斯(Adamas)、榮耀王(King of Glory)和光榮王(King of Honor)]去宰殺諸魔(一子負責宰殺,另二子負責剝皮),以用其尸體建造天地。生命神的這三個兒子的事蹟頗為突出,遂可能在此被移植到第三使名下,作為三名"隨從",來推動天體的初始運轉(見 A. V. Williams Jackson, *Researches*, p. 233, note 45 和 p. 242, note86)。但是,若謂這三位"隨從"是生命神的三個兒子,那麼,派遣他們的主神很可能并非第三使,而當是其父生命神,因為生命神偕其五子與第三使分屬大明尊第二次和第三次"召喚"出的兩批不同神靈。另一方面,在摩尼教的帕提亞語和中古波斯語文書中,myhr(常為太陽之稱)一詞有時指稱生命神,有時亦指稱第三使,所以在某些情況下,亦不無可能混淆了二者。另外還有一種可能是:這"三位隨從"恐怕也非生命神之子,而同在大明尊第三次"召喚"中誕生的另外三位次級神靈,即是由第三使本身"召喚"出的光耀柱(Pillar of Glory,漢語文書稱相柱)、耶穌(Jesus,漢語文書稱夷數)和光明少女(Virgin of Light,漢語文書稱電光佛)。這三位神靈與第三使的關係,恰如五子與生命神的關係,故若言他(她)們奉第三使之命去辦某事,較諸生命神之子奉第三使之命辦事更加合乎情理。有關論述,可參看本書中編第五章。

[7] 所謂的"三輪",即是在明界神靈在創造日月等天體的同時,利用部分由暗魔排泄出的光明分子創造的風、水、火。

於是他們全都將此前吞食的五明子射洩出來。幽閉在他們體內的罪孽猶如毛髮混和在麪團中一樣,隨著光明分子而洩出諸魔體外。他們欲圖再次進入光明,但是使者隱蔽了其形相,並將五明神的光明與諸魔的罪孽分離開來。來自諸魔的罪孽降還諸魔,但是他們拒絕接納,猶如一個人厭惡自己的嘔吐物一樣。

於是,罪孽降落大地,一半落入濕處,一半落入乾地。落入濕處者變成了恐怖的怪物,其狀宛如暗魔之王;光明的阿達馬斯[1](Adamas of Light)則被派去對付她[2]。他與她格鬥,打敗了她,把她掀翻得仰面朝天,用其長矛刺進她的心臟,用其護盾按在她的嘴上,用其一足踩在她的大腿上,另一足踏在她的胸膛上。而落在乾地的罪孽則長成了五類樹木[3]。

他(指摩尼——引者)又說道:暗魔的這些女兒們此前都懷了孕,但是見到使者的美妙形相後,她們的胎兒都墮落了,落到地上,吞食了樹木的嫩芽。這些墮胎物一起思考,回憶起他們曾經見過的使者的形貌,他們說道:"我們所見的形貌如今在哪裏?黑暗魔王之子,阿沙克龍[4]對墮胎物說道:"把你的子女們給我,我將為你們創造你們見過的那形貌。"於是,他們將其子、女交給了他。然而,他只吞食了雄性者,而將雌性者給其配偶納姆里爾[5]。隨

---

〔1〕阿達馬斯(Adamas of Light)乃是生命神(Living Spirit)的兒子之一。

〔2〕在摩尼教文書中,凡是象徵罪孽的魔怪往往都用陰性名詞表示,這是摩尼教的特色。

〔3〕這裏所言的"五類樹木"當即漢語文書《摩尼教殘經》描述的"五毒死樹",用以禁錮光明分子,系由暗魔所造:"魔見是已,起貪毒心,以五明性,禁於宍身,為小世界。亦以十三無明暗力,囚固束縛,不令自在。其彼貪魔,以清淨氣,禁於骨城,安置暗相,栽蒔死樹;又以妙風,禁於筋城,安置暗心,栽蒔死樹;又以明力,禁於脈城,安置暗念,栽蒔死樹;又以妙水,禁於宍城,安置暗思,栽蒔死樹;又以妙火,禁於皮城,安置暗意,栽蒔死樹。貪魔以此五毒死樹,栽於5種破壞地中,每令惑亂光明本性,抽彼客性,變成毒菓。是暗相樹者,生於骨城,其菓是怨;是暗心樹者,生於筋城,其菓是嗔;其暗念樹者,生於脈城,其菓是婬;其暗思樹者,生於宍城,其菓是忿;其暗意樹者,生於皮城,其菓是癡。如是五種骨、筋、脈、宍、皮等,以為牢獄,禁五分身。"(《摩尼教殘經》,第29—40行)

〔4〕此即敘利亞語 Ašaqlūn 的漢譯名。按摩尼教神學,是為誕育最初人類亞當、夏娃之雄魔的名號。希臘語和拉丁語作 Saklas;中古波斯語則稱 *āsrēštār*(上文漢譯作阿斯雷什塔)。

〔5〕敘利亞語 Namrāēl 即是誕育最初人類亞當、夏娃之雌魔的名號,但按教父著述,似乎更宜稱 Nebrōēl。在帕提亞語和粟特語文書中,此魔則稱 Pēsūs。

後,納姆里爾和阿沙克龍一起交合,她因而懷孕,遂生下一個兒子,起名為亞當。她又懷孕,生下一個女兒,起名夏娃。

他(摩尼)又說道:光輝耶穌走近清白者亞當,把他從死亡睡眠中喚醒,以使他可以擺脫那兩個凶靈。正如一個正直之人發現有人被惡魔所困時,他就會用其法術使之緩解一樣,這位深受愛戴者(指耶穌——引者)發現他沉睡時,就把他喚醒,抓住他,搖晃他;他把誘惑他的暗魔從他身邊驅走,使得那厲害的雌魔逃離。然後,亞當審視了自己,認清了自己的真相。他(指耶穌——引者)向他展示了高空中的諸位父尊,以及他自己是如何落入虎豹的利牙中,落入猛象的口中,以及如何被貪婪的嗜食怪獸所吞食,被群狗所吃,以及被混雜和禁錮在一切物質之中,被束縛在黑暗的污穢之中。

他(摩尼)又說道,他(耶穌)將他(亞當)提升,讓他品嚐生命之樹。此後,亞當觀望,并且悲泣起來。他用力提高嗓門,猶如獅子吼叫一般;他解開胸口的衣襟,捶打著自己的胸脯,說道:"唉,唉,該死的,我肉體的製造者,我靈魂的束縛者,還有那奴役我的背叛者!"〔1〕

9.4 阿拉伯語《群書類述》有關人類始祖的記載譯釋

伊本·阿爾納丁(Ebn al-Nadīm,或以為可能是波斯人),約生於公元932年,卒於990年;在987年撰成阿拉伯語的《群書類述》(*Ketāb al-fehrest*)一書。該書旨在將作者當時所見的一切書籍、文章、筆記編目而作阿拉伯語簡介,從而發展成一本百科全書式的著作,不僅集中了10世紀巴格達穆斯林學者所擁有的知識,并且還記錄了寶貴的古代文化遺產;在許多情況下,後人只有從該書中才能了解某些早期作者

〔1〕西奧多·巴庫尼有關摩尼的說教,錄引到這裏便突然截止了。但從其他文書可以得知,這份敘利亞文書只是有選擇性地轉述了摩尼教的若干教義。

及其著述的情況。而有關摩尼教的介紹,即是此書的第9章,涉及摩尼的生平及其諸多說教。可以認為,這段文字是談及摩尼及其教義的最為廣泛、多樣和可靠的非摩尼教文書;甚至,在大量摩尼教本教的原始文獻被發現之後,此書的價值依然重大。

在此,譯釋《群書類述》第9章第一節中有關人類初創,即所謂“亞當”“夏娃”故事的那一段,主要參照道奇的英譯本[1];當然,早在150年前就已經有了弗留格爾的德文譯本以及詳細註釋[2],長期以來為學界所引用,本章亦時或用作比照和參考。

> 按照摩尼之說的(人類)世代之始摩尼說道:“隨後,諸魔之一以及眾星迫不及待地,慾火熾盛地,充斥罪孽地進行性交,並因其性交而出現了最初的男人,即是亞當。導致這一結果的是二魔,即雄魔和雌魔的交合。然後,這樣的性交再次發生,從而出現了一個美麗的女人,即是夏娃。”
>
> 他說道:“當五天使[3]見到尊神的光明及其仁慈被慾望所掠奪,并且囚禁在這兩個出生者體內時,他們就請求阿爾巴希爾[4]、生命母、初人以及生命神派人前來這位初生者那裏,解放他,拯救他,教給他知識和正直,將他救離諸魔。”
>
> 他說道:“於是他們派遣了耶穌[5],與他一起前來的另一位神靈搜捕到了二魔(即雄魔與雌魔),囚禁了他們,並解救了被他們生下的二人。”他說道:“耶穌開始對被[暗魔]生下的男人即亞當說話,教導他有關天堂樂園、神靈、地獄、邪魔、天地、日月等事。使

[1]Bayard Dodge, *Fihrist*, pp. 283 – 286.

[2]G. Flügel, Mani: *seine Lehre und seine Schriften*, Leipzig, 1862。本文譯釋內容的德譯文載pp. 90 – 93;註釋文字載 pp. 244 – 271。

[3]這裏的“五天使”(five angels)當即摩尼教神學所言,明暗相鬥之初,明界主神之一“初人”(Primal Man,即漢文典籍中的“先意”)之五子“五明子”,他們被暗魔吞食,從而流落俗世,被暗魔創造的肉體所禁錮,從而始終期待獲得拯救,重返明界。

[4]阿拉伯語 al-Bashīr,義為“好消息的通報者”,因此也就具有“信使”“使者”的意思,所以,此神也指的是大明尊第三次召喚出的主神“第三使”(摩尼教漢語文書中稱“三明使”等)。

[5]當然,這一“耶穌”只是摩尼教借用基督教的文化因素而使用的一個神名,他在摩尼教中的地位與作用與基督教內的“耶穌”有著很大的區別;猶如同樣的人類祖先“亞當”“夏娃”在摩尼教中的角色也與基督教迥異。有關的詳細解釋在此不贅。

得他懼怕夏娃,向他解釋道,她是被禁止接觸的,他不能夠接近她,從而使他不敢靠近她;他聽從了。

此後,雄魔由於充滿了慾望,便又與他的女兒夏娃性交,她遂生下一個兒子,相當醜陋,膚色發紅。他的名字叫凱恩(Cain),意為'紅膚人'。此後,這個兒子又與他的母親交合,從而生下一個兒子,膚色發白,名叫阿貝爾(Abel),意為'白膚人'〔1〕。凱恩隨後又與其母親交合,遂生下兩個女兒,一個名叫'世代智'(Wise of the Ages),另一個名叫'墮落女'(Daughter of Corruption)。隨後,凱恩娶墮落女為妻,而將世代智給阿貝爾,阿貝爾便娶她為妻。"

他說道:"在世代智體內,存留著源自尊神之光及其智慧的美德,但在墮落女體內則毫無[美德]。於是,有個天使前赴世代智那裏,對她說道:'保護你自己,因為你將生下兩個女孩,滿足尊神的愉悦。'此後,他便將她擁在身下,她遂為他生了兩個姑娘,一個名叫法爾亞德(Faryād,義為悲哀),另一個名叫普爾法爾亞德(Pur-Faryād,義為充滿悲哀)。阿貝爾聽說此事後,大為惱怒,並充滿悲傷。他因此問她道:'你與誰生下了這兩個孩子?我猜她們是凱恩的孩子,因此與你交合的人是他!'雖然她向他解釋了天使出現的事情,但是他還是離開了她,去了他母親夏娃那裏,向她抱怨凱恩所幹的事。他問她道:'他對我的妹妹兼妻子所幹之事的消息傳到你這裏了沒有?'當凱恩聽說此事後,便前赴阿貝爾處,用石塊砸碎了他的腦袋,殺死了他。然後,他娶了世代智為妻。"

摩尼說道:"嗣後,二魔與辛迪德〔2〕及夏娃很是哀傷,因為他們聽說了有關凱恩之事。辛迪德於是教夏娃念誦魔咒語言,這樣,

〔1〕Bayard Dodge, *Fihrist*, p. 784 的譯註 196 稱,阿拉伯語 abel 義為白色,之所以用此詞,顯然是隱含"善良"的寓意。

〔2〕對於ṣindīd(阿拉伯語也作 Al-ṣindīd)一名,Bayard Dodge, *Fihrist*, p. 785, note 200 謂義為"英勇指揮官"(gallant commander)或者"狂風"(violent wind),可能即是指此前與世代智交合的那個天使。不過,亦有謂辛迪德乃是生育亞當、夏娃之雄魔阿沙克龍(Ašaqlūn)的另一名字(見 Abolqāsem Esmāilpūr, *Manichaean Gnosis & Creation Myth*, electronic file, Jan., 2005)。此說有理。

她便能蠱惑亞當。於是,她就這樣做了,用一棵樹上的花做成的花冠來引誘他。亞當見到她後,性慾強烈,與之交合,她遂為他生下一個男孩,漂亮、清秀。辛迪德得知此事後,心煩意亂,生起病來,他對夏娃說道:'這個初生的嬰兒不是我們的,而是個不相干的人。'她因此便想弄死這孩子,但是,亞當接過了孩子,對夏娃說道:'我會用母牛的乳汁和樹上的果實餵養他!'於是他就帶走了孩子。然而,辛迪德唆使諸魔將樹和母牛移得遠離亞當。亞當見此情形,便在這嬰兒的周圍做了三個圓圈。繞第一個圈子時,他念誦著明界樂園之王的名字;繞第二圈時,念誦初人(先意)的名字;繞第三圈時,則念生命神(淨風)的名字。然後,他與尊神交流,讚美其名,並祈求道:'即使我對你犯了罪,但是這個新生兒并無罪過。'隨後,三神[1]之一迅即手持華麗的花冠,交給亞當。辛迪德和諸魔見此情形,便都走開了。"

他說道:"接著,在亞當面前出現一棵樹,稱為忘憂,從中流出乳汁,他便用來餵養男孩。他最初用樹名稱呼男孩,後來則稱他為沙蒂爾(Shātil)。於是,辛迪德便宣佈與亞當及其所生者為敵,他對夏娃說道:'你去顯現在亞當面前,或許還能將他帶回來。'於是她匆匆離去,勾起了亞當的情慾,使之與她淫蕩地交合。沙蒂爾見此情形,便告誡亞當,責備了他,說道:'來吧,你應該前赴東方,去見光明和智慧尊神!'這樣,亞當就與他分手,並一直居住在東方,直到去世,前赴[天堂]樂園。沙蒂爾則與法爾亞德(悲哀)、普爾法爾亞德(充滿悲哀)及其母親世代智,以正確的觀念和正確的方式積善行德,直到去世;但是夏娃、凱恩及墮落女則進了地獄。"

9.5 《克弗來亞》所載俗世創生說譯釋

《克弗來亞》是《導師的克弗來亞》(*The Kephalaia of the Teacher*)的

[1]這三神當即是亞當在繞圈時所念誦和祈求的明界之王(大明尊)、初人(先意)和生命神(淨風)。

簡稱,為紙草質地的科普特語文書,於1930年被發現於埃及開羅的一家古董店。這是摩尼的弟子們記錄摩尼所說教義的一份經典,撰寫時間甚早,最晚在公元4世紀的上半葉就已撰成。[1] 這一科普特語文書由波洛茨基和波赫里希刊布第一卷,並譯成德文,於1940年出版;第二卷則於1966年出版。[2] 嗣後,加德納於1966年則出版了英譯本,並加註釋。[3]

Kephalaia(克弗來亞)的原義為要素、精華、本質等,則本書內容當意為"摩尼之教義精要"。書中有好幾個章節談及摩尼教的宇宙創造神學,并且,由於該文書的撰寫時間較早,故它表述的教義應該更接近摩尼的原意。所以,在此主要根據加德納的英譯本,選擇相關段落,譯成漢文,並加註釋:

> 弟子們再次請教顯赫者。他們對他說道:我們當中的某些人告訴我們說,我們知道……使者應允那肉身之人;在另一個時代,他將被製造成……。他又說道:使者顯現其形象於蒼穹中。宇宙中的眾君主和權勢[4]都看到了他的形象,他們按照他的樣子造成了他們——亞當與夏娃——的狀貌。看哪,你們看見了神靈應允此事的發生;因為這,他已向眾君主顯現了其形象;他們建造了……如果他不曾應允人類,他就不會顯現他的形象,他們也無法按他的狀貌創造人類!
>
> 然後,顯赫者對其弟子們說道:至於此時前來顯現形象的這位使者,他并非是為了向蒼穹中諸魔君顯露形象,而是為了他的靈魂和兒子,他是……每一……如此,他便能使他存活……以及使之釋放,將靈魂從被混雜和禁錮的一切束縛中解救出來。

---

[1]因為成於340年前的基督教著述《阿基來行傳》(*Acta Archelai*)就已提到《克弗來亞》的書名;此外,Epiphanius在其4世紀後期的作品*Panarion*中也曾提到*Kephalaia*的書名。

[2]H. J. Polotsky and A. Böhlig, *Kephalaia*, Manichäische Handschriften der staatlichen Museen Berlin, Band I, Stuttgart, 1940; Band II, Stuttgart, 1966.

[3]Iain Gardner, *Kephalaia*, 1995.

[4]這裏所謂的"君主"(rulers)和"權勢"(powers)當都是指邪惡即黑暗方面的角色,亦即諸魔。

你們再看哪！眾魔君和眾權勢並無他那樣的形貌，他們垂涎於他的形象。他們對照自己，沒有一點與他相像。於是，他們將他的形象印在了自己的心中，印在了他們的靈魂內。此後，他們按照他的形貌創造了亞當和夏娃。他們將這高貴的形象印在他們的靈魂之中。這樣，他們仿造了形貌，但是他們並沒真正地複製他，而只是……它被創造成這樣，因為它來自於……但是它並未真正地與他相像。人類的形貌也就是如此，他們對照著高貴者的形象而複製了它。[1]

此後，摩尼還不嫌其煩地用一個譬喻來說明第三使為何向諸魔裸露美麗的形體：就如一個高貴、富裕、優雅、漂亮的婦人，從來隱居宮中，不讓世人見到其美麗的臉龐。但是，後來為了拯救其心愛的兄弟，而主動出宮，來到普通人之間，讓所有的男人都見到了她的形貌。第三使也是如此，為了拯救被暗魔囚禁的光明分子而向諸魔裸露形相，引起他們的色欲，從而洩出光明分子。顯然，摩尼在此特別想強調的，是第三使向諸魔"裸露"，是有著高尚目的的，而并非行事的不慎。

下面所引第57章的一個段落，則解釋了有關亞當等早期人類與後世人類的區別：

又，一位巴比倫新信徒問開悟者，說道：大師啊，請給我談談，指點一下有關亞當，即第一個男人的事情。他是什麼時候被創造的？他們如何塑造了他？或者，他們如何誕生了他？其誕生方式是否與現代人類的誕生方式相同？他的誕生與現代人的誕生有區別嗎？

我注意到，亞當的身軀強壯，身材高大，他的壽命也很長，他在俗世生活了許多年。而他也并非唯一的強壯者，與他誕生在同一時代的其他所有人也是非常長壽。而誕生在現代的人的身高、力量卻都在減退，甚至壽命也在縮短。那麼，為什麼生於現代的人與最初的人會有如此不同……看哪，即使星辰和黃道十二宮仍然位

[1] Iain Gardner, *Kephalaia*, $133^4 - 134^{12}$, Chapter 55, pp. 141 – 142.

置依舊。為什麼現代人和屬於新一代的古人比較起來,其壽命在減短,身材也在縮小?

我們的開悟者以其深邃的智慧和偉大的理解力,對提問的新信徒說道:人類[的壽命、身材等]之所以有增長和減小的變化,是因為有五類掌權者負責管理著黃道十二宮的天體和上方的諸天。他們有著各自的稱呼:第一個名字是年,第二是月,第三是日,第四是時,第五是瞬間。這五個位置與五座房子存在於天體與諸天中,那裏有五種權勢,掌控著人類。此即年主、月主、日主、時主、瞬間主,他們輪流當魁首,而輪到當魁首的則掌管其下方的人類。

這樣,人類以及動物誕生之後,就受這些權勢管轄。自宇宙創生之初直到世界末日,這些權勢都執掌著大權。在人類之初,是由年主掌權,因此,在此期間誕生的人類的壽命就比較長。亞當,以及他的兒子塞特(Sethel)和其後的一些人,也就獲得了較長的壽命。

當年主不再掌權,而由月主掌權時,由於月的時間少於年,故在此期間誕生的人類的壽命也短於年主掌權期間之誕生者的壽命。

當月主的掌權期限結束後,繼之以日主獲得權力。由於日的時間少於月,故在此期間誕生的人的壽命也短於月主掌權期間之誕生者的壽命。又,時主、瞬間主掌權期間的誕生者的壽命當然比月主、日主掌權期間之誕生者的壽命更短。[1]

摩尼在此談到了人類壽命越來越短的現象,儘管用了"年主""月主""日主"等相繼掌權的說法來解釋這一現象,但仍然令人有點摸不著頭腦。但是,他接著的一段解釋,卻似乎更能令人理解,因為他明確地歸因於人體內"光明分子"的越來越少,亦當是說,由於人類越來越邪惡,故壽命越來越短,身體越來越弱了:

開悟者對新信徒說道:你的這個問題問得很好,故得讓你知

[1] Iain Gardner, *Kephalaia*, 144^{15} - 146^{8}, Chapter 57, pp. 151 - 153.

道和理解它。早期人類的情況是,他們包含的光明更多,軀體更潔淨。所以,他們的壽命更長久,其子孫的數量也要比現代人之子孫的數量多。他們在其母親的子宮中待的時間更長。此後,他們……在一個子宮中的數量。一個子宮要生育五個、六個;有時候比這少一些,有時候比這多一些。確實,由於夏娃的多產,其孩子也就多了。俗世僅因他們就擁護不堪,因為舊時代人所生育的子孫與現代人的子孫迥然不同。他們的懷孕和誕生不同於後世的誕生,不同於今天從婦女子宮中的生育。

今天,在這些末代誕生的人,是弱小的和殘疾的。他們一個一個地誕生自一個子宮,幾乎沒有兩個或更多。他們甚至容貌醜陋,身材矮小,四肢虛弱。他們的學說和思維充滿了不道德,他們十分邪惡。他們正在沉溺,他們終結其令人痛苦的生命期,死亡很快降臨於他們。[1]

9.6 摩尼教
有關俗世生物創生觀的幾個特點

綜觀以上譯釋的諸文書,可以大致了解摩尼教有關俗世生物創生的基本觀念,在此擇其要者,做一簡單的概括和分析,以展示摩尼教教義的獨特之處。

9.6.1 人類和俗世是邪魔的創造物

按照摩尼教的創世神學,人類是邪惡暗魔的創造物。這一說法與基督教的"上帝創造人類"的觀念(其他宗教文化也有類似觀念)恰恰相反,因此非但顯得"特立獨行",更令其他宗教文化(尤其是基督教)的教俗信眾深為厭惡,從而產生了強烈的敵意。這恐怕也是摩尼教在各個時期和各個地域都難以長久與其他信眾和諧相處的重要原因之一。

[1] Iain Gardner, *Kephalaia*, $146^{25-32}-147^{1-17}$, Chapter 57, pp. 153–154.

從上文譯釋的中古波斯語文書 T III 260 中可以清楚地看到,第一個男性人類和女性人類,都是暗魔之首阿緇用她所吞食的由諸魔(雄性馬贊和雌性阿斯雷什塔)的後代混合體創造的。正因為如此,故人類的體內從一開始就充滿了"貪婪、淫欲、色情、性交、仇恨、誹謗、嫉妒、罪孽、憤怒、不净、昏聵、無知、仇教、疑神、偷竊、撒謊、搶劫、惡行、固執、虛僞、報復心、狂妄、焦慮、憂傷、悔恨、痛苦、貧窮、匱乏、疾病、衰老、惡臭和偷盜心"等等邪惡的品性;"最早的男人和女人開始統治大地,他們體內的貪婪發作,充滿狂暴。他們開始淤積泉流、砍伐樹木和植物,肆虐大地,貪婪之極"。顯而易見,在摩尼教的眼中,俗世的人類,除了其肉體所囚禁的一點"靈魂"(即光明分子)外,其言、其行、其思都與邪魔無所區別。

又,上文譯釋的中古波斯語文書《斥疑解》則更將俗世的天體、天象、人類、動物、植物等等都視之為邪魔的一部分:"俗世是邪魔阿赫里曼(Ahriman)的軀體形成的,肉體本身即是阿赫里曼的創造物";"天空用(暗魔的)皮造成,大地用肉造成,山脈用骨造成,植物則是由邪魔庫尼的頭髮造成。雨即是被囚禁於蒼穹中的馬贊諸魔的精液,人類是兩條腿的魔,動物則是四條腿的魔"。在此,人與動物被直指為"魔",足見摩尼教對於俗世和現世人類的惡感到達了何等程度!

摩尼教出於這樣的教義,其推衍出的理論也就更趨極端,如《斥疑解》所言:"既然具有軀體外形的一切物質的創造者和維護者即是阿赫里曼,那麼就不該生育,繁衍子孫,否則他就是阿赫里曼的合謀者。"連生育都遭指責(當然,在現實生活中,至多是"不鼓勵"或"部分禁止",而無法"全面禁止"),摩尼教在現實世界中的不受歡迎、孤立和被敵視的程度是可想而知了,則其生存環境和發展之艱難,也可以想見。是為摩尼教俗世生物創生說的特點之一。

9.6.2 女性比男性更邪惡

儘管摩尼教將男人和女人都歸因於暗魔的創造,但是相比之下,它視女性為更邪惡的一部分,這在上文譯釋的阿拉伯語《群書類述》中表述得比較清楚。例如,當明界諸神得知暗魔創生了第一個男人亞當和第一個女人夏娃後,便派遣耶穌等來搜捕暗魔,解救二人:“耶穌開始對被[暗魔]生下的男人即亞當說話,教導他有關天堂樂園、神靈、地獄、邪魔、天地、日月等事。使得他懼怕夏娃,向他解釋道,她是被禁止接觸的,他不能夠接近她,從而使他不敢靠近她。”顯然,耶穌更關注和意欲拯救的是男人亞當,而女人夏娃則是亞當應該懼怕和禁止接觸的對象,因為她更加“邪惡”!

又,夏娃屢有與魔、神乃至兒子濫交,以及用情慾勾引亞當的行為,分明都是該受斥責的“不規之舉”。因此,最終的結果是,亞當“一直居住在東方,直到去世,前赴[天堂]樂園。沙蒂爾則與法爾亞德(悲哀)、普爾法爾亞德(充滿悲哀)及其母親世代智,以正確的觀念和正確的方式積善行德,直到去世;但是夏娃、凱恩及墮落女則進了地獄”。亦即是說,同由暗魔創造的人類先祖,男性亞當最後進了天堂,女性夏娃則墮入地獄。如此截然相反的結局,十分鮮明地凸現了摩尼教對於女性的敵意甚於男性。

摩尼教的這一觀念還在通常以魔首為陰性的現象上展示出來。例如,上文 T III 260(M 7980—7984)文書用大量篇幅敘述了暗魔阿緇如何操縱諸魔和創生人類等事,而對阿緇的人稱代詞都用陰性“她”。又,“阿赫里曼以及諸魔在五洞穴(即暗界的五個部分)展開了戰鬥,一個洞穴深於一個洞穴。阿緇即諸魔之母,一切罪孽從她而出。”[1]在此稱阿緇為“諸魔之母”,乃一切罪孽之源泉,足見雌性暗魔的“地位”之高。

更為明白的描繪見於科普特語文書《克弗來亞》第四章:“第二夜是黑癘[2],女雕塑師……,她塑造了……以及在黑暗世界的整個統治權。她爲其製造了五種感覺器官,五男五女,每個世界兩人;還有居於

[1]見帕提亞文書 M 183 I;英譯文見 Jes P. Asmussen, *Literature*, p. 119。

[2]在摩尼教科普特語文書中,ϋλη(希臘文 ΫΛΗ,拉丁字母轉寫作 Hylè)一詞往往有特殊的含義:蓋因若按一般解釋,其義爲“木材”“物質”,在古希臘的哲學用語中,則爲“實質”“原質”“原始物質”之義;此外,按照二元論的思想,又是與“心靈”“精神”相對立的“物質”,故英文通常譯作 Matter。但摩尼教則以此作為暗魔的名號(相當於伊朗諸語中的“阿緇”),亦即邪惡、罪孽等的異名,與一般的解釋不同,所以,在此按發音譯作“黑癘”。

男人和女人體內的激情和性欲,激發他們相互親密。它們是第二夜的十二精靈。確實,這個黑癘,死亡之思,她給予暗界魔王以力量,展開對付偉大永世的戰爭。"[1]暗界魔王在與明界交戰中的力量,也要來自"她",可見女/雌/陰性的"邪惡"程度確被認為甚於男/雄/陽性!這是摩尼教生物創生說的又一特點。

9.6.3 人體為小世界

摩尼教創世說的另一個特徵,是將人體視同於整個宇宙的縮影,或者,宇宙是人類身體的擴展。亦即是說,人體是個小宇宙,宇宙是個大人體;暗魔按照大宇宙的結構創造了人體這個小宇宙。如前文所引《斥疑解》所言,暗魔阿赫里曼為了使光明不能快速脫離黑暗,遂"設置了這個小世界,即是人類、牲畜和其他一切生物,完全複製了大世界,包括其他的具體創造。他將生命和光明囚禁在軀體之內,這樣,被太陽和月亮吸升的光明就會因生物的交配和生育,被迫再度返回原處。於是,光明與黑暗的分離過程就會變得更慢。"

大一小宇宙的對應,不僅僅是一般性的譬喻,而是有相當具體的對應關係,例如,科普特語文書《克弗來亞》第38章引述摩尼對門徒的教導道:

> 宇宙按照人的模樣構成。他的頭是外衣的領口。他的頸是外衣的項部。他的胃是五個展開部分,是外衣的……。他的肋骨是諸天,他的臍是星辰和黃道十二宮。此外,他的臍和臀之間的那部分是從黃道十二宮諸星到四世界角落的那部分。他的腰是……之下的三重地,它在門警的上方。他的……是從……到門警穩穩站立的大地的那部分。他的脛骨和脚是……,整個區域隸屬於……。他的心臟是人類,他的肝是四足動物,他的肺是空中飛翔的鳥類,他的脾是水中游泳的魚類,他的腎是地上匍匐的爬行類動物,他的表皮是……的圍墻,包圍著濃烈的大火。他的……是……烈焰的容器。他的……黑暗的……。他的膽是……,他的大腸是

[1] Iain Gardner, *Kephalaia*, 26^{11-20}, Chapter 4, p.30.

各個世界的……,他的血管是……一切井、泉,他的眼睛是……[1]

當然,這是以"小宇宙"中的人體或俗世的結構部件來對應宇宙,同書第70章則倒過來,以"大宇宙"中的天體的對應人體的諸部位,并且更為具體:

白羊宫、金牛宫、雙子宫、巨蟹宫、獅子宫、室女宫、天秤宫、天蝎宫、人馬宫、摩蝎宫、寶瓶宫、雙魚宫,這是黄道十二宫,見於上界,在空中。……

又,如我們已經列數的黄道十二宫那樣,它們也一一見於人體内,他們依次排列,從頭到脚。頭是白羊宫,頸和肩是金牛宫;雙臂是雙子宫;上身是巨蟹宫;胃是獅子宫;腹部是室女宫;脊椎和腸是天秤宫;生殖器是天蝎宫;腰是人馬宫;膝是摩蝎宫;脛骨是寶瓶宫;脚掌是雙魚宫。看哪,它們也逐一地分布,存在於身體各部,猶如黄道十二宫的分布格局一樣。它們也一個個依次排列,從頭至脚,……

我將叙述的自上而下的右側六種肢體是:右太陽穴爲白羊宫;右肩是金牛宫;右臂是雙子宫;右胸腔是巨蟹宫;胃是獅子宫;生殖器的右半部是室女宫。倒過來,我們已談到的另六種肢體在左側,它們則是自臀部至頭部:生殖器的左半部是天秤宫;左胸腔是天蝎宫;左乳與左腎是人馬宫;左肘是摩蝎宫;左肩是寶瓶宫;左太陽穴是雙魚宫。這即是人體創造者所安排的肢體。他將它們依次排列,一個挨著一個,自頭至足。[2]

儘管在其他的古代文化中,也多有"大—小宇宙對應説",但其涵義與摩尼教之説並不完全相同。所以,摩尼教的"大—小宇宙"説固然可能汲取了其他古代文化因素,或者影響了其他宗教文化,但它畢竟有其特色,并且是摩尼教教義的一個重要組成部分。

[1] Iain Gardner, *Kephalaia*, $90^{20}-91^{13}$, Chapter 38, pp. 95 – 96.

[2] Iain Gardner, *Kephalaia*, $173^{22}-175^{4}$, Chapter 70, pp. 183 – 184.

10 粟特語寓言故事文書譯釋

摩尼教自稱是"第一個世界性宗教",故不僅其布教活動遍及古代亞、歐、非三洲,并且還盡量使用當地流行的語言書寫宗教典籍和口頭傳教,以便當地居民更快和更容易地接受摩尼教的教義。這是古代世界其他各大宗教所遠遠不及的長處。正是出於摩尼教這種積極布教的特點,其傳教文獻的形式之一也是相當通俗易懂、生動有趣的;此即帕提亞語或中古波斯語所謂的'zynd (*āzend*),粟特語的"z'nt (*āzaənd*),也就是"寓言""故事"的意思。

通常,這種"阿曾德"(āzend)的基本架構是:先是故事性的內容,再是解釋性的文字,二者有清晰的界限;當然,有時候,一段宗教性的"導言"也會置於前面。簡言之,摩尼教是借用了世界上各文化中現成的傳說、神話、寓言、故事等,而以自己的神學觀來解釋其內容,以闡述摩尼教的教義。迄今所見的摩尼教的這類"阿曾德"的內容涉及希臘的伊索寓言、猶太有關伊諾(Enoch)的傳說,伊朗的神話、中亞的民間故事、印度的《五怛特羅》(Pañcatantra,意即"五篇之教訓故事",也稱《五卷書》),以及佛教的《本生經》等。其範圍之廣令人驚嘆。

所以,摩尼教這種類似佛教之"方便說法"的布教形式,不僅促進了本教的快速流傳,客觀上也推動了古代世界各地的文化交流。誠如阿斯姆森所指出的那樣:"他們(指摩尼及其信徒——引者)用講述合適的寓言和好聽的故事的形式,將'有用'和'快樂'結合在了一起。他們有大量的題目可以引用,因為他們認為,自己作為唯一的真正世界性宗教和完美宗教的代表,可以利用他們覺得有用的,源自基督教、瑣羅亞斯德教和佛教的一切資料。於是,儘管他們內心有著特殊的目標,客觀上卻成為了東西方之間文化交流的中介者。"[1]

摩尼教的"阿曾德"為數甚多,本章則選擇分屬三個主題的粟特語寓言,予以譯釋,並做若干分析。英譯文主要參考克林凱特的《絲綢之路上的靈知信仰》(*Gnosis on the Silk Road*)和亨寧的《粟特語故事》(*Sogdian Tales*),德譯文則主要參考宋德曼的《摩尼教語寓言書》(*Ein manichäisch-soghdisches Parabelbuch*)。

10.1 關於"大海"的寓言

本故事由三件粟特語文書構成:Ch/U 6914(= T III T601)、15000(5)(= T III 2015)及 Ch 5554(= T II D 2);絕大部分內容見於最後一個文書中。對於這一主題,粟特語的主題詞是 *sm'try*,而它則是梵語 samudra 的借詞。按梵語,samudra 的本義是"諸水聚集之所"(saṃ 義為"聚集",udra 義為水),故據"百川歸海"的現象,意指寬廣無邊的海洋。在此,是以大海譬喻摩尼教,從而展開說教。需要指出的一點是,克林凱特的英譯文[2]將 *sm'try* 譯作 world-ocean,宋德曼的德譯文[3]譯之為 Weltmeer,其意思是"世界性的海洋",因此可以簡潔地譯作漢語"世界海"。然而,在漢譯佛經中,另有專名"世界海",含義與此迥異[4];同時,鑒於這份摩尼教文書實際上借用了不少佛教因素,故在使用佛教詞彙方面必須清楚分辨。所以,為避免該漢譯文書在表達方面產生歧義,遂將 sm'try / samudra 直接按原義譯作"大海"。下面為文書的漢譯:

---

[1] J. P. Asmussen, "Der Manichäismus alsVermittler literarischen Gutes", *Temenos* 2, 1966, p. 8.

[2] Hans-Joachim Klimkeit, *Gnosis*, pp. 179 – 181.

[3] Werner Sundermann, *Ein manichäisch-soghdisches Parabelbuch*, 1985 , Berliner Turfantexte, XV, *Parabelbuch*, pp. 19 – 28.

[4] 按佛教,十佛攝化的諸種世界稱為"世界海"和"國土海",它們都是佛土,或者是佛所教化的場所,因此與現實的"海洋"無關。有關"世界海",可參看慈怡主編《佛光大辭典》第 1521 頁該條;"國土海"則參看同書第 4431 頁該條。

在此開始有關本教[1]與大海的故事。[2]

請聽有關本教與大海的故事。本教猶如大海,異於其他水域,共有十點不同之處。

第一點,它比其他各種水域更為威武,更為廣大,更為強壯。它是無窮無盡的,沒有任何生物能夠了解它或領悟它,他們無法理解它。

第二點,無人能夠知道它的另一邊際在哪裏。

第三點,它改變了其他諸水的味道……以及落入它時的猛烈衝擊,但是它本身卻並不改變,因為它……它的內部毫無變異。

第四點,它吸收了落入它的物體和……它不排斥任何東西。但是,大海卻從不溢滿,因為它毫不增長(?),它始終保持平穩。

第五點,它是清潔,純淨,不受污染的,它不吸納不潔之物與污染之物;[3]它拒絕接收這些東西,它立即將它們拋回岸上。

第六點,……然後,在火光的中央升起了……[4]

第七點,在大海之中及其赤裸(?)的岸上出現了兩足動物,以及不同模樣的人類,還有其他生物和野獸。他們生得狀如強壯的巨人……

第八點,在大海之中,生有各種各樣無價的珍珠和寶石[5],它

---

[1]粟特語 δyn 義為宗教、信仰。由於從文書的整個内容來看,這一 δyn 并非泛指所有的"宗教",而是特指摩尼教本身,故正文譯作"本教",以更凸現文書的說教色彩。

[2]按宋德曼的原文轉寫和德譯文,文書 Ch/U 6914 共有 7 行,而本句則始自該文書的第 5 行;前面 4 行的大致内容是:"……從這離去……由於說了……解釋導致靈魂遭受巨大傷害……完全敘述有關判官和……"(見 Werner Sundermann, *Ein manichäisch-soghdisches Parabelbuch*, p.19)顯然,這段文字不僅殘缺,且其含義亦與下文的"大海故事"無甚關係。大約正是鑒於這一緣故,克林凱特的英譯文對此略而未譯。

[3]在此謂大海不納污物云云的說法,與漢語文書《摩尼光佛教法儀略》之"海雖至廣,不宿死屍"一語(第 82—83 行)正好映證:"海"即摩尼教,"死尸"為不潔物(摩尼教將一切肉體均視作污染光明分子的暗魔);代表光明的摩尼教當然排斥一切黑暗,故以"大海不宿死屍"譬喻之。

[4]克林凱特認為,此句可能是在解釋海水的磷光。見 Hans-Joachim Klimkeit, *Gnosis*, p. 196, note 14。

[5]粟特語 rtn(*ratn*)義為珍寶、寶石、高貴等,借自梵文 ratṇa;而此詞在佛經中常用作為象徵符號,譬喻佛法或者諸佛、菩薩等。見於中亞的摩尼教文書借用此詞,亦是摩尼教受佛教影響的表現之一。

們卻並不生長在大地的任何其他深處。

第九點，強大的大海之魔將海水抬高，從而使得整個大海都顫抖起來。[1]

第十點，當世上諸水流入大海時，它們全都怒吼著，如雷鳴般地落下；但是當它們進入大海之後，其怒吼與雷鳴便銷聲匿跡了。

使者的奇妙宗教[2]在十個方面類似於大海：

第一，它充滿智慧，無人知曉，也無人能估算出它的智慧……也不知其布道、說教的數量有多大；沒人能夠領悟它。以前的各宗教類似於發源於各地的小河……但是使者的宗教就如世界各地都能看見的大海。它發達得可用極為開放的形式呈現在黑暗之中，并且用所有的語言來宣教。人們可以在其中發現有關一切智慧的解說和體系(?)。

第二，那無人知道的彼岸乃是芳香、美妙的天堂，對於它，大地上的生物中，除了選民和聽者[3]，沒人能夠理解，他們將永遠無法領悟。

第三，大海中的水只有一種味道，而其他諸水則有不同的味道和外觀，但是海水的味道卻不會改變。被傳布的是法的高深智慧、本教的戒律以及甜美、奇妙的言辭。本教向人們展示的，教導和指點他們的，是美好的寓言及其解釋，是豐富和完全純潔的生活模式，是良好習俗的高貴實踐，是謙遜……心靈的改變……但

---

〔1〕克林凱特轉引宋德曼之說，謂本句所言可能是指大海的潮水(*Gnosis*, p. 197, note 15)。蓋按《克弗來亞》所載(pp. 119 – 122)，大海中有一個巨大的怪物，是由神靈清洗風、火、水三輪時產生的渣滓流入大海而形成的。但是，由於神靈的約束，便使之成為邪惡星辰升天、下凡的羈絆；他并收集落入海中的善、惡諸物，淨化善者。所以，海水顫動(潮水)即是巨怪淨化海水的方式。鑒於此，這一"魔"具有了正面角色的色彩。

〔2〕粟特語 βr'yšty，亦作 βr'yšt'k，義為傳道者、最初的傳道者、使徒、使者等，英語通常譯作 apostle。由於摩尼曾被稱為明尊或耶穌的 apostle，故在此所謂的"使者的宗教"顯然是指摩尼教。

〔3〕粟特語 δyn'βr (*δēnāβar*)，義為信徒、真信者、純潔者。中亞摩尼教以此稱其修道士或教會，但是，更用來專指摩尼教的專職修道士，即"選民"。漢語文書《摩尼教殘經》的"電那勿"即是此名的音譯。粟特語 nγ'wšn'k (*niγōšnē*)則義為傾聽者，用以指稱摩尼教的世俗信徒，即"聽者"。教規對於聽者的要求較寬鬆：可以結婚和生兒育女。不過，他們的卻有為選民提供飲食的義務；并且得認真執行，否則就被視作"犯戒"。

是,我們的宗教本身卻從未被任何人指導任何事。

第四,大海吸納了各種物體……而並不排斥任何一樣東西。他們是強大的神靈和人類,其中的任何人前去使者的教會,都會被教會所吸納,因為它不排斥任何人。它按照法與戒律的規定,給予他們適當的地位。有那麼多的人不斷地接近它,想進入它,所有這些人或在聽者中,或在選民中,都有著他們的地位。他們都按其等級、熱情、力量的不同而幹著自己的工作。本教並不……致敬……出於愛心,它不大聲地呼叫。儘管這些人中的許多人可能很強大,卻沒有什麼可使它驚奇,它也不欣喜,因為它始終保持著平靜、安寧。因此,它就像大海一樣。

第五,使者的宗教沒有污點,它乾淨,純潔,并且神聖。它直接拒絕收留那些困惑的,不道德的和具有邪惡思想的人,以及那些類似死屍、糞便和種種污染的人。它把他們擲回岸上。

第六,當一個選民與另一個選民面對面相互看著時,或者一個聽者與另一個聽者相對而視時,那純潔的,愛的凝視會在他們之間產生極大的歡樂。這樣,極大的福佑就會降臨到他們的身上,就像光明諸神臉上出現的光明,變得清晰可見。

第七,舉止行為迥異於俗世的選民,猶如生長在大海之中的許多巨大而強壯的兩足動物和其他形狀的奇妙生物與獸類,他們身負著實施大法的重擔,並忍受著巨大的痛苦與折磨。他們始終親自承擔著整個俗世中無人願意承擔的職責。

第八,在大海之中……生長著大地的任何深處都沒有的形形色色的無價珍珠和美麗而奇妙的寶石。它們從未被人理解,也從未被人看見。這反映出善良之地與邪惡之地這兩地之間的差別,靈魂的自我實現是不可能產生於學問之地[1]的。除了在使者的宗教、大法和戒律中,決不可能獲得智慧。

第九,掀起海潮,從而撼動整個大海的強大海魔即是光明之心[2],它存在於整個教會中,撼動著[人類的]的軀體。它有力地抓住了它們,汲取出它們所積聚的光明。這是本教人員的日常工作。光明每天出自選民的身體,登上光明之車[3];主管光明之車的諸神則驅車向上,把光明持續不斷地送往天界。

第十,咆哮和怒吼著流入大海的一切諸水,隨後(入海之後)就變得安靜,停止了吼鳴。這就猶如其他宗教的信徒、具有世俗智慧的人,以及只會玩弄詞藻的辯才們那樣,自以為十分聰明,但是一入使者之宗教的大門後,他們就全都安靜下來,他們的話沒有了。如今,他們不再吹噓自己了,從此以後,他們不敢再發表任何言論,不敢再說什麼。

---

[1]粟特語 nyx (*nix*)義為深的、極深的、深厚的、深奧的、有學問等;wy'k (*wyāk*)義為地方。所以,詞組 nyxywy'ky 則可以釋作"極深的地方",也可以釋作"有學問的地方"。宋德曼採取了後一種譯法,作 gelehrt Ort(Werner Sundermann, *Ein manichäisch-soghdisches Parabelbuch*, p. 26)。克林凱特從其說,並解釋道:文書使用這樣的辭句,是將"學問"視作為俗世的,與摩尼教之"智慧"相對立的學識;因此,"學問之地"也就與"大海"相對,一為邪惡之地,一為善良之地了(參看 *Gnosis*, p. 197, note 16)。不過,依我之見,由於摩尼教經常將"深淵"或"深獄"指為黑暗之魔的聚居地或大本營,故在此以"深深的地下"喻指反對摩尼教的一切"異端"思想,以"大海"喻指摩尼教,似乎於理也通;這較諸用"深奧學問"來譬喻"異端思想"的說法,好像更易被人理解。

[2]在此的粟特語 δyny-prn 是個詞組,δyn 義為宗教,prn (= frn)義為榮耀、威嚴、幸運等,所以,通常來說,該詞組可譯作"宗教(摩尼教)的榮耀"。然而,在摩尼教的文書中,這一詞組又往往指稱摩尼教的一個神靈"光明心/明心"(the Light Nous 或 the Light Mind),亦即漢語文書《摩尼教殘經》中使用大量篇幅談及的"惠明"。按摩尼教神學,明心(惠明)的主要職責是拯救被肉體(暗魔)所困的靈魂(光明分子),解除其束縛,使之回歸明界。科普特語文書《克弗來亞》第 29 章談及了存在於永世(eternal realm)的九個寶座,其中的最後一個是明心的:"第九個寶座是偉大明心的,所有教會都集中在他的手中,俗世一切需要淨化的生命都回歸於他。"(Iain Gardner, *Kephalaia*, 82^{22-24}, p. 84)顯然,這與本文書描繪的"大海之魔"的作為是完全一致的。因此,本漢譯文書不取德文 der Nous der Religion 或者英文 the Nous of the Religion 的譯法,而直接譯作"光明之心",以彰顯文書指稱"明心/惠明"神靈的本意。

[3]粟特語 wrtn (*wartan*)義為戰車、馬車,而在摩尼教的文書中,它常常與"光明的"構成詞組"光明之車",用以喻稱太陽和月亮。按照摩尼教的神學,被困於肉體中的靈魂(光明分子)被解救之後,還須經過月亮、太陽的"中轉",即是先相繼在月亮和太陽上作進一步的"提純",再次"淨化"之後,才能最終回歸明界。所以,以"光明之車"作為譬喻的太陽和月亮,不僅是光明分子回歸明界的運載乘具,也是它們的進一步的淨化場所。

有關本教與大海的故事到此結束。

從以上所載的“宗教(摩尼教)與大海”的寓言故事中,可以清楚地看到,摩尼教自認為本教的教義最為廣大、高深,智慧無邊,能夠容納一切,改變一切,故以自然界的大海譬喻之,並列出十點細加闡述。這樣的譬喻頗為生動,易於為普通信眾所理解,當然是很好的布教形式。然而,我們也發現,摩尼教的這段布教內容幾乎完全借鑒自佛教,即與佛教所謂的“法海八德”極為相似。為利於比較分析,茲將漢譯佛經中的相關部分摘錄如下:

> 世尊告目連曰:“汝為一切,請求如來,慇懃乃至四五。吾今當為汝等說之。吾僧法,猶如大海有八德,汝等聽之!大海之水,無滿不滿;吾法如之,無滿不滿,此第一之德。大海潮水,尋以時而來,不失常處;吾四部眾,受吾戒者,不犯禁戒違失常法,此第二之德。大海之水,唯有一味,無若干味,無不以鹹為味。吾法如是,禪定之味,志求寂,致神通故;四諦之味,志求四道,解結縛故;大乘之味,志求大願,度人民故,此第三之德。大海既深而廣,無能限者;僧法如是,無不深妙,八方之大,莫大於僧法,僧法最為弘大,此第四之德。大海之中,金銀、琉璃、水精、珊瑚、車渠、馬瑙、摩尼之妙,無不備有。吾僧法之中,三十七品道寶之妙,神足住壽,飛騰十方,靡所不適,瞬息之間,周旋無量佛界;到殊勝之剎,能以其道,化導群生,淨己佛土,此第五之德。大海之中,神龍所居,沙竭龍王、阿耨達難頭和羅摩那私伊羅末,如此諸龍,妙德難量能造天宮,品物之類,無不仰之。吾僧法亦復如是,四雙八輩之士、十二賢者、菩薩大士,教化之功,彌茂彌美,此第六之德。大海吞受百川萬流,江恒之水,無不受之,終日終夜,無盈溢、減盡之名。吾僧法之中亦如是,梵釋之種,來入僧法,四姓族望,或釋或梵,王者之種,捨世豪尊,來入正化;或工師小姓,亦入正化,種族雖殊,至於服習大道,同為一味,無非釋子,此第七之德。大海清淨,不受死屍,無諸穢濁,唯海之類而受之耳。吾僧法清淨,亦如大海,不受穢惡,犯戒違禁,非清淨梵行者,一不得受,棄之遠之,猶海不受死屍,此第八

之德。”

佛告目連:“如來大眾,唯清淨為禁戒業,不純非釋種子,故吾不說戒耳。卿等善相勑戒,無令正法有毀。”佛說如是,諸比丘歡喜奉行。[1]

不難看出,以佛教所謂的大海的“八德”與本文書所言摩尼教與大海相似的“十點”相比,確實有好幾點的意思是完全相同或實際上相同的。例如,“十點”中的第一點,謂本教的智慧與大海一樣,廣大、深奥無限;而“八德”中的第四德則謂“僧法最為弘大”,與大海一樣無能限者。“十點”中的第三點謂本教傳播的智慧,如大海中的水,只有一種味道;而“八德”中的第二德則也謂佛法“如大海之水,唯有一味”。“十點”中的第五點謂本教如大海不接納污穢死屍一樣,拒絕一切不道德的思想;而“八德”中的第八德則稱“吾僧法清淨,亦如大海,不受穢惡”。“十點”中的第十點,謂其他諸教最終被本教教法所攝服,猶如諸水入海之後就無聲無息一樣;而“八德”的第七德則謂無論何人,一入僧法,就被“正化”了。

此外,除了以上所列確切對應的四點之外,佛經中的某些譬喻和說法,也被摩尼教文書所借鑒。如,“十點”中的第八點,謂大海中有形形色色的無價珍寶云云,與“八德”中第五德謂大海中有金銀、琉璃等七寶的說法類似。又,“十點”中的第九點,將大海中掀起海潮的強大海魔說成是淨化和粹取光明分子的正面角色;而這與“八德”中第六德以大海裏種種“神龍”譬喻佛教之賢士、菩薩教化眾生的說法亦相類似。

正是鑒於摩尼教粟特語“宗教與大海”寓言故事與佛教《法海經》有如此多的雷同和相似之處,因此可以較為肯定地說,見於中亞的這個粟特語故事,從佛教那裏汲取了相當多的資料和觀念。

10.2 關於二蛇的故事

本故事的主題與前一“大海”故事不同,但是在順序上緊接前者,

[1][西晉]法炬譯《法海經》,《大正藏》第1冊,第34號,第818頁,大正十三年六月版。

錄載於同一文書中,即 Ch 5554(= T II D 2)。粟特語的拉丁字母轉寫及其相應的德譯文,載於宋德曼的《粟特文寓言書》,始自 Text b,第 136—137 行,終於第 202 行。[1] 克林凱特則做了英譯。[2] 下面即是本故事的漢譯:

關於"難忍"和"易忍"[3]的故事始於此

又,據說,從前有兩條蛇,第一條蛇名叫"難忍"。它們的身軀同樣的龐大,它們的尾巴極長。它們都懷著同一心態,相親相愛,主食都不捨得與對方分離。一天,它們一起沿著一條小道前行。當它們越過一大片土地後,一條蛇遊進了一塊低窪地,另一條蛇則繼續沿著道路前行。這條路的一側是一座極高的山脈,另一側是一大片深深的水域。而在這路上,一個捕獸者設置了一個羅網和一個陷阱。陷阱內充滿了燃燒著的煤炭,熾熱的焰影直沖雲霄;捕獸者則藏在附近。當蛇來到那裏時,它只愉快和好奇地欣賞著空中的熾烈焰影,卻未能避開陷阱。天哪,因為它只能沿著這條路走,其他地方無路可行。然後,它停頓了一下,然後就朝前猛衝,想道:"我要整個身體跳過這個陷阱。"但是,由於這個陷阱非常寬闊,而蛇的身體十分細長,它的中段很細,尾巴極長,所以它未能全身越過陷阱。它的頭顱過去了,尾巴卻仍留在後面,身體的中段正好擱在陷阱上,蛇沒法拖著身體再往前行。於是,它被燒死在那裏了。捕獸者便立即前來,把手伸向陷阱,熟練地切開它的頭顱,取走石頭[4],興奮異常地離開了。

第二條蛇也沿著此路遊來了,卻發現它的同伴已經死亡,它的頭顱已被劈開。此蛇從靈魂深哭喊道:"唉呀,你是我最親的親

[1] 見 Werner Sundermann, *Ein manichäisch-soghdisches Parabelbuch*, pp. 28 – 33.

[2] Hans-Joachim Klimkeit, *Gnosis*, pp. 182 – 183.

[3] 粟特語 βr (βar) 義為忍受、忍耐[痛苦]、負載等,故在此的詞組 krwβr'n (*karu βarān*) 意為"難以(無法)忍受",詞組 knpy βr'n (*kambē βarān*) 意為"易於忍受"。這是對本寓言中主要內容的概括:一條蛇因為不能忍受割捨自己身體的痛苦而喪失性命;另一條蛇則因能夠主動忍受割捨身體之痛而保全了生命。這兩個詞組因此也就成為故事中兩個主角(蛇)的名號了。

[4] 粟特語 snk (*sang*) 原義為石頭、巖石,但是在此則是作為"靈魂"(光明分子)的譬喻;本文書的結尾部分清楚地指出了這一點。

人哪！"他痛苦地哭泣和悲嘆，他凄慘地哀號，説道："啊，我的好兄弟，你怎麽會丢下你的兄弟而獨自死了，令我羞愧難當？"當它停止哀悼後，便想到了自己："我的兄弟之所以死去，是因為他想不出保住身體的方法。假如我也找不到保住身體的方法，我也只能死去。"它仔細地考慮著這一問題，那蛇説道："由於它是雄的，它無法忍受失去其可愛尾巴的情況，它不能忍受身體的毁壞和折磨。但是，實際上卻又毫無其他的方法。假如我能夠忍受失去我那可愛尾巴的情況，能夠為了我的靈魂而忍受一些肉體痛苦的話，那我將能夠跳過這個陷阱。"於是，它又回到窪地，找到了一位牧人廢棄的火堆。它把等會兒可能會拖累身體的那部分尾巴都燒掉了。於是，當它的身體變小，那無尾的軀體便很輕鬆地跳了起來，安全地越過了陷阱。

這兩條蛇就是兩種人。一種是太愛自己肉體的人，對於他來説，忍受……是難以辦到的；但是，他卻不關心自己的靈魂。他的……是漫長的。第二條蛇是這樣一種人：他疼愛靈魂勝過疼愛肉體。在他的内心只有很少的毒素[1]，他對於俗世的依附很弱，束縛其靈魂的桎梏十分細小。那陷阱、高山和深水即是三道

〔1〕粟特語 z'r (*žār*) 義為毒藥、毒素等。在此當然是譬喻，意指不正確(不符合摩尼教教義)的思想觀念。

溝[1]。捕獸者即是希曼奴[2]，而石頭即是靈魂。最終，故人[3]由於未行善事，故猶如那身體連著尾巴的蛇，未能躍過三道溝渠。而被選出來的新人，則從身體中清除了三毒，並忍受住了因遵奉教法而導致的肉體痛苦，他隨後並能忍受住與其喜愛的妻子、孩子、財物分離的痛苦。從而在末日[4]，其靈魂將會脫離肉體而上升，將獲得天界的安寧……

這段寓言意欲説明的道理並不複雜：摩尼教信徒若要修道成功，就必須能夠忍受肉體或物質方面的痛苦，有時甚至有要有"壯士斷腕"的決心，勇於拋棄一般人所留戀的東西。由於摩尼教教義視生物的肉體為邪魔，所以在此所言的第二蛇燒毀自己長尾的故事，實際上並不僅僅是個譬喻，同時還意謂應該鄙夷和拋棄真正的肉體。

這段寓言故事似乎也包含了一定程度的佛教因素，只是遠不如前一"大海"故事那樣明顯而已。例如，其主題實際上是強調：若無"忍痛

[1]摩尼教的宇宙創生神學談及，當初生命神（淨風）創造世界時，曾設置了三根導管（vessels/conduits），以將天界清除出來的污物與毒素排泄到下界。而在導管排污之前，下界已經設置了三道溝渠（ditches），以將排下的邪惡污物暗水、黑暗、暗火分別禁錮和束縛起來。有關說法，可參看 Iain Gardner, *Kephalaia*, pp. 112, 122, 128, 131, 132 等；本書中編第五章亦談及這一問題。而本文書在此提到的"三道溝"，當即是呼應這一神學說法，並用譬喻的方式，謂靈魂（光明分子）只有越過邪惡思想的障礙，才能最終獲救，回歸明界。此外，這"三道溝"似乎也可與《摩尼教殘經》第 15 行的"三災、鐵圍四院"或第 24 行的"三災、四圍"聯繫起來比照和理解。

[2]此名對應的的粟特語為 šmnw (*šmanu*)，乃是摩尼教對暗魔的專稱。它的含義借用自伊朗的古代宗教，其發音也是從較古的伊朗語演變而來，如阿維斯陀語作 *angra mainyu*，帕提亞語及中古波斯語作 'hrmyn (*ahreman*) 等。宋德曼的德譯文及克林凱特的英譯文都使用了 Ahriman 一名，顯然是採用了帕提亞語或中古波斯語的寫法，異於粟特語 *šmanu*。但漢譯文為了盡量體現原文書的風貌，遂按粟特語名發音，譯作"希曼奴"。

[3]按摩尼教神學，所謂的"故人"是指尚被"邪惡思想"纏繞和束縛的靈魂；與之相對的，則是業已經過"淨化"，即已具有純正心智的"新人"。摩尼教信徒終生奮鬥的過程，便是"新人"與"故人"搏鬥的過程；若以"神格"來表達，便是明心（惠明）解救被囚禁的"五種淨體"，最終確立光明的相、心、念、思、意。有關這一過程，漢語文書《摩尼教殘經》描述得相當具體，尤可參看第 66—131 行（見本書上編第一章）。

[4]在此所謂的"末日"（the Final Day）是摩尼教神學的關鍵要素之一，亦即其"末世學"（Eschatology）的重要構成部分之一。即是指"中際"即將結束，光明與黑暗兩大元素將再度（並永遠）清楚分離開來的那一時段。其主要的特徵之一是一場"大火"，將舊世界燒毀，形成新世界；另一個特徵是進行"末日審判"，通常是由耶穌來主審（這顯然頗受基督教的影響），"善良"的靈魂上升天界，"邪惡"者則永墮黑獄，再無翻身之日。文書在此所謂的"末日"即是指此神學。

割愛”的精神,修道就無法獲得成功;也就是說,“忍”和“捨”是關鍵之點。而按佛教,忍難行之事(苦行)是修行得道的重要途徑之一。《華嚴經》以“威德主太子”的口吻說偈道:“我為哀愍眾生故,發起廣大菩提心。當於無量億劫中,積集成滿菩提智。……常起廣大慈悲心,所須皆與無貪吝。汝見一切來乞者,於財或起慳吝心。我心常樂施群生,汝當隨我無違逆。我當於彼施頭時,汝心慎勿生憂惱。我今先語汝令知,令汝心堅恒不動。割截肢體及手足,乃至妻子心無吝。汝於乞者莫憎嫌,應可諦思無退轉。為滿一切眾生欲,內外所有皆能捨。”[1]顯然,摩尼教粟特語“二蛇”文書最後談到的觀念與此完全一致:靈魂要能忍受肉體痛苦,忍受捨棄愛妻、孩子、財產的痛苦,才能上升天界,獲得永久的安寧。

10.3 關於珍珠打孔人的故事

這一故事見於兩份粟特語文書,一份為 TM 418(= So. 18.300),用粟特字母書寫;另一份為 M 135,用摩尼體字母書寫。二者記錄的故事內容幾無差別,但是,在對其寓意的解釋上卻頗不相同,因為文書 M 135 有一段所謂的摩尼對其弟子們的說教(當是偽造的)。據亨寧的看法,這一粟特語故事顯然是從中古波斯語或帕提亞語翻譯而來的。這兩件文書的原文拉丁字母轉寫和英譯文,均見亨寧的《粟特語故事》一文;[2]克林凱特則轉錄過其英譯文,並有若干註釋。[3]

“珍珠打孔匠”譯文

……發生了一場爭執,沒法解決。於是,他們在第二天就去見一位法官,喜怒無常裁決。珍珠的主人這樣說道:“大人啊,我以

[1]般若譯《大方廣佛華嚴經》卷 29《入不思議解脫境界普賢行願品》,第 10 冊,第 293 號,第 792 頁中、下,大正十四年八月版。

[2]W. B. Henning, “Sogdian Tales”, in *BSOAS* 11(1945), pp. 465 – 487.

[3]Hans-Joachim Klimkeit, *Gnosis*, pp. 194 – 196.

一百金第納爾[1]的代價雇傭這人一天,讓他為我的珍珠打孔。結果,他沒給任何珍珠打孔,現在卻來向我索取他的工資。”

那工人則這樣向法官辯駁道:“大人哪,這位先生在集市[2]旁見到我,就問我:‘喂,你會幹什麼工作?’我答道:‘先生,你吩咐我做的任何工作,我都能做好。’而他把我帶到他家後,就吩咐我彈奏魯特琴[3]。所以,直到黄昏,我都是應東家的吩咐而在彈奏魯特琴。”

最後,法官宣佈他的判決道:“你既然雇傭了此人去為你幹活,那麼為什麼不叫他為珍珠打孔?為什麼你反而要他彈奏魯特琴?所以,這個人的工資你得全額支付。如果你再要叫他為珍珠打孔,那麼就得另外付他一百金第納爾,他就在另一天為你的珍珠打孔。”

於是,在法官的強制命令下,珍珠的主人只能支付了一百金第納爾,而他的珍珠則依然未被打孔,只能留待他日了。他自己則羞愧和懊悔不已。

睿智者解釋這故事的寓意道:(自稱)懂得一切藝術和手藝的人,象徵了肉體……[4]

珍珠打孔匠即是肉體。一百金第納爾象徵了百年的生命。珍

---

[1]粟特語 δyn'r (*δēnār*),是前伊斯蘭時期西亞的一種金幣名;新波斯語作 dīnār,中古波斯語作 dēnār,源自拉丁語 denarius,即羅馬共和國東部流行的硬幣名。波斯真正的第納爾金幣的發行,始於薩珊王朝初期,自阿爾達希爾一世(公元 3 世紀上半葉)到沙普爾三世(4 世紀下半葉)期間,其重量自 7 克至 7.4 克不等。當然,本文書在此所謂的“第納爾”,顯然不是嚴格地指這種金幣,而只是泛指古伊朗的某個貨幣單位而已。

[2]粟特語 w'crn (*wāčarn*)義為市場、集市,相當於阿拉美語 wacar,中古波斯語 vāzār 等,亦即今漢語通常所謂的“巴扎”(bazaar)。粟特語文書使用 w'crn 一詞,表明了其文化因素源自西亞。

[3]粟特語 wyn' (*wīnā*),本可以泛指多種撥弦樂器,但是亨寧的英譯文將它譯作 lute(克林凱特從之),則是尤指魯特琴了。而按現代通常的理解,“魯特琴(lute)”往往與文藝復興時期歐洲最風靡的一種家庭弦樂器相聯繫,從而其概念顯然異於本文書所稱的 wīnā。所以,這一 wīnā 應該是指古代盛行於西亞、中亞地區的琵琶之類的彈撥樂器。但是,鑒於目前對於 wīnā 並無合適的漢譯名,因此姑從亨寧之英譯,作 lute。

[4]本句見於用摩尼體字母書寫的文書(即 M 135)上。

珠的主人即是靈魂,給珍珠打孔則象徵了虔誠。[1]

M 135 文書的剩餘部分

……那人是個正直的電那勿[2],他把許多人從地獄中拯救出來,並把他們送上通往天界之路。聽者[3]們,我現在要命令你們:只要在你們的體內還有一點力量,你們就要為拯救自己的靈魂而奮鬥。把我的命令和我的話語記在心上,我已經向你們展示的康莊大道和真正形式即是神聖的宗教。通過那個形式來奮鬥,你們就能和我一樣獲得永生。

於是,所有的聽者都變得非常歡樂和愉快,因為他們從使者,即主冒摩尼[4]那裏聽見了他的神聖話語和無價的命令。他們致以崇高的敬意,並獲得……

將每天分成三部分[5]

---

〔1〕本段見於用粟特字母書寫的文書(即 M 418)上。

〔2〕粟特語 δynδ'r (*δēnδār*),義為宗教的、虔誠的、修道士、僧人、真信者,以及(摩尼教的)"選民"等。當然,由於在摩尼教文書中,此詞也用來指稱整個摩尼教教會,故也就包含了對"聽者"的稱呼。漢語文書《摩尼教殘經》數次提到的"電那勿",便是此詞或其他伊朗語詞的譯名。公元6世紀,粟特地區的摩尼教教徒在薩德·奥爾密茲德(Sād-Ōhrmizd)的率領下所組成的新教派正式自稱 Dēnāwar;但是,早在摩尼教東傳中亞的早期(公元3世紀)就很可能已經使用此名。唐初的玄奘在其《大唐西域記》中謂波斯"天祠甚多,提那跋外道之徒為所宗也"(見卷11"波剌斯國"條),其"提那跋"當即指東方摩尼教徒自稱的 Dēnāwar;或者,是帕提亞語 dyn'br (*dēnāβar*)的譯音。

〔3〕粟特語 nγwš'k (*niγōšāk*)為摩尼教俗家信徒的稱號,漢語文書譯之為"聽者"(例見《摩尼教殘經》),相對於摩尼教的專職修道人員"選民"。教規對於他們的要求較低,例如,他們可以結婚、生子,可以從事他們感興趣或者有利可圖的任何職業。但是,他們有一項義務是十分必須和重要的,即,除了自己遵照教規而認真修道之外,還得為專職修道者"選民"提供飲食與日常需求品,因為後者不可以親自製備食品,從而"傷害"光明分子。

〔4〕粟特語 mr (*mar*)的字面意思是主、先生、君等尊稱,這與帕提亞語或中古波斯語 mry (*mār*)的用法相同。它們都源於阿拉美語(Aramaic),因此通常都用作為某名的敬語,置於該名之前,如摩尼教的兩個得力弟子都稱 Mār Ammō(漢譯作末冒)或 Mār Addā(漢譯作末阿馱);同理,本文書的粟特語 mrym'ny 也能譯作"末摩尼",可以視作摩尼的敬語專稱。至於此名之前的 βγ (βaγ),通常都相當於神、主、王、先生、閣下等的尊稱,所以,在此的粟特語詞組 βγymrym'ny 可以漢譯為"主末摩尼"(亨寧的英譯作 Lord Mār Mani),儘管 mār 本身也有"主""先生"等義,似乎同義反覆了。

〔5〕是為本文書中的次級標題。

使者,主冒摩尼又說道:睿智者和熱愛靈魂者[1]把一天分成三個部分。第一部分用以為國王、貴族們效力,使得他們十分滿意,使其權威不被冒犯,以及他們不再爭吵和玩弄陰謀。第二個部分是從事俗世事務,耕田和播種,分配財產和繼承財產,買進和賣出,從而使得家庭維持下去,妻子和孩子不至於陷入貧困,以及親戚、朋友和賀客能夠得到很好的款待……

從以上兩件文書的內容看,其主題當然是"珍珠打孔"寓言故事;至於 M 135 文書餘下部分的說教內容,則既非寓言形式,也多見於其他著述中,為一般性的教義描述,幾無引人注目的地方。但是,用珍珠打孔的故事來譬喻人類修道的態度,卻是比較有趣的說教,也很容易為普通信眾所接受。或許,此即該故事流傳較廣的原因。不管怎樣,目前可以見到它有不同語言的版本,且表達形式有所不同。例如,公元 8 世紀的阿拉伯著述 *Kalīlawa Dimna* 中便有類似的故事:

有一位商人,擁有許多珠寶。為了給它們打孔,他雇傭了一個人,每天支付一百金幣,然後,他便與之一起前赴自己的府邸。當他坐下時,恰巧旁邊有個魯特琴,那工匠便看了它一眼。於是商人便問他,會不會彈奏魯特琴?他答道:'我會,并且彈得很好。'因為他確實很擅長這門技藝。他(商人)便說道:'那你就彈彈吧。'雇工於是拿起魯特琴,以正確的方式為這位商人彈奏了一整天的美妙樂曲,任憑那珠寶盒子開著蓋,擱在一邊,自己則撥動著手指,搖晃著腦袋,歡樂異常地消磨著時間。傍晚,工匠對他說道:'把我的工資給我吧。'商人問道:'你幹了什麼賺工資的活呀?'他答道:'你雇傭了我,我幹了你吩咐我做的事情。'於是他又催促商人,直到他一點不少地得到這一百金幣,而那些珠寶則仍然未被打孔。[2]

---

[1]粟特語 rw'n (*rwān*) 義為靈魂、精神, fryyt't (*friytāt*) 義為熱愛,所以,詞組 fryyrw'n (*friruwān*) 義為"熱愛靈魂者"。而按亨寧之見,這即是指聽者(參看 *Einmanichäisches Bet-und Beichtbuch*, p. 77, note3;以及 *Sogdian Tales*, p. 470, note 3)。

[2]見 Nölceke, *Burzões Einleitung zu dem Buch Kalīla wa Dimna*, Strassburg, 1912, p. 19;英譯文見 Hans-Joachim Klimkeit, *Gnosis*, pp. 194 – 195.

當然,不難看出,這個阿拉伯語故事并未如 TM 418 及 M 135 的粟特語故事那樣,採用"訴訟故事"的形式,而是採用了一般的敘述形式;由於它并未涉及"法官裁決"的場景和情節,故結局多少有點含糊。不過這並不妨礙講故事者所要表達的寓意。

無論是粟特語版本,還是阿拉伯語版本,從其使用的措辭來看,如錢幣名 δyn'r,樂器名 wīnā(英譯名作 lute,似乎不十分貼切,這在上文業已指出),集市名 w'crn 等,都展示了明顯的波斯文化因素,這與本章所引的第一個寓言故事"宗教與大海"有著清楚的差別。

以上譯釋的三份粟特語寓言文書,對於了解摩尼教的教義,以及它在東方的傳播情況和傳播特色有一定的幫助。我們至少知道,摩尼教的這類寓言故事,與佛教的"方便說法"形式十分相像。即使就主題觀念和內容素材而言,也頗多引自佛教者,所謂的"大海"故事便是突出的例證。這從一個側面反映出東方摩尼教濃重的佛教色彩。當然,從摩尼教寓言故事的整體而言,佛教色彩畢竟只是其中的一部分,如"珍珠打孔匠"的故事,便主要凸現的是伊朗文化的因素。

11 突厥語《懺悔詞》譯釋

X^uāstvānift 是供摩尼教“聽者”（Auditor 或 Hearer，大致相當於佛教的俗家信徒）使用的古突厥語懺悔文，[1] 由見於吐魯番的諸文書殘片綴合而成。其漢語文本在將近三十年前由李經緯先生譯出[2]，所據者主要為前蘇聯學者季米特里耶娃刊布的俄文譯本[3]。季米特里耶娃的作品發表於 1963 年，而在兩年之後，丹麥學者阿斯姆森的《摩尼教懺悔詞研究》[4] 一書出版。雖然后者在成稿之前已來不及參考前者的著述了[5]，但是很顯然，阿斯姆森所輯集的突厥文書總量要超過季米特里耶娃，在研究的深度和廣度上也遠勝前者。李經緯先生的《懺悔詞譯釋》作為第一份相關的漢語譯文，曾為漢語學界的摩尼教研究者提供了珍貴的資料和重要的參考，但毋庸諱言的是，鑒於譯者所據俄文譯本的局限，以及最近二十餘年來國內外摩尼教研究的迅速發展，《懺悔詞》的漢譯文亟需汲取新的研究成果，作出更確切、完善的翻譯和涉及摩尼教教義的更全面、深入的詮釋。本章則主要依據阿斯姆森的英譯本，提供一份新的漢譯文，以就正於大方之家。

---

〔1〕突厥詞 X^uāstvānift 義為“懺悔”，乃是源自帕提亞語 wx'stw'nyft（*wxāstwānīft*）的外來語。而突厥語的這一文書，則是從粟特語文書譯出（粟特語的轉寫為 γw'stw'nyβt）。亨寧曾對相當於突厥文書第十、十一和十五節的粟特語殘片作了譯釋，認為突厥語文書完全譯自粟特語文書，并且往往作逐字逐句的翻譯（參看 W. B. Henning, “Sogdica”, in *James G. Forlong Fund*, Vol. XXI, London: The Royal Asiatic Society, 1940, pp. 63－67）。

〔2〕見李經緯《古代維吾爾文獻〈摩尼教徒懺悔詞〉譯釋》，載《世界宗教研究》，1982 年第 3 期。

〔3〕L. V. Dmitrieva, *X^uastvanift*. (Vvedenije, tekst, perevod), *Tjurkologičeskije issledovanija*, Red. A. K. Borovkov, Moskva-Leningrad: Izdatel'stvo Akademii Nauk SSSR, 1963, pp. 214－232.

〔4〕Jes P. Asmussen, *X^uāstvānīft*, *Studies in Manichaeism*, Copenhagen: Prostan tapud Munksgaard, 1965.

〔5〕見 *X^uāstvānīft*, p. 167 的簡短說明。

突厥語《懺悔詞》的總體結構為十五節,分述摩尼教俗家信徒所需懺悔的十五個方面。這由多個文書的殘片綴合而成,主要為 T II D 178 III、T II D IV,以及不列顛博物館所藏斯坦因文書 Ch. 0015。英譯文每節的序號用羅馬字母標誌,每節中的次級序號則使用英文字母,漢譯文將採納這一標誌方式。至於突厥語原文的拉丁字母轉寫形式,本文將完全依照英譯本,只是在涉及其他著述(特別是克勞森之《突厥語源詞典》[1])中的不同轉寫時,可能在括號內另行標出。

突厥語《懺悔詞》譯文如下:

I B　霍爾木茲特神[2]偕五明神[3]一起降臨,以率領一切諸神與魔鬥戰。他和具有惡業的興奴[4]以及五類魔[5]作戰。當時,神與魔,明與暗混合起來。霍爾木茲特神之子五明神,即我們的靈魂[6],與魔爭鬥了一段時間,受了傷;並與諸魔之首,貪得無

[1] Sir Gerard Clauson, *Etymological Dictionary*, Oxford, 1972.

[2] 突厥詞 Xormuztah,是借自伊朗上古宗教的一位神靈 Ahura Mazda 或 Ormizd、Ormazd,阿維斯陀語義為"賢明之主",曾被公元前五世紀的波斯國王大流士奉為諸神之首;瑣羅亞斯德教則尊之為世界創造者。而在摩尼教神學中,Xormuzta 則是由最高神大明尊所創造的次級神"生命之母"(Mother of Life,摩尼教漢語文獻稱"善母")創造(即"召喚")出的"兒子",稱為"初人"(Primal Man,漢語文獻稱"先意")

[3] 突厥詞組 biš täŋri 中,biš (= bé:ş)義為"五",täŋri 則有"神靈"之義,故嚴格而言,當譯作"五神"。但是,在其他語種的文獻中,這組神靈有著不同的稱呼。例如,敘利亞語文獻名之為 *b^e naw*(意為"五個兒子")或者 *panž amahrāspandān*(意為"五個[光明]要素");阿拉伯語稱 al-ilāhat al-hamsat(意為"五個神靈");漢語文獻《摩尼教殘經》《下部讚》則稱"五明子""五明性""五明身""五明佛"等。所以,在本譯文中,為了使專名既不遠離原義,又與漢語文獻的約定俗成之名盡可能一致或相近,遂取"五明神"之稱。

[4] 突厥詞 Šïmnu (= şımnu:),借自粟特詞 *šmnw*,而其終極來源則可追溯到阿維斯陀語 *aŋro mainyū*(意為"邪惡精靈"),亦即帕提亞語和中古波斯語中的 *'hrmyn*(英文通常作 Ahriman)。它原為瑣羅亞斯德教中的黑暗主神,貪婪、妒忌、憤怒,為了攻擊光明,創造了大量與之同樣品格的邪魔。摩尼教文獻借用此名,也用以指稱與光明對立的邪惡之魔。

[5] "五類魔"(是為漢語文獻《摩尼教殘經》中頻繁使用的專名)是指居於暗界五國的五種邪惡魔類,分別為兩腿之人、四腿之獸、有翼之禽、水中之屬、爬行之物;每類魔都分雌雄二性,並永遠地好鬥和貪婪。魔王則兼具所有五類魔的特徵:魔、獅、鷹、魚、龍。

[6] 突厥詞 özüt 意為"靈魂",且特別強調人類的靈魂。而在摩尼教教義中,人類靈魂即是被由暗魔創造的肉體所囚禁的"光明分子",後者即是當初與暗魔戰鬥失敗而被吞食的五明神。摩尼教始終為之努力的最高目標,便是解救被肉體所困的靈魂(即光明分子或五明神,源自大明尊的"發射"或"召喚",是與之同質的被創造物),使之回歸明界。有鑒於此,"五明神"經常作為"靈魂"的異稱,二者同一,故《懺悔詞譯釋》在此譯作"五神和我們的靈魂"(59 頁),似有誤解。

厭的無恥貪魔[1]的邪知[2]以及一百四十萬魔混合起來，他變得不明事理和意志薄弱。他全然忘卻了自己所誕生和被創造的不朽神靈之境，從而脱離了光明諸神。

IC　我的明尊[3]啊，從此之後，如果由於具有惡業的輿奴用邪惡行為誘惑我們的智力和思想，使得我們最終無知、無智；如果

---

[1]"貪得無厭的無恥貪魔"一語，突厥語詞組作 todunčsuz uwutsuz suq yäknïŋ，蓋因 todunčsuz（= todunçsuz）義為"不滿足的，貪得無厭的"，uwutsuz（= uvutsuz）義為"不謙虛的，無羞恥心的"，suq（= su:k）義為"貪婪的"，yäk（= ye:k）則義為"魔鬼，邪魔"。但是，英譯文則作"the insatiable and shameless Āz devil"，顯然用專名 Āz 取代了一般性的形容詞 greedy。而 Āz 之名雖然見於摩尼教的中古波斯語和帕提亞語文書中，扮演著"諸魔之母"的重要角色，其源流卻來自瑣羅亞斯德教：在該教經典 *Avesta* 的 KhortaAvesta、Vendidâd、Bundahišn 等部分中，多見有關 Āz 的描繪，是為惡神 Ahriman 用以對付善神的一件武器——貪欲邪魔。摩尼教中古波斯語和帕提亞語文書借用瑣羅亞斯德教的術語，展現了古代宗教交流融合的現象。然而，摩尼教的突厥語文書 *X^uastvanift* 實際上并未借用 Āz 一詞，英譯者在這裏以及下文的另外三處都擅自改作了 Āz，未免失之草率，故漢譯仍取突厥語原義"貪婪之魔"，而作"貪魔"（摩尼教漢語文獻《殘經》《下部讚》中的專名"貪魔"便應是其確切對譯）。實際上，克勞森在其《語源詞典》中就對突厥文書中的該短語做了正確翻譯：todunçsuz uvutsuz suk yek üçün 譯作 because of the insatiable, shameless demon of greed（見 *Etymological Dictionary*, p. 804）。

[2]突厥詞組 yawlaqbilig 在摩尼教文書中有著特殊的含義。Yawlaq（= yavla:k）義為"壞的""邪惡的"；bilig 則義為"知識""智慧""覺悟"等。摩尼教特別強調"知"的問題，其教義便是以"靈知"（*gnosis*）而著稱。由於該教持絕對的二元論，故就"知"而言，也有善、惡之分，反映在突厥語文書中，便是 ädgübilig（善良的知識）和 yawlaqbilig（邪惡的知識）。作為"善知"和"邪知"的專名，在摩尼教文獻中有著明顯的象徵意義，例如，突厥語文書 T. M. 423c 有這樣的字句："他的諸體……是：才思、理解力、情感、思想、洞察力……博愛知識、信仰知識；他們將來肯定會去你的居所，這是你的善知……""他的十二時是：看得見的肉身的五體，即骨、筋、脈、肉、皮……以及五種看不見、摸不著的邪知，而這即是毀滅性知識、仇恨性知識、無恥的知識、爭吵的知識、愚蠢的知識，以及嫉妒惡魔和無恥惡魔……"（見 T. M. 423c，正面 1－5 行、正面 11－16 行以及背面 1－3 行，Le Coq, *Türk. Man.* Ⅲ, p. 18－19。）

[3]突厥詞 täŋri（= teŋri:）十分古老，當可追溯到公元前 3 世紀的匈奴人的語言中。最初似乎只指自然界的"天"，後則逐步引申，兼具了"上天""神""天的""神聖的"等義；當然也可以作為一般性的"神靈"。但是，此詞在這裏及下文多處，顯然是特指摩尼教的最高神大明尊，故為了區別於基督教的 God，不作"神""主""上帝"之譯，而遵從漢語文獻的習慣譯法（多作明父、明王、明尊等），譯作"明尊"，以展示摩尼教的特色。

我們無意中得罪了聖潔和光明的楚爾凡[1]神，一切明性[2]的本原，稱他兼為明與暗、神與魔之宗；如果我們曾說"若有人賦予生命，即是明尊賦予生命；若有人殺害生靈，即是明尊殺害生靈"；如果我們曾說"明尊創造了一切善良與邪惡"；如果我們曾說"他（指楚爾凡——譯者）是創造了不朽諸神的人"；或者我們曾說"霍爾木茲特神和興奴是弟兄"；我的明尊啊，如果我們無意中欺騙了明尊，曾經使用了極度褻瀆神靈的言辭，從而犯下了導致毀滅的罪過，那麼，明尊啊，我，賴瑪斯特·弗萊曾德（Rāimast Frazend），就懺悔，祈求解脫罪孽。寬恕我的罪過吧！福祐之始！

II A　第二，是對於日月神，是對居於二光明宫中的神靈[3]所犯的罪過。

II B　如若前赴諸神之境，本原之處，一切諸佛[4]、清淨法、擁有善業和地界光明之靈魂的聚集處，那麼日、月之神便是其前門。

---

[1]突厥語文書中的Äzrua，相當於中古波斯語 zrw'n（*zarwān*）。Zurvan 是伊朗宗教中的時間和命運之神，可能是由於瑣羅亞斯德教與希臘－巴比倫占星術思考的接觸交流，後世作品中的 Zurvan 被說成是 Ormazd（= Ahura Mazda）和 Ahriman 的父親，亦即將善神霍爾木茲特與惡神阿赫里曼說成是親弟兄。而摩尼教借鑒了 Zurvan 神後，他便成了最高神大明尊的名號。

[2]突厥詞 yaruq（= yaruk）義為"光明的""明亮的"，故詞組 yaruqözüt 意為"光明的靈魂"。而在漢語文獻《摩尼教殘經》和《下部讚》中，與"光明分子/五明子"同義的"靈魂"則被稱作"明性""佛性"等。鑒於此，在此可以恰如其分地將突厥語詞組 yaruq özüt 譯作"明性"。

[3]在摩尼教科普特語文獻中，太陽往往被稱作"活火之舟"（Ship of the Living Fire）或"白日之舟"（Ship of the Day），而"船主"即是大明尊第三次"召喚"（即創造）出的主神"第三使"（the Third Messenger）。中古波斯語和帕提亞語文書則稱之為 *rwšn šhr yzd*，意即"光明之永世（Aeon）的神"；漢語文獻便以"三明使"或"日光佛"稱呼之。科普特語文獻稱月亮為"活水之舟"（Ship of the Living Water）或"黑夜之舟"（Ship of the Night），其主神則通常為耶穌（Jesus，漢語文獻譯作"夷數"）。但是，除了這兩位日神和月神外，居於日、月上的其他神靈還有不少，例如，謂日、月上各設三個王座，太陽上的三個王座分別由第三使、大神靈和生命神靈佔據，月亮上的三個王座則由耶穌、初人和光明少女佔據。則主要神靈就各有三位，其他次要神靈更是為數眾多。

[4]阿斯姆森的英譯文將突厥詞 burxan 譯作"先知（prophet）"（Jes p. Asmussen, *X^u āstvānīftī: Studies in Manichaeism*, p. 194）；李經緯漢譯文亦然（《懺悔詞譯釋》，61 頁）。而在公元 7 至 8 世紀的古突厥語中，習慣於將漢語"佛"字讀作 bur 音，並與具有"王者"之義的 xan（汗）構成組合詞 burxan，以此翻譯佛經中相當於"佛"一類的高級神靈；後來被摩尼教借來指稱本教的大小神靈（說見 Sir Gerard Clauson, *Etymological Dictionary*, p. 360）。因此，既然 burxan 一名源出突厥語佛經，且在摩尼教的漢語文獻（特別是《下部讚》）中，稱摩尼教各種神靈為"佛"者比比皆是），那麼，在本譯文中將 burxan 譯作"佛"，應該能更加確切地展現出該文書的文化因素。

為了解救五明神,將光明和黑暗分離開來,他們作圓狀旋轉,照耀[天界的]四方。[1]

II C　我的明尊啊,如果我們曾經無意中以某種方式得罪了日月神,居於二光明宮中的神靈;如果我們曾經不相信"[日月]神是真誠、強大、有力的";如果我們曾經使用了極度邪惡的褻瀆神靈的言辭;如果我們說過"日月將會毀滅";如果我們說過"他們未靠自力升落;如果存在自力,就會不再升起";如果我們說過"我們自身異於日月[2]",那麼,當我們無意中犯下了這樣或那樣罪過時,我們祈求寬恕。寬恕我的罪過吧!

III A　第三,同樣,還有對五明神,即霍爾木茲特之子所犯的罪過。

III B　一為氣神,二為風神,三為明神,四為水神,五為火神[3]。他(指五明神——譯者)往時與魔鬥戰,因受傷而與黑暗相混,未能回歸諸神之界,從而留在俗世。上方十重天、下方八重地[4]都因五明神而存在。世上一切事物的福祉與幸運、色彩與景

---

〔1〕按照摩尼教教義,當獲救的靈魂脫離肉體的束縛(即是光明分子與黑暗分離),前赴明界新樂園時,必須經過太陽和月亮這兩個"中間站",作進一步的提煉和淨化,所以,本文書在此稱日月之神是"前門"。而天地日月則是最初由淨風(Living Spirit)造就的:用未受污染的光明分子造成日月,稍受污染的光明分子造成星辰;對於受到嚴重污染的光明分子(主要是人類的靈魂)的拯救,則是先使之脫離肉體束縛(即與黑暗分離),再沿光耀柱(Column of Glory)抵達月亮,經初步淨化後,再抵太陽作進一步昇華,最後到達新樂園。顯然,日、月是光明分子最終回歸明界的中間站,故有"渡船"之稱。漢語典籍《摩尼教殘經》有"淨風造二明舩(船),於生死海運渡善子,達於本界,今光明性究竟安樂"之語。

〔2〕突厥詞 ōŋii (=öŋi:)為"不同於""獨立於"等義,故本句 käntü özümüznii küntä ayda öŋii biz 當是"我們自己不同於太陽和月亮"之意。克勞森亦作了類似的理解:"we ourselves are independent(?) of the sun and moon"(見 *Etymological Dictionary*, p. 170。)因此,《懺悔詞譯釋》作"我們自己比日月更高"(61 頁),似乎有誤。

〔3〕這五明神的排序,在摩尼教的東、西方的文獻中,頗有不同:例如,在見於埃及的科普特語典籍《讚美詩》(*Psalm-Book*)和《克弗來亞》(*Kephalaia*)中,其排序多為火、風、水、光、氣,以火為第一,氣為最後;而在見於中亞等地的東方文書中,其序則為氣、風、光、水、火,以氣為第一,火為最後。排序的不同可能反映了觀點的不同。

〔4〕按照摩尼教神學,天、地是由善母(Mother of Life)淨風(Living Spirit)等一起創造的:善母用所殺諸魔的皮鋪開而創造了十重天,淨風之子則將所殺諸魔的尸體拋下暗地而創造了八重大地。之所以會產生用肉體創造的說法,恐怕與摩尼教之"宇宙乃大的人體,人體乃小的宇宙"觀念有關。

象、本性與靈魂、大力與光明、起源與根本，全部都是五明神。

III C　我的明尊啊，如果我們曾在無意中因邪知而毀壞了五明神；如果我們曾使之遭受十四重傷害的折磨；如果我們曾用蛇頭十指和三十二牙折磨生靈[1]，即神聖的食物和飲料；如果我們曾經對乾、濕之地、五類生物[2]、五類草木犯下罪過，那麼，我的明尊啊，我們祈求解脫罪孽。寬恕我的罪過吧！

IV A　第四，是對於始終存在的明尊使者，即諸佛所犯的罪過。

IV B　如果我們曾經無意中得罪了積有功德，導致獲救的神聖選民[3]；如果我們儘管口稱他們為“明尊之真正使者”和“佛”，卻又不信“神聖選民以善業為特徵”；如果我們曾在他們宣講明尊之法時，出於無知而反對之；如果我們非但未曾傳播這些教法，卻反而阻撓它們，那麼，我的明尊啊，我們懺悔，祈求解脫罪孽。寬恕我的罪過吧！

V A　第五，是對於五類生物所犯的罪過。

V B　一是對於兩腿人類所犯的罪過；二是對於四腿生物所犯的罪過；三是對於飛行生物所犯的罪過；四是對於水中生物所犯的罪過；五是對於腹部著地爬行之生物所犯的罪過。

V C　我的明尊啊，如果我們曾以某種方式引發了這五類生

---

[1]突厥詞 tirig 義為“活的”“有生命力的”；öz（＝ö：z）基本上即是指人類個人無形的“精靈”部分，與有形的“肉體”相對應。鑒於此，tirig öz 一詞，固然可以譯為“活物”，但實際上當是指“有生命力的靈魂”，特別是在摩尼教教義中，顯然是指被被肉體囚禁的“靈魂”或光明分子，亦即五明神；而他們被食用，即相當於“神聖的食物和飲料”了。為盡可能展示 tirig öz 一名在教義方面的特色，故在此譯作“生靈”。

[2]突厥詞組 biš türlüg tïnlïγqa 意為“五個種類的生物”是為突厥語文獻中標準的佛教術語（有時也作 bišažun，亦即“五種生存形態”），對應於梵語 pañca gatayah，即“五趣”“五道”，也就是輪迴的五種去處：地獄、餓鬼、畜生、人、天。不過，在此所指卻非佛教的“五道”或“五趣”，而是指人類、走獸、飛禽、水屬、爬行類。見下文第 V B 節。

[3]摩尼教將信徒分成兩種類型，一種是“選民”（Elect 或 Perfect），他們必須過嚴格的獨身生活，專門從事宗教修煉和向民眾布道、說教，其成員有男有女。另一種信徒稱為“聽者”（Auditor 或 Hearer），是為在家信徒，可以結婚、生育。他們除了根據教規具有一定的宗教生活外，還有一個重要的職責，就是為選民提供飲食，而不能讓選民自己種植和製造食品，否則就是犯罪。所以，對於聽者而言，選民是相當神聖的，不能得罪。

物——無論最大還是最小——的恐懼,或者驚嚇了他們;如果我們曾經毆打或砍割他們,使之痛苦和折磨他們,乃至殺死了他們,也就是在某種程度上欠了這些生物的命,那麼,我的明尊啊,我們正在祈求,希望解脱罪孽。寬恕我的罪過吧!

VI A　第六,我的明尊啊,我們還可能以自己的思想、言辭和行為犯下十種罪過[1]:

VI B　如果我們曾經虛僞欺詐,以某種方式犯下了僞證罪,如果我們曾為某個奸詐者作證;如果我們曾經告發過某個無辜者;如果我們曾經散佈謠言,以我們的言辭傷了一個人的心;如果我們曾經施行了黑色巫術;如果我們曾經殺死了許多生物;如果我們曾經欺詐行騙;如果我們曾經使用了陌生人[托付我們保管]的物品;如果我們曾經做了日月神所不容許的事情;如果我們在自己變成"穿長衣[者]"[2]之後,曾經得罪了第一本性;如果我們曾經導致許多生物的毀滅,那麼,我的明尊啊,我們正在祈求解脱這十種罪過。寬恕我的罪過吧!

VII A　第七,如果有人問:誰會走上通往二毒路之端和地獄之門的道路?那麼,信奉僞法的人會去第一個地方,崇拜魔王,並奉之為神的人會去第二個地方。

VII B　我的明尊啊,如果我們因為未曾認識和理解真正的明尊及清淨之法,從而當諸佛和清淨選民布教時,受假稱"我是明尊之使和布道師"的人之騙,相信其語,錯誤齋戒,錯誤崇拜,錯誤施捨;如果我們曾經錯誤地從事邪惡活動,並說"是為積功德,故而能獲救";如果我們曾經祀奉邪魔為"明尊",並宰殺生靈來供養;

---

[1]聽者所犯的十種罪過,就是違反了專門針對聽者的十戒;而各文獻對於這十戒的記載並不完全一致,但大體上說來,則包括如下十個方面:第一,不信僞神,也不信有關神的不實之辭;第二,保持言詞的潔淨;第三,保持食品的潔淨,不吃葷,不飲酒;第四,不說對先知不敬的話;第五,在齋戒之日禁止性行爲;第六,幫助遭受貪魔折磨者脱離苦難;第七,禁止假先知的冒名頂替;第八,禁止任何毫無必要的傷害生靈的行為;第九,禁止偷盜和欺騙;第十,禁止施行巫術和制作巫術藥品。

[2]突厥詞 uzun tonluγ,字面含義為"穿長衣[者]",按克勞森之說,早期義為"婦女",後則引申為"修道士"之意。(見 Sir Gerard Clauson, *Etymological Dictionary*, p. 288)

如果我們曾說“他是個佛”，珍愛偽法而崇奉之，因此事魔而得罪了明尊，那麼，我的明尊啊，我們正在懺悔，祈求解脫罪孽。寬恕我的罪過吧！

VIII A　第八，自從我們認清真正明尊和清淨之法以後，我們懂得了“二宗”和“三際”[1]的教法；我們懂得了明宗即明尊之境，以及暗宗即地獄之境。我們知道了，此前無地無天之時到底有些什麼存在；我們知道了，神、魔為何相鬥，明、暗如何混合，以及何人創造了大地、蒼天；最後，我們還知道了，大地和蒼天為什麼將不再存在，光明與黑暗將怎樣分離，屆時將會發生什麼？

VIII B　我們信奉楚爾凡神、日月神、大力神，以及一切諸佛，[2]我們信賴他們，從而成為聽者。我們已將四光明印印在心中：一是愛，為楚爾凡神之印；二是信，為日月神之印；三是（對神

---

〔1〕突厥詞 äkii（ékki:）義為數字“二”，yïltïz（yıltız）義為“根本”“根源”，故在摩尼教的根本教義中，術語 äkii yïltïz 便是指其兩種相對立的基本要素——光明與黑暗，或者天界與暗獄、善良與邪惡等，英文往往表達為 Two Principles，在摩尼教漢語文獻中，便譯作“二宗”。突厥詞 üč（üç）義為數字“三”，öd（ö:d）則義為“時間”，或指某一點時間，或指某一段時間。此亦摩尼教的根本教義：指過去、現在、未來三個時段，而明、暗二宗在這三個時段中有著不同的體現，故摩尼教漢語文獻將 üčöd 譯作“三際”。“二宗”“三際”往往相提并論，以展示摩尼教的根本教義的特色。《懺悔詞譯釋》將這兩個專門術語譯作“二根”“三時”（65 頁），似有未妥。

〔2〕這裏提到的 äzruat äŋrikä、kün ay täŋrikä、küčlüg täŋrikä、burxanlar 是摩尼教——尤其是東方摩尼教——的基本教義之一，即“四面神”的說法：本文書的表達方式是楚爾凡神（即摩尼教主神大明尊）、日月神、大力神、諸佛（或眾神），但在其他語種的文書中則有不同的表達形式。例如，在漢語典籍《下部讚》中，稱“清淨、光明、大力、惠”或“清淨、光明、力、智惠”；福建晉江摩尼教草庵摩崖上的石刻以及福建莆田發現的石碑則作“清淨、光明、大力、智慧”。學界對於這四類神靈的比定，大體上已有共識：“楚爾凡”即主神大明尊，亦即漢語文書或石刻所稱的“清淨”（＝神聖）；“日月神”在漢語文書中稱“光明”；“大力神”或“大力”則是指五明神（但杰克遜認為是指先意，即霍爾木茲特神——見 *Researches*, p. 332）；“諸佛”之所指，似乎還有些歧見，或以為是指不同時期受明尊所遣，前來人世傳授靈知，拯救靈魂的各神聖使者，或認為是指具有五種含義的神聖教會。阿拉伯典籍《群書類述》便體現了後一種說法：“教法要求信奉四個偉大：明尊、他的光明、他的威力、以及他的智慧。明尊——讚美他的名字——即是明界之主；他的光明即是太陽和月亮；他的威力即是五天使：氣、風、光、水、火。他的智慧即是擁有五種內涵的神聖教會：布道師（相當於漢語文獻中的“教道者”），即容忍的諸子；執事（相當於漢語文獻中的“侍法者”），即知識的諸子；祭師（相當於漢語文獻中的“法堂主”），即才智的諸子；選民，即理解力的諸子；聽者，即洞察力的諸子。”（見 Bayard Dodge, *Fihrist*, p. 789）由此看來，第四個“偉大”所指的“神”為數眾多，似乎并不僅僅是有限的幾個“先知”（prophets），故《懺悔詞譯釋》將 burxanlar 譯作“先知們”（65 頁），似有未妥。

之)懼,為五明神之印;四是智,為諸佛之印。[1]

VIII C　我的明尊啊,如果我們曾讓自己的心、智脱離了這四類神靈;如果我們曾經偏離了他們的正確方位,因此導致明尊之印被湮滅,那麽,我的明尊啊,我們正在祈求解脱罪孽。寬恕我的罪過吧!

IX A　第九,自從我們遵奉了十戒[2],就必須嚴格遵守口的三戒、心的三戒、手的三戒,以及全身的一戒。[3]

IX B　我的明尊啊,如果我們曾經有意無意地自私地生活;聽信壞朋友之言,以其心思觀察;或者為了牲畜和財產而煩惱;或者被憂傷悲痛所打擊,從而違背了這十戒;如果我們在履行十戒時有什麽缺點、錯誤,那麽,我的明尊啊,我們正在祈求解脱罪孽。寬恕我的罪過!

X A　第十,有一條規定:每日必須四次真誠、淨心地向楚爾凡神、日月神、大力神、諸佛讚美、祈禱。[4]

X B　如果我們曾因粗心大意而不懼明尊,沒有正確和完全地祈禱;祈禱時沒有集中全部心思於神,從而這些讚美和祈禱不能純淨地抵達明尊;或者,如果祈禱的某些地方曾被阻斷,那麽,我

---

〔1〕突厥詞 tamɣa(tamğa:)的本義只是蓋在馬或其他家畜身上的印記,標明所有權,後則引申,在摩尼教中便具有了神秘的含義,如在此所示,大致為必須記住和遵從的標誌性教規之意,或者是基本信條的象徵符號。這裏所謂的"四印",當是"七印"之中的前半部分:前四條是信條性的,後三條則是道德倫理性的。前四"印"是:一,敬愛明尊;二,相信日、月是偉大的光明天體;三,崇敬初人所包含的神聖要素,即光明分子;四,確認本教的偉大啟示者的神聖職責。顯然,突厥文書在此所述的,正是"七印"中前"四印"。至於餘下的"三印",即是"口印""手印"和"心印",亦即在言語、行為和思想方面所必須遵奉的教規。關於"七印"的詳說,可參看 A. V. Williams Jackson, *Researches*, pp. 331 – 337.

〔2〕突厥詞 čaxšapat(caxşa:pat)是佛教梵語詞śikṣāpada 的借詞,後者意爲"所學之處",通常即是指比丘、比丘尼學習戒律時所遵循的戒條。摩尼教或佛教的突厥語文書,多以此詞指戒律。顯然,是為佛教文化對於東方摩尼教的影響例證之一。

〔3〕文書在此將聽者的"十戒"分為口、心、手各三戒及身一戒這樣四類,但所見典籍記載者似乎與此說並不完全一致。如阿拉伯語的《群書類述》列數的十戒是這樣的:一,戒偶像崇拜;二,戒撒謊;三,戒貪財;四,戒殺生;五,戒通姦;六,戒偷盜;七,戒教唆;八,戒巫術;九,戒信仰不一致;十,戒惰怠。見 Baryard Dodge, *Fihrist*, p. 789。

〔4〕摩尼教的祈禱儀式每天四次,分別於黎明、正午、傍晚和深夜作常規的祈禱。白天祈禱時得面向太陽,夜晚面向月亮;若逢不見日、月的時候,就面向北方或北極星。

的明尊啊,我們正在祈求解脱罪孽。寬恕我的罪過吧!

XI A 第十一,還有一條規定:必須給予清淨法以七重布施[1]。如果天使們收集了五明神的光明,呼嚧瑟德與嗷嘍嚄德神[2]就會把上升天界和被解放的五明神之光給予我們,那麼,規定要求我們極好地有序整理這些光明,把它引導給教會[3]。

XI B 如果我們或因憂傷,或因吝於布施,而未能最充分地將七重布施給予教會;如果我們曾經將本應上升天界和被解放的五明神之光束縛在房屋和家產中,或者將其給予惡行人或邪惡物;或者,我們曾將其散發和丢棄;或者,我們曾將明尊之光送往邪惡之所,那麼,我的明尊啊,我們正在祈求解脱罪孽。寬恕我的罪過吧!

XII A 第十二,還有一條規定:猶如神聖的選民每年應持鄔

---

〔1〕突厥詞 pušïï (buşı)義為"施捨""捐助",源出漢語"布施",起初為佛教突厥語文獻中的借字,後則再借用至摩尼教突厥語文書中。漢語文獻《下部讚》中的"七施",亦即相應於突厥語 yiti türlüg pušïï 的術語。摩尼教信徒中,絕大部分都是"聽者",而"選民"只是極少數,且地位甚高。按教規,聽者必須將選民視之為神靈一般地供奉,其中主要包括其日常飲食。而所謂的"七施",似乎亦即含有較豐富"光明分子"的水果等七類食品。

〔2〕突厥文書在此提到的兩個神名,完全照錄了帕提亞語:Xroštag 和 Padvaxtag,是為先意(即初人)被暗魔所困後,善母與淨風前去拯救時,呼喚先意以及先意應答時產生的兩位神靈。故前者義為"召喚"(英譯作 the God Call,漢語《摩尼教殘經》意譯作"說聽"),後者義為"應答"(英譯作 the God Answer,漢語《殘經》意譯作"喚應")。但是,漢語《殘經》也有作音譯者,即是"呼嚧瑟德"和"嗷嘍嚄德",故譯如正文。《懺悔詞譯釋》作"賀魯斯吐合"和"帕杜阿賀塔"的音譯(66頁),則不適宜。

〔3〕突厥詞 nom 通常義為"法律""教法",但亦有指稱有形的教會及其成員之意。在此當取後一義,恐怕主要是指聽者將佈施給予教會中的選民。

珊提齋[1]五十天一樣,[聽者]必須持聖齋,以讚美明尊。

XII B　如果我們為了維護房屋和家產,為牲畜和器物操心,或者因為自己的需求和相繼的危難,或者還因為貪得無厭的無恥貪魔以及我們內心缺乏對明尊的敬畏,或者由於我們的懶惰與疏忽,從而自覺和不自覺地違背了齋戒;或者,我們的齋戒并未正確遵循教法,那麼,我的明尊啊,我們正在祈求解脫罪孽。寬恕我的罪過!

XIII A　第十三,每星期一[2]必須向明尊、宗教以及聖潔選民[3]祈禱,以求寬恕我們的錯誤與罪過。

XIII B　如果我們由於懶惰與疏忽,或者因為商談事務或作為藉口的其他事務,而自願或不自願地未曾請求寬恕罪過,那麼,我的明尊啊,我們正在祈求解脫罪孽。寬恕我的罪過吧!

---

[1]突厥詞 wusantï,按 A. Von Tongerloo 之說(*Buddhist Indian Terminology in the Manichaean Uygur and MiddleIranian Texts*, p. 248; in Wojciech Skalmowski and A. van Tongerloo (eds.), *Middle Iranian Studies*. Proceedings of the International Symposium organized by the Katholieke Universiteit Leuven from the 17th to the 20th May 1982, Orientalia Louvanensia Analecta 16, Uitgeverij Peeters, Leuven, 1984),乃借自粟特語 βwsndyy,而後者又源自梵語 poṣadha 或 upavasatha 等。梵語的原義為長淨、長養、共住、齋、說戒等,指佛教中同住之比丘每半月集會一處,請精熟律法者說戒律之舉;衆人在此活動中反省過去半月中的行為是否符合守戒,若有違戒者,則必須懺悔;此詞音譯作布薩、布灑他、優婆娑等。按摩尼教科普特語文獻《克弗來亞》之說,聽者之所以每年要持五十天的鄔珊提齋,是出於對初人(即霍爾木兹特)神跡的紀念:初人降世時,帶領其五個兒子一起與暗魔作戰,五子各有五肢,則共計二十五之數;後來初人及其五子(即五明神)獲救,上返明界,則五子之五肢總數也為二十五。所以,前後兩個"二十五"相加,便成五十之數。見 Iain Gardner, *Kephalaia*, pp. 258 - 269。突厥語 wusantï 儘管源自佛教梵文術語,其意思也頗接近,但畢竟二者的具體宗教内涵並不相同,故在此的漢譯名不借用佛經中的"逋沙陀"等,而是另作新譯"鄔珊提"。

[2]突厥詞組 ay täŋrii künin sayu,克勞森譯作"該月的每天(every day in the month)"(見 *Etymological Dictionary*, p. 858)。但阿斯姆森在解釋其譯文"每星期一(every Monday)"時說道,星期一是聽者和選民的特定懺悔日,十分重要,故有關星期一的頌詩已成為摩尼教宗教性詩歌中的一個特色(見 *X^{u}āstvānīft*, p. 198, 227)。按此說,則應以阿斯姆森之譯為是;故《懺悔詞譯釋》作"每月每天"(67 頁),便有欠妥當了。

[3]在此,相應於"明尊—宗教—選民"的突厥詞組結構為 täŋri-nom-dintarlar,十分明顯的是模仿了佛經中的梵文術語 Buddha-Dharma-Saṅgha 的結構,即"佛—法—僧"。是為佛經對摩尼教文書影響的又一例。

XIV A　第十四,有個規定是,每年要舉行七次禋祭[1],我們必須持齋一個月。我們還得在禋祭、齋戒之後,在庇麻節[2]上真誠和全心全意地祈求聖佛[3]寬恕我們整個一年裏的罪過。

XIV B　我的明尊啊,如果我們完全未曾舉行七禋祭,或者未曾正確和完美地遵循一月齋期的戒條;如果我們在庇麻節上未能按照教法持奉禋祭齋戒;或者未能真誠和全心全意地祈求[聖佛]寬恕我們整年的罪過;如果我們有了這樣或那樣的錯誤與過失,那麼,我的明尊啊,我們正在祈求解脫罪孽。寬恕我的罪過吧!

---

[1]突厥詞 yimki 是源出帕提亞語 yamag 的外來語,而后者的原義為"孿生者""成雙"等。或以為,由於摩尼教的這類祭典和齋戒儀式都是以兩天為期,故採用了這一名稱。但是,我認為,由於 yamag 尚有指稱兩個"自我"(一為天界自我即靈身,一為俗世自我即肉身)中之"精神自我"(即"神我"),特別是用以指"精神摩尼"的含義(相關釋義可參看 D. Durkin-Meisterernst, *Dictionary of MP & P*, pp. 199, 374),故可能引申為用 yimki 一詞來表達以不同"精神自我"為對象的齋戒儀式的特色。本章在此使用"禋祭"一名,只是借用音、義皆近的漢字對 yimki 做了音譯,而非現成的漢語詞彙,敬請讀者注意。

"禋祭"通常是用來紀念為本教獻身的主要神、人的,每次禋祭為期兩天,信徒們在此期間得連續齋戒,並舉行相應的儀式典禮。根據現有的東、西方摩尼教資料,可以確定的禋祭對象和日期如下:一為霍爾木茲特(即初人)禋祭,在人馬宮(Sagittarius,黃道第九宮)當值期間(約11月22日至12月21日)的望日舉行。初人(先意)曾為拯救光明而陷身魔境。二為末西辛(Mâr Sîsin)禋祭,在摩羯宮(黃道第十宮)當值期間(約12月22日至1月19日)的朔日舉行。他是繼摩尼之後的教會領袖,於波斯國王巴拉姆二世時期(276—293年)殉難。三為耶穌禋祭,在摩羯宮當值期間的望日舉行。四為三長老禋祭,在寶瓶宮(黃道第十一宮)當值期間(約1月20日至2月18日)的朔日之後八天舉行。三長老是繼末西辛之後殉難的。五為摩尼禋祭,在三長老禋祭的二十六天之後舉行。

由於迄今所見資料中只載有五次禋祭,而這與突厥文書《懺悔詞》所言的"七次禋祭"不符,所以,學界的解釋是:由於"三長老"(Three Presbyters)的人數為三,故五次禋祭所紀念的對象實際上還是七位,則稱之為"七禋祭"未嘗不可(說見 W. B. Henning, *The Manichaean Fasts*, JRAS, 1945, p. 147)。

[2]按摩尼教教規,庇麻節(bēma)是十分隆重的祭典,是每年的諸宗教節日中的最高規格者,因為他們相信摩尼的精神之身將於此節降臨於為他設置的專門寶座上,拯救大家的"靈魂",故 bēma 也就是"[寶]座"之義。它在摩尼禋祭的兩天後舉行,亦即三十天齋月的最後日期。

在本文書中,相應於"庇麻"的突厥詞便是 čaidan (ça:dan),其本義是指黃道第八宮天蝎座,但用於摩尼教中,便引申為"王座""寶座"之義,並成為相應於 bēma 的專名了。有關此詞及其他語言中的同義詞,亨寧有所論說,見 W. B. Henning, Einmanichäisches *Bet - und Beichtbuch*, pp. 9-10。《懺悔詞譯釋》未將"庇麻節"的內容表述出來,欠妥。

[3]突厥詞 täŋrii (teŋri:)固然有"神""天"之義,但也有"神聖的"之義(見 Sir Gerard Clauson, *Etymological Dictionary*, pp. 523-524),故將這裏的 täŋrii burxan 譯作"聖佛",所指者顯然是在庇麻節上降臨的摩尼。

XV A　第十五,我們每天都會在不知不覺中產生邪惡之念,在不知不覺中說了本不該說的罪過之言,以及在不知不覺中幹了本不該做的事情。

XV B　我們由於邪惡的行為而招致了自己的苦惱,我們在日常生活中吃下的五明神的光明分子到了邪惡之處,因為我們的靈魂陷在了貪得無厭的無恥貪魔的貪愛中。正是鑒於此,我的明尊啊,我們祈求解脫罪孽。寬恕我的罪過吧!為了宗教的神聖預兆!

XV C　我的明尊啊,我們被過失與罪孽所牽累,我們是大大的負債者。因為我們是按貪得無厭的無恥貪魔的思想、言辭和行為而做的;我們用它的眼睛看,用它的耳朵聽,用它的舌頭說,用它的雙手拿,用它的雙腳走,從而為乾、濕之地、五類生物及五類草木中的五明神的光明分子招致了持久的痛苦。我們就這樣被過失與罪孽所牽累。我們因十戒、七施、三印而獲"聽者"[1]之名,但是我們卻未能做應做之事。

如果我們曾經在無意間得罪了光明諸神、清淨教法,以及明尊之人和布道師——清淨選民;如果我們不曾按照明尊傳播的法、智行事;如果我們曾經令諸神心碎,以及未能禋祭、持齋、祈禱和按教法遵循戒律;如果我們無意間犯了過失與錯誤,……每天,每月,我們犯有罪過……那麼,我們祈求光明諸神、尊貴之法[2],以及清淨選民,以解脫罪孽。寬恕我的罪過!

十一月二十五日

---

〔1〕突厥詞 niγošak 是借自帕提亞語 ngwš'g (*niγōšāg*)的外來詞,乃是專用於指稱摩尼教信徒"聽者"的術語,故《懺悔詞譯釋》將此句譯作"我們(徒)具聽信十種警戒、七種施捨、三種印信之名"云云(69 頁),未能反映文書的原意。

〔2〕突厥詞 Nom qutï,是摩尼教文書中專用術語。Nom (=no:m)借自粟特詞 nwm,粟特詞借自敘利亞語,敘利亞語又借自希臘詞 nomos(本義為"法律");粟特語多用 *nwm* 翻譯佛經中的梵語 dharma,突厥語則以 nom 兼用於佛教和摩尼教,且含義廣,總的說來,有法律、教法、宗教等義。qut (=kut)本有比較神秘的"上天寵愛"之義,後遂專有"好運""幸福"之類的意思;在佛經中,qut 的使用很廣泛,既有"上天眷顧"之義,還有高貴[者]、威嚴、尊貴等意。所以,Nom qutï 在此當是"尊貴之法"或"法之尊貴者"的意思。這裏的結構亦如上文,是模仿了佛經的"佛—法—僧"形式。

摩尼教的宗教禮儀文書包括了讚美詩、教規、儀式等,當然還有這裏涉及的懺悔詞。特別是在東傳摩尼教中,其宗教禮儀生活似乎更為豐富,如每年一度的庇麻節、七次禋祭、星期一祈禱儀式,以及形形色色的個人齋戒儀式等;其中,懺悔儀式在摩尼教徒的宗教禮儀生活中佔據著特殊的地位,這就使得本《懺悔詞》具備了重要的資料價值。另一方面,如上文指出的那樣,摩尼教的突厥語文書,除了少量之外,大多譯自粟特語文書,本文書亦然如此。但是,有一個現象頗可注意:有關選民的懺悔詞是用粟特語撰寫的,用於選民的其他禮儀用書,也多為伊朗諸語;而供聽者使用的禮儀書卻大多為突厥語。這表明,在回紇人地區流行的摩尼教中,粟特人始終起著主導的作用,並掌控著教會的上層;而摩尼教突厥語文書的出現,則是摩尼教逐步向突厥民眾普及的標誌。[1] 本文書正是這一文化現象的一個重要見證,則其價值之大亦很顯然。

〔1〕說見 Larry Clark, "The Turkic Manichaean Literature"// Paul Mirecki and Jason BeDuhned, *Emerging from Darkness—Studies in the Recovery of Manichaean Sources*, Leiden: Brill, 1997, pp. 94 – 96。

12 突厥語《摩尼大頌》譯釋

《摩尼大頌》[1]見於吐魯番出土的摩尼教文書中,可能撰成於公元10世紀初期。它顯然是用突厥語直接書寫,而並非譯自伊朗語。全詩共計120頌,當是迄今所見的最長的摩尼教突厥語讚美詩。從該詩採用的措辭來看,佛教色彩十分濃重,許多術語都是直接借自佛經梵語,故是東傳摩尼教深受佛教文化影響的明顯佐證。然而,在大量使用佛教術語的表象之下,它仍隱含了清楚的摩尼教教義,這是摩尼教傳播方式的一大特色。本章在譯釋和研究《摩尼大頌》內容的同時,也將對這一特色略作探討。

12.1 《摩尼大頌》漢譯文[2]

[1]啊,高貴耶穌[3]之原始教義的導師! / 我們將以虔誠的

---

〔1〕本文書最初是由德國的第三次吐魯番考察團(1905年12月—1907年6月)發現的。1906年6月,Le Coq因健康原因返回德國休養,其他成員則繼續在吐魯番及其周近的六個遺址中發掘。1906年11月,Bartus在寫給Le Coq的一封信中說,他在Murtuq發現了一本繪圖書中的數十頁。然而,當時他們未為這些文書標上識別號就送往了國內,從而導致Le Coq誤認為這些文書出自Daqianus遺址,以致標上了D(即Daqianus之縮寫)的識辨編碼,使之成了T III D 258、T III D 259和T III D 260等文書。但是,實際上,它們是在Murtuq遺址被發現的。此書原來有50葉(對折紙),但今殘存的只有38葉了。文書上突厥語的拉丁字母轉寫和德譯文,見W. Bang & A. von Gabain, *Türkische Turfan-Texte III*, SPAW, April 1930, pp. 184 - 205;英譯文則見Hans-Joachim Klimkeit, *Gnosis*, pp. 280 - 284。該讚美詩標題的德譯名作*Der große Hymnus auf Mani*,英譯名則作*Great Hymn to Mani*。

〔2〕本譯文主要根據克林凱特的英譯文(*Gnosis*, pp. 280 - 284)轉譯,並亦參看邦格與葛瑪麗之德譯文(*TürkischeTurfan-Texte III*, pp. 184 - 205)以及克拉克的英譯文(Larry V. Clark, *The Manichean Turkic Pothi-Book*, in Altorientalische Forschungen IX, Akademie Verlag, Berlin, 1982, pp. 180 - 189)。

〔3〕基督教三神Jesus被摩尼教借用,並佔有十分重要的地位;不過,其角色有別於基督教的同名神靈。在摩尼教漢語文書中,他被譯作"夷數"。

心靈崇拜你。/ 啊,我尊敬而名聲卓著的父尊,/ 我的摩尼佛[1]!

[2]我們已經準備好 / 以謙卑之心崇拜你。/ 我們的希望和信賴者[2],請接受 / 我們每個人的一切崇拜吧。

[3]我們向你鞠躬,/ 發自內心深處的信仰。/ 但願我們每次崇拜時都潔淨異常。/ ……

[4—13](殘缺厲害,只剩零星辭句)你解釋了惡業的後果……你阻擋了通往地獄之路……傳播妙法[3]……你拯救……遭受八難[4]的衆生……瘋狂、野蠻和有毒的獸類。

[14]處於野蠻狀態的獸類,/ 不斷地沉没在 / 重復轉生的失憶塵埃中,/ 他們永久地瘋狂。

[15]當他們被貪欲[5]毒害,/ 正在死亡和毀滅時,/ 你爲他們

---

[1]此名的拉丁轉寫爲 maniburxan,邦格與葛瑪麗的德譯文取音譯名 Mani Burchan(p. 185),克林凱特的英譯文則意譯作"佛"——Buddha Mani (p. 280),克拉克雖亦作意譯,但取"先知"之義——Prophet Mani (p. 180)。蓋按公元 7 至 8 世紀的古突厥語,習慣於將漢語"佛"字讀作 bur 音,再與具有"王者"之義的 xan(汗)構成組合詞 burxan,以翻譯佛經中相當於"佛"一類的高級神靈;後來便被摩尼教借用,用以指稱如摩尼之類的"先知"(見 Sir Gerard Clauson, *Etymological Dictionary*, p. 360)。既然 burxan 一名源出突厥語佛經,那麽,在此取"摩尼佛"之漢譯名,則更利於彰顯東方摩尼教文獻的佛教影響。

[2]古突厥語 umuγ ïnaγ,義爲衆生寄托希望和信賴的對象,頻見於突厥語佛經中,即是指佛陀。這一專名被摩尼教借用,在此顯然成爲摩尼的尊稱。

[3]突厥詞 edgü 爲善、好、仁慈等義;nom 則是外來詞,借自希臘 nomos,義爲"法",作爲摩尼教的專用術語,則有法、教義等更廣泛的含義,而在突厥語佛經中,則幾乎專譯梵語 dharma。所以,突厥語 edgü nom 所對譯的,當是佛經中的常用梵文術語 sad - dharma,亦即漢語妙法、淨法、正法等,也就是佛陀所說之教法。

[4]從字面解釋,突厥語 sekiz tülüg emkek 的意思爲八種苦難、痛苦,爲佛經梵語 aṣṭāv akṣaṇāh 的對應譯語,漢譯佛經簡稱"八難",指不得遇法、不聞正法的八種障難,通常為在地獄難、在餓鬼難、在畜生難、在長壽天難、在邊地難、盲聾瘖啞難、世智辯聰難,在佛前佛後難。參看本書第一編第三章,《下部讚》第 337 行"八難"條註釋。當然,摩尼教文書在此顯然只是借用了佛經術語的形式,而非其具體內容;至於摩尼教本身對"八難"的理解,卻不得而知。

[5]突厥詞 az 直接借自中古波斯語"z,義爲貪婪。這在突厥語古文書中用得相當普遍,往往對譯佛經中的梵語 lobha(貪求名聲、財物等而無厭足之意,漢譯作"貪")或 tṛṣṇā(貪戀執著於一切事物之意,漢譯作"愛")。是爲佛教的"三毒"之一。

制備了／禪定[1]的藥方。

[16]瞋怒[2]而咆哮,／他們毫無知覺或思想,／你聚合起他們的思想,／使得他們理解了自己的出身。

[17]對於五趣[3]衆生,／你使之脱離愚癡[4]。／你賜予他們智慧,／引導他們趨向般涅槃[5]。

[18]形形色色的情感,／諸如仇恨與怨望／全都見於這些有情身上,／導致他們產生邪見。

[19]但是當你,我們的神聖父尊,／從天而降,／一切有情之族／全獲安寧涅槃[6]。

[20—25](嚴重殘缺)

[26]……／沒有希望的我輩受苦衆生,／只能繼續遭受輪回[7]的折磨,／找不到你的大道終端。

---

〔1〕突厥詞ạmwrdšn直接借自帕提亞語'mwrdyšn(*amwardišn*),通常義爲"聚合""聚集"(釋見Mary Boyce, *Word-List*, p. 11)。但是葛瑪麗則持異說,認爲ạmwrdšn與čxšapt、bošgut一起,分別對應於佛經中的梵語詞dhyāna、śīla和prajñā,即禪、戒、慧(見Larry V. Clark, *The Manichean Turkic Pothi-Book*, p. 193)。其說有理。

〔2〕突厥語ot原義爲"火",有時則引申爲"惱怒""憤怒",在此顯然是對譯佛教術語dveṣa,即"三毒"之二的"瞋"。

〔3〕突厥語biš義爲五;ažun源自帕提亞語"jwn(*āžōn*),原義爲誕生、再生。故詞組biš ažun便義爲五種生存形態,用以對應於佛教術語"五趣"(梵語pañca gatayaḥ)——輪回的五種去處:地獄、餓鬼、畜生、人、天。不過,摩尼教"五趣"(biš ažun)的內涵與佛教的並不一樣,因為它通常指的是雙腿類(如人)、四腿類(如獸)、飛行類(如鳥)、水生類(如魚)和爬行類(如蛇)這樣五種生物。

〔4〕突厥詞biligsiz義爲無知、缺少智慧,在此顯然是對譯佛教術語moha,即"三毒"之三的"癡"。

〔5〕突厥詞frnibran借自帕提亞語prnybr'n(*parniβrān*),源出梵語parinirvāṇa,即佛教術語"般涅槃"(圓滿諸德,寂滅諸惡)之意。當然,"般涅槃"用在摩尼教文書中,其實際含義顯然有別於佛經中的此詞,它指的是諸多"靈魂"(光明分子)因獲得真知而最終擺脱暗魔肉體的束縛,以最"清淨"的形式,回歸到其"故鄉"明界。

〔6〕突厥詞nirvan是梵語nirvāṇa的直接借詞,本爲佛教術語,與"般涅槃"之意相若,指燃燒煩惱之火滅盡,完成悟智的境地。摩尼教文書也是借用了此詞來指稱"光明分子"的回歸明界。

〔7〕突厥詞sansarta直接借用了梵語saṃsāra,即佛教的常用術語"輪回"——在六道迷界(天、人、阿修羅、餓鬼、畜生、地獄)中生死相續,與"涅槃"恰成對照。但是,摩尼教的"輪迴"觀異於佛教的觀念,即,摩尼教將轉生於俗世的"輪迴"視作最不可容忍,最為痛苦和絕對的"懲罰""折磨",但佛教卻並不如此極端,甚至隱含著鼓勵人們輪迴於較好形態(如人、天)的意思。有關論述,可參看拙著《東方摩尼教研究》中編第四章"輪迴、地獄與生死觀"。

[27]你設置了智慧之梯,/ 你允許我們超然於五趣之上,/ 拯救了我們。/……

[28]我們……/ 遭囚禁而受難的衆生 / 被救而脫離輪回。/ 爲了見到如佛般的日神[1],/……類似於你。

[29]對於沉湎於無常[2]之樂的衆生,/ 你傳播了無上正法[3];/ 你引導他們渡過苦海[4],/ 帶領他們達到完美涅槃。

[30]對於受制於貪愛之源的衆生,/ 你指示了通往諸佛之界的道路。/ 你建造了功德的須彌山[5],/ 你允許他們找到這……永恒歡樂。

[31]對於陷入慢見[6]之水的衆生,/ 你指示了正法之橋。/ 你使其內心理解了妙法;/ 你把他們托付給……神聖集會。

[32]對於六根[7]感知惑亂的衆生,/ 你展示了上下諸種生存

---

〔1〕突厥語 burxanlıγ kün tngrig,克拉克譯作"日神先知(the Sun-God of Prophets)"(Larry V. Clark, *The Manichean Turkic Pothi-Book*, p. 182),不似"如佛般的日神"貼切。克林凱特認爲,此"日神"是指摩尼教主神之一的"光輝者耶穌(Jesus the Splendour)"(Hans-Joachim Klimkeit, *Gnosis*, p. 287, note 14)但是,摩尼教通常是以第三使為日神的。

〔2〕突厥語詞 ertimlig 源自 ertim,義為短暫的、瞬間的(見 Sir Gerard Clauson, *Etymological Dictionary*, pp. 207,212),當即佛教"無常"(梵語 anitya)的相應詞彙,即是指世間萬物都不會恒久不變,生滅不時轉換的現象。所以,摩尼教超脫"無常"的意思,亦與佛教相仿,即是脫離生死輪迴,獲得永生之意。

〔3〕突厥語 eššiz 有"無比的"之義(Larry V. Clark, *The Manichean Turkic Pothi-Book*, p. 194); köni:義爲正直的、真正的(Sir Gerard Clauson, *Etymological Dictionary*, pp. 726 – 727);nom 則義爲法、教義。故 eššiz könii nomuγ 一語,當即佛教術語"無上正法"(也就是最高智慧"佛智")的對譯。

〔4〕突厥詞 emkek 義爲苦難,taluy 義爲海,二者構成的詞組經常用來對譯佛教術語"苦海",故此語顯然借鑒自佛經。

〔5〕突厥詞 Sumir 系借自伊朗諸語的外來詞:帕提亞語、粟特語均作 *smyr*;梵語則作 sumeru。漢譯佛經通常作須彌山、蘇迷盧山等,或者意譯爲妙高山,爲印度神話及佛教中的神山。

〔6〕突厥詞 küfenč 義爲傲慢,常用以對譯佛教術語 māna,爲輕蔑他人,自負之義,漢譯佛經作"慢",有諸多講究。

〔7〕突厥詞 altı 義爲六,qačıγ 義爲感官,故詞組 altı qačıγ 意爲"六種感官",而它作爲專用術語,則是對譯佛教術語ṣaḍ indriyāṇi 或ṣaḍ āyatana。前者的漢譯作六根、六情,指六種感覺器官(眼、耳、鼻、舌、身、意)或認識能力(視、聽、嗅、味、觸、思);後者的漢譯作六處、六入,指心所依止處,或者識之所入。

狀態。/ 你告知他們阿鼻地獄[1]的受苦情況;/ 你允諾他們再生於幸福的五重天[2]。

[33]爲了尋找拯救衆生的種種途逕,/ 你走遍四面八方的地域。/ 當你見到需要獲救的衆生,/ 你就毫無例外地拯救他們每一個。

[34]對於我們這種曾經虛度光陰的衆生,/ 你詳細地宣講《福音書》[3]之寶。/ 我們懂得了自由與獲救的種種途逕,/ 我們從那書中了解了一切。

[35]如果你未曾以如此徹底的方式 / 傳播這種淨法[4],/ 世界及諸有情豈非 / 就會走到盡頭?

[36]你在四佛[5]之後降世,/ 獲得無上正等覺[6]。/ 你拯救了億萬生靈,/ 將他們救離暗獄。

[37]你淨化他們,使之不再狡詐、欺騙,/ 並使他們從事利他

---

[1]突厥詞 awiš 是源自梵語 avici 的借詞,指佛教所謂的無間地獄(也音譯作"阿鼻"),也就是"八熱地獄"中的第八個地獄,刑罰、痛苦、生、死無間斷。當然,摩尼教文書只不過是借用了佛教的術語,其實際含義則不相同——通常只是指禁錮"靈魂"(光明分子)的肉體和物質,而沒有佛教描繪的種種活靈活現的刑罰。

[2]突厥語詞組 biš qat tngrii yirinteh 意爲"五重天",其所指有些模糊不清,因爲按摩尼教的宇宙學說,只有"十天",故或許這五重天只是指"十天"的上半部分。(說見 Larry V. Clark, *The Manichean Turkic Pothi-Book*, p. 195)

[3]突厥詞ạwngliwn 系源自伊朗諸語的借詞:帕提亞語、中古波斯語等均爲' wnglywn (*ewangelyōn*),義爲福音、福音書(Evangel, Gospel);而後者又是源於希臘語的借詞。此名在這裏是特指摩尼所撰的7本書中的第一本《生命福音》(*Living Gospel*,漢語典籍《儀略》作《徹盡萬法根源智經》)。

[4]突厥語 arıγ 義爲清潔的、純淨的,引申爲精神方面的形容詞,則含有宗教性"潔淨"的意思,如摩尼教稱其專職修道者"選民"爲 arıγ。這裏的"淨法"是佛教"妙法"的對譯。

[5]突厥詞 tört 義爲四,burxan 義爲佛,故詞組 törtburxan 意爲"四佛"。盡管形式上借用佛教術語"佛",但所指者則是摩尼教神學中位於摩尼教之前的四個"先知"或光明使者,可能是:塞思(Seth)、瑣羅亞斯德(Zarathustra)、佛陀(Buddha)、耶穌(Jesus)。(說見 Larry V. Clark, *The Manichean Turkic Pothi-Book*, pp. 196 – 197)

[6]突厥語詞組 tözkerinčsiz burxan qutın 的意思是"無與倫比的完善之覺悟",在突厥語文書中,幾乎專門用以對譯佛經的梵語詞組 anuttara-samyak-saṃbodhi,亦即漢譯"阿耨多羅三藐三菩提",意爲無上正等覺、無上正真道、無上正遍知等,是佛陀所覺悟的智慧,最爲圓滿、至高。該詞組用在摩尼教文書中,則顯然是指本教的最高智慧"諾斯"(gnosis)。

之業。/ 你成爲迷途者的向導。/ 你救助他們脱離行惡之魔[1]的利爪。

[38]你營救了那些曾是邪惡的人,/ 你治愈了那些雙目失明的人。/ 你使他們從事光榮之業,/ 你爲他們指明了通往神界的正確道路。

[39]你作爲世界的希望和信賴者而誕生,/ 你教導衆生理解七種寶藏[2]的涵義。/ 此外,你還阻止了 / 那些本來會與邪魔結盟的人。

[40—49](嚴重殘缺)

[50]人們邊走邊呼唤着你的名字,/ 他們讚揚你,稱頌你,/ 他們全都敬愛你,/ 猶如孩子們敬愛其母親和父親。

[51]你以大慈悲之心,/ 擁抱他們所有的人,/ 你賜予他們大利益。/……

[52]無分親疏,/ 你對待他們全都如同親生。/ 你將自己的忠告給予 / 無數的生靈。

[53]你以……之心 / 於一切衆生爲善。/ 你所施之善的結果是,/ 所有受折磨者都消除了憂傷。

[54]你持續不斷,永久地以這種方式,/ 賜予我們巨大的利益和幸運。/ 由於你的功德,/ 你獲得了正遍知。

[55](殘缺嚴重)

[56]你以其無上聖言,/ 慷慨地賜予 / 我輩可憐的衆生 / 以"善"之法寶。

[57—58](嚴重殘缺)

[59]衆生諸族 / 曾經因其黑暗情感,/ 而完全喪失心智,/ 但

[1]突厥詞 šmnu 源自伊朗語(粟特語作 *šmnw*),並與中古波斯語、帕提亞語 *'hrymn* (*ahrēman*)爲同源詞,都義爲敵對和邪惡的精靈。在摩尼教文書中,šmnu 幾乎總是指稱伊朗語的 Ahriman(即 *'hrymn* 等),亦即"暗魔"的專稱;在佛教文書中,此詞則對應於印度梵語中的 Māra ("魔")。所以,突厥語詞組 ayıγqılınčlıγ šmnu 便意爲"從事惡業之魔"。

[2]突厥詞 yitih 義爲七;aγılıq 義爲寶藏,在佛經翻譯中,是爲專譯梵語 garbha(漢譯"藏")的術語。故詞組 yitih aγılıq(七種寶藏)實際上是指教主摩尼親撰的經典——七本書。

是他們此後再生……

[60—77](缺失或嚴重殘缺)

[78]你以大慈悲之心,/擁抱一切衆生;/你營救他們脫離轉生循環,/拯救他們跳出輪回。

[79]具有清淨心的有福者/不斷地逐步獲得洞察力,/克服了邪惡之念,/取得阿羅漢[1]果。

[80]六塵[2]之妄想[3],/導致狡詐和欺騙;/對於那些……/你帶給他們利益與幸運。

[81]……/對於忘卻出身來源的那些人,/你露現自己的本相,/改變你的狀貌……

[82]當一切衆生/見到你的示現時,/他們都被激發了/逃離輪回之苦的願望。

[83]對於人類的孩子們,/你顯示慈祥之相,/使他們不再從事惡業,/使他們脫離受其奴役的俗世的慾愛。

[84]……/……/在全界[4]的藍天的視野下,/你作爲神聖的佛師[5]而誕生。

[85]一見到你,衆生就高興萬分,/就不再有任何疑慮。/他們懷着勤勉之心,/遵奉你所制定的戒律。

[86]隨着他們的持戒……/他們心靈中的善念/與日俱增,/

---

〔1〕突厥詞 arxant 系借自粟特詞 *rhnd*,但其真正的來源卻是梵語 arhat,亦即漢譯的佛教術語"羅漢"或"阿羅漢"。意指斷盡三界見、思之惑,證得盡智,而堪受世間大供養的聖者。摩尼教文書在此借用佛教術語"阿羅漢",應該用以指稱本教已經修道成功的"選民"(即專業修道者)

〔2〕突厥詞 čišay 直接借自梵語 viṣaya,後者爲佛教術語,漢譯作"塵""境",爲引起六根之感覺思維作用的對象,即色、聲、香、味、觸、法。

〔3〕突厥詞 atqaγ 被用來對譯梵語 vikalpa,也是佛教術語,漢譯作"妄想",意指由於心之執著,而無法如實知見事物,從而產生謬誤的認識。

〔4〕突厥詞原作 ililig,但顯然是 illig(=éllig)的錯誤拼寫,義爲王國、界域(見 Sir Gerard Clauson, *Etymological Dictionary*, pp.141, 145),在此則當指明界,故漢譯作"界"。

〔5〕克勞森將此句譯作"you were born as a divine teacher-burxan",則漢文當意為"你作為神聖的佛師而誕生"(見 Sir Gerard Clauson, *Etymological Dictionary*, p.321)。但克拉克則譯作"you were born as the Prophet-God of teachers",意即"你作為諸師之先知神而誕生"(見 Larry V. Clark, *The Manichean Turkic Pothi-Book*, p.185)。當以前者更為確當。

猶如日神那樣光輝照耀。

[87]他們的光亮知識發射照耀,/ 憐憫之心愈益增長;/ 他們遵奉無罪的戒律[1],/ 從而逃離了燒炙地獄[2]。

[88]……/ 他們努力持奉正法,/ 他們遵守真實戒律,/ 不犯不淨之罪[3]。

[89]領悟了軀體的無常,/他們於是出家[4]。/他們奉行善法,/他們遵守使軀體淨化的戒條[5]。

[90]他們努力使自己實施淨法,/ 以免陷入危險之地。/ 爲了再生於無生界[6],/ 他們遵奉使口清淨的戒律[7]。

[91]他們全都祈求福祉,/ 行走在幸福之路上……/ 爲了逃避可怕的輪回,/ 他們遵奉清貧之福[8]的戒條。

[92]他們認識到僞法的無常,/ 並且懼怕墮入三惡趣[9],/ 他

---

[1]突厥詞 čxšapt 是佛教梵語詞 śikṣāpada 的借詞,後者意爲"所學之處",通常即是指比丘、比丘尼學習戒律時所遵循的戒條。摩尼教或佛教的突厥語文書,多以此詞指戒律;在此列數摩尼教對於選民的"五戒",第一即是"不犯罪過之戒"。

[2]突厥詞 tamu 乃是粟特語 *tmw* 的借詞,並可溯源至其他伊朗語。但是,在突厥語佛經中,此名則相當普遍地對譯梵語 naraka(地獄),故將本文書"永燃之獄"(ever-burning Hell 或 the hell which is ever aflame)譯成佛教術語"燒炙地獄",即"八熱地獄"之六,鐵城中大火永燃,燒炙罪人,皮肉焦爛,痛苦不堪。

[3]不犯不潔淨之罪,是摩尼教選民"五戒"中的第二條。

[4]突厥語詞組 evtin barqtın untiler 爲典型的佛教術語,即"出家"(ev 義爲家、住所;barq 義爲家庭財物)。其對應的佛教梵語是 pravrajyā,專指出離家庭生活,潛心修沙門淨行。本文書使用這一術語,顯然是摩尼教對佛教因素的借鑒。

[5]淨化身體,是摩尼教選民"五戒"的第三條。

[6]突厥詞ạnwšagan 當是借自帕提亞語或中古波斯語'nwšg (*anōšag*),義爲不朽的,永恒的;orṭu 則義爲營帳、宮殿。故詞組 ạnwšagan orṭu 意爲永生之宮,顯然是指稱摩尼教神學中的明界。由於文書在此并未直接稱"明界",而是借用了佛教"永斷生死"的描述方式,故漢譯作"無生界",以佛教之永離生滅的極樂淨土喻指摩尼教的明界。

[7]使口潔淨,是摩尼教選民"五戒"的第四條。

[8]摩尼教選民"五戒"的第五條,是生活清貧,但是快樂而有幸福感。

[9]突厥語詞組 üč yavlaq yolqa 意爲三種邪惡的生存形態,即是佛教術語梵文 trīn idurgati 的對譯,漢譯作三惡趣(或作三途、三惡道),通常指地獄、餓鬼、畜生三種生存形態,是衆生造作惡業所感得的世界。但是,由於摩尼教將俗世生存的任何形態都視作是對靈魂(光明分子)的最可怕折磨,而無分優劣(如佛教那樣),故這裏的"三惡趣"恐怕只是借用佛教術語,泛指生死輪迴,而並未特指某些生存形態。

們遵奉三印[1]之戒,/ 以再生於最高之所[2]。

[93—113](缺失或者嚴重殘缺)

[114]你親自命令他們,/ 要念讚語,唱頌歌,/ 要爲其惡業懺悔,/ 要聚合起來,從事禪定。

[115]一直迷惑不清的衆生,/一旦聞聽你的命令,/便會導致功德如海[3],從而再生於佛土。

[116]其他天真質樸之人,/ 行走於清淨道上,/ 從事禪定,/ 並再生於無生界。

[117]向着你,我們的最高神靈,/ 我們鞠躬,我們崇拜,/ 但願世上的衆生 /自今以後再生涅槃!

[118]我們以虔誠之心崇拜;/ 但願世上的一切衆生 / 全都脱離災難;/ 但願他們獲得安靜涅槃。

[119]我們讚美與崇拜之功德 / 但願上下諸神 / 和各類精靈 / 的神聖力量得以增強[4]。

[120—121](殘缺)

12.2 《摩尼大頌》"佛教化"的表現形式

就《摩尼大頌》全文的表現形式而言,佛教術語的使用之多,是毫無疑問的。即使概要地觀察一下,也可發現衆多明顯的佛教詞彙。

首先,頻繁地將摩尼教神靈稱爲"佛"。例如,"摩尼佛"(第1頌)、"如佛般的日神"(第28頌)、"通往諸佛之界"(第30頌)、"四佛"(第

---

[1]突厥詞組 üč tmqalar 是摩尼教的專用術語,意爲三種印記。所謂"印記"(seal),是喻指摩尼教信條的象征符號,總數共有七種。在此所言的"三印"屬於日常生活的道德範疇,即口、手、胸三者;另有"四印"則屬於精神或教義範疇,即愛、信、懼(神)、智。關於"七印"的詳說,可參看 A. V. Williams Jackson, *Researches*, pp. 331 – 337。

[2]"最高處"即是指摩尼教的永生樂土"明界"。

[3]突厥語詞組 buyanlıγ taluy ögüzüg 爲佛教術語梵文 guṇasāgarar 的對譯,即"功德海",譬喻功德之深廣似海。

[4]這是見於絲綢之路上突厥語佛教文書中的典型結語。(說見 Hans-Joachim Klimkeit, *Gnosis*, p. 287, note 38)

36 頌)、“神聖的佛師”(第 84 頌)、“佛土”(第 115 頌)等。其中,“摩尼佛”當然是指摩尼教的創建者摩尼。“日神”,或許是指摩尼教的主神之一耶穌(Jesus),因為在摩尼教神學中,Jesus 雖然通常被說成是月神(第三使為日神),但是有時也被指為太陽神。由於“諸佛之界”指的是摩尼教的光明樂土“明界”,故所謂“諸佛”,也就是泛指明界的一切神靈。至於“四佛”,如前文注釋所言,當是指摩尼降世之前,由大明尊派遣的四位使者或先知,即塞思、瑣羅亞斯德、佛陀、基督。[1] 塞思(Seth)原是見於基督教《聖經》的神話人物,爲亞當與夏娃的兒子,生於該隱殺死亞伯之後;瑣羅亞斯德原爲瑣羅亞斯德教的創建者;佛陀原爲佛教之締造者;基督即耶穌,原爲基督教的創建者;顯然,這些異教神靈都被摩尼教所借鑒,並在此成了“佛”。“神聖的佛師”也是指稱摩尼;在東傳的摩尼教中,教主摩尼被稱為“佛”,顯然已成慣例(如“摩尼光佛”)。此外,不難發現,凡是級別較高的神靈幾乎都被冠以“佛”號;這進一步體現了東方摩尼教的“佛教化”。

其次,可以歸納一下本文書清楚借用佛教術語的詞彙和詞組。

“妙法”見於第 4—13 頌、31 頌;“淨法”見於第 35 頌、90 頌;“正法”見於第 29 頌、31 頌、88 頌。前文已經談及,突厥詞 könii 義爲正直的、合乎正道的、真正的等,故詞組 könii nom 便用以對譯佛教的梵文術語 sad-dharma。在佛經中,佛陀所說之教法被認爲是真正之法,故稱正法;此外,凡是契當於佛法正理之法,均稱正法。鑒於佛法妙不可言,且決非所有其他之法可以比擬,故又稱妙法,突厥語便以 edgü nom 對譯之(edgü 爲善、好之義);蓋因梵語 sad 爲不可思議、不能比較等意思,遂稱無法比較而不可思議之法爲妙法。至於“淨法”(突厥語詞組 arıγ

[1] 這一說法只見於中古波斯語的《巨人書》中:“但是,神(楚爾凡?)在每個時代都派遣使者:塞思、瑣羅亞斯德、佛陀、基督,……”(But God [Zrwān?], in each epoch, sends apostles: Šītīl, Zarathushtra, Buddha, Christ, …),見 W. B. Henning, *Giants*, p. 63。但是在較早時期的文獻中,卻聲稱在摩尼之前只有三位使者或先知,例如,摩尼在其著述《沙卜拉干》(*Shābuhragān*)中稱,明尊不時派遣使者降世,某一時期是佛陀降世印度,某一時期是瑣羅亞斯德降世波斯,某一時期是耶穌降世西方,“而這一時代的先知便是我摩尼,真誠之神的使者,降臨於巴比倫之地。”(見 Lodewijk Josephus Rudolf Ort, Mani: *A Religio-Hostorical Description of His Personality*, E. J. Brill, Leiden, 1967, pp. 117 - 118)。故摩尼教的“四佛”之說或許起源較晚。

nom)則也是對應了佛教術語:指稱佛陀所説之正法,因其法能令衆生超三界,得解脱,身心清淨,故名。由此可知,在這份摩尼教文書中,無論是 könii nom,還是 edgü nom,抑或 arıγ nom,實際上都是確切地各自對譯了佛教術語“正法”“妙法”和“淨法”,也就是佛教對於佛陀所説之教法的諸異稱,而這是十分典型和普及的佛教術語。不過,必須指出的是,本文書只是借用了這一佛教術語,而並非真的是指佛陀的教法。

“般涅槃”見於第 17 頌;“涅槃”見於第 19 頌、29 頌、117 頌、118 頌。突厥詞 frnibran 爲外來借詞,清楚地對譯梵語 parinirvāṇa,亦即佛教術語“般涅槃”。而此詞則意爲滅盡諸惡、圓滿諸德,本來專指佛陀之死,即滅盡煩惱而進入大徹大悟的境地,也就是脱離生死之苦,全靜妙之樂,窮至極的果德。因此,漢譯佛經除譯此詞爲“般涅槃”外,還常譯作圓寂、滅度、入滅、入寂等。至於突厥詞 nirvan 則是梵語 nirvāṇa 的直接借詞,其意與 parnirvāṇa(般涅槃)相仿,也就是指超越生死迷界,到達悟智境界(菩提),爲佛教的終極實踐目標。漢名涅槃也是音譯,與般涅槃的區别,是後者多一前綴 pari,爲完全、圓滿之意。當然,本摩尼教文書多次出現的“涅槃”,同樣只是借用佛教術語,其所指的實際含義,畢竟不同於佛教,而是指修道者獲得摩尼教的“真知”或“靈知”。

“輪回”見於第 26 頌、28 頌、78 頌、82 頌、91 頌。突厥詞 sansarta 是佛教梵語 saṃsāra 的直接轉寫,故是完全的外來詞,漢譯佛經作“輪回”。佛教認爲,一切衆生由於“業因”的緣故,往往始終在天、人、阿修羅、餓鬼、畜生、地獄這樣六種生存形態中循環轉生,永無窮盡,飽受生死之苦,所以稱輪回。

本文書中,與“輪回”關係密切的佛教術語是“五趣”(見第 17 頌、27 頌)和“三惡趣”(第 92 頌)。突厥語詞組 bišažun 義爲五種生存形態,用以對譯佛教術語 pañcagatayaḥ,漢譯佛經作五趣、五道,或五惡趣等;“趣”爲所住之義。大乘經多持“六趣”説,小乘則持“五趣”説,即不列阿修羅一道。但無論是六趣説還五趣説,都將地獄、餓鬼、畜生列爲“三惡道”(三惡趣),本摩尼教文書中的突厥詞組 üčyavlaqyolqa(意爲三種邪惡的生存形態)便是用以對譯佛教術語 trīnidurgati(三惡趣)。

不過,如前文註釋業已指出的那樣,儘管摩尼教文書借用了佛教術語"五趣""三惡趣"等,但是并未照搬其具體的內涵,亦即是說,摩尼教只是用這些術語泛指"靈魂"(光明分子)在俗世的諸般生存形態(如兩腿的人、四腿的獸、飛行的鳥等),而并非特指是為人還是為鬼,抑或為畜生。

與"輪回"關系密切的另一術語便是"地獄",如第4—13頌、32頌、87頌等均見此名。實際上,本摩尼教文書不僅僅用泛指的突厥詞 tamu 對譯佛教術語 naraka(漢譯作"地獄"),並且更具體地借用了佛教的地獄專名"阿鼻"(突厥詞 awiš 借自梵語 avici)。阿鼻地獄爲"八熱地獄"中的第八個地獄,也稱無間地獄,意謂墮此地獄者,所受之苦無有間斷,一劫之中,始終受苦而不間斷,身形遍滿地獄而無間隙,如此等等的"無間"。總而言之,苦不堪言。第87頌所言之地獄顯然也是某個特定地獄:其"永遠燃燒"的特征與八熱地獄中的第六地獄"燒炙"、第七地獄"大燒炙",或者第八地獄"無間"吻合,[1]雖然其確切所指尚不得而知,但是借用了佛教的地獄說,卻沒有疑問。

本摩尼教文書中還有一些專用詞組,盡管只出現過一次或兩次,但從形式上看,都是十分明顯的佛教術語。其中主要者有:

見於第4—13頌的"八難"。突厥詞組 sekiztülügemkek(八種苦難)對應於佛教術語 aṣṭāvakṣaṇāh,但後者指的是衆生無緣見佛聞法的八種障難:墮於地獄、陷於餓鬼道、淪於畜生道、在心想不行的長壽天、在不受教化的邊地、盲聾瘖啞、躭習外道經書、生在佛降世之前或其後。所以,摩尼教文書雖然也用了"八難"這一專名,但是它的內涵顯然不同於佛教所言者。不過,摩尼教"八難"的具體內容卻未見資料記載,似

---

〔1〕八熱地獄之第六地獄"何故名為燒炙大地獄? 爾時,獄卒將諸罪人置鐵城中,其城火然,內外俱赤,燒炙罪人,皮肉燋爛。苦痛辛酸,萬毒並至,餘罪未畢,故使不死。是故名為燒炙地獄";第七地獄"云何名大燒炙地獄? 其諸獄卒將諸罪人置鐵城中,其城火然,內外俱赤,燒炙罪人,重大燒炙,皮肉燋爛。苦痛辛酸,萬毒並至,餘罪未畢,故使不死。是故名為大燒炙地獄";位列第八的無間地獄則"有大鐵城,其城四面有大火起,東焰至西,西焰至東,南焰至北,北焰至南,上焰至下,下焰至上,焰熾迴遑,無間空處。罪人在中,東西馳走,燒炙其身,皮肉燋爛,苦痛辛酸,萬毒並至"。(諸語並見〔後秦〕佛陀耶舍共竺佛念譯《佛說長阿含經》卷19《第四分世記經·地獄品第四》,《大正藏》第1冊,第1號,第124頁中、124頁下、125頁上,大正十三年六月版。)

乎只是含糊地泛指靈魂(光明分子)被肉體囚禁時所遭受的磨難。

見於第15頌和114頌的"禪定"、第17頌的"智慧"及第87頌的"戒律"。突厥詞ạmwrdšn對譯佛教術語dhyāna,漢譯佛經作"禪那",亦即"禪定"或"定",意爲專注於某一對象,心不散亂的精神境界。突厥詞bilig對譯梵語prajñā,漢譯佛經作"慧"或"般若",即最高智慧。突厥詞čxšapt則對譯梵語śikṣāpada,漢譯佛經作"戒"或"戒律"。戒、定、慧三者合稱佛教的"三學"或"三勝學",是佛教的實踐綱領(由戒生定,由定發慧)。顯然,摩尼教文書很巧妙地借鑒了這些重要的佛教術語,以表述摩尼教本身的教義。

分別見於第14頌、16頌、17頌的"貪慾""瞋怒"和"愚癡"。本摩尼教文書使用了突厥詞az、ot和biligsiz分別對譯佛教梵語lobha、dvesa和moha,也就是漢譯佛經所稱的貪、瞋、癡,是爲毒害衆生出世善心中的最甚者,故合稱"三毒""三垢"或"三不善根"等。貪、嗔、癡在連續三頌中分別敘說,顯然是有意識地借用佛教術語來闡發摩尼教的教義。需要指出的是,儘管摩尼教也反對類似佛教"貪、嗔、癡"的不良思想行為,但是既然借用了現成的佛教術語,就難免令信徒混淆了二教的觀念,從而潛移默化地淡化了本教的教義。

見於第30頌的"須彌山"。突厥詞Sumir雖然並非直接借自梵語Sumeru,但是源自佛教的這一重要宇宙觀,卻毫無疑問。此名在漢譯佛經中作須彌、須彌盧、蘇迷盧等,意譯則作妙高山、好光山、善高山、善積山、妙光山等,最初是印度神話中的山名,後則被佛教沿用,以其爲世界中央的高山,週圍繞有八山、八海,從而形成一個"須彌世界",亦即"三千大千世界"(一佛之化境)之一。須彌山高出水面八萬四千由旬(梵語yojana,其長度諸說,爲十餘里至數十里不等),山頂有三十三天宮,乃帝釋天所居之處。本文書以須彌山譬喻功德,則是借用了佛教須彌山極高的特色。

見於第79頌的"阿羅漢"。突厥詞arxant是間接借自梵語arhat的外來詞,漢譯佛經作阿羅漢、阿羅訶、阿盧漢等,簡稱羅漢,意譯則作應供、殺賊、無生、無學、真人等,是指斷盡三界見、思之惑,證得盡智,堪受世間大供養之聖者。狹義而言,阿羅漢只指小乘佛教中所獲之最高果位;廣義而言,則泛指大、小乘中的最高果位。同時,由於或稱阿羅漢通攝三乘的無學果位,因此這也是佛陀的異名,亦即如來的十號之一。摩尼教文書以取得佛教的阿羅漢果來譬喻摩尼教修道者的成功,足見其佛教色彩的濃烈。

見於第 32 頌的"六根"。突厥詞組 altıqačıγ 對譯的佛教術語是梵語 ṣaḍindriyāṇi,漢譯佛經作六根或六情,是指六種感覺器官或六種認識能力:眼(視覺器官)、耳(聽覺器官)、鼻(嗅覺器官)、舌(味覺器官)、身(觸覺器官)、意(思維器官)這樣六根,具有視、聽、嗅、味、觸、思這樣六種認識能力。佛教要求修道者達到身心充滿種種功德而清淨,故有"六根清淨"之說。

與"六根"關係密切的另一佛教術語是"六塵",本摩尼教文書第 80 頌則以突厥詞 fišay 對譯梵語 viṣaya,這顯然是直接移用了佛教梵語。漢譯佛經將 viṣaya 譯作塵、境或境界,此指分別引起"六根"之感覺思維作用的六種對象、境界,即色、聲、香、味、觸、法。由於這六種境界具有染污情識的作用,因此或以帶有貶義的"塵"譯稱之。與"六塵"同時使用的還有另一個源自佛教的術語:突厥詞 atqaγ,它對譯梵語 vikalpa,漢譯作妄想、妄想顛倒、虛妄分別,其義與妄念、妄執同,意謂以虛妄之心念去認識和理解諸法之相,於是產生錯誤的思想,遂遠離一切法的真實義,遠離覺悟境界。

以上所列,只是見於本文書的佛教術語的主要者,其他尚有不少常用佛教術語也見於此,如無常、有情、惡業、苦海、魔、功德海、慈悲、出家、無上正等覺、正遍知等等,以及佛教突厥語文書的習慣用語,由於大多在注釋中加以簡釋,故在此不再重復。總的說來,這一摩尼教文書的佛教色彩之濃厚,是顯而易見的。

12.3 《摩尼大頌》的摩尼教教義内涵辨析

盡管上文列舉了本文書中使用的諸多佛教術語,顯得相當"佛教化”,但是,細加辨析,便不難發現,文書的撰編者基本上只是借用了佛教術語這一“軀殼”,而在其中則換成了摩尼教自身的“靈魂”。今略舉數例如下。

首先,盡管通篇有諸多的“佛”稱,但讀者很容易知道,“摩尼佛”清楚地是指其教主摩尼;“四佛”所指,乃是摩尼教神學中提及的瑣羅亞斯德、耶穌等摩尼教神靈,並在其他文獻中被稱爲先知,而非“佛”;至於“佛土”,則顯然指的是摩尼教神學中的光明天堂“明界”,這不會真被理解爲佛教的“西方佛國”。

本文書中的“輪回”(突厥語 sansarta)雖然是梵語 saṃsāra 的直接移植,但是其細微含義實際上與佛教的“輪回”頗有區別;與之關係密切的“地獄”“苦海”亦然。

在佛教看來,凡是在人世間犯錯、犯罪的(包括不孝敬父母、不信教、殺生等等),都會因過錯和罪行的大小而墮入各種地獄。所以,它的“地獄”,主要是用來恐嚇和懲罰現實世界中不好自為之的“惡人”的。此外,墮入三惡道之其他二道“鬼道”(=餓鬼道)和“畜道”(=畜生道)的人,也是因其人世間的罪、過而致;而在“三善道”(天、阿修羅、人)輪回的,則頗多生生世世積了“福德”的人。因此,佛教的輪回說實際上主要對俗世居民進行“勸善罰惡”,旨在改善現實的社會環境。相應地,其“冥府”和“地獄”也主要是懲罰“壞人”;易言之,並不反對在俗世為人,相反倒頗為鼓勵。

然而,摩尼教最為厭惡和力圖避免的“輪回”卻是在現實世界轉世為人或其他生物;它所謂的“地獄”“苦海”等等,指的也就是這個物質世界,並主要包括人類本身的軀體。例如,摩尼的教諭聲稱:

> 當惡人臨終時,他被貪欲所主宰,魔鬼伴隨着他,抓着他,斥罵他,向他展示恐怖之象。由於善神穿着同樣的衣服出現在他面前,惡人便誤以爲他們是來拯救他的。然而,善神們却申斥他,使他想起自己的邪惡行爲;善神并證實他從未幫助過選民。然后,惡人繼

續徘徊在這個世界上，遭受折磨，直到最后審判時，被投入地下黑獄。[1]

顯然，對已死惡人的懲罰便是讓他“繼續徘徊在這個世界上，遭受折磨”。則摩尼教把靈魂的再世為人——即“輪回”——視作最大的痛苦；而“輪回”之所即是人間！這是與佛教的輪回觀、地獄觀截然不同之處。所以，不能因摩尼教文書借用了佛教的“輪回”術語，就混淆了二者的實際內涵。

又，摩尼教文書雖然聲稱日神“如佛一般”，但他決不是指古印度的日神（即“日天”或“日天子”，梵語 Āditya）或太陽神（梵語 Sūrya），以及佛教密宗的大日如來，而是特指摩尼教的某位主神，該神靈或爲耶穌（Jesus），或爲三明使（the Third Messenger，亦作“第三使”）；當然，有時亦以其他次要神祇當之。不過，一般說來，是以三明使當日神，而以耶穌當月神，亦即是說，主司日、月兩“光明宮”的神或兩“船”的“船主”，分別是三明使和耶穌。如《克弗來亞》所言：“他們將三明使稱作‘父尊’。他的偉大是他所生活的活靈火之光明舟，他在其中被創建。又，光輝者耶穌本人也被稱爲‘父尊’。他的偉大是他所生活的活靈水之舟，他在其中被創建。”[2]在此，“活靈火之舟”與“活靈水之舟”分別是太陽與月亮的別稱。

本摩尼教文書中的“戒律”雖然借用了佛教的術語（突厥詞 čxšapt 是梵語śikṣāpada 的音譯），但是其戒條的內容則完全屬於摩尼教本身。如本文書逐一描述的那樣，對於選民（摩尼教的專職修道者）的五條戒律分別是：不犯罪過、不犯不潔、身體淨化、口淨化，以及生活清貧，但快樂而幸福。此外，尚有針對聽衆（摩尼教的世俗修道者）的十項戒條：禁止崇拜偶像、不準撒謊、戒絕貪婪、不得殺生、禁絕淫欲、不得偷盜、不行邪道和巫術、不能對宗教信仰有異見、辦事不得怠惰，以及每天祈禱

[1] Bayard Dodge, *Fihrist*, Chapter Nine, p. 796.

[2] Iain Gardner, *Kephalaia*, Ch. XX, $63^{35}-64^{4}$, p. 66.

四次或七次。[1] 其中,三條針對口,三條針對心,三條針對手,一條針對身。

本文書多次使用佛教術語涅槃(nirvan)或般涅槃(frnibran),但是它們的含義畢竟有其摩尼教的特殊性。例如,見於吐魯番的一份摩尼教帕提亞文書說道:"醒悟吧,弟兄們,尊神的選民,在精神獲救之日,即密爾(Mihr)月的第十四天,是爲尊神之子耶穌進入涅槃之時。"[2] 顯然,耶穌在此的"涅槃",是借用了基督教主神耶穌的"復活",而這一"涅槃"的意義也就是摩尼教徒所理解的"精神獲救",亦即光明分子回歸明界。又如,見於中亞的摩尼教帕提亞語文書中,還有一整套禮儀文書,稱爲《般涅槃頌詩》(*parnißbrānigbāšāhān*),專爲紀念摩尼的去世,亦即前赴明界,在每年一度的庇麻節(Bema Festival)上唱頌,其中有"光明使者進入般涅槃,是痛苦之日和悲傷之時。他留下了領袖們,以庇護本教。他告別了大衆。這位高貴神靈始終在履行著他親口答應我們的諾言。"[3] 所以,摩尼教文書中的"涅槃"通常是指俗世之神或信徒最終"回歸明界"或"得救",其內涵自有本教的特色。

以上所述,是本文書使用的佛教術語之形式後面隱藏的摩尼教教義;另一方面,文書中還有不少名稱和術語,本身的形式就是摩尼教或非佛教的,如五重天(可能是摩尼教"十天"中的上面五層天)、福音書(摩尼所撰七書中的《生命福音》)、三印(摩尼教信條的象征符號)等,則它們都展示了典型的摩尼教含義。

至於有的句式,初看之下並無什麼特異之處,但實際上是摩尼教神學內涵的體現,例如,本文書第 81 頌有"你露現自己的本相,改變你的狀貌"之說,其實是指摩尼教高級神靈的一種奇特能力。蓋按摩尼

---

[1] Bayard Dodge, *Fihrist*, Chapter IX, p. 789。但是,此文獻只列了 9 條戒律;第 10 條戒律則據 F. C. Burkitt, *Manichees*, p. 61 補入。

[2] 文書號 M 104,原文轉寫見 *Reader*, text, bx, p. 127。英譯文見 Hans-Joachim Klimkeit, *Jesus Entry into Parinirvāna: Manichaean Identity in Buddhist Central Asia*, p. 225, *Numen*, Vol. 33, 1986.

[3] 文書號 M 5,英譯文見 Lodewijk Josephus Rudolf Ort, Mani: *A Religio-Hostorical Description of His Personality*, p. 240。

教創世神話，大明尊第二次“召喚”出淨風（Living Spirit）在創造天地時，曾“對暗魔諸子露現出本相，並將它們吞自五明子的光明分子淨化，制成了太陽、月亮，以及千萬顆明星”。又，大明尊第三次“召喚”出的三明使（the Third Messenger）也曾在半空中“露現出本相，男身和女身，爲一切雌、雄暗魔所見。暗魔見到三明使的美麗相貌後，全都性欲大盛，雄魔垂涎於女身，雌魔貪戀於男身，於是全都噴泄出它們此前吞自五明子的光明分子。”[1]

在此的“露現本相”一詞，敘利亞語原文作*ṣūrāthēh*，有揭露、暴露、顯露等義。從三明使之“露現本相”看，當即裸體，因爲這樣才能引發諸魔的性欲；至於淨風，雖未見誘惑諸魔的描述，但從此後“淨化光明分子”的做法來看，似乎也與三明使一樣，是誘其因性欲過盛而“泄出”的，或許只是原文曾經有意無意地略作刪節而已。所以，這是摩尼教諸神的“露現本相”能力。此外，三明使既能現男身，也能現女身，便是“改變狀貌”的能力了。

12.4 小結

通過以上的辨析，可以得到如下幾點結論：

第一，摩尼教自創立之始，就融入了不少佛教因素，但在傳播至中亞以及更東地區之後，其佛教色彩更爲濃重。這與佛教在當地流行的時間更早，更普及有着密切的關係。

第二，摩尼教突厥語文書《摩尼大頌》約成於公元10世紀初期，亦即契丹政權太祖（907—926）執政的那段時期內，[2]而當時距離佛教初傳中國內地也已經八、九百年了，佛教在中亞地區之傳播則時間更爲久遠。所以，成於吐魯番盆地的《摩尼大頌》受到佛教的巨大影響是勢

[1]見成於約8世紀的敘利亞語著述*Book of Scholia*, pp.236－237, 244。

[2]此說源出葛瑪麗，見Larry V. Clark, *The Manichean Turkic Pothi-Book*, p.160；但是克林凱特則歸之於13或14世紀的蒙古人時期（見Hans-Joachim Klimkeit, *Gnosis*, p.280）。似以前說爲是。

在必然的;該文書的許多佛教術語都移植自突厥語佛經,便是極好的證明。

第三,盡管突厥語《摩尼大頌》在形式上有意無意地借用了大量佛教術語乃至佛教概念,但是其內藏的含義仍然可以辨別出摩尼教神學;另一方面,也確實還保持了不少摩尼教本身的術語和句式。所以,總的說來,這類文書的"佛教化"並未從根本上改變其文化要素。

第四,無可否認的是,東方的摩尼教爲了傳教的方便,十分積極主動地利用當地的語言和文化來傳布本教教義,這是摩尼教得以迅速普及的重要原因之一。然而,一個很大的負面影響是,畢竟形式上濃厚的佛教色彩會誤導信衆,特別是普通的新皈依的徒衆,更不易辨別和領會"佛經"形式後面所隱藏的摩尼教教義,因此,摩尼教的"原始教義"逐步走樣、歪曲乃至消失,也就不足爲怪了。這或許正是摩尼教比較特殊的傳播方式的悲劇所在。

下編　東方摩尼教文書與文化研究

13 摩尼教"話語"考釋

摩尼教有許多象徵符號,多年來,中外學者對於其中的主要者多有探討,[1]但是,表面上看來相對"平常"的某些術語(諸如"話語"),卻較少引起人們的注意,從而雖然也曾被或多或少地談及,但從未得到系統的考察和辨析。本文則旨在對具有象徵意義的"話語"及其聲音作一番比較全面的研究。

13.1 "話語"及其音聲的神靈形象

"話語"及其音聲被描繪成神靈形象,在摩尼教漢語文書[2]中有所表達,例如,被稱作"語藏"者見於《摩尼教殘經》:"呼嚧瑟德、嗷嘍嚄德,於語藏中,加被智惠"(第74—75行)。此句當與同一段中的其他排比句的句式相同,即,惠明分別"從"明相、明心、明念、明思、明意,"化出"憐愍、誠信、具足、忍辱、智惠,"加被(添加)"到淨氣、淨風、淨力、淨水、淨火。而"呼嚧瑟德、嗷嘍嚄德,於語藏中,加被智惠"是最後一句,雖然表面上與此前"又從××,化出××,加被××"的形式不同,但含義也是如此,即,"又從語藏,化出呼嚧瑟德、嗷嘍嚄德,添加到

---

〔1〕例如,多本的《喻語》(Victoria Arnold-Döben, *Die Bildersprache des Manichäismus*, Köln, E. J. Brill, 1978)中談到了樹、珍珠、寶物、牧人、羊、新郎、新娘、獵人、醫生等符號。林德的《名號》(Paul Van Lindt, *The Names of Manichaean Mythological Figures—A Comparative Study on Terminology in the Coptic Sources*, Wiesbaden, 1992)中也談到太陽、月亮、舟船等符號。馬小鶴曾對"妙衣""明珠""珍寶""大法藥""大醫王""夷數肉血"等符號做過研究(參看其《摩尼教與古代西域史研究》一書)。我則也研究過"樹"符號和"船"符號等(參看拙著《東方摩尼教研究》)。

〔2〕本章所引的摩尼教漢語文書即《摩尼教殘經》與《下部讚》,其內容和分行序號均據自本書上編的校釋文;但為便於印刷和識辨起見,某些異體字和手寫體不再嚴格遵照寫本,敬請讀者諒解。

智惠中"[1]。

於是,"呼嚧瑟德"與"嗷嘍嚄德"便與"語藏"建立了密切的關係:或是語藏的一部分,或者即是語藏。而"呼嚧瑟德"與"嗷嘍嚄德"的含義則當追溯到摩尼教的創世神話:先意(即初人)被暗魔所困後,善母與淨風前去拯救,在幽深暗坑上方呼喚先意,先意則在下應答。這一喚、一答的兩個舉動便產生了兩位神靈,前者稱為"召喚"(英譯作Call),後者稱為"應答"(英譯作 Answer),帕提亞語則作 *Xrōštag* 和 *Padwāxtag*,漢語文獻的音譯名為"呼嚧瑟德"與"嗷嘍嚄德"。當然,漢語也有意譯名,這即是《摩尼教殘經》的"第三日者,即是說聽及喚應聲"(209 行)以及《下部讚》的"又啟喚應警覺聲,並及四分明兄弟"(133 頌)。[2]。由此看來,"語藏"似乎即是指淨風、善母拯救先意時所創造的兩個神靈。

"語藏"及其"說聽""喚應"神在非漢語文書中也多有反映。宋德曼曾對帕提亞語和粟特語的文書《惠明講義》作了轉寫、翻譯和研究,帕提亞語文書 41a(是為宋德曼自己的專門編號;下同)被譯作"und der dritte Tag ist des Wortes Leib. und die zwölf Stunden sind……";相應的粟特語文書 41b 則譯作"und der dritte Tag ist des Wortes Leib, die Enthymesis des Lebens. Und seine zwölf Stunden sind die fünf Seelen der Seele: Liebe, Glaube Vollkommenheit, Geduld und Weisheit. Und fünf seelische Geläuterte Glieder: Glanz, Erinnerung, Denken, Nahdenken und Wahrnehmen. Und fünf sie ist der Lichtapostel und der Sonnengott ein

---

[1] 所以,施微寒譯作"Dem Hu-lu-she-te (Xrōštag) (Ruf) und demP' o-lu-huo-te (Padvāxtag) (Antwort) fügt er ausdem Schatz der Worte die Weisheit hinzu"(見 Helwig Schmidt-Glintzer, *Chinesische Manichaica*, p. 83),即是作此理解,是正確的。

[2] 儘管"說聽"與"喚應"相提并論時,其義當解作"呼喚"與"應答";但是,《下部讚》單列"喚應",則應從兩字各自的本義解釋,即"(呼)喚"和"應(答)"。施微寒將此句譯作"Und wir-rufenan den Antworter und den Versteher",有誤解之嫌,蓋因他顯然將"喚應"只釋為"應答"神,并且另列"警覺聲"神(Versteher,此神從未見於其他資料中)(見 Helwig Schmidt-Glintzer, *Chinesische Manichaica*, p. 27)。相比之下,崔驥之譯文更為近是:"I also petition the awakening voices of call and echo (i. e. the appellant and the respondent)"(見 Tsui Chi tr., *Mo Ni Chiao Hsia Pu Tsan*, p. 188),則視"喚""應"為呼喚、應答二神,而視"警覺聲"只為一般性的描述和修飾。

gleichnis"[1]帕提亞語文書中的專名 *sxwn tnb'r*,以及粟特語文書中的對應詞組 *w'xšy tnp'r*,均被譯成德語 Wortes Leib,按照漢語的字面意義,便是"語言之本體"。由於宋德曼認為這一"語體"便是漢語文獻中的"語藏",故馬小鶴將這兩段文字譯成的漢文是:"而第三日者即語藏。而十二時者即是……"以及"而第三日者即是語藏——生命的思想。而其十二時者即是五個靈魂之靈魂:憐憫、誠信、具足、忍辱及智慧;以及五種靈魂淨體:相、心、念及意,並明使及日光神"[2]

那麼,似乎"語藏—語體"就相當於"第三光明日"了。但是,在各語種的摩尼教文書中,仍然存在著不同的說法;甚至同一文書中也有相異說法。例如,漢語文獻《殘經》的"其氣、風、明、水、火,憐愍、誠信、具足、忍辱、智惠,及呼嚧瑟德、嗷嘍嚄德,與彼惠明,如是十三,以像清淨光明世界明尊記驗。持具戒者,猶如日也"之語(75—77 行),是將呼喚(呼嚧瑟德)、應答(嗷嘍嚄德)二神列為第一光明日的諸神之一部分。而"十二時者,即像先意及以淨風各五明子,並呼嚧瑟德、嗷嘍嚄德,合為十三光明淨體,以成一日"(206—208 行)一語,則將呼喚、應答二神列為第二光明日的諸神的一部分。緊接著的第 209 行,卻又清楚地說"第三日者,即是說聽及喚應聲",則是指呼喚、應答為第三光明日的神祇了。

至於在其他的非漢語文書中,對於喚、應二神,也有不同的說法。例如,帕提亞語文書 40a 稱:"第二日即是光耀柱,而十二時是其十二(神):霍爾森茲特神的六個兒子以及生命神的六個兒子。"[3]由於霍爾木茲特神(即初人,先意)的第六子為"應答",生命神(淨風)的第六子為"呼喚",故這即是說,呼喚、應答二神被列在第二光明日的諸神中,則與《殘經》第 206—208 行之說相符。

此外,科普特語文獻《克弗來亞》第 4 章載云:"第三日是光耀柱,

[1]見 Werner Sundermann, *Der Sermon von Licht-Nous: eine Lehrschrift des östlichen Manichäismus; Edition der parthischen und soghdischen Version*, p. 69.

[2]見馬小鶴《摩尼教與古代西域史研究》,第 260 頁。

[3]見 Werner Sundermann, *Der Sermon von Licht-Nous: eine Lehrschrift des östlichen Manichäismus; Edition der parthischen und soghdischen Version*, p. 69.

比一切搬運者更偉大的搬運者;他支撐著上方和下方的一切……其十二時是初人的五子、支撐宇宙一切重量的生命神的五子,以及與這十弟兄一起計算的呼喚與應答。他們即是第三日的十二明時。"[1]與此相類似的說法,亦見於科普特語的《讚美詩》[2],而這與《殘經》第209行之說大體相似。

儘管各種記載頗有相互矛盾之處,但總的說來,呼喚、應答二神與語藏—語體和三大光明日的關係,卻基本肯定;并且,似乎更多地是將他們與第三光明日聯繫在一起。

應該著重提到的一點是,摩尼教漢語文獻《下部讚》對於說聽、喚應二神還有十分佛教化的名號,此即"觀音""勢至"(見第391行)。至於為何作如此稱呼,則似乎尚未有深入的探究,而只是20世紀20年代,瓦爾特施密特與楞茨在其名著《耶穌在摩尼教中之地位》中略有提及:可能是由於"觀音(觀世音)"(梵語 Avalokiteśvara)一名的含義與之有點類似——菩薩不時觀察遇難眾生求援的音聲,從而拯救之。[3] 這樣命名的原因是否確實如此簡單,在擁有充分證據前不宜斷定。但是,由於在佛教淨土宗裏,觀音、勢至同為阿彌陀佛之脅使,號稱西方三聖,故說聽、喚應被冠以"觀音""勢至"之號這一現象,當是清楚地展示了二神在摩尼教中的尊貴地位,這頗值得注意。

除了這些擁有專門名號的明顯神祇外,還有的"話語"雖為明顯的擬人化神祇,但是並無專門的名號。例如,科普特語《讚美詩》第237章提到了一大批神靈的名號,"話語"(Word)則是其中之一:"你們全都歌唱,獻給榮耀者,賢哲,聖靈。/ 拂曉精靈、眾多神祇、光明父神、/ 堅不可摧之國的榮耀首領們,/ 他們全都歡樂地祈禱,還有他們的五個偉大。/ 他們把榮耀獻給光明施與者,賢哲,/ 聖靈。/ 榮耀和不朽的諸永世、神聖的發射者們、/ 生命之母、榮耀的最先誕生者初人、/ 活躍和強壯的五明子,他們/把神聖的榮耀獻給賢哲,聖靈。/ 光明之所愛、

[1] Iain Gardner, *Kephalaia*, 25^{23-30}, p. 29.

[2] 參看 C. R. C. Allberry, *A Manichaean Psalm-Book* (*Part* Ⅱ), 133^{23-30}.

[3] 見 E. Waldschmidt und W. Lentz, *Die Stellung Jesuim Manichäismus*, pp. 104–105.

正直和輝煌的/話語，以及建造新永世的大建築師、/ 強大的光明賦予……生命之父，/ 他們將榮耀獻給受祝福者，賢哲，聖靈。/ ……"[1] 顯而易見，這一系列的名號都是擬人化的神靈，如生命之母(善母)、初人(先意)、五明子、大建築師(造相佛)等，則更是十分著名的主要神靈；"話語"(Word)也位列其中，顯然也是擬神化的神祇，並且地位似乎不低。

13.2 相當於"福音""法音"的"話語"

在摩尼教文獻中，"話語"及其音聲往往不是指一般性的說話聲，而是指具有極大作用的一種神秘威力，基本上是指能令眾生脫離苦海(亦即"悟道")的神聖言語。例如，漢語文獻《摩尼教殘經》的"若有明使，出興於世，教化眾生，令脫諸苦。先從耳門，降妙法音"(第52—53行)，《下部讚》的"我今蒙開佛性眼，得覩四處妙法身。又蒙開發佛性耳，能聽三常清淨音"(第10行)以及"開我法性光明耳，無礙得聞妙法音；無礙得聞妙法音，遂免萬般虛妄曲"(第57行)等，都展示了這一點。

眾所周知，摩尼教漢語文獻中融入了濃重的佛教因素，使用的術語往往借自佛教的漢語經典，儘管它們的確切內涵各具特色，但是就大致含義而言，這些術語有著共通之處，"法音"便是一例。在漢語佛典中，"法音"若按字面意義解釋，乃是"說法之音聲"，具體地說，當即指佛陀演說的教法，指導眾生領悟最高真理的話語；若更廣義而言，恐怕世間一切微妙善語和一切真實、正確事理，均可包括在內。《無量壽經》"扣法鼓，吹法螺，執法劍，建法幢，震法雷，曜法電，澍法雨，演法施；常以法音，覺諸世間"一語，[2]具體地展示了"法音"的含義，《無量壽經義疏》解釋此語道：

[1]見 C. R. C. Allberry, *A Manichaean Psalm-Book* (*Part* Ⅱ), 36^{14-27}.

[2][曹魏]康僧鎧譯《佛說無量壽經》卷上，《大正藏》第12冊，第360號，大正十四年六月年版，第266頁上。

"扣法"已下八句是别,約喻顯法。於中前四,聞、思、修、證,四種法也。扣法鼓者,說聞慧法,益眾生也;嚴鼓誡兵,說教誡人。吹法螺者,說思慧法,利眾生也;吹螺應時,說理應機。執法劍者,說修慧法,益眾生也;劍能破裂,修能斷結。建法幢者,宣說證法,證法高勝,如幢上出。後四是其四無礙智,起說被物。震法雷者,法無礙智,化眾生也;天雷一動,卉藝生牙,法音一聞,聞道快成。曜法電者,義無礙智,益眾生也;電光一發,有物斯睹,義言一宣,諸義悉見。澍法雨者,辭無礙智,化眾生也;以辭宣說,如雲注雨。演法施者,樂說無礙,利眾生也;隨人所樂,宣說授與,名演法施。此八是别,"常以法音,覺諸世間"一句,總結。[1]

顯然,在此所謂的"扣法鼓""吹法螺"等八個方面,都是"法音"的具體體現,而這些"法音",都是能"覺諸世間"——令眾生覺悟、得道——的。

所以,"法音"一詞借用於摩尼教經典中後,通常也當指最高或高級神靈的說法和布教之話語、聲音。摩尼教文獻中的"三常"一名,當是指稱明界[2],故普通信徒若非修煉到相當程度,是無法聽到"三常清淨音"的,由此亦見"妙法音"或"清淨音"的神聖、崇高。一旦"法音"為眾生所聞後,就有"免萬般虛妄曲"的功效,亦即是說,接受"法音"後,便能摒除一切虛假、邪惡之說的影響了。

摩尼教漢語文獻稱神聖的話語為"法音",而若以基督教術語比擬,則就相當於"福音"了,亦即體現宗教根本教義的布道之語,或者是這些布道語的書面形式。宋德曼認為,摩尼教漢語文獻中"語藏"即是非漢語文書中的"語體",[3]它們的具體喻義,則是摩尼教諸多宗教文

[1]〔隋〕慧遠撰《無量壽經義疏》卷上,《大正藏》第37册,第1745號,大正十五年五月版,第96頁中、下。

[2]有關"三常"即指明界之說,見林悟殊《摩尼教"三常"考》一文,載其《中古三夷教辨證》,第132-141頁。

[3]粟特語文書M 14有"喚、應的淨化,是明心創造物的精粹,即是語體"之語(正面4-7行)(粟特原文及德譯文,最初見於E. Waltschmidt & W. Lentz, *Manichäische Dogmatik aus chinesischen und iranischen Texten*, pp. 547-548。而漢語文獻則建立了"語藏=說聽、喚應"的等同關係,因此,"語藏"和"語體"的比定也可以確認。

獻的總稱:“依我之見,‘語藏’乃是‘語體(Leibes des Wortes)’的漢文對應詞。蓋因在漢語表達中,‘藏’有‘文集(Corpus)’即系列文獻之義,而相當於敘利亞語 *gwšm*(主體)的帕提亞語 *tnb' r* 也有‘書籍集成(corpus librorum)’之義。因此,我將 *sxwn tnb' r* 看作摩尼教著作集成的專用術語,這在一定程度上相當於心靈之救贖意願的物質化聲音,以及明心之創造物的書面化表達。”[1]那麼,在他看來,所謂的“語體”(帕提亞語稱 *sxwn tnb' r*,粟特語稱 *w' xšy tnp' r*,英語作 Word Body,德語作 WortesLeib,相當於漢文的“語藏”)也就是摩尼教宗教典籍的喻稱,並且大致上相當於拯救眾生的神聖布道聲。

宋德曼的這一結論是有道理的,因為摩尼教典籍的許多描述都或多或少地展現了這一點。例如,帕提亞文書 M 7 中勸誡靈魂的一段聖歌便多次強調了“話語”或者“語藏”的問題,而這大多可視為摩尼教布道言辭的代稱:“……內心與外表的,即思想、語言、行為中的一切罪過,其有害的結果是什麼?/ 教導你知道,虔誠思想與罪惡思想是混雜在一起的,應該把它們區分開來。/ 應該領悟你自己和清淨語,此即肉體中靈魂的主人。/ 因此,你應該學會看透導向地獄,乃至暗獄的虛妄語。/ 就像使用審判者的天平一樣,用話語仔細判別可獲救贖的和必遭譴責的(言行?)/ 記住轉生循環和地獄的折磨,在地獄中,靈魂遭到傷害和壓迫。/ 始終保持對於靈魂和語藏的熱情,這樣你就可能進入明界。/……/ 抑制你的心靈與頭腦,不要有罪惡的背叛,邁步在通往光明之鄉的寧靜道路上。”[2]

在此,五度出現的“語”中,除了第一處(“思想、語言、行為”)使用了義為“說話”的 *w' xt* (= *w' c*)外,其他四處都使用了帕提亞語 *sxwn* 一詞,並在最後一處使用了詞組“語藏”(*sxwnyn frg' w*)。就文書的內容看,“思想、語言、行為中的一切罪過”一句中的“語言”,顯然只是實指“說話”,並無喻意在內,故帕提亞原文另用 *w' xt* 一詞,是確當的。

[1]見 Werner Sundermann, *Der Sermon von Licht-Nous: eine Lehrschrift des östlichen Manichäismus; Edition der parthischen und soghdischen Version*, 註 41a－1, p.108.

[2]見文書 M 7 II Ri,帕提亞語轉寫及德譯文,見 F. C. Andreas&W. Henning, *Mir. Man.* Ⅲ, p.873;英譯文則見 Hans-Joachim Klimkeit, *Gnosis*, p.48。

但是,"清淨語"(*sxwn pw' g*)被說成"靈魂的主人",則無疑是喻稱,特別是 *pw' g* 有著純潔、神聖的意思。"虛妄語"(*drwgmyg sxwn*)雖是貶義,但被說成"導向地獄"者,則當是與"清淨語"相對的喻稱。"用話語仔細判別……"中的"話語",當然不是一般的"話",而是具有最高智慧的神聖之言。至於"語藏"(*sxwn frg' w*),[1]更是神聖之至,因為只要維持對它的熱情,就可以"進入明界"! 有鑒於此,如果把這裏的 *sxwn*(言)理解成摩尼教的教義、理念,或者是具有極大神秘作用的話語(如"虛妄語"),那麼,將"語藏 - 語體"視作摩尼教教義的書面或話語集成,並無不妥。

科普特語《克弗來亞》第一章記載摩尼的自述時聲稱,自己在波斯國王阿爾達希爾(Ardashir)在位末期開始傳教,曾經前赴印度等地,後則晉見新王沙普爾(Shapur),榮獲接見,"他並允許我在……遊走,以傳播生命之語。"[2]這裏的"生命之語"(Word of Life)是由摩尼"傳播"的,那麼,再清楚不過表明,此"語"即是摩尼教的根本大法和一切教義,或者亦可視作摩尼教的"福音""法音"。

中古波斯語文書 M 17 是摩尼之《生命福音》的開頭部分,其中有語云:"讚美他們! 祝願善良諸子健康和福佑,也祝真語(true Word)的宣講者與聽聞者健康和福佑! 向聖父、聖子、聖靈讚美和致敬,也向神聖的經典讚美和致敬! 他(摩尼)教導眼、耳的生命福音之語,他傳播正義的果實。"[3]在此,"真語"的原語作 *sxwn w' bryg' n*,字面意義為"真正的,可以信賴的話語";"神聖的經典"之原語為 *m' dy' n ywjdhr*,其中的前一詞有"書""著述"之義,故整個詞組當是指摩尼的《福音》書;"生命福音之語"的原語為 *gwyšn' y 'wnglywn zyndg*,其中,*gwyšn* 義為話語、布道語等,*' wnglywn* 借自希臘語 euangelion,義為"福音""佳

---

[1]帕提亞語文書在此使用了 *sxwn frg' w* 的詞組,而非常見的 *sxw ntnb' r* 詞組。*tnb' r* 義為"(本)體",*frg' w* 則義為"(寶)藏",故 *sxwn frg' w* 乃是漢語《殘經》"語藏"的確切對應詞。那麼,是漢文獻借鑒了 *sxwn frg' w*,還是該帕提亞語詞組借鑒了漢語名稱"語藏"? 這是一個頗為有意思的問題,可再探討。

[2]見 Iain Gardner, *Kephalaia*, 15^{32-33}, p. 21.

[3]見中古波斯語文書 M 17;原文轉寫見 Mary Boyce, *Reader*, text c, pp. 32 – 33,英譯文見 Hans-Joachim Klimkeit, *Gnosis*, p. 146。

音""好消息"等,*zyndg* 則義為"活躍的""有生命力的"等。不難看出,這段引文是在反覆地強調摩尼教的教義、真理、摩尼的布道及著述,因此,相當鮮明地展示了"話語"即是"福音"。

見於帕提亞語文書的另一則寓言,也清楚地表明了"話語",特別是"真語"即是摩尼教的根本教義,亦即相當於佛教的"法音"和基督教的"福音"。在文書中,摩尼先是談到了善、惡二宗,並解釋了邪魔如何傷害靈魂,使之陷於輪迴的。接著,摩尼譬喻道,拯救靈魂,使之脫離肉體束縛的過程就像農夫打麥,借助風和脫粒器,把本來混雜在一起的麥粒與糠殼分離開來。摩尼最後歸納道:"於是,人類就像是麥,我的孩子們(指選民——引者)就像是農夫……我的心靈以及我的真語就像是風,正法就像是脫粒器。當選民傳播我的話語後,來到天堂者就……變得顯現……"[1]既然"真語"(*sxwn w' bryg' n*)相當於"風",使靈魂脫離肉體的囚禁,變得純淨,從而回歸明界,那麼,其作用豈非恰如摩尼教的教法嗎?

綜上看來,摩尼教的"話語"及其音聲在許多場合即是根本教義和絕對真理的書面或口頭形式的象徵,它們對於開悟信眾的作用,猶如基督教的"福音"或佛教的"法音"。

13.3 "話語"的神聖創造力

"話語",有時呈現為某種神靈,有時是本教教義和最高真理的集中象徵,有時則更成為某種神聖的創造能力,它可以創造諸多神靈,甚至可以創造天地,這就為"話語"更增添了一層神秘的色彩。例如,《下部讚》第 334 頌云:"皆從活語妙言中,聖眾變化緣斯現。一一生化本莊嚴,各各相似無別見。"由此可以注意者至少有兩點:第一,"聖眾"都是從"活語妙言"中化生出來的,那麼豈非表明,摩尼教的"話語"乃是諸神之源?第二,也是更具玄妙意味的,是此頌最後一句"各各相似無

〔1〕見帕提亞語文書 M 499、M 706 和 M 334b,英譯文見 Hans-Joachim Klimkeit, *Gnosis*, pp. 184 - 185。

別見”，其意思是說，從“活語妙言”中化出的諸神靈全都一樣，毫無不同之處。若按《下部讚》的英、德譯文，此語甚至被理解成諸神的外貌都一模一樣！[1] 那麼，這種奇特的說法有什麼隱喻嗎？這將在本章的第四節內予以探討。

“話語”創造神靈的另一個例證，見於歌頌摩尼的一份帕提亞語文書：“我們祝福你，靈魂嚮往的光輝之神，美麗的形象和一切的希望！你是受尊崇的，啊，發布善良命令的神哪！我們信任你，啊，由話語創造的形象！啊，忍耐之力，生命的智慧，第八個頭生者，強大的思想，尊神，末摩尼，我們親愛的主，你出於仁慈而顯現俗世形象，給予人們可視的標誌。活語，完善的戒律，我們穿上……”[2]在此所謂的“美麗形象”，當然是指摩尼無疑，但是，這并非是指肉身的摩尼，而是降臨於庇麻節上的神靈摩尼，或者，至少是指摩尼經常自稱的在天上的“精神摩尼”，亦即他的另一半——“神我”（twin）。那麼，創造神靈摩尼的“話語”便被理解成是出於大明尊之口：神靈摩尼即是明尊之神聖話語的有形化身。[3]

引文中“話語創造的”（*w'c-'fryd*）已經作為一個專門詞組，不僅見於這裹，也用在其他各處，由此可知“創造力”已經成為“話語”的主要特色。而以 *w'c* 的同義詞 *sxwn* 構成的詞組 *sxwn jywndg*（活語）似乎也成了專門術語，漢語文獻《下部讚》中創造“聖眾“的“活語妙言”，應該即是它的漢文意譯。

由“神”的“話語”來創造另一個神靈或神化之人，這樣的觀念和說法可能越來越普遍，因為在為高昌回紇國某可汗的祈禱文中，出現了稱可汗被“神語創造”的說法，而這類讚語可能已經成為套語。中古波斯語的 M 43 文書為某個回紇可汗祈禱，吁請天降福佑於他，顯然，這位

---

〔1〕對於“各各相似無別見”一句，崔驥的英譯文為“And everyone of them looks the same without exceptional appearance”（Tsui Chi tr., *Mo Ni Chiao Hsia Pu Tsan*, p. 207），施微寒的德譯為“Und die Erscheinung eines jeden gleichförmig ohne besondere Kennzeichen ist”（Helwig Schmidt-Glintzer, *Chinesische Manichaica*, p. 52），顯然，他們甚至更強調了諸神之“外貌”的相同。

〔2〕見帕提亞語文書 M 6232 V（T II D 178）；原文轉寫見 Mary Boyce, *Reader*, text cla, pp. 142 – 143，英譯文見 Hans-Joachim Klimkeit, *Gnosis*, p. 85。

〔3〕說見 Hans-Joachim Klimkeit, *Gnosis*, p. 83.

可汗是信仰摩尼教的。其辭云:"……願他們(諸神)始終保佑東方之王,我們的神聖可汗,還有光明家族。願你,國王啊,健康和快樂,寧靜和幸運地生活。願你永葆活力。你被神之話語所創造,榮耀、強壯、英勇、有力,啊,你是第一人,你是眾英雄的領袖、戰鬥追求者、勇敢者!"[1]在此,"[被]神之話語所創造"的中古波斯語原文為 *yzdw' c' fryd*,博伊絲稱它為"一個古怪的讚美語",並認為它用在這裏,可能只是一種固定的套語。[2] 如果"神語創造"在高昌回紇國時期(9 世紀中葉至 13 世紀中葉)確已成為套語,那麼,足見有關它的觀念和說法已經普遍流行,並深入民心了;"話語"的創造能力之大,由此可見一斑。

以上數例談的是"話語"創造神靈,或者神化之神。但是,其功能尚不止於此,因為甚至天界也為它所創。一份內容為禮拜讚歌的帕提亞語文書在讚美靈魂時寫道:"……你是值得拯救的,我將給予你,光明的靈魂啊,許多忠告,以使你獲得救贖。靈魂啊,前來這光明之舟吧!我最親愛的靈魂,幸福和高貴,你一直去了哪裏? 回來吧! 親愛的靈魂,從你陷入的沉睡中甦醒吧! 看看你的敵人,看看他們是如何在你周圍設置死亡! 回到你的故鄉吧,這是由話語創造的天界,你最初所待的地方。哀傷的靈魂由於邪惡的貪婪、欺詐的幻覺及熾烈的慾火而大聲哭喊。而來自天堂的天使,即明界的使者已經到來。"[3]

在此所言由話語創造的"天界",原文固然只使用了 *zmyg* 一詞,原義為"大地""土地""國土"等。但是,由於此詞常與 *rwšn*(光明)組合成義為"光明之地"的詞組;并且,從引文的上下文看,*zmyg* 也確是指天界,而非俗世,故此指明界,是毫無疑問的。有鑒於此,神聖的明界居然也由"話語"創造,則"話語"的非凡創造能力更見神奇了。

不僅是明界,太陽和月亮有時候也被說成是由"話語"所創造。一份讚美摩尼教主神之一"第三使"的頌詩描述道:

---

[1]原文轉寫見 Mary Boyce, *Reader*, text dw, pp. 193 – 194,英譯文見 Hans-Joachim Klimkeit, *Gnosis*, p. 158。

[2]說見 Mary Boyce, *Reader*, p. 194.

[3]見帕提亞語文書 M 4a;原文轉寫見 Mary Boyce, *Reader*, text cv, pp. 160,英譯文見 Hans-Joachim Klimkeit, *Gnosis*, p. 147。

我將讚美你的光明。

第二個偉大者,納里沙夫(Narisaf)神,

美麗的形象,光輝四射,

一切……的審判者和觀察者,

具有千眼的光明……

你在那裏落下消失,又在那裏升起而放射光明。

與你一起生活的還有公正之母,

與你一起居住的還有生命神;

與你在一起的還有採集珍珠的強大諸父、

神我之光[1]、兩盞偉大的燈。

這是諸神居住的一座寧靜房屋,

他們移動世界,放射光明。

神聖的居處充滿歡樂,

高貴的舟船,是由話語創造的渡船。

強大的威力,巨人們渴望戰鬥,

從一切生物中撤出光明。

他們化作兩種光明形象,引誘諸魔發怒。

他們的心靈歡樂無限,

他們自由自在地來來往往,威力無窮。

光明戰車即是通向明界之門,

從那裏傳出歡樂的樂聲。

我將讚美你,納里沙夫神,

榮耀首先歸於你,以及你的全部偉大;

你仁慈地救贖我,你的孩子。[2]

按照摩尼教神學,"第三使"(即漢語文獻中的"三明使")是善母、

---

〔1〕帕提亞語 *ymg' nrwn' n*,亦有譯作"光明領袖"(die lichten Führer)者,通常是指天界的摩尼,即"精神摩尼""神我"。

〔2〕見帕提亞語文書 M 77 R;原文轉寫及德譯文見 F. C. Andreas&W. Henning, *Mir. Man.* Ⅲ, pp. 887 – 888;英譯文見 Jes P. Asmussen, *literature*, p. 140,亦見 Hans-Joachim Klimkeit, *Gnosis*, p. 57。

先意、淨風祈求明尊後,明尊作第三次“召喚”而創造出的神祇。通常,第三使被視作日神,其常居之處為太陽。但是,他與月亮的關係也很密切,所以他往往被看作日月神。本讚歌是給予第三使的,從而象徵天體的許多符號或異名也都被提及。例如,“兩盞燈”即是指的太陽和月亮;“舟船”“渡船”以及“光明戰車”也是指的太陽和月亮。有鑒於此,讚歌既謂話語創造了“渡船”,亦即是說太陽和月亮均是由“話語”創造而成。於是,我們對於“話語”的創造能力有了進一步的認識。

13.4 結語:“話語”與“光明”的關係

上文大體上歸納了“話語”及其音聲的作用與功能,對於迄今并未引起人們重視的這一摩尼教要素做了初步的探索,辨析了它的基本含義。在此,則做進一步的論說,以揭示“話語”及其音聲的實質——即是摩尼教基本要素“光明分子”的另一種體現形式。

按照摩尼教的神學,天地、日月等都是由生命神(Living Spirit,即淨風)創造的,而他創造日月星辰的過程,通常被描繪成:“然後,生命神對黑暗諸子露現了他的形體,淨化了曾被他們吞噬的五明神的光明分子,用其製造了太陽、月亮,以及成千上萬的光明星辰。”[1]在此,生命神“露現形體”之舉有著重要的意義,其具體過程是:生命神對諸魔顯現了裸露的美麗身形,致使暗魔們性慾大盛,從而以射精的方式噴出了此前吞下的光明分子。此舉與其後第三使用色相誘發雄魔、雌魔射精和墮胎,從而以其洩出的光明分子創造人類和動植物的做法一樣,只是在描述時措辭稍見隱晦而已。[2] 不管怎樣,十分明顯的是,太陽、月亮等是由“光明”構成;而上引資料表明,日、月(=“渡船”)由話語創造而成。那麼,“光明”與“話語”豈非即是同一質料?這是我們認為

〔1〕是為9世紀Theodore Bar Khoni所撰的敘利亞語文書*Book of Scholia*,由Dr. Abraham Yohannan譯成英文,題為*On Mānī's Teachings Concerning the Beginning of the World*,載A. V. Williams Jackson, *Researches*,本引文見pp. 236-237。

〔2〕說見A. V. Williams Jackson, *Researches*, p. 236, note 61;第三使創造人類和動、植物的描述見同書,pp. 242-249。

“話語”之實質即是“光明”的理由之一。

此外，按摩尼教的創世神學，大明尊為了對付入侵明界的暗魔，便召喚（創造）出生命之母（Motherof Life，善母），后者則再召喚出初人（Primal Man，先意），而“初人再召喚出他的五子，恰如一個人穿上甲胄去作戰一樣。”[1]阿拉伯史籍《群書類述》對於初人（先意）以五明子為甲胄、裝備的描述更為具體：“初人穿上五要素，即五神：氣、風、光、水、火。他把他們作為武器裝備。他首先穿上氣，再在其外披上勇敢之光，再在光的外面束上水支配的塵，再在其外包裹緊吹之風。然後，手中持火，作為盾牌和長矛。他迅速下降，來到崖邊，接近交戰處。”[2]初人的五子即是五明子，也就是最基本的“光明分子”的代稱，而他們經常被喻為抵抗黑暗的“甲胄”和“武器”。再比照帕提亞語文書《安嘎德羅希南》的描述，“我”對於靈魂即光明分子說道：“你是我的話語，是我參戰時的全套甲胄，它確保我在戰鬥中免遭一切罪人的傷害。”[3]毫無疑問，“話語”也是抵禦黑暗進攻的甲胄與武器；那麼，這再次證明，“話語”的實質即是“光明”。

再如，摩尼教以“光明”為特色，號稱“光明之教”，而其“光明”的真正涵義，絕非僅指物質性的外觀，而是更指內在的智慧方面的“靈光”，也就是說，“光明”是最高級智慧“諾斯”（Gnosis，即“靈知”“真知”）的喻稱。中古波斯語文書 M 738 描述了“十二大王”（十二時），在最後說：“第十二，光明。你是出自明界的光明。被你所照亮者本身即是光明的標誌。你自己是福祐心靈中值得贊頌的精魂。你將他們從混淆善惡的被奴役狀態中解救出來。”[4]不難看出，這裏所言的“光明”正是指使人脫離邪惡的最高覺悟和智慧。“光明”即“靈知”的最明顯例證之一，見於漢語文獻《下部讚》：人的“靈魂”即“光明分子”被稱

---

〔1〕見 Theodore Bar Khoni, *Book of Scholia*, p.225.

〔2〕見 Bayard Dodge, *Fihrist*, p.779.

〔3〕見 *Angad Rōšnān* VI,21, in Mary Boyce, *Hymn-Cycles*, p.141.

〔4〕文書 M 738，原文錄寫及德譯文見 E. Waltschmidt & W. Lentz, *Manichäische Dogmatik aus chinesischen und iranischen Texten*, p.562，原文轉寫見 Mary Boyce, *Reader*, text cd, p.135，英譯文見 *Gnosis*, p.80。

作"佛性";而"佛性"即是最高覺悟和最高智慧,其權威的釋義當即"gnosis, enlightenment"[1]。另一方面,最高智慧同樣被喻為"話語",如粟特文書 M 14 有"這就如心靈的智慧,即語體"之語[2]。既然如此,"光明"與"話語"的等同或"準等同"關係就再一次得到了證實。

最後,就"光明"和"話語"的創造力而言,二者也有著奇特的相似之處。大明尊是萬物的創造者:一切神靈均由他創造,而被他創造的神靈又相繼創造了其他神靈和事物,如天地日月等。所以,被創造者都可被視為大明尊的"子"或"子"之"子",等等。摩尼教之所以持此說,顯然是因為以"光明分子"為萬物之基本元素——萬物都是源自明尊的光明元素的一部分而已;就某種意義上說,他們都是同質的,只需脫離"黑暗",就立刻回歸高貴本質了。對於明尊及諸神與光明分子的這種關係,人們已經習以為常。然而,當檢視《下部讚》第 334 頌"皆從活語妙言中,聖眾變化緣斯現。一一生化本莊嚴,各各相似無別見"時,我們不能不承認,"活語妙言化出聖眾"之說與"大明尊創造諸神"之說完全一致;更可注意的是,"各各相似無別見"確切地表明了,這些"聖眾"的本質或元素都是一樣的。那麼,"話語"豈非就是"光明"嗎?

至此,我們可以確認,在摩尼教中,"光明"與"話語"的本質是一樣的,二者只是同一本質的不同表現形式而已:一為可視的圖像,一為可聞的音聲。人們往往更多地注意和描述了前者,從而忽視或小視了後者。對於"二者同一"的這一結論,可以用摩尼教中最常見的現象來證明:明尊創造諸神,實際上是使用了兩種不同的方式,即一為"發射",一為"召喚",而這正體現在視覺和聽覺兩個方面。例如,科普特語《讚美詩》描寫明尊創造諸神的情況道:

第二次發射/形成了光明之友,/這是諸天使中的可愛者,/是

[1]見 William E. Soothill and Lewis Hodous, *A Dictionary of Chinese Buddhist Terms*, p. 227b, reprinted by Ch'eng Wen Publishing Company (Taipei), 1975.

[2]見粟特語文書 M 14,正面第 24—25 行,原文錄寫及德譯文見 E. Waltschmidt & W. Lentz, *Manichäische Dogmatik aus chinesischen und iranischen Texten*, p. 548; Werner Sundermann, *Der Sermon von Licht-Nous: eine Lehrschrift des östlichen Manichäismus; Edition der parthischen und soghdischen Version*, p. 108 註 41a 引用之,並作新的德譯。

將花環送給……的賜予者,/是一切事物的安排者。/他所產生的兒子/是大建築師,/ 即新永世的建造者,/他建立了萬古不朽的工程、/永遠不毀的建築。/他是最初的建築師。……

第三次發射/ 形成了第三使,/即是第二(偉)大,/是爲這些世界之王、/神界之主、/真實主的形貌。/還有他的十二少女、/他的十二臺階。[1]

很清楚,明尊在此的創造,都使用了"發射"(科普特文 προβολή,相當於英文 emanation)一詞,則可以很容易地理解:由於原質是"光明",所以用"發射"的方式傳播出部分"光明",就能創造新事物了。

此外,敘利亞語文獻談及大明尊的創造情況時說道:"偉大父尊召喚出了生命之母;生命之母召喚出了初人;初人再召喚出他的五子,恰如一個人穿上甲冑去作戰一樣。"[2] 這裏使用了"召喚"(敘利亞文 *qᵉrā*,相當於英文 evoke)一詞,則很難令人理解:為什麼通過視覺體現的"光明"會借助與聽覺有關的"召喚"而出現?但是,若謂被"召喚"的原質是"話語",那麼完全可以理解了:使用"召喚"或"宣講"的方式,傳播出話語之音聲,就也能創造新事物了。易言之,"話語"即是"光明",二者都是"真知"(gnosis)的象徵,從而都具有抵禦黑暗、祛除邪見、造就覺悟的巨大威力;"話語"與"光明"同樣的神聖,同樣是最高的智慧。

---

[1] C. R. C. Allberry, *A Manichaean Psalm-Book* (*Part* II), 137 $^{55-65}$; 138 $^{59-66}$.

[2] 見 A. V. Williams Jackson, *Researches*, pp. 224 – 225.

14 “摩尼致末冒信”研究

本章所要探討的，是百餘年前，新疆吐魯番地區發現的大量摩尼教非漢語文書中的一份，即號稱是教主摩尼寫給其主要弟子之一末冒(Mar Ammo)[1]的信函，用帕提亞語撰成。該文書具有相當濃厚的佛教色彩，被現代學者認為是較晚時期的偽作。我則在詳細詮釋文書內容，具體辨析摩尼教布教特色的基礎上，對該文書的形式和撰寫年代等問題提出新的看法。

14.1 “摩尼致末冒信”譯釋

“信”的文書編號為T II D II 134 I，亦即M 5815 I。文書尺寸為14.5×15.8cm，但是邊緣損壞嚴重。此信內容的拉丁字母轉寫和德譯文載於安德魯斯和亨寧的《中國突厥斯坦之摩尼教中古伊朗語文書》第三部分；[2]其拉丁字母轉寫和少量註釋見博伊絲的《摩尼教中古波斯語和帕提亞語讀本》；[3]其英譯文既見於阿斯姆森的《摩尼教文獻》[4]，也見於克林凱特的《絲綢之路上的諾斯替信仰》[5]。下面，主要依據克林凱特的英譯文，將此“信”譯成漢文，並作若干註釋。

---

[1] Mar Ammo乃是摩尼教諦造者摩尼的主要弟子之一，摩尼在世之時，他奉命前赴東方布教，創建了中亞的教會，從而為摩尼教的早期東傳做出了重大的貢獻。他精熟帕提亞語，並使之在嗣後數百年間成為東方摩尼教教會的官方語言。按摩尼教漢文典籍《下部讚》第261頌，有“末冒”之名(手稿作“未”，乃是“末”之筆誤)，即Mar Ammo的音譯。今從其譯。

[2] F. C. Andreas & W. Henning, Mir. Man. Ⅲ, *SPAW*, Juli 1934, pp. 854－857.

[3] Mary Boyce: *Reader*, “text r”, Téhéran-Liège, Bibliothèque Pahlavi, 1975 (*Acta Iranica* 9), pp. 50－52.

[4] Jes P. Asmussen, *Literature* 1975, *pp.* 57－58.

[5] Hans-Joachim Klimkeit, *Gnosis*, 1993, pp. 259－260.

清白者的親切教導〔1〕

……如果有人打擊你,不要回擊他。如果有人憎恨你,不要也恨他。如果有人妒忌你,不要也妒忌他。如果有人向你發怒,你得始終友善地與他談話。〔2〕凡是你不願意別人對你所幹的事,你自己也不要對別人做。〔3〕或者說,一個人應該忍受來自於地位比他高的人、地位與之相等的人,以及地位比他低微的人的凌辱和虐

〔1〕這一標題是根據文書末尾之句而復原,帕提亞語的拉丁字母轉寫為 n'g'nwyfr'swxš。其中的 n'g (*nāg*)被譯成德文 Sündlosen、英文 sinless,義為"無罪的""無辜的""清白的"等,但是其確切的含義還是頗有疑問的。或謂此詞借自梵文 anāgas (an 為具有否定意義的前綴,āgas 則為過錯、罪過);或謂借自梵文 nāga(是為龍、象、龍神等義)。

〔2〕這裏所言的幾個排比句式,與佛經中常見的說法十分相似,例如:"諸菩薩摩訶薩欲證無上正等菩提,於諸有情應修安忍,打不報打,罵不報罵,謗不報謗,瞋不報瞋,訶不報訶,忿不報忿,恐不報恐,害不報害,於諸惡事皆能忍受。"見〔唐〕玄奘譯《大般若波羅蜜多經》卷 589《第十三安忍波羅蜜多分》,《大正藏》第 7 冊,第 220 號,大正十三年十二月版,第 1048 頁上。

〔3〕對於這句話,Jes P. Asmussen, *Literature* (p.57)的英文作"And what you detest in another person, do not do that yourself";Hans-Joachim Klimkeit, *Gnosis* (p.259)的英譯文則作"And do not do yourself what you detest in another person."顯而易見,其意思與中國的古格言"己所不欲,勿施於人"完全一樣,也就是普世認同的"黃金規則"(Golden Rule)。"黃金規則"遍見於古代世界的各大文化之中,例如,紀元前的瑣羅亞斯德教經典稱:"你所不願意遭受的事,也不要加諸別人。"(*Šāyest-nē-šāyest*, 13.29);猶太教的古法律書要求人們"你不願別人對你所做的事,也不要去對別人做。"(Talmud: Shabbath, 31a);孔子答子貢"有一言而可以終身行之者乎"之問為"其恕乎!己所不欲,勿施於人"(《論語·衛靈公第十五》);印度古代史詩《摩訶婆羅多》說:"凡是己所不欲的事,一定不要施於他人。一言以蔽之,這就是正法的原則。相反,屈服於欲念的擺佈,所做必違正法。"(漢譯版第 5 卷,《第十三教誡篇》,376 頁);佛教的教導亦然如此:"佛言:人於世間,不持刀杖恐人,不以手足加痛於人,不鬪亂別離人,己所不欲,不施於人。"(〔後漢〕安世高譯《佛說分別善惡所起經》)。如此等等,不勝枚舉,所以,本摩尼教文書的這一"黃金規則"思想究竟源自哪裏,也很難清楚判別。但是,按整篇文書充滿了佛教色彩的現象來看,這一思想似乎更可能源自佛教。

待;任何人都不能使得具有忍耐力[1]的電那勿[2]產生哪怕些微的動搖。就如有人向大象擲花,花卻絲毫不會傷害大象一樣。或者,這就如雨滴落在石頭上,雨滴融化不了那石頭。同樣的道理,凌辱和虐待決不可能導致一位有忍耐力的電那勿產生哪怕些微的動搖。[3]

有時候,電那勿應使自己崇高得猶如須彌山[4],有時候,電那

---

〔1〕帕提亞語 hwpt'w (*hupattāw*) 義為忍耐。一般情況下,此詞并無特殊的含義,但是,在此結合上下文來看,則與佛教特別強調的"忍"字的含義十分接近;梵語 kṣānti(義為忍辱)為佛教的"六波羅蜜"之一,大有講究。因此,文書關於"不能絲毫動搖忍耐力"云云的說法,當是其佛教色彩的體現方面之一。

〔2〕帕提亞語 dyn'br (*dēnāβar*) 兼作形容詞和名詞,義為宗教的、虔誠的、正直的,或者義為信徒、真信者、純潔者;在中亞的摩尼教中,多用作為專業修道士"選民"的稱呼,但有時也作為整個教會的總稱,而其中顯然包括了并非"選民"的俗家信徒,即"聽者"。公元 6 世紀,粟特地區的摩尼教教徒在薩德·奧爾密兹德(Sād-Ōhrmizd)的率領下所組成的新教派正式自稱 Dēnāwar;但是很可能早在摩尼教東傳中亞的早期,即末冒時代的公元 3 世紀,就已使用這個稱呼。因為在有關末冒的傳記中,就稱他為"Dēnāwar(真正信仰)的推行者"了。唐初的玄奘在其《大唐西域記》中謂波斯"天祠甚多,提那跋外道之徒為所宗也"(卷 11"波剌斯國"條),其"提那跋"當即指東方摩尼教徒自稱的 Dēnāwar。至於頻見於漢語文書《摩尼教殘經》的"電那勿"則無疑是指摩尼教的專業修道者。本文統一使用"電那勿"的漢譯名。

〔3〕Hans-Joachim Klimkeit, *Gnosis*, p. 267, note 12 謂"凌辱和虐待決不可能導致一位有忍耐力的電那勿產生哪怕些微的動搖"一語所反映的思想,即是佛教的"捨"(梵語 upekṣā)觀念。這可能有所誤解,蓋因 upekṣā 義為平靜、無關心,為不浮不沉,保持平靜、平等的精神狀態,無有雜染之心境。而文書的這句話以及與之類似的其他諸語,更可能體現了佛教梵語 kṣānti 的精神,即"忍辱"——令心安忍,堪忍外在之侮辱、惱害等。本章將在第二節內詳加剖析。

〔4〕帕提亞語 smyr (*sumēr*) 是源自梵語 sumeru 的外來詞,而後者則是古印度神話傳說中的一座神聖高山,為世界的中央,後來被佛教的宇宙觀所襲用。其漢文音譯名通常作須彌(山)、蘇迷盧(山)或須彌盧(山)等;由於梵語亦作略語 Meru,故漢譯也相應作彌樓(山)等。漢文佛經中的意譯名有妙高山、妙光山、好高山、善高山、善積山等。本文書的帕提亞語專名作 smyrkwf,而 kwf (kōf) 義為"山";這一詞組頗為常見,故以帕提亞語原件為主而譯編的漢文摩尼教文書《摩尼教殘經》作"末勞俱孚"(原文書之"未〈勞〉"字系"末"之筆誤)。佛經對須彌山的描繪甚多,諸說在細節方面有所出入,但大體結構則相近。須彌山與整個宇宙的關係是:一佛之化境即宇宙由"三千大千世界"(折合為十億個世界)構成,每個世界的最下層為氣,稱風輪;其上一層為水,稱水輪;再上一層為金,稱金輪;最上一層為山、海、大洲構成之大地;須彌山則在該世界的中央最高處,高八萬由旬(梵語 yojana 音譯,長度單位,相當於十餘里至數十里不等),深入水下八萬由旬,底呈四方形,周圍三十二萬由旬。以須彌山為核心,其外面隔著須彌海,相繼被八大山所環繞,山與山之間都隔著一個海。最後一個海稱為鹹海,其外圍是鐵圍山;在此鹹海之中,有四大洲分據東、西、南、北四方,而眾生居住的閻浮提洲則在南方。於是,每個"世界"便是以包括中央之須彌山在內的九山、八海所構成;而須彌山則成為最核心,最美妙,最崇高的處所,因為帝釋天居住在那裏。

勿應使自己謙卑得猶如……[1]。有時候,電那勿應顯得像個學生,有時候則顯得像個老師,或似一個奴僕,或似一個主人。

同樣的道理,在他有罪過之時,清淨的電那勿就應靜坐默思[2],對罪過感到厭惡,轉而為善。

(第58至67行難以辨認,略而不譯)

我,末摩尼,是清白者,是寫信的人[3];你,末冒則是收信者[4]。名為阿空達[5]的即是暗魔阿赫爾曼[6]。我已說了這些

---

〔1〕"有時候,電那勿應使自己謙卑得猶如……"一句,見於 F. C. Andreas&W. Henning, *Mir. Man.* Ⅲ的德譯文(p. 855)和 Jes P. Asmussen, *Literature* 的英譯文(p. 58),但是未見於 Hans-Joachim Klimkeit, *Gnosis* 的英譯文(p. 259)。不過,若按本段文字接連使用的對偶的排比句式的規律,此句是應該存在的,故漢譯如正文。

〔2〕在此,帕提亞語用的是'ndyšyšn (*andēšišn*),義為"思想""思考",亦即摩尼教重要教義"五妙身"相、心、念、思、意之第四"思";安德魯斯 - 亨寧之德譯和克林凱特之英譯均作 meditation。誠然,摩尼教文書中使用"思(meditation)"詞,可以視作摩尼教重要教義的體現;但是另一方面,此詞的意思也相當於梵語 dhyāna,亦即佛教所謂的"禪"。那麼,文書中的帕提亞詞'ndyšyšn 到底是更體現了摩尼教的"五妙身"教義呢,還是佛教的"禪"觀念呢?我認為當屬後者,具體論述見正文第二節。

〔3〕帕提亞語'ydr (*ēdar*)被德譯者釋作 Absender,英譯者從之;但是 Schaeder 否定此釋,認為這應該是見於佛教本生經類型故事中的一個人名(見 H. H. Schaeder, *Der Manichäisnus nach neuen Funden und Forschungen*, Morgenland 28, 1936, p. 96, note 1)。

〔4〕帕提亞語'bdr (*abdar*)被德譯者釋作 Adressat,英譯者從之。但這也被 Schaeder 視作佛教本生經類型故事中的一個人名(見 H. H. Schaeder, *Der Manichäisnus nach neuen Funden und Forschungen*, p. 96, note 1)。

〔5〕摩尼教中作為暗魔之名的帕提亞語"kwndg (*Ākundag*) 源自瑣羅亞斯德教,在《阿維斯陀》經典中作 Kurī、Kund、Kunda、Kundi、Kūndag 等形式。按摩尼教的說法,世界(包括九天十地等)在最初被淨風神創造時,其主要成分便是被殺諸魔的屍身,植物便是由阿空達的頭髮變成。是為巨大的怪物,按一份突厥語文書說,其頭顱在世界的東方,下肢在西方的陸地,雙肩在北方和南方,身體的中央即是須彌山。參見 A. V. Williams Jackson, *Researches*, pp. 177、185、186 等處。

〔6〕帕提亞語'hrmyyn (ahreman)通常是暗魔即惡神之首的名字,源於瑣羅亞斯德教,是善良主神 Ohrmazd 的最大對立面,在《阿維斯陀經》中稱 Angra Mainyu。有關這對善、惡主神誕生的說法很多,而比較通常的說法是:超神 Zurvan(義為時間)在天地和一切事物尚未出現之前就已存在,他獻祭了一千年,一方面卻又懷疑獻祭的效果,因此,最終孕育出的兩個兒子,一為 Ohrmazd,由獻祭化成,另一為 Ahriman,則由懷疑化成。於是,前者創造了美妙而善良的天、地及一切事物;後者則創造了一切邪惡的東西。前者創造了財富,後者創造了貧窮。

話，因此每個人都應該服從[1]這些教導，認真聽取。凡是聆聽它們，相信它們，將它們記在心中，並落實在真誠的行動中的一切眾生，都將獲得拯救，脫離生死流轉[2]，並將解脫罪孽。我，末摩尼，和你，末冒，以及過去時代的一切人與當今時代再生[3]的一切幸運者，還有在未來的再生者，都將因這清淨戒律，因這完善智慧，因這善業和柔順[4]而被救，脫離生死流轉。在這樣的生死流轉中，

[1]德譯文原將帕提亞詞釋讀成 nw'r (*nawār*)，義為"閱讀"，但對所譯"lessen"之詞不敢完全斷定(見 856 頁)。克林凱特英譯(259 頁)則從阿斯姆森(58 頁)，譯作"聽從(勸告)"(heed)；而所取帕提亞語原字，則顯然是 ng'h (*nigāh*)。D. Durkin-Meisterernst, *Dictionary of MP & P*, p. 246 也懷疑德文的譯法，但是提出了另一種可能性：此詞或是義為"信仰"(belief)的 w'wr (*wāwar*)的誤拼。

[2]帕提亞語 z'dmwrd (*zādmurd*)一詞，義為靈魂的轉世，或在生與死之間的循環。這種靈魂轉世、再生的信仰遍見於古代世界的各宗教之中；或以為摩尼教文書的這一帕提亞詞即古希臘詞 μεταναστεὺω(相當於英文 transmigrate)觀念的反應。然而，在此似乎更像是佛教思想的借鑒。克林凱特已經指出，此詞若按字面意思，即是"生－死"，而這便相當於佛教的 saṃsāra(輪迴)觀念(見 Hans-Joachim Klimkeit, *Gnosis*, p. 268, note 20)。此說固然不錯，但是作者并未意識到的一點是，佛教的梵文術語中另有 jātimaraṇa 一詞，與 saṃsāra 同義，而其發音則顯然與帕提亞詞 *zādmurd* 相若，亦即是說，後者很可能是前者的借詞。在漢文佛經中，jātimaraṇa 被意譯作"生死"，或音譯作繕摩末剌諵、闍提末剌諵等，意謂因業因而於天、人、阿修羅、餓鬼、畜生、地獄六道迷界中生死相續，永無窮盡。佛教中頻繁使用"生死流轉"一語表達此意，如"令彼眾生無明所蓋，愛繫其首，長道驅馳，生死輪迴，生死流轉，不知本際"(《雜阿含經》卷 6)。由於其他摩尼教帕提亞語文書中另有借自梵語 saṃsāra 的 sms'r (*samsār*)一詞，故為了盡可能確切地分辨這兩個同義詞在摩尼教文書中的使用場合，本文將 z'dmwrd 譯作"生死流轉"，而非"輪迴"(sms'r)。

[3]帕提亞語'jy (*āžay*)是動詞，義為"再次誕生"，與之同義的名詞為'jwn (*āžōn*)，二者都可能是粟特語的借詞。然而，在粟特語中，無論是"jy (*āžāy*)，還是源自"jy 的'žy (*āžay*)，都只是(to) be born，即"(被)生"之義(見 B Gharib ed., *Sogdian Dictionary*: *Sogdian-Persian-English*, 1995, p. 5, item 125 及 p. 94, item 2369)。因此，在摩尼教的帕提亞語文書中，顯然進一步引申了該詞，使之具有"再生"的含義，甚至，在許多場合，將它用作為專門體現摩尼教"轉世再生"即"輪迴"教義的術語。或許正是鑒於這種現象，安德魯斯和亨寧的德譯文在這裏兩度出現'jy 的地方，都謹慎地譯作"[wieder-] geboren"，即"[再次]誕生"，以表明"再生"是原詞的引申義(見 F. C. Andreas&W. Henning, *Mir. Man.* Ⅲ, p. 856)。

[4]帕提亞語文書在這段文字中，採用了"因(或通過)……而被拯救"的句式，並是排比句式，即"因/通過……，因/通過……，因/通過……"云云。Hans-Joachim Klimkeit, *Gnosis* (p. 259)只譯出了最後一句"因這善業和柔順"，而未見前兩句，可能是疏漏之故。F. C. Andreas&W. Henning, *Mir. Man.* Ⅲ (p. 856)的德譯英文和 Jes P. Asmussen, *Literature* (p. 58)的英譯文則均全部譯出，分別作"Da ja durch dies reine Gebot und durch diese vollkommene Weisheit, durch diesen Dienst und diese Demut"和"through this pure commandment and through this perfect wisdom, through this activity and this humility"，故漢譯從之，譯如正文。這三點可分別相應於佛教的主要概念"戒""慧""定"，故體現了濃重的佛教色彩。下文第二節內將予以具體論述。

除了悟識之人[1]積累福與善[2]之外,沒有更美好的事情了。凡是追隨我摩尼,寄希望於尊神霍爾密茲德[3],以及要求清淨和正義的電那勿充當其首領的人,都將獲救,被救離生死循環,獲得最終的拯救。

"清白者的親切教導"至此結束。

14.2 "信"的佛教色彩

這封"信"雖然是清楚的摩尼教文書,但其佛教或印度色彩之濃厚,卻毋庸置疑,可以說是從頭貫穿至尾,故本節將對信中或隱或顯的佛教/印度文化因素作詳細的分辨和剖析,大致可分如下幾個方面:

第一,關於該文書的標題。上文的註釋已經提及,帕提亞語 n'g (*nāg*)或被認為借自梵語 anāgas,義為"無罪的""無辜的";或謂借自梵語 nāga,義為龍、象、龍神等義。顯然,不管作何解釋,簡短的標題中肯

---

[1]帕提亞語'šn's (*išnās*)義為知道、認識、理解等,頻見於文書的各處。此詞不僅有一般意義上的"了解"之意,似乎更有摩尼教色彩的"覺悟(真理)"之義,例如,帕提亞語文書 M 39 V ii 中使用該詞的一語云:"尊神啊,能夠悟識到你的技能、剛毅和神奇威力的清淨和真誠的每一個人,都是幸運的!"(見 F. C. Andreas&W. Henning, *Mir. Man.* Ⅲ, p. 885 及 Hans-Joachim Klimkeit, *Gnosis*, p. 59 等處)。顯然,這裏的"悟識"乃是具備了宗教上的高級智慧之後的一種體現;所以,這與佛教所謂的"覺"(梵語 bodhi,音譯"菩提")十分相似:意為覺、智、知等,即斷絕世間煩惱而成就涅槃的智慧。

[2]帕提亞語 pwn (*pun*)義為善業、功德等,乃是梵文 puṇya 的借詞,而後者則是佛教中的一個重要概念,漢譯通常作"福"或"福德""功德",是指能夠獲得世間、出世間幸福的行為。帕提亞語 kyrbg/qyrbg (*kirbag*)是形容詞或名詞,義為優良的、有德的或虔誠、仁慈等;kyrdg'n/qyrdg'n (*kerdagān*)也是名詞和形容詞,義為行為、業績、善良業績的、虔誠的。本文在此使用了 kyrbgkyrdg'n 的詞組,所強調的意思便是"善業"。這一觀念與佛教的"善"(梵語 kuśala)觀念十分相似——廣義地說,佛教的"善"是指與善心相應之一切思想行為,凡契合佛教教理者均是。顯然,帕提亞文書在此提到的"福"與"善",不僅僅分別與佛教觀念對應相似,并且也如佛教一樣,二者往往相提並論,組合應用。由此更見這是借鑒了佛教色彩。本文將在第二節內再加論說。

[3]帕提亞語'whrmyzd (*ohrmezd*)本是伊朗瑣羅亞斯德教的最高善神之名,也作 Ahuramazda、Hormazd 等。此名被摩尼教所借鑒,作為本教的主神之一,稱作"初人"(First Man/ Primal Man),而在漢文典籍中則稱"先意"。按摩尼教創世神話,最初,暗魔來犯明界,大明尊倉促應戰,創造("召喚")出善母(Living Mother),善母再相繼創造出先意,於是先意率領其五子/五明子(Five Elements,由先意創造出來),與眾魔戰鬥,不幸戰敗,被陷深淵;最終再由大明尊創造的其他神祇將他救出。嗣後,先意及其五明子往往成為摩尼教根本教義中最重要的"拯救靈魂"使命中的被拯救對象的象徵或譬喻。顯然,文書的這一神名清楚地表明,本文書的實質還是摩尼教的。

定包含了印度文化因素。而十分清楚的一點是,該標題表明,這是用摩尼自稱的口吻對末冒或其他信徒所作的訓誡,那麼,作為教主的摩尼,應該更習慣於用怎樣的銜頭稱呼自己?

按佛經中的術語使用慣例,nāga 既可指稱"龍"(dragon),也可指稱"象"(elephant),特別是在用其喻義時,更是二名互易,乃至合稱為"龍象",因為龍為水域王,象為陸地王,二者都有"最具威力""最勝"之意。正是鑒於此,"龍象"逐漸引申為指稱具備最勝禪定力用的有德高僧,或者有識見、能力的佛道修行者,例如,稱斷除諸結漏的菩薩為"大龍象菩薩摩訶薩":"爾時純陀白佛言:'世尊,如是如是,誠如聖教。我今所有智慧微淺,猶如蚊虻,何能思議如來涅槃深奧之義?世尊,我今已與諸大龍象菩薩摩訶薩,斷諸結漏文殊師利法王子等。……'"[1]更進一步,便是以"龍"或"龍象"尊稱佛陀本身,例如:

> 尊者烏陀夷叉手向佛白曰:"世尊,象受大身,眾人見已,便作是說,是龍中龍,為大龍王,為是誰耶?"世尊告曰:"……是故我名龍。"於是,尊者烏陀夷叉手向佛白曰:"世尊,唯願世尊加我威力,善逝加我威力,令我在佛前,以《龍相應頌》頌讚世尊。"世尊告曰:"隨汝所欲。"於是,尊者烏陀夷在於佛前,以《龍相應頌》讚世尊曰:"正覺生人間,自御得正定,修習行梵跡,息意能自樂。人之所敬重,越超一切法,亦為天所敬,無著至真人。越度一切結,於林離林去,捨欲樂無欲,如石出真金。普聞正盡覺,如日昇虛空,一切龍中高,如眾山有嶽。稱說名大龍,而無所傷害,一切龍中龍,真諦無上龍。……"[2]

又如,"大龍王""大象王"也是佛祖如來的異名:

> 雲何於無量義說無量名?如佛如來,亦名如來,義異名異;亦名阿羅呵,義異名異;亦名三藐三佛陀,義異名異;亦名船師,亦名

[1]〔北涼〕曇無讖譯《大般涅槃經》卷2《壽命品第一之二》,《大正藏》,第12冊,第374號,大正十四年六月版,第373頁中、下。

[2]〔東晉〕瞿曇僧伽提婆譯《中阿含經》卷29《大品龍象經第二》,《大正藏》,第1冊,第26號,大正十三年五月版,第608頁中、下。

導師,亦名正覺,亦名明行足,亦名大師子王,亦名沙門,亦名婆羅門,亦名寂靜,亦名施主,亦名到彼岸,亦名大醫王,亦名大象王,亦名大龍王,亦名施眼,亦名大力士,亦名大無畏,亦名寶聚,亦名商主,亦名得脫,亦名大丈夫,亦名天人師……[1]

由此可見,梵語 nāga 在佛教中完全可以成為教主釋迦牟尼的異名之一,那麼,大量借鑒佛教文化,並把自己置於佛教、瑣羅亞斯德教、基督教等教主并列地位的摩尼[2],也就完全可能自稱為"龍""象"或"龍象"。所以,在這份佛教色彩濃厚的摩尼教文書中,將摩尼譬喻為"龍"或"龍象"的可能性遠大於取平淡的"無罪/清白者"為號的可能性。既然佛經《中阿含經》卷二十九列有《龍象經》之名,則這份摩尼教文書之標題借鑒這類佛經名稱,并非沒有可能。

第二,文書的前半部分儘管有不少句子,但是其反覆強調的意思卻幾乎只環繞著一個詞——"忍耐":不要報復對自己毆打、憎恨、發怒的人;不要將自己也厭惡的事加諸他人;應該忍受任何人的凌辱;真正的修道者可以經得起任何凌辱。諸如此類的說教,與佛教的"忍辱"之說惟妙惟肖。

梵語 pāramitā,漢譯"波羅蜜"或"波羅蜜多"等,有到達彼岸、終了、圓滿等義,意為從生死迷界之此岸到涅槃解脫之彼岸,通常指菩薩的修行。按照佛教的各經論,分別有六波羅蜜、十波羅蜜或四波羅蜜等說法。六波羅蜜是指大乘菩薩必須實踐的六種修行,即布施波羅蜜、持戒波羅蜜、忍辱波羅蜜、精進波羅蜜、禪定波羅蜜、智慧波羅蜜;在此之外再加方便波羅蜜、願波羅蜜、力波羅蜜、智波羅蜜,便成"十波羅蜜"。不管何種說法,"忍辱"顯然都是重要的波羅蜜之一,亦即是菩薩修行

---

[1][北涼]曇無讖譯《大般涅槃經》卷三十三《迦葉菩薩品第十二之一》,《大正藏》第 12 冊,第 374 號,大正十四年六月版,第 563 頁下、564 頁上。

[2]例如,摩尼在其親撰的呈國王沙普爾一世御覽的《沙卜拉幹》中便把自己置於和佛陀、耶穌等相同的地位:"智慧和善舉,始終不時地通過尊神的使者們帶給人類。於是,在某個時代,它們由稱爲佛陀的使者帶到印度;在另一個時代,由瑣羅亞斯德帶到波斯;在又一個時代,由耶穌帶到西方。如今,啓示已經降臨了,在這最后時代的預言是通過我,摩尼,真理之神的使者帶到巴比倫的。"(見 Chronology, p. 190)

的必然項目,其重要性卓然可見。

忍辱是梵語 kṣānti 的意譯,義即安忍、忍耐;音譯作羼底、乞叉底。這是指令心安忍,能夠忍受外在之侮辱、惱害,凡加諸身、心的苦惱、苦痛都能忍受。按佛經,大致可以這樣定義忍辱波羅蜜:"於諸一切不饒益事心不瞋恨;若罵,若瞋,若打,一切惡事來加其身,不生報心,不懷結恨;若彼求悔,應時即受;不令他惱,不求他求,不為有畏,不為飲食而行忍辱;於受他恩,不忘還報。"〔1〕若更具體一些,則如釋迦牟尼的描述:

> 舍利子,雲何菩薩摩訶薩忍辱波羅蜜多?是菩薩摩訶薩為護禁戒,發起勇猛,修行具足忍辱波羅蜜多。修是行時,世間所有一切嬈惱不饒益事,皆能忍受。若寒熱、饑渴、暴風、酷日,若蚊虻、水蛭、毒蟲之類,共來觸惱,悉能安受;若諸眾生以惡語言互來毀謗,及欲損害菩薩身命,菩薩爾時心無恐怖,不生恚惱,亦無怨結,已生、現生、當生悉能忍耐。舍利子,是名菩薩摩訶薩修行具足忍辱波羅蜜多。又,舍利子,我於往昔長夜之中,常修如是忍辱觀法。若一切有情固來毀罵,加諸瞋恚而行捶打,以麁惡語種種誹謗,我於爾時不生忿恚,不生嫉妬,不生惱害,亦不以其不饒益事,反相加害。〔2〕

不難看出,本章所引摩尼教文書中摩尼對末冒的"不要報復"的幾條訓誡,只不過是佛經中"世尊"對"舍利子"所述"忍辱波羅蜜"內容的精選而已;則視"信"的撰寫者摘錄和編譯了佛經的相關章節,庶幾近之。

第三,本文書不僅在總體內容方面模仿佛教教義,并且在不少細節描述方面(包括用詞乃至句式)也借鑒了佛經,有的完全可以視之為佛經的摘譯或編譯,這類例證為數不少,比如:"凡是你不願意別人對你所幹的事,你自己也不要對別人做"一語,固然是普遍見於古代世界

---

〔1〕〔元魏〕菩提流支譯《深密解脫經》卷4《聖者觀世自在菩薩問品第十之一》,《大正藏》第16冊,第675號,大正十四年五月版,第683頁上。

〔2〕〔宋〕法護等譯《佛說大乘菩薩藏正法經》卷24《忍辱波羅蜜多品第八之餘》,《大正藏》第11冊,第316號,大正十四年四月版,第841頁中。

各大宗教文化中的"黄金規則",但在佛經中頻繁强調的程度,卻似乎超越了其他所有的典籍。例如:"佛教國王、長者、吏、民,皆令不得殺生、盗竊、犯他人婦女,不得兩舌、惡口、妄言、綺語,不得嫉妬、慳貪、狐疑。當信'作善得善,作惡得惡',己所不欲,莫施於人。"〔1〕"善男子,所謂菩薩,己所不欲,勿勸他人。……我説此言,汝等當知,己所不欲,勿勸他人。"〔2〕"善男子,有一種法,菩薩摩訶薩常當守護。何等一法?所謂'己所不欲,勿勸他人'。"〔3〕"(佛曰:)師弟之義,義感自然,當相信厚,視彼若己,己所不行,勿施於人。弘崇禮律,訓之以道;和順忠節,不相怨訟。弟子與師,二義真誠。"〔4〕"佛言:人於世間,不持刀杖恐人,不以手足加痛於人,不鬭亂别離人,己所不欲,不施於人。"〔5〕

以上諸例,都見於較早時期的譯經,至於在稍後的佛教撰編經典中,更是結合儒家古訓,弘揚佛教的"黄金規則"。例如:"《經》云:'恕己可為譬,勿殺勿行杖。'《書》云:'己所不欲,勿施於人。'今以《經》、《書》交映,内外之教,其本均同,正是意殊名異;若使理乖義越者,則不容有此同致。所以稱内外者,本非形分,但以心表為言也。"〔6〕則顯然特别借儒家的"聖人"語録來强調佛家這一教義的正確性和重要性。

第四,"一個人應該忍受來自於地位比他高的人、地位與之相等的人,以及地位比他低微的人的凌辱和虐待"一語,表達了佛教之"忍辱"必須是不分對象的,即不能因對方地位尊貴就"忍",而對方地位卑微就不"忍"。"信"的這一教導在佛經中有著充分的體現。按佛經之説,

〔1〕〔南朝宋〕求那跋陀羅《申日兒本經》,《大正藏》第14册,第536號,大正十四年一月版,第819頁下。

〔2〕〔元魏〕菩提流支譯《無字寶篋經》,《大正藏》第17册,第828號,大正十四年九月版,第871頁下。

〔3〕〔唐〕地婆訶羅再譯《大乘遍照光明藏無字法門經》,《大正藏》第17册,第830號,大正十四年九月版,第875頁上。

〔4〕〔後漢〕安世高譯《佛説阿難問事佛吉凶經》,《大正藏》第14册,第492號,大正十四年一月版,第753頁中。

〔5〕〔後漢〕安世高譯《佛説分别善惡所起經》,《大正藏》第17册,第729號,大正十四年九月版,第517頁中。

〔6〕〔唐〕道宣撰《廣弘明集》卷二十七《誡功篇·剋責身心門第六》,《大正藏》第52册,第2103號,昭和二年五月版,第309頁上。

凡有三十二種具體表現可以稱得上是“菩薩清淨行忍辱波羅蜜”,而其中之一是:“十八者,菩薩為十方天下人下屈,是為忍辱。”[1]又,“佛告無善神:‘菩薩有八法超諸德上。何等為八?菩薩於是離於貢高,為一切人下屈謙敬,受教恭順,言行相副,謙順尊長。”[2]顯然,在此特別強調了佛教修行者“為天下人下屈”或“為一切人下屈”的原則。見於《大般若波羅蜜多經》的一段話更具體地展示了佛教平等對待一切眾生的“忍辱”思想:

我應饒益一切有情,何容於中反作衰損?我應恭敬一切有情,如僕事主,何容於中反生憍慢、罵辱、凌蔑?我應忍受一切有情捶打、呵叱,何容於中反以暴惡身語加報?我應和解一切有情,令相敬愛,何容復起勃惡語言,與彼乖諍?我應堪忍一切有情長時履踐,猶如道路,亦如橋梁,何容於彼反加凌辱?[3]

而與摩尼教文書最為對應的佛經句子,恐怕當為《雜寶藏經》所言:“忍者應忍是常忍,於羸弱者亦應忍,富貴強盛常謙忍,不可忍忍是名忍。……見人為惡而不作,忍勝己者名怖忍,忍等己者畏鬪諍,忍下劣者名盛忍。”[4]在此清楚提出了對“勝己者(寶貴強盛者)”、“等己者”和“下劣者(羸弱者)”三類人物“忍”的概念,這不但符合佛教“為一切人下屈”的思想觀念,也與摩尼教文書中應忍受地位高、等、下三類人之辱的教誨完全吻合。當然,在佛教看來,對於這三類人的“忍”似乎是有等級差別的,如《別譯雜阿含經》所言:“忍於勝己者,怖畏患害故;若於等己諍,畏俱害故忍;能忍卑劣者,忍中最為上。”[5]亦即是

---

〔1〕〔後漢〕支婁迦讖《佛說伅真陀羅所問如來三昧經》卷中,《大正藏》第15冊,第624號,大正十四年三月版,第357頁上。

〔2〕〔西晉〕竺法護譯《佛說海龍王經》卷3《燕居阿須陀受決品第十二》,《大正藏》第15冊,第598號,大正十四年三月版,第148頁上。

〔3〕〔唐〕玄奘譯《大般若波羅蜜多經》卷455《第二分同學品第六十一之二》,《大正藏》第7冊,第220號,大正十三年十二月版,第297頁中。

〔4〕〔元魏〕吉迦夜共曇曜譯《雜寶藏經》卷3《二九:龍王偈緣》,《大正藏》第4冊,第203號,大正十三年六月版,第463頁上。

〔5〕〔姚秦〕失譯人名《別譯雜阿含經》卷2《初誦第二》《大正藏》第2冊,第100號,大正十三年八月版,第386頁下。

說,對勝過自己的人"忍",往往是因為害怕他加害於己;對與己實力相當的人"忍",則是怕兩敗俱傷;所以,唯有對比自己弱勢的人的"忍",才是沒有功利想法的真正的"忍",遂被稱為"忍中最為上"。當然,這也是最難做到的,故頗受重視:"雖在尊位,財富極樂,不輕貧賤羸劣弱者,是為忍辱。"[1]直接將"不輕貧賤羸劣弱者"作為"忍辱"的定義之一。不管怎樣,摩尼教文書有關"忍辱"的諸語,與佛教之說幾乎絲絲入扣。

第五,摩尼教文書關於任何外力不能動搖電那勿(摩尼教專業修道者)的譬喻(猶如以花擊象,以水滴石),也完全源自佛經。例如,見於《雜寶藏經》的句子:"能受惡罵重誹謗,智者能忍花雨象。若於惡罵重誹謗,明智能忍於慧眼,猶如降雨於大石,石無損壞不消滅。惡言善語苦樂事,智者能忍亦如石。"[2]象為印度的特產,故與象有關的故事、譬喻、象徵符號往往帶有濃厚的印度文化色彩,這也是在情理之中。僅就這點而論,此"信"就展示了印度文化因素;但事實上還不止於此,因為"花雨象(大量的花擊落到象身上)"這樣一個具體的譬喻正是完全照搬自佛經。《成實論》更加具體地描繪了"花雨象"譬喻和忍辱的關係:"又,偈說:惡口罵詈,毀辱瞋恚,小人不堪,如石雨鳥;惡口罵詈,毀辱瞋恚,大人堪受,如花雨象。是故應忍。"[3]至於佛經"降雨於石"和摩尼教文書的"滴水於石"顯然是同一個譬喻;并且,二者都與"花雨象"相提並論,連順序都一樣。故"信"的這兩個譬喻直接借自佛經,是毫無疑問的。

第六,電那勿應該使自己有時像須彌山,有時像學生,有時像老師,有時像僕人,有時像主人云云的這段話,同樣展現了濃厚的佛教色彩。首先,如前文註釋所言,摩尼教文書在此是使用了梵語外來詞"須彌

---

[1] [西晉]竺法護譯《阿差末菩薩經》卷2,《大正藏》第13冊,第403號,大正十三年十一月版,第588頁中。

[2] [元魏]吉迦夜共曇曜譯《雜寶藏經》卷3《二九:龍王偈緣》,《大正藏》第4冊,第203號,大正十三年六月版,第463頁上。

[3] [姚秦]鳩摩羅什譯,訶梨跋摩造《成實論》卷12《四無量定品第一百五十九》,《大正藏》第32冊,第1646號,大正十四年十一月版,第337頁。

(山)”,而須彌山則是印度文化,特别是後來的佛教文化中的一個重要觀念。因此,僅憑這一梵語借詞,就可知道這份摩尼教文書頗受印度文化的影響。然而,如同前文一樣,本段的幾個句子的内容和句式也很可能源自佛經:

上文已經指出,按照行文中排比句的規律,“有時候,電那勿應使自己崇高得猶如須彌山”一語後面,確實還應該補上“有時候,電那勿應使自己謙卑得猶如……”;後半句雖然有所殘缺,但主要意思還是很清楚的。而按佛經,則有“或現高大如須彌,或時現卑如臥草”[1]之語,是比喻真正的修道者應該隨著環境的需要,有時展示出崇高偉大的形象,有時則謙卑、忍辱,不與世人爭形式上的短長。以“須彌”比喻高大、崇高、偉大,在佛經中可謂比比皆是,如形容佛或菩薩的身形高大[2]、智慧的高深[3]、功德的廣大[4]等。

而用以譬喻修道者之“忍辱”心態和品格的,如上引的“臥草”外,尚有見於它處的“旃陀童女”[5]、“弟子”[6]等。但是,若與高大形象的“須彌”之喻作對照使用,則後一“卑下”之喻恐怕更多地是“旃陀羅”。旃陀羅是印度種姓制度四大等級中最低賤的等級,只能從事奴僕等卑賤之業,社會地位極低微,故佛教常以此作為“低賤”的典型譬喻。例

---

〔1〕〔元魏〕吉迦夜共曇曜譯《雜寶藏經》卷3《二九:龍王偈緣》,《大正藏》第4册,第203號,大正十三年六月版,第463頁上。

〔2〕“無量菩薩從空來,手持清淨蓮花沼,其身廣大如須彌,變為淨妙諸花鬘,遍覆三千大千界,而至菩提道場所。”見〔唐〕地婆訶羅譯《方廣大莊嚴經》卷8《嚴菩提場品第二十》,《大正藏》第3册,第187號,大正十三年六月版,第590頁上。

〔3〕“復有菩薩摩訶薩七十二億那由他,其名曰文殊師利法王子菩薩摩訶薩、善財功德菩薩摩訶薩、佛勝德菩薩摩訶薩、藥王菩薩摩訶薩、藥上菩薩摩訶薩等,皆住不退轉地,轉大法輪,善能諮問大方廣寶積法門,位階十地究竟法雲,智慧高大如須彌山。”見〔元魏〕曇摩流支譯《如來莊嚴智慧光明入一切佛境界經》卷上,《大正藏》第12册,第357號,大正十四年六月版,第239頁上。

〔4〕“右以上十大陀羅尼,若有人,每日常誦憶念,及轉讀此心陀羅尼經者,得大延壽,功德廣大如須彌山;得大文持,能除一切地獄、餓鬼、畜生、閻羅王界、三報、八難、七逆之罪。”見《大佛頂廣聚陀羅尼經》卷4《大佛頂無畏廣聚如來佛頂辨七種佛頂持頌遍數成就品第十五》,《大正藏》第19册,第946號,昭和三年六月版,第172頁上。

〔5〕“或時著衣持鉢,入村乞食,下意自卑,如旃陀童女”,見〔姚秦〕竺佛念譯《出曜經》卷18《雜品之二》,《大正藏》第4册,第212號,大正十三年六月版,第705頁下。

〔6〕“於彼憍慢人,謙卑如弟子,不令他生惱,化生諸佛前”,見〔唐〕菩提流志譯《大寶積經》卷111《淨信童女會第四十》,《大正藏》第11册,第310號,大正十四年四月版,第625頁下。

如,“外寂靜五事者:一者,菩薩摩訶薩修集無量慈心為眾生故;二者,受無量苦為眾生故;三者,得大喜見諸眾生得利益故;四者,得大自在,猶屬眾生如僮僕故;五者,有菩薩具大威德,猶故謙卑如栴陀羅子故。”[1]亦即是說,菩薩雖已得道,已經“偉大”“崇高”,卻還應該心態謙卑;故十大“菩薩善乘”中的第五即是“心常自卑如旃陀羅”[2]這類例子不勝枚舉,幾乎可作為佛經中“卑下”的典型譬喻。有鑒於此,即使“臥草”偶然亦以“卑”之喻而相對於須彌山的“尊”之喻(但大多數情況下卻以“草芥”詞組作為“無足輕重”的譬喻),也不如“旃陀羅”更適宜於和“須彌山”構成“卑”和“尊”的一對譬喻。這樣,本摩尼教文書“有時候,電那勿應使自己謙卑得猶如……”一語的殘缺部分,以補成“旃陀羅”更為貼切。

至於文書接著的以“學生 – 老師”“奴僕 – 主人”為喻的兩個排比句,與此前的“須彌 – 旃陀羅”一樣,也常見於佛經中;其“學生”“奴僕”等說法,無非是喻指佛教修道者必須具備的謙恭、忍辱的心態和品格。例如:除了前引《大寶積經》的“於彼憍慢人,謙卑如弟子,不令他生惱,化生諸佛前”外,尚有“菩薩一向為眾生,修行精進波羅蜜,由如奴僕事其主,利於眾生亦如是。如僕事主心專注,雖被瞋辱而無對,凡所動止常在心,唯恐彼主責其過。菩薩為求佛菩提,如奴事主利眾生。”[3]又有“行菩薩道者,……雖處財位最勝第一,而自卑屈,如僕,如奴,如旃茶羅,如孝子等,無染、無偽、真實、哀憐、慈愍之心,永不退轉。”[4]以及“是菩薩以自在身,謙卑忍下,猶如僕使,亦如孝子,如旃陀

[1][南朝宋]求那跋摩譯《菩薩善戒經》卷5《菩薩地軟語品第十六》,《大正藏》第30冊,第1582號,昭和二年十月版,第990頁中。

[2][梁]曼陀羅仙譯《寶雲經》卷3,《大正藏》第16冊,第658號,大正十四年五月版,第222頁中。

[3][宋]法賢譯《佛說佛母寶德藏般若波羅蜜經》卷下《般若伽陀聚集品第二十九》,《大正藏》第8冊,第229號,大正十三年七月版,第683頁中、下。

[4][唐]窺基撰《妙法蓮華經玄贊》卷二本,《大正藏》第34冊,第1723號,大正十五年九月版,第682頁上。

羅子”[1]等。不難看出,摩尼教文書在此非常確切地摘錄了佛經中的相關句子。

第七,摩尼教文書“同樣的道理,在他有罪過之時,清淨的電那勿就應靜坐默思,對罪過感到厭惡,轉而為善”一語中的一、二個單詞,就揭示了它與佛教文化的密切關係:前文註釋業已指出,帕提亞語'ndyšyšn (*andēšišn*)意為默思,既是摩尼教重要教義“相心念思意”之一,又與佛教之“禪”含義同;故對其文化因素的來源,有必要做點辨析。

梵語 dhyāna 的漢文音譯作禪那、馱衍那、持阿那等,意譯則做靜慮、思維修習、寂靜審慮、棄惡等,這是指心專注於某對象,極寂靜以詳密思維而達到禪定狀態;是為佛教修行要綱“戒、定、慧”中的第二步。所以,大乘佛教把“禪”列為六波羅蜜或十波羅蜜之一。而如上文所述,“波羅蜜”意即菩薩從生死“此岸”渡到涅槃“彼岸”的修行途徑,實際上,它也就是“戒、定、慧”三學的進一步的具體化,因為六波羅蜜中也包括了戒、定、慧的修行過程:布施波羅蜜、持戒波羅蜜、忍辱波羅蜜、精進波羅蜜、禪定波羅蜜、智慧波羅蜜。顯而易見,“忍辱”和“禪定”正是佛教“波羅蜜”的兩個要素;那麼,摩尼教文書在反覆強調了“忍辱”之後,緊接著要求的'ndyšyšn,不正合乎“禪定”之說嗎?

另一方面,佛教修習禪定的重要一環乃是“棄惡”或“棄蓋”(“蓋”為“煩惱”的別名),也就是棄絕妨礙禪定正念的貪慾、瞋恚等惡念。那麼,摩尼教文書在此所言的默思時當厭棄罪過,豈非正與佛教禪定時必須“棄惡”的意思相仿?這進一步證實了“信”對佛教教義的借鑒。

最有意思的是:“信”在此使用帕提亞語 nšst 一詞,與'ndyšyšn 配合使用,前者義為“坐”,後者義為“思”,從而構成了“靜坐默思”的意思。而端身正坐而入禪定卻恰恰是印度自古以來的內省法,釋迦牟尼之得道,便是通過菩提樹下端坐靜思而成功的,從而使得“坐禪”成為

[1][北涼]曇無讖譯《菩薩地持經》卷7《菩薩地持方便處四攝品第十五》,《大正藏》第30冊,第1581號,昭和二年十月版,第924頁下。

佛教的一大特色。所以,摩尼教文書在此特別指明"坐"而"思",并非出於巧合,而是有意識地照搬了佛教的"坐禪"文化。

第八,上文註釋業已指出,"(過去、現在、未來的一切人)都將因這清淨戒律,因這完善智慧,因這善業和柔順而被救,脱離生死流轉"一語所歸納的三點,與佛教的"戒""慧""定"基本吻合,在此則做進一步的論述。

在帕提亞語的這段文字中,pw'g (*pawāg*) 義為純淨的,神聖的;cxš'byd (*čaxšābed*) 義為命令、戒律,乃是佛教梵語śikṣāpada(學處、戒律)的借詞,顯然,這裹導入了佛教因素。ṣikṣāpada一詞用作為"戒律"之義時,與梵語śila是相通的,即都指淨戒、善戒,並特別指稱為出家、在家信徒制定的戒規,旨在修善和防止身、口、意所作之惡業。這是可達無上涅槃的"三學"之一。

帕提亞語'spwr (*ispurr*) 義為充分的、完美的;jyryft (*žīrīft*) 義為智慧。而按佛教教義,"慧"亦稱"智",梵語prajñā(音譯"般若"),是指推理、判斷事理的精神作用;"慧"能顯發本性,斷除煩惱,見諸佛實相,也是學佛者必修的"三學"之一。

帕提亞語prxyz (*parxēz*) 義為(宗教)服務、活動等。至於nmryft (*namrīft*)一詞,雖然亨寧之德譯文作Demut,阿斯姆森之英譯文從之,作humility,即義為謙卑(見前文註釋),但按*Dictionaryof MP & P*該條的釋義(p. 243),卻作meekness和docility,即柔順、馴良之意,顯然與亨寧和阿斯姆森之釋義相異。按之佛教教義,"禪定"(梵語dhyāna)的總體含義,乃是保持身、心之安穩、平靜,離諸煩惱,並有調順心想,不起躁動的意思。另一方面,柔順之心與禪定也有密切的因果關係,如《大智度論》"禪波羅蜜者,是菩薩忍辱力,故其心調柔;心調柔故,易得禪定"之語[1]便體現了"調柔"(調和、順柔)是禪定的重要前提和條件。既然摩尼教文書在上文已經提及佛教"三學"中的"戒""慧",而這裹的

〔1〕見〔後秦〕鳩摩羅什譯《大智度論》卷81《釋六度品第六十八之餘》,《大正藏》第25册,第1509號,大正十三年一月版,第629頁上。

nmryft（*namrīft*）一詞又與“（禪）定”關係密切，故將這整段文字視作是摩尼教文書借鑒佛教戒、定、慧“三學”觀念的體現；而這一帕提亞詞似乎也更宜釋作“柔順”而非早期翻譯的“謙卑”。

第九，前文的註釋已經指出，帕提亞文書的“積累福與善”之說，是相當明顯的佛教色彩，在此則再做進一步的解釋：義為善業、功德等的帕提亞詞 pwn（*pun*）直接借自義為福、福德、功德的梵語 puṇya，是為文書之“佛教色彩”的明證，自無疑問。義為虔誠之行為、善良之業績的帕提亞語詞組 kyrbg kyrdg'n 雖然不是直接借自佛教的詞彙，但是其觀念卻與佛教之“善”（梵語 kuśala）觀念，故同樣展現了文書的“佛教色彩”。

按佛教的不同部派和經典，無論是對於“福”還是對於“善”，都有許多不同的定義和解釋，但是，似乎基本上只是角度不同，而不是原則的區別。就“福”而言，部派佛教將繫於三界（世間）之業分為福、非福、不動等三業，以福業為招感欲界善果之因，則是把“福”限於世間；而大乘佛教將六波羅蜜（六度，即佈施、持戒、忍辱、精進、禪定、智慧）分為福業和智業，即以智慧為體的行為之外的一切均稱為“福（業）”，是成佛之因，則“福”通於世間和出世間。又，《觀無量壽經》將生於淨土之因的“福（業）”分為“定善”和“散善”，後者又分為“三福”（世福、戒福、行福），遂有“二善三福”之說。[1]

頗有意思的是，佛教有關“善”（梵語 kuśala）的諸種解釋中，其“二善說”中的一種即是指“定善”和“散善”：心志集中而止住妄念，依此定心所修之善根稱為定善；以散亂之平常心，廢惡所修之善根稱為散善。另有“三善說”，是指世善（世俗善）、戒善、行善，而這即是“福”觀念中的“三福說”——世福（忠信孝悌之道）、戒福（戒法）、行福（大乘自行化他之行）！[2] 由此可見，按佛教教義，“福”與“善”是密切相關的，有

〔1〕參見慈怡主編《佛光大辭典》，第 5850 頁。

〔2〕慈怡主編《佛光大辭典》，1989 年，第 4873 頁。

時候,甚至是等同的[1]。那麽,摩尼教帕提亞語文書將佛教中這兩個如此密不可分的術語一起使用於此,除了表明它借鑒,乃至在形式上完全照錄佛教術語外,似乎別無解釋了。

14.3 文書的"古譯"與幾點分析

從前文的註釋及正文的辨析中,我們已經可以清楚地看到,該摩尼教文書的撰寫者不但借用了大量的佛教概念,移植了許多佛教術語,甚至還可能從某些佛經中直接摘錄了若干句子,從而使得這份帕提亞語書信在形式上酷似佛經的某個章節或某個段落。為了更加直觀地展現本文書濃烈的佛教色彩,在此模仿古人將摩尼教文書翻譯(或編譯)成漢文時的原則、特點、風格等(如敦煌文書《摩尼教殘經》《下部讚》《摩尼光佛教法儀略》),把這一摩尼教文書也做類似方式的翻譯,既盡可能採用漢譯佛經中具有相應意思的句式和術語,又盡可能不偏離帕提亞語文書的原意。或許,這份模仿古譯風格的漢譯文書會使人感覺到,東方摩尼教高度"佛教化"的現象不僅僅發生在中國內地,也有可能發生在中亞或"西域";不僅僅發生在摩尼教正式傳入中國內地的唐代,也有可能早在此前數百年就開始了。

以下是該摩尼教文書的"佛教化"漢文譯本:

〔1〕實際上,按之梵語原義,puṇya(福)與kuśala(善)的釋義有時候是基本,甚至完全相通,例如,puṇya可以釋為auspicious(吉祥的)、good(優良的)、right(正確的)、virtue(美德)、good work(善業)、meritorious act(值得稱讚的行為)等等;而kuśala(kuzala)則可以釋為right(正確的)、proper(適宜的)、good(優良的)、welfare(繁榮)、happiness(幸福)等等(釋見 *Sanskrit, Tamil and Pahlavi Dictionaries*, 各條,http://webapps.uni-koeln.de/tamil/),不難發現,二詞的某些釋義完全相同。

龍象菩薩教誡經[1]

……打不報打，瞋不報瞋，嫉不報嫉。[2] 其若忿恚，善言誘喻。已所不欲，莫施於人。[3] 應忍眾凌辱，既忍勝已者，又忍等已者，更忍下劣者。[4] 清淨電那勿，能忍諸凌辱，紋絲不動搖，猶如花雨象，象無纖毫傷，亦如水滴石，石不壞分毫。行忍電那勿，任憑諸欺凌，正心不傾動。[5]

清淨電那勿[6]，或時現高大，尊如須彌山；清淨電那勿，或時應謙卑，屈似旃陀羅。[7] 清淨電那勿，或時似弟子，或時似師長，或時似奴僕，或時似主人。

---

〔1〕如前文所論，帕提亞語文書標題的大意是摩尼對其弟子末冒的教誨，且 n'g（*nāg*）以釋作"龍象"即佛或菩薩之尊稱為宜，而非"清白者"。鳩摩羅什所譯之《佛垂般涅槃略說教誡經》（又名《佛遺教經》，載《大正藏》第 12 冊，第 389 號），對眾弟子作臨終前的教誨（如《經》末所稱的"是我最後之所教誨"那樣），內容包括了對於六波羅蜜（佈施、持戒、忍辱、精進、禪定、智慧）中後五個波羅蜜的簡明闡述，教導弟子們務必遵守；而本文書則是以"忍辱"為主要內容。因此，就形式（教主對弟子的訓誡）和內容（都談"六波羅蜜"之部分教義）來看，摩尼教的帕提亞語文書都極似這篇短短的早期佛經；或許，這份佛教色彩濃厚的摩尼教文書正是在內容和形式上都參照了早期的梵文《教誡經》或其同類作品。鑒於此，它的標題漢譯名當可作《龍象菩薩教誡經》。

〔2〕《大般若波羅蜜多經》卷 589《第十三安忍波羅蜜多分》有"於諸有情應修安忍，打不報打，罵不報罵，謗不報謗，瞋不報瞋，訶不報訶，忿不報忿，恐不報恐，害不報害，於諸惡事皆能忍受"之句；又，《成實論》卷 9《瞋恚品第一百二十六》有"沙門法者，怒不報怒，罵不報罵，打不報打"句，則知摩尼教文書中這數句的文化源流顯然在佛教。

〔3〕此"黃金規則"雖遍見於古代世界各大文明，包括中國的儒家鼻祖孔子早有"己所不欲，勿施於人"之名句，但是漢譯佛經卻也頗多類似句式，如求那跋陀羅所譯之《申日兒本經》有"當信作善得善，作惡得惡，己所不欲，莫施於人"之句；又，《大乘遍照光明藏無字法門經》有"有一種法，菩薩摩訶薩常當守護。何等一法？所謂'己所不欲，勿勸他人'"句，顯然，這都體現了佛教的教義。

〔4〕《雜寶藏經》卷 3《二九：龍王偈緣》之"忍勝己者名怖忍，忍等己者畏鬪諍，忍下劣者名盛忍"句提及的對三類人的"忍"當是摩尼教文書此語的源流之一。

〔5〕《大般若波羅蜜多經》卷 566《第六分通達品第二》有"菩薩法爾，應行忍故，若他加害，撾打罵辱，侵奪欺凌，心不傾動"等語，其意與摩尼教文書相近，其辭亦當相似。

〔6〕按文書的帕提亞語原文，"電那勿"之前本無"清淨的/聖潔的/神聖的"形容詞，但按摩尼教漢文典籍，則在"電那勿"之前經常冠以褒義修飾詞"清淨"（是亦摩尼教的重要概念之一），如《摩尼教殘經》中就至少有十處以上稱"清淨電那勿"（第 128、245、251、259、264、271、277、282、288、294、300 行等），故在本譯文中亦添此修飾詞。

〔7〕佛經"或現高大如須彌，或時現卑如臥草"（《雜寶藏經》卷 3《二九：龍王偈緣》）及"有菩薩具大威德，猶故謙卑如栴陀羅子"（《菩薩善戒經》卷 5《菩薩地軟語品第十六》）等語，均可作為本譯的範本。

清淨電那勿,當勤坐禪思,棄諸惡思惟,轉為眾善念。

(……)

龍象末摩尼,今是說法人;汝名為末冒,即是受持者[1]。又有阿空逹,是魔阿梨曼。我為汝說法,當諦聽信受;凡聞法受持,躬自奉行者,皆能得救度,出離生死地,銷滅諸罪障[2]。龍象末摩尼,及與汝末冒、往世一切眾、今世福德人、來世輪迴者,若奉清淨戒[3],若具微妙慧[4],若生柔順心,悉能得救度,離生死流轉。生死流轉中,覺者積福善,是為殊勝業。凡奉末摩尼,祈願先意佛,並尊電那勿,清淨正直人,悉皆獲救度,離生死流轉。

《龍象菩薩教誡經》竟[5]

顯而易見,如果不是對於摩尼教教義及其術語比較熟悉的讀者,

---

〔1〕如上文註釋所言,儘管德、英譯文多將帕提亞語'ydr (*ēdar*)和'bdr (*abdar*)分別釋作"寫信人"和"收信人",但是畢竟不能斷定;并且,若本摩尼教文書實際上并非信函,而是教主對弟子的一種訓誡書(這在下文將進一步論述),則更不宜譯作"寫信人"和"收信人"。所以,在此按佛教大師訓導弟子和信徒的"說法"模式,將'ydr (*ēdar*)譯作"說法人"(指布道的修行者,如《思益梵天所問經》卷3的"是故如來,於諸說法人中,為最第一"句所示),將'bdr (*abdar*)譯作"受持者"(指領受戒律、經典、教法等,並認真信受的人,如《受持七佛名號所生功德經》的"爾時世尊告舍利子:吾今愍念一切有情,略說受持七佛名號所生功德,令受持者當獲殊勝利益安樂。汝應諦聽,極善思惟;吾當為汝分別解說"句所示)。

〔2〕"銷滅罪障"是佛教常用的句式,大意是消除障礙達於聖道的因業。如《佛說徧照般若波羅蜜經》"此般若波羅蜜經……若有人聽受、讀誦、恭敬供養,所有一切罪障皆得消除,乃至得坐菩提道場"句和《佛說大集會正法經》卷2"若得見佛。即能銷滅一切罪障"句所示。摩尼教漢文典籍《下部讚》亦有模仿此句式者,如第144頌"我今專心求諸聖,速與具足真實願,解我得離眾災殃,一切罪鄣俱銷滅"。儘管摩尼教的"罪"觀念與佛教的不同,但這表明摩尼教文書是在刻意加強佛教色彩,故譯如正文。

〔3〕"清淨戒"是漢文佛經中頻繁使用的術語,如"(善財童子)以偈讚曰:汝常護持清淨戒,普修菩薩無垢忍,堅進不動如金剛,妙果超世無能比"(《大方廣佛華嚴經》卷13)及"我昔為是經,護持清淨戒,常修於定慧,及施諸眾生"(《大寶積經》卷31)等。故這裏將帕提亞語詞組 pw'gcxš' byd 譯作"清淨戒"。

〔4〕"微妙慧"也是漢文佛經中的常用術語,如"偈曰:斯力不可量,奉行佛要道,微妙慧第一,眾生難曉了"(《漸備一切智德經》卷4)以及"(阿修羅王)向佛以偈讚曰:稽首大法王,慧眼照三有,……甚深微妙慧,窮世間源底,知眾生所欲,深著顛倒想"(《父子合集經》卷3)等。顯然,"微妙慧"是最完美,最高級的智慧,故這裏將帕提亞語詞組'spwr jyryft 譯作"微妙慧"。

〔5〕"竟"是結束的意思,常見於佛經的末尾,謂"某某經竟",表示某某經至此結束,如"《聖救度佛母二十一種禮讚經》竟"(《大正藏》第20冊)。顯然,摩尼教文書在最後的這一格式也是模仿了佛經。

很可能會將以上譯文誤認為是一篇簡短的佛經,因為它通篇的內容及許多專用詞彙都體現出典型的佛教色彩。當然,筆者在翻譯時并未刻意添加原文所沒有的佛經內容和佛教詞彙,而只是按照帕提亞語文書的意思,做一種比較確切的"復原"罷了。下面,則結合文書的"直譯"和"古譯"內容,對這份摩尼教文書的形式、撰寫年代、撰寫者身份等問題略作分析和推測。

第一,文書的形式。從文書的口吻來看,是摩尼在對弟子末冒作吩咐和訓導,所以,通常都視之為摩尼致末冒的"信"。當然,學者們都認為這并非摩尼親自撰寫的"信",而是後人以摩尼的名義偽造的"信",如博伊絲稱之為"杜撰的信"(fictitious letter)[1],克林凱特稱之為"假冒的信"(apocryphal letter)[2]。顯然,他們儘管不認為這真是摩尼寫給末冒的文字,卻仍然認可這是"信"。

然而,該文書恐怕恰恰不是"信",原因是:首先,全文的內容完全是摩尼對末冒,乃至對所有信徒的教誨,而這卻非一般意義上的個人與個人之間的通信,至少只像是一封"公開信"。另一方面,它倒更像是教主的布道書——諄諄地教導弟子們應該如何如何才能最終得救;就這點看來,本文將摩尼教文書的標題譯作《教誡經》,固然多添了一個"經"字,但就內容而言,則確實與佛教的種種"說法"之《經》十分相像。

其次,更為有力的證據是,本文書的標題是在文首置一個,在文末再重複一遍,並謂某某內容"到此結束"。這種行文格式與通常所見摩尼教信件的格式完全不同,例如,通常的信在開首都有"致……"之語:"致像諸神一樣的[閣下],從諸神[獲得完全的榮光,您本人自身也]作為佈施恩惠的神而現身的[閣下],……";結尾則具上寫信人的姓名:"最[微不足道的僕人拂多誕夏夫爾亞爾·扎達古恭敬地上言]。"[3]又,開首為:"致如諸神一樣的佛陀們的繼承者,您本人自身也作為佈

[1]見 Mary Boyce, *Reader*, p.50.

[2]見 Hans-Joachim Klimkeit, *Gnosis*, p.259.

[3]摩尼教粟特語信,見《新出摩尼教文獻》,第22、28頁。

施恩惠的神而現身的[閣下],……";結尾為:"僕人拂多誕瑪尼·瓦夫曼恭敬地上言。"[1]

相應地,本帕提亞語文書的行文格式卻與摩尼教的頌詩等"經典"或"準經文"更為類似,例如,漢語文書《下部讚》中的每一種頌詩都列有小標題:"讚夷數文第二疊""嘆無常文,末思信法王為暴君所逼,因即製之""普啟讚文,末夜莫闍作"等等;整個《下部讚》的末尾則有"下部讚一卷"字樣。又,帕提亞語贊頌組詩《胡亞達曼》的標誌格式也與此類似:"《胡亞達曼》始於此,《胡亞達曼》第一篇";"《胡亞達曼》第二篇:罪人之懲罰"及其結尾"《胡亞達曼》第二篇之末"。[2] 所以,與其說該文書是一封普通的信件,還不如理解為是一篇"布道書",或者是模仿佛經的"說法經"。

第二,文書的撰寫時間。文書既系"偽作",那麼就決不可能撰成於摩尼在世之時(216—274),所以,其時間上限為公元3世紀末。又,文書中使用了"電那勿"(*dēnāβar*)一詞,則似乎可以利用該名的使用時間來推測文書的撰寫年代。不過,儘管該名用以正式指稱中亞地區摩尼教新教派已經晚至公元6世紀,但實際上末冒在世的公元3世紀就已流行這一稱呼,例如,末冒就被稱為"Dēnāwar(真正信仰)的推行者"。所以,按"電那勿"名稱的出現,仍難判斷文書的撰寫年代,我們還得另覓依據。

末冒對於文化傳播方面的一個重大貢獻是,使得帕提亞語成為摩尼教東方教會的官方語言,并且在嗣後的數百年間始終盛行於中亞的粟特地區,直到公元6世紀下半葉被粟特語取代為止。[3] 按照此說,則就概率而言,本文書更可能撰成於東方摩尼教大本營粟特地區盛行帕提亞語的時期內,易言之,是在3世紀末至6世紀下半葉的這段時間內。這是文書撰寫年代的一種推測。

---

〔1〕也為粟特語的信件,見《新出摩尼教文獻》,第96、99頁。

〔2〕見 Mary Boyce, *Hymns-Cycle*, pp. 66 – 67, 78 – 79.

〔3〕說見 W. B. Henning, "Two Manichaean Magical Texts with an Excursus on the Parthian Ending-ēndēh," *BSOAS* 12, 1947, p. 49.

但是，以下的分析似乎有助於將文書撰寫時間提前很多年：綜觀文書的内容，佛教色彩之濃厚是毫無疑問的，甚至達到幾乎可以與佛經相混淆的地步。那麼，這就導出了一個問題——為什麼摩尼教要費盡心計把自己的宗教偽裝得猶如佛教一般？文書為什麼不堂而皇之地宣佈本教的教義？答案恐怕只能是：當時的民眾不理解摩尼教，從而幾乎不可能輕易接受之；而當時的客觀環境卻頗利於佛教信仰的傳播。因此，摩尼教不得不有意識地增添佛教色彩，以便於摩尼教教義在佛教外衣的掩飾下暗暗推行。

有意思的是，摩尼教的一份中古波斯語文書 M 2 描繪了末冒前赴中亞，欲渡阿姆河，至粟特地區布教的"歷史故事"：女神本來不允許他入境，但在他含糊地聲稱自己的宗教"不吃肉，不喝酒，遠離女色"之後，女神就大有同感："我們這裏有許多人像你一樣"，立即大為讚賞和歡迎了。[1] 顯而易見，"女神"誤以為末冒所言的宗教是當地頗為流行的佛教了！若非有此"誤解"，末冒肯定會遭到"女神"（即當地的統治者和民眾）的斷然拒絕；而這一"誤解"卻是末冒故意造成的！這個"歷史故事"雖然帶點傳奇色彩，但反映的現象當是歷史真實，即，摩尼教在中亞傳播的初期，不得不故意為自己的宗教塗上足以亂真的佛教色彩。有鑒於此，本文所探討的摩尼教帕提亞語文書，似乎正是在這種歷史背景下撰成的，那麼，將其撰成年代置於末冒初創中亞基業的時期前後（即 3 世紀末至 4 世紀），或許是比較合理的，因為一旦摩尼教站穩腳頭，事業大成後，就用不著如此躲躲閃閃地利用佛教外衣作為掩護了。

實際上，另一個時代背景也有助於這一推測：文書中明顯具有摩尼教色彩的，是少量專名，如摩尼、末冒、電那勿、先意等；其反覆強調

[1] 中古波斯文的原文轉寫和若干註釋，見 Mary Boyce, *Reader*, text h, pp. 40 – 42；英譯文見 Hans-Joachim Klimkeit, *Gnosis*, pp. 203 – 206。

"忍辱"觀念,雖然也是摩尼教的教義之一[1],但其敘說形式卻具有強烈的佛教特色。那麼,"摩尼"(或文書撰寫者虛擬的教會領袖)到底想叮囑教徒們什麼呢?依我之見,末冒及大批教徒在摩尼死後前赴中亞,與其說是"積極創業、布教",還不如說是避難,因為當時薩珊政權正大規模地迫害摩尼教,摩尼本人便是被殺害的。所以,當時的摩尼教徒若欲在新的地區繼續生存下去乃至有所發展,最關鍵的恐怕即是"忍耐再忍耐","屈於一切人"。因此,一份以摩尼的名義發布的這類內容的"訓誡",便是非常及時和必要的了。按此邏輯推測,本文書也應該撰成於摩尼死後,末冒和教徒們東赴中亞,艱難開拓新的生存空間的時期;所以,大概不會遲於公元4世紀上半葉。

第三,文書撰寫者的身份。那麼,是何許人假冒摩尼的名義,撰寫了這樣一份文書呢?對此,只能作純粹的"邏輯推理",因為我們不掌握任何實際憑據。首先,撰寫者必須不但是摩尼教的虔誠信徒,也還得精熟佛教教義和佛教經典,否則決不可能撰寫出這份足以"魚目混珠"的摩尼教文書。那麼一般而言,在中亞地區,特別是在以粟特為中心的地區,以經商為主要職業,卻又特別熱衷於傳播各種宗教信仰的粟特人,似乎特別具有這種素質。無論是在粟特本土,還是在萬里之外,粟特人信奉瑣羅亞斯德教(中國稱"祆教")、佛教、摩尼教及其他信仰的事實已經眾所周知,在此不必贅述。

既然認為本文書的目的是教育廣大摩尼教信徒,善自約束言行,艱難創業,那麼,撰寫者必具崇高的宗教理想,甚至肩負重大的"創業"責任;而此文書也必須"廣而告之",才能達到上述目的,故撰寫者應該具備直接或間接號令教徒們的權力和機制。由此推測,文書的撰寫者可能是地位較高,知識較博,虔誠奉教的粟特人。當然,由於摩尼教源出波斯,故文書的撰寫者也不無可能是類似於末冒的具有相當宗教地

---

[1]例如,摩尼教漢語典籍《摩尼教殘經》說:"八忍辱者。若有清淨電那勿等內懷忍辱性者,當知是師有五記驗:一者心恒慈善,不生忿怒。二者常懷歡喜,不起恚心。三者於一切處,心無怨恨。四者心不剛強,口無麁惡;常以濡語,悅可眾心。五者若內若外,設有諸惡煩惱,對值來侵辱者,皆能忍受,歡喜無怨。"見《摩尼教殘經》第277－281行。

位和帕提亞語知識的波斯人。

第四,摩尼教的“佛教化”。東方摩尼教的“佛教化”,早已被國內外學術界注意到,並有諸多的研究和探討,但是通常多認為是摩尼教在東傳過程中,受業已流布甚廣的佛教的影響,逐步潛移默化地吸收了越來越多的佛教色彩,才導致了這一現象。但是,另一特點卻似未引起人們足夠的重視,即:在許多場合,摩尼教是主動地“僞裝”佛教,而非“被影響”,以利於最快,最多地在佛教環境中發展摩尼教教徒。本文書便是這樣的例證之一。

這一“布教策略”固然有效,但也并非全無弊端,因為過度的佛教色彩很容易將它所掩飾的摩尼教教義也一起消解掉。本文書實際上也是這樣的例證:研讀該“經”的人反覆得到的印象即是“忍辱”和“戒定慧”,那麼,最終很可能按照佛教的“忍辱波羅蜜”和“戒定慧”來理解“摩尼”的教導,則隨著時間的推移,摩尼教的基本教義會被逐步湮沒。

15 “光明寺”“大雲寺”與“大雲光明寺”名號辨

摩尼教在中國内地的傳播過程中,一方面積極推行本教的教義,另一方面也始終在自覺和不自覺地與中國固有的宗教信仰及當地文化進行交流,乃至融合。因此之故,它採用的某些現成的漢語名稱和詞語中或有可能隱藏了摩尼教的内涵,而另一些疑似包含摩尼教因素的詞彙卻可能實際上與摩尼教無關。本文要討論的即是這類情況的例證之一:漢文古籍所載“光明寺”“大雲寺”(或“大雲經寺”)與“大雲光明寺”的關係。

15.1 問題的由來

北宋的宋敏求在其所撰《長安志》中,提到隋唐時期的懷遠坊東南隅有一寺,其名稱歷經兩朝有所改變,具體過程是:該寺“本名光明寺,隋開皇四年,文帝為沙門法經所立。時有延興寺僧曇延因隋文賜以蠟燭,自然發焰。隋文奇之,將改所住寺為光明寺。曇延請更立寺,以廣其教。時此寺未制名,因以命焉。武太后初,此寺沙門宣政進《大雲經》,《經》中有女主之符,因改為大雲經寺,遂令天下每州置一大雲經寺。”[1]也就是說,此寺在隋初剛建成之際,應佛僧曇延廣泛宣傳御賜蠟燭自燃發光奇蹟的要求,命名為“光明寺”;但是,到了唐代武則天之時,出於廣泛宣傳新成《大雲經》的意圖,遂改其名為“大雲經寺”(後世或稱“大雲寺”)。於是,“光明”與“大雲”二名便産生了這樣的“承襲關係”。

[1] [宋]宋敏求《長安志》卷10《唐京城四》,載《叢書集成新編》,[臺灣]新文豐出版公司,1985年,第96冊,第518頁。

至於“大雲光明寺”一名，則晚至唐代宗的大曆三年(768)才出現，并且清楚指明是摩尼教寺院。胡三省在《資治通鑑》的註釋中引《唐書會要》，提到這一史實：“按《唐書會要》19卷：回鶻可汗王令明教僧進法入唐。大曆三年六月二十九日，敕賜回鶻摩尼，為之置寺，賜額為大雲光明。六年正月，敕賜荊、洪、越等州各置大雲光明寺一所。”[1]此外，志磐在《佛祖統紀》中也記云：“[唐代宗大曆三年]敕回紇奉末尼者建大雲光明寺。”後還稱：“[大曆六年]回紇請於荊、揚、洪、越等州置大雲光明寺。其徒白衣白冠。”[2]同書的卷54也有大同小異的記載。這與差不多80年之前武則天詔令全國各州設置的“大雲寺”顯然並無必然的關係。

但是，有人卻認為隋文帝時所立的“光明寺”與唐武則天設立的“大雲(經)寺”及代宗時建立的“大雲光明寺”是一脈相承的摩尼教寺院。最初持此說者是清末的學者蔣斧：

> 斧按，摩尼教入中國時代，記者言人人殊。然觀《長安志》所載，則其來也其在周、隋之際乎？隋文所立之光明寺，武后改為大雲經寺，證以代宗賜摩尼寺額為大雲光明，則此寺為摩尼寺無疑。又，摩尼為火祆別派，故以蠟燭自然聳人主觀聽，而請廣其教，否則是時佛教已徧中國，又何藉曇延之請乎？……其教絕無足以特立之精義，故其行於中國也，不能驟入，而以漸進。始則附庸釋氏，繼則獻媚女主，後乃假手兵力。而中國人視之，初時直以為佛教之支流，故諸郡所立大雲寺碑，祇述建寺之年月，而不言立教之宗派。[3]

在此，蔣斧十分肯定的為三點：第一，隋文帝所立之光明寺為摩尼教寺(因此摩尼教傳入中國時間至少在那時)；第二，武則天改寺名為“大雲(經)”，但其摩尼教的內涵未變(摩尼教“繼則獻媚女主”)；第

[1]《資治通鑑》卷237《唐紀五十三 · 憲宗元和元年》，中華書局，1956年6月版，第7638頁。

[2][宋]志磐《佛祖統紀》卷41《法運通塞志第十七之八》，《大正藏》第49冊，第2035號，昭和二年八月版，第378頁下。

[3]語見蔣斧《摩尼教流行中國考略》，載羅振玉《敦煌石室遺書 · 摩尼教殘卷》，誦芬室刊行，1909年。

三,後世的"大雲寺"實際上都是摩尼教寺(大雲寺碑"祇述建寺之年月,而不言立教之宗派")。由此可見,如果此說成立,則不僅得確認摩尼教傳入中國内地之年代早在周、隋間,還得承認武則天詔令全國各州設立的大雲寺均為摩尼寺了。這於史實的認定確有重大影響。

當然,嗣後的中外學界多有否定蔣氏此說者。例如,法國學者伯希和、沙畹對隋文時蠟燭自燃發光便是光明教(摩尼教)之特徵的說法予以否定,認為"與摩尼教無甚關係";而"大雲寺完全為佛教廟宇"。[1]此外,陳垣也做了類似的否定:"或以《長安志》卷十有大雲經寺,本名光明寺,'大雲'、'光明'二名,偶與摩尼教寺合,遂謂隋時中土已有摩尼寺;此則望文生義,一覽《續高僧傳》卷八《曇延傳》,即知其謬矣。"[2]

儘管蔣斧之說被幾位大師否定,但是其否定的理由只是寥寥數語,并未做出充分的論述;此外,摩尼教的"大雲光明"御賜寺名畢竟在形式上包括了"大雲"和"光明"之名,那麼,其間是否真的沒有絲毫教義方面的傳承關係?果然,則各自隱含了什麼意義?只有比較合乎邏輯地解釋了諸名的真實含義後,才可能最大限度地釐清史實,接近真相。

15.2 "光明寺"名的由來與含義

最容易因後世之摩尼寺名"大雲光明"而被認為亦即摩尼寺的,是"光明寺"。那麼,事實究竟如何呢?首先,如上所引,《長安志》提到的"光明寺"的命名起因,是由於隋文帝御賜的蠟燭忽然自動點燃,放射光明。這一"奇蹟"使聖上十分敬仰,於是將蠟燭所置之延慶寺改名為"光明寺";不僅如此,該寺僧人還提出請求:為了"廣其教",當多立光

〔1〕說見伯希和、沙畹《摩尼教流行中國考》(原刊 *Journal Asiatique*, 1913),載馮承鈞譯《西域南海史地考證譯叢八編》,中華書局,1958 年 1 月,第 46－47 頁。

〔2〕語見陳垣《摩尼教入中國考》(初刊於《國學季刊》第 1 卷第 2 號,1923 年 4 月),載《陳垣學術論文集》第 1 集,中華書局,1980 年,第 340 頁。

明寺。於是,位於懷遠坊東南隅的尚未命名的一座寺便也稱了"光明寺"。誠然,如伯希和所言,蠟燭自然發焰,不足以證明此即摩尼教。但是,蠟燭自燃之事所反映的信仰是"正統"佛教,還是隱含其他宗教因素,尚需作點辨析才能最後判定,因為不僅蔣斧,還有70年後的其他學者也持同樣看法,並引摩尼教的非漢語資料作為佐證。例如,柳存仁先生曾對這一問題做了較多的探討:

他先引《長安志》有關"光明寺"命名由來的記載,並將沙門曇延請求"以廣其教"之語譯為英文 so as to popularize the teachings of his religion;強調指出,這表明曇延所奉的宗教"肯定異於佛教","否則沒有必要建立更多的寺院"。另一方面,他還將《北史·隋本紀上》載隋文帝"好為小數,言神燭、聖杖堪能療病"之語與摩尼教帕提亞語文書 M 3、M 566 I 所載摩尼以神術治病之事相類比,以及將阿拉伯語文獻《群書類述》謂摩尼晉見沙普爾一世時"兩肩發光,猶如兩燭"的說法看作即是長安光明寺御賜蠟燭自燃發光一事的信仰來源。[1] 顯然,作者將《長安志》所載隋文帝時代設立的"光明寺"清楚地斷成了摩尼教寺院;並認為隋文帝亦信摩尼教(或至少在其信仰中有摩尼教因素)。對於這樣的論說,不能一言以蔽之地簡單否定,而必須具體辨析。

首先,可以檢視一下長安佛寺蠟燭光明的"宗教屬性"。延興寺蠟燭自燃之事亦載於《續高僧傳》,且前因後果談得更為詳細:"勅齎蠟燭,未及將爇而自然發焰。延奇之,以事聞帝。因改住寺可為'光明'也。延曰:'弘化須廣,未可自專以額。'重奏別立一所,帝然之。今光明寺是也。其幽顯呈祥例率如此。"[2] 在此說的是蠟燭"放光明",而在曇延以往的經歷中,還有更大規模的"放光明"神蹟:他曾得"馬鳴大士"夢中傳授佛義,於是精心研習,撰寫經疏,並在州治仁壽寺舍利塔前燒香發誓,請求神佛對他是否領悟了佛旨而顯示靈異。話音剛落,

[1] 見 Liu Ts'un-Yan, *Selected Papers from the Hall of Harmonious Wind*, pp. 44 – 45, Leiden: E. J. Brill, 1976.

[2] [唐]道宣《續高僧傳》卷8《釋曇延傳》,《大正藏》第50册,第2060號,昭和二年一月版,第489頁上。

"《涅槃》卷軸並放光明,通夜呈祥。道俗稱慶。塔中舍利又放神光,三日三夜,輝耀不絕,上屬天漢,下照山河。合境望光,皆來謁拜。其光相所照,與妙法師大同,則師資通感也。"[1]這一"放光明"的神奇現象當在西魏時期,顯而易見,它的"神奇"遠勝於數十年後隋文帝時期的蠟燭"自然發焰"。并且,同樣博得執政者的無限敬仰和熱情贊助:"帝大悅,勑延就講";執掌西魏大權的宇文泰(即嗣後北周政權的奠基者"周太祖")對他"尤相欽敬,躬事講主,親聽清言";"於中朝西嶺形勝之所為之立寺,名曰雲居,國俸給之,通於聽眾"。

以此觀之,曇延與"光明"的關係確實十分密切,可以認為,這些"光明神蹟"對於曇延弘揚他的宗教信仰來說起了相當大的作用。然而,若要將這些"光明"現象視同於摩尼教的"光明",恐怕還缺乏證據。主要原因有兩個:第一,綜觀《續高僧傳·釋曇延傳》,他的言行、著述均展示出濃重的佛教色彩:聽妙法師講《涅槃經》;夢見馬鳴大士教授佛義;勸諫北周武帝的滅佛之舉;說動隋文帝廣度佛僧、興復佛寺;借求雨之機,使得隋文帝親率百官,共受八戒;撰寫《涅槃義疏》以及《寶性》《勝鬘》《仁王》等經之疏。第二,"光明"的特色同樣見於傳統悠久的佛教之中,該教對於"光明"的描繪和崇拜並不遜於摩尼教,在某些場合,甚至有過之而無不及;其中當然包括用蠟燭譬喻"光明"[2]。甚至可以認為,後於佛教的摩尼教,倒是在"光明"的教義方面相當程度地借鑒了佛教。[3] 因此之故,對於佛僧曇延的"光明"例證,與其視作為

〔1〕同上引書,第488頁中。

〔2〕例如,佛經《長阿含經》載云:"諸比丘:螢火之明不如燈燭;燈燭之明不如炬火;炬火之明不如積火;積火之明不如四天王宮殿、城墎、瓔珞、衣服、身色光明;四天王宮殿、城墎、瓔珞、衣服、身色光明不如三十三天光明;……地自在天光明不如佛光明。從螢火光至佛光明,合集爾所光明,不如苦諦光明、集諦、滅諦、道諦光明。是故,諸比丘:欲求光明者,當求苦諦、集諦、滅諦、道諦光明。當作是修行。"(見〔後秦〕佛陀耶舍、竺佛念譯《佛說長阿含經》卷20《第四分世記經忉利天品第八》,《大正藏》第1冊,第1號,第132頁下至133頁上。佛教的"光明"更多場合是喻指智慧、覺悟,即"心光""智光""內光"等,也就是"法光明"。顯然,"燭光明"只是佛教"法光明"的初級階段。

〔3〕有關佛教"光明"教義的體現,以及相關因素被摩尼教所借鑒的辨說,可參看拙文《彌勒信仰與摩尼教關係考辨》(載《傳統中國研究集刊》第1輯,上海人民出版社,2006年12月)和《"摩尼光佛"與"摩尼"考辨》(載《傳統中國研究集刊》第4輯,2008年1月)。

摩尼教因素的體現，還不如看作是佛教固有因素的展示。佛教與其他宗教一樣，即使已經比較流行，也不會拒絕利用某些"奇蹟"來更加擴大其影響的。

接著，可以再查檢一下有關"光明寺"名由來的其他說法。《酉陽雜俎》有一段很生動的記載，談及了唐玄宗施捨的佛殿上之彌勒像的由來："當陽彌勒像，法空自光明寺移來。未建都時，此像在村蘭若中，往往放光，因號光明寺。寺在懷遠坊，後為延火所燒，唯像獨存。法空初移像時，索大如虎口，數十牛曳之，索斷不動。法空執爐，依法作禮，九拜，涕泣發誓。像身忽曝曝有聲，迸分竟地為數十段。不終日，移至寺焉。"[1]十分清楚的是，這一光明寺與上引二記載所言者是同一座寺，即位於懷遠坊者。而按此說，該光明寺命名的原由是彌勒佛像"往往放光"。雖然說法與《長安志》及《續高僧傳》異，但其佛教色彩還是很明白的；至少，未見摩尼教特徵。

又有一例：唐初佛僧善導篤信佛教淨土宗，專心念誦阿彌陀佛，"如是一聲，則有一道光明從其口出；或其十聲至於百聲，光亦如之。……高宗皇帝知其念佛口出光明，又知捨報之時精至如此，下勅以額其寺為'光明'焉。"[2]善導的"光明寺"是否即是武則天所改名的"大雲寺"，不得而知；但是，它命名的起因無疑也具有濃重的佛教色彩，蓋因善導本身便是淨土宗的第三祖，撰有《觀無量壽佛經疏》《淨土法事讚》《觀念法門》《往生禮讚偈》《般舟讚》等經卷，對於淨土宗影響巨大，屬於毫無疑問的佛教徒。所以，他之"口出光明"云云，顯然也是佛教而非摩尼教的特色。

最後，針對柳存仁的具體論辨，尚需作點分析。第一，在其英譯文"以廣其教"中，頗有強調"教"為"宗教(religion)"之意，從而得出曇延所奉之"教"肯定異於佛"教"的結論。但是，實際上此"教"很可能重

[1]〔唐〕段成式《酉陽雜俎》續集卷5《寺塔記上》，方南生點校，中華書局，1981年12月，第247頁。

[2]〔宋〕戒珠《淨土往生傳》卷中《釋善導傳》，《大正藏》第51冊，第2071號，昭和三年三月版，第119頁中。

點強調的是"教化""教育",而非"宗教";即向世人展示,由於帝君誠心禮佛,故出現了御賜蠟燭自燃而放光的奇蹟,則希望世人也都誠心敬佛。實際上,曇延更立光明寺的請求,很可能還暗含了宣傳帝君御賜蠟燭之"瑞應"的奉承意思在内,因此導致"龍心大悦",立即採納了其建議。此外,必須指出的一點是,柳先生將"曇延請更立寺,以廣其教"中的"寺"譯成了"monasteries",即複數形式;但實際情況是,《長安志》只說另立了一座光明寺,即位於懷遠坊,當時尚未題名的那寺。《續高僧傳》所載則更是清楚地說"重奏別立一所"! 那麼,曇延顯然并無大規模"廣其教"的意思,從而在邏輯上並不符合"傳播摩尼教或其他異教"的推測。

至於將隋文帝相信"神燭醫病"的記載與摩尼教以神術治病的說法相類比,其說服力也不夠,蓋因"神術治病"之舉遍見於各個宗教,幾乎每個宗教都曾為了吸引信徒而採用這類做法,故這決非摩尼教的獨家特色。在這點而言,恐怕至多說隋文帝也具有"非正統"的信仰,而不能因此就斷定他信的就是摩尼教。

綜上所述,"光明寺"——特別是長安懷遠坊的光明寺——之所以獲此名號,實際上主要是宣揚佛教的"光明"教義,如神佛顯靈、彌勒佛像發光、念佛導致口吐光明等等;相比之下,卻很難看出具有摩尼教特色的"光明"現象。所以,懷遠坊的"光明寺"更可能是因佛教"奇蹟"而得名,與摩尼教幾無關係。

15.3 "大雲(經)寺"的命名與内涵

"大雲經寺"(或簡稱"大雲寺")的名稱來源於武則天之大規模地崇奉《大雲經》,對於這點,各種史籍記載得十分清楚。除了前文所引《長安志》提到的懷遠坊光明寺的"沙門宣政進《大雲經》,經中有女主之符,因改為大雲經寺,遂令天下每州置一大雲經寺"的說法外,尚有《資治通鑑》稱:"東魏國寺僧法明等撰《大雲經》四卷,表上之,言太后乃彌勒佛下生，當代唐為閻浮提主，制頒於天下。"[1]《舊唐書》云："[載初元年秋七月]有沙門十人偽撰《大雲經》，表上之，盛言神皇受命之事。制頒於天下，令諸州各置大雲寺，總度僧千人。"[2]《舊唐書》云："[薛]懷義與法明等造《大雲經》，陳符命，言則天是彌勒下生，作閻浮提主，唐氏合微。故則天革命稱周，懷義與法明等九人並封縣公，賜物有差，皆賜紫袈裟、銀龜袋。其偽《大雲經》頒於天下，寺各藏一本，令升高座講説"[3]《新唐書》云："拜薛懷義輔國大將軍，封鄂國公，令與群浮屠作《大雲經》，言神皇受命事。"[4]如此等等。

於是，很清楚的史實是：第一，《大雲經》是武則天授意諸佛僧偽造的，旨在製造自己的"君權神授"的理論根據；第二，《大雲經》的主要內容，是稱武則天乃彌勒佛下凡，是上天派遣她來統治中國的；第三，《大雲經》立即頒布全國，並在各州設立"大雲寺"，以收藏和宣說《大雲經》，懷遠坊的原光明寺也改成了大雲寺；第四，環繞著《大雲經》的炮製、宣傳和大雲寺管理等一切事務，扮演主要角色的是佛教僧侶——至少形式上看來是這樣。所以，剩下的問題只是：在《大雲經》佛教形式的背後，是不是還隱含著若干佛教以外的宗教信仰？如果答案是否定的，那麼摩尼寺"大雲光明"便與此前的"光明寺"和"大雲寺"都沒有任何教義方面的關係；如果答案是肯定的，那麼也還得具體分析"大雲經"是否包含了摩尼教因素，以及這類因素究竟達到了多大程度。

有關武則天的宗教信仰，若按傳統的說法，當是佛教。但是，在詳細辨析之後，就不能視之為"正統"或"純粹"的佛教，而很可能包含了一定的摩尼教或其他信仰的因素。大體而言，武則天的宗教信仰特色表現在幾大方面：一是彌勒信仰，二是對於光明與日月的崇拜，三是高度突出"女主"的地位。由於"女主"的觀念與摩尼教教義並無關係，故下面的辨析只涉及前兩個特色。

---

[1]《資治通鑑》卷240《唐紀二十·則天皇后天授元年》，第6466頁。

[2]《舊唐書》卷6《本紀六·則天皇后》，中華書局標點本，1975年5月，第121頁。

[3]《舊唐書》卷183《外戚傳·薛懷義》，第4742頁。

[4]《新唐書》卷76《后妃上·則天武皇后》，中華書局標點本，1975年2月，第3481頁。

有關武則天的彌勒信仰,已經在上引新、舊《唐書》和《資治通鑑》中表述得很清楚:武則天為了製造女主統治天下的"神授"理論,便指使屬下炮製了形式上為佛經的《大雲經》,而在這部《經》中,她就是彌勒佛的"下凡"之身,并且注定要取代李唐,君臨天下。所以,彌勒信仰便與武則天及其《大雲經》發生了密切的關聯。而按某些現代學者的看法,當時的彌勒信仰與摩尼教有著緊密的關係。例如,林悟殊認為:"……以上這些材料說明了彌勒的教義和摩尼的教義是有著一定的聯繫的。這種聯繫很可能是兩教在中亞揉合摻雜的結果。……那末,打著彌勒旗號的農民起義,難免就或多或少、直接間接地受到摩尼教的影響。彌勒教義在中國的傳播,亦就意味著摩尼教的成分進入了中國。"[1]又如,馬西沙說:"彌勒觀念與摩尼教的融合出現的時代很早。……1993 年我在寫《民間宗教志》時對兩者融合的早期歷史做了重要補充和修正,即重新研究了南北朝、隋、唐時代融合的歷史。這種研究的結果,是把兩教早期融合的歷史與宋元時代兩教的融合而成的香會,及其後的'燃香之黨',融會貫通。一種在中國底層社會流行了一千餘年的民間宗教救世思想,合乎邏輯地展現在世人面前,一個歷史的謎團也就此真相大白。"[2]如果認可這類觀點,那麼《大雲經》也就頗具"摩尼教色彩"了。

然而,事實似乎並不如此簡單,重要的原因是,儘管佛教的彌勒信仰特別崇尚光明、崇尚白色,以及以"彌勒"作為救世主;而東傳的摩尼教也特別崇尚光明、崇尚白色,不乏以"彌勒"為救世主之稱號的例證。但是,二者在形式方面的相像並不能掩蓋其文化來源方面的相異性:摩尼教的光明觀念主要承襲自歐洲和西亞的諾斯替教和瑣羅亞斯德教,彌勒信仰的光明觀則源自印度的佛教;摩尼教的"尚白"直接承襲自西亞的瑣羅亞斯德教,彌勒信仰的"尚白"則當是直接源自印度、間接源自伊朗;"彌勒"稱號只少量見於東傳摩尼教中,且其指稱對象和

[1]林悟殊《摩尼教及其東漸》,第 57 – 58 頁。

[2]馬西沙《歷史上的彌勒教與摩尼教的重合》,載《宗教研究》第 1 期(2003 年)。

地位迥異於佛教的彌勒信仰。有鑒於此，中國境内的彌勒信仰與摩尼教還是有著很大差别的，不能輕易斷定二者的某些形式相似即是直接交流和融合的結果，更不能簡單地等同視之為同一種信仰。[1]不過，完全否認武則天信仰中具有若干摩尼教因素，也是不客觀的（儘管武則天本人可能對此並未自覺到），尤其是，她對於光明、日月的突出崇拜，令人更有理由推測其信仰中有意無意地夾雜了摩尼教的基本要素。

武則天奉若"聖經"的《大雲經》中的主角是"淨光天女"，還有"從其面門出無量光，其光五色，遍照無量無邊世界"的"無邊光"菩薩等涉及"光明"的描述。總之，"光明"在此扮演了重要角色，而這也正是摩尼教的特色。此外，日、月是"光明"的典型象徵，故在摩尼教中佔據著突出的地位；而在武則天的信仰中，也有著強烈的日月崇拜的跡象：武則天曾創不少新字，其中的"曌"便作為她的名字，音"照"，其義亦同，即"光明"或"日月之光"等意。緊接《大雲經》之後的《寶雨經》重譯本增添了女主統治中國的内容，用"東方有一天子名日月光""汝之光明，甚為稀有""今得如是光明照耀""月淨光（天子）""月光天子"等等展示"光"的措辭來描繪"摩訶支那"的女性君主。[2]在此，武則天再次突出而緊密地與日、月、光明聯繫在了一起。

正是鑒於武則天信仰中的這些特色與摩尼教信仰的主要特徵十分相像，再加上摩尼教在武則天執政時期正式傳入中國内地等理由，故或可推測，東傳的摩尼教借武則天"革命"之機，在她的經過"改造"的佛教信仰中暗暗地融入了摩尼教因素。因此之故，要説《大雲經》與摩尼教毫無關係，恐怕不合邏輯；但是，若謂《大雲經》即是摩尼教經典，"大雲寺"即是摩尼教寺院，則未免證據不足，過於勉強。至少，就"大雲寺"的名號而言，與此後的摩尼教寺"大雲光明寺"並無教義和内涵方面的聯繫。

---

〔1〕有關中國之彌勒信仰與摩尼教的異同和文化關係，可參看拙文《彌勒信仰與摩尼教關係考辨》。

〔2〕〔唐〕達摩流支譯《佛説寶雨經》卷1，《大正藏》第16冊，第660號，大正十四年五月版，第284頁中、下。

既然“大雲(經)寺”之名源於《大雲經》,而《大雲經》又是早已存在的佛經,故對於標榜佛教信仰的武則天來說,採用具有典型佛教含義的“大雲”來命名其寺,應該是順理成章的事情。而在佛教經典中,“雲”字經常使用,其含義並無特別之處——既無貶義也無褒義,往往以其自然形態而作某種譬喻,如“光明雲”:“如是我聞,一時佛在忉利天,為母說法。……是時如來含笑,放百千萬億大光明雲,所謂大圓滿光明雲、大慈悲光明雲、大智慧光明雲、大般若光明雲、大三昧光明雲、大吉祥光明雲、大福德光明雲、大功德光明雲、大歸依光明雲、大讚歎光明雲。”[1]在此的“光明雲”顯然是十分吉祥之名,因為這是佛祖在說法時發射出來的異象。

除了如來所現的“光明雲”之外,其他諸佛所現的種種“雲”也都是佛界的吉祥現象:“爾時,十方世界海,一切眾會,蒙佛光明所開覺已,各共來詣毘盧遮那如來所,親近供養。……來詣佛所,各現十種菩薩身相雲,遍滿虛空,而不散滅。復現十種雨一切寶蓮華光明雲,復現十種須彌寶峯雲,復現十種日輪光雲,復現十種寶華瓔珞雲,復現十種一切音樂雲,復現十種末香樹雲,復現十種塗香燒香眾色相雲,復現十種一切香樹雲。如是等世界海微塵數諸供養雲,悉遍虛空,而不散滅。”[2]由此看來,佛教的“雲”往往被其他神聖、吉祥的詞所修飾,成為善、美、聖的象徵。那麼,武則天時代的“大雲”寺名(“大”當為偉大之義),應該是直接襲用了佛教的這類詞義,而幾無可能夾入摩尼教或其他“異端”的文化因素。

15.4 “大雲光明寺”名的含義推測

那麼,作為摩尼教寺名的“大雲光明”是否也就是從佛教教義角度

〔1〕〔唐〕實叉難陀譯《地藏菩薩本願經》卷上《忉利天宮神通品第一》,《大正藏》第13冊,第412號,大十三年十一月版,第777頁下。

〔2〕〔唐〕實叉難陀譯《大方廣佛華嚴經》卷6《如來現相品第二》,《大正藏》第10冊,第279號,大正十四年八月版,第27頁上。

理解的"大雲"和"光明"呢？若按通常情況而言，這不無可能，因為摩尼教東傳之後，往往假借佛教的形式而傳播摩尼教，所謂"妄稱佛法，誑惑黎元"[1]，便是典型的寫照。然而，本例卻是個特殊的情況，故摩尼教的"大雲"之名很可能另有含義。

早在差不多百年之前，就有學者對"大雲光明"做了頗有創意的解釋。洛伊德在談到摩尼教的教義時說，漢語中有個名稱很好地概括了摩尼教的基本教義，此即"大雲光明"：

> 它認可了兩個要素——光明和雲；光明代表了一切善良，是最高神。最高神的個性由五種精神要素和五種物質要素構成，這種區分顯然相當於佛教中的五禪定佛和諸菩薩。但是，最高神並非獨自處於光明中，他還包含了光明的天空和光明的大地，以及無數的榮耀和華麗。明界向上方和橫向無限延伸，但是在其下方則是黑暗之域，也就是"雲"。於是，"大雲上的光明"便成了摩尼教宗教體系的象徵符號。這一名稱見於中國和日本，往往作為寺廟之名。我認為，在每個例證中，"大雲光明"都能追溯至摩尼教的源流或關聯。[2]

摩尼教持"二宗說"，即以光明與黑暗兩個絕對對立的要素的永久鬥爭為基本學說。在此，洛伊德把"雲"說成即是摩尼教中象徵邪惡和死亡的要素黑暗，從而確認"大雲光明"即是摩尼教二宗論的概括體現。那麼，這樣的解釋是否合理呢？我們不妨作如下的辨析。

誠然，在摩尼教的教義中，"雲"確實是黑暗一方的要素之一。有關這一概念，比較清楚地表述在阿拉伯語史料《群書類述》中：光明的品性是永恒的，與之同存的有兩個永恒事物，一是天界，一是大地。天界由忍耐、知識。才智、無知覺和洞察力這樣五域構成；地界由氣、風、明、水、火構成。還有另一種存在，即是"黑暗，具有五界：雲、烈焰、瘟

[1]見開元二十年(732)七月詔："末摩尼法，本是邪見，妄稱佛法，誑惑黎元"。《通典》卷40《職官二十二・秩品五》"視流內"，浙江古籍出版社據《萬有文庫》本影印，2000年版，第229頁下。

[2]Arthur Lloyd, *The Creed of Half Japan*, p.150, E.P. Dutton& Company, New York, 1912.

風、毒和昏暗”。在另一處則這樣描述道:“因此,古魔調整了他的五要素,即煙、烈焰、昏暗、瘟風和雲,用它們武裝自己,保護自己。於是他開始和初人搏鬥,長時間地交戰。”[1]

在這兩段敘述中,雖然構成黑暗的五要素略異(其中之一或稱“毒”,或稱“煙”),但是大部分都相同;而“雲”無疑是黑暗的五要素之一,則認為它與“光明”之死敵“黑暗”關係密切,甚至在某些情況下可以代表“黑暗”,並不為之過。但是,若要將它說成等同於“黑暗”,乃至是“黑暗”的象徵符號,卻尚嫌證據不足,因為在迄今所見的摩尼教諸語種文書中,似乎未見這樣的清楚描述。另一方面,在某些摩尼教文獻(例如科普特語的《克弗來亞》)中,“雲”甚至被排除在了“暗界五要素”之外——該書所稱的黑暗五要素是煙、火、風、水、暗。在此不擬詳論“雲”在摩尼教教義中的地位和作用,只是指出,它恐怕不足以作為黑暗的“典型代表”;因此,洛伊德之“大雲光明乃摩尼教二宗論體現”的說法便顯得理由不夠充分了。

而最重要的是,即使“雲”可以勉強象徵黑暗,但若用以作為摩尼教寺院的名稱,卻頗違常理。蓋因無論在佛教的漢語典籍中還是在摩尼教的漢語文獻中,“大”字通常多是“偉大”的簡稱,基本上為褒義。例如,“大聖”“大慈悲”“大法”“大法藥”“大醫王”“大光輝”“大力”“五種大”“大相柱”“大船主”“大施主”“大明”“大慕闍”“五大”“大真實主”“大莊嚴柱”“三大勝”“六大慈父”“二大光明”等名見於《下部讚》;“大善知識”“大智甲”“十三種大勇力”“二大明船”“大神咒”“惠明大使”“大利益”“智惠十二大王”“大記驗”“十天大王”“十二光明大時”“大王樹”“大引導師”“大醫療主”“甘露大海”等名見於《摩尼教殘經》。但以“大”修飾黑暗、邪惡及其關係密切者的例子,卻一個也沒有。由此可見,若認為“大雲光明”之“雲”代表“黑暗”,那麼,其前冠以“[偉]大”,就完全違背入華摩尼教的命名原則了:他們絕無可能讓“光明”的死敵“黑暗”被人認為“偉大”,更無可能讓這種名號出現在

[1] Bayard Dodge, *Fihrist*, pp. 777, 779.

御賜的摩尼教寺院名上！

那麽，“大雲光明”之“大雲”是否承襲了此前佛教“大雲（經）寺”的命名含義呢？這種可能性要大於“雲象徵黑暗”之説，因為東傳摩尼教借用佛教詞彙而布教，是常見的現象。但是，在本例中，似乎還有另一種更大的可能性存在。

首先，從邏輯上説，“大雲光明”之名既然專為摩尼教寺而設，且為“御賜”，就不可能隨心所欲，胡亂定名。譬如，其中的“光明”即體現了摩尼教的典型特色；那麽“大雲”也很可能隱含了摩尼教因素——當然并非“象徵黑暗”的因素。其次，從慣例上説，摩尼教的漢語名稱、術語大多源自流行於中亞的伊朗諸語，如帕提亞語、中古波斯語、粟特語等，有時意譯，有時音譯，有時則音義混譯。則“大雲光明”一名如果採用了音義混譯的方式，應在情理之中。最後，從現象上看，“大雲光明”確實可以視之為數個摩尼教帕提亞語專名的音義混譯的組合，兹分析如下：

摩尼教的帕提亞語文書中有專門詞組 ymg rwšn，而它在中古波斯語文獻中的同義詞則為 jmyg rwšn。其中，rwšn 是摩尼教最常見的名詞之一，即“光明”或“光明神”，其義十分清楚。而 ymg（jmyg）的釋義則有好幾種，但主要者為兩種：一是指天界的“神我”，即是特指摩尼的“精神摩尼”〔1〕；二是指摩尼教的教會領袖。

不管怎樣，這兩個詞經常以 ymg rwšn 的詞組出現，卻是一個值得重視的現象。例如，帕提亞語文書 M 77 中的 ymg'n rwšn'n 被譯成德文 die lichten Führer，意即“光明的領袖”〔2〕；同一文書的英譯文或作 the twin lights，意即“［天界］神我之光”〔3〕。又，中古波斯—帕提亞語文書 M 801 中的 jmyg rwšn 被譯成德文 lichten Zwilling，即“光明的［天

〔1〕摩尼把自己描繪成兩個“自我（twin）”的結合體，一個是在俗世的肉身摩尼，另一個是在天界的精神摩尼；而后者即是基督教教義中，耶穌允諾在受難和復活後，派往人間的 Paraclete，亦即他的最後一位使徒，通常意譯為“聖靈”（Holy Spirit）。《克弗來亞》第 1 章對此有所描繪。

〔2〕F. C. Andreas & W. Henning, *Mir. Man.* Ⅲ, p. 887.

〔3〕Hans-Joachim Klimkeit, *Gnosis*, p. 57.

界]神我"[1];克林凱特的英譯文作 bright Twin,亦即"光明的[天界]神我"之意[2]。這類例子很多,大多以 ymg(jmyg) rwšn 的詞組形式出現;而其意思,由於"[天界的]神我"即是所謂的"精神摩尼",所以也就是特指神化了的教主摩尼,則釋之為"光明摩尼"是比較適宜的。

由於 ymg 的發音為 *yamag*,jmyg 的發音為 *ĵamīg*;[3]而"雲"的中古音為 jiuən[4],與前二者的讀音接近,故"雲"可以視作 ymg(jmyg)的音譯名。亦即是說,"雲光明"有可能是摩尼教帕提亞語或中古波斯語詞組 ymg(jmyg) rwšn 按照詞序排列的音、義混譯名;其確切含義便是"光明的[天界]神我",或者"光明的摩尼"。至於"大雲光明",則顯然是"偉大的光明摩尼"或"大光明摩尼"。這樣,對於摩尼教教徒而言,"大雲光明寺"便是確確實實的"大光明摩尼寺"了。另一方面,由於入華的摩尼教慣於用"摩尼光佛"指稱摩尼,故"大雲光明"也不妨視作"大摩尼光佛"的另一種異稱。鑒於摩尼教的建教和布教的特色之一,正是假借其他宗教的"外殼",傳播本教的教義,故貌似佛教形式的"大雲光明寺"的實質含義,完全可能是"大光明摩尼寺"或者"大摩尼光佛寺"。

綜上所述,可以對不同歷史階段的諸寺名的含義及相互間的關係做如下小結:

第一,隋文帝時長安懷遠坊之"光明寺",主要起因於佛教的"神蹟",其"光明"是佛教的固有因素,與摩尼教的東傳中國並無直接關聯,故既不能作為摩尼教傳入中國的標誌,也與後世的"大雲光明"寺名沒有承襲關係。

第二,武則天時代所立的"大雲(經)寺",只是借用了她所欲宣傳的佛教《大雲經》的名號,儘管武則天的信仰中不無可能夾雜了摩尼教

---

[1]見 W. B. Henning, *Einmanichäisches Bet-und Beichtbuch*, p. 27。譯者註稱,jmyg 在此不太可能為"領袖"義。

[2]Hans-Joachim Klimkeit, *Gnosis*, p. 137。

[3]D. Durkin-Meisterernst, *Dictionary of MP & P*, pp. 199, 374.

[4]見[瑞典]高本漢《漢文典》(潘悟雲等編譯),第 197 頁,上海辭書出版社,1997 年 11 月。

因素，但"大雲"的寺名卻與摩尼教並無關係，它的含義仍是佛教屬性。因此，當時遍佈全國的"大雲寺"與數十年後御賜摩尼教寺院的"大雲光明"稱號沒有教義方面的承襲關係。

第三，唐代宗大曆年間所設立的多所"大雲光明"摩尼教寺院，其名稱雖然包含了前代的佛教寺院名"大雲"與"光明"，但隱藏的真正含義卻非佛教屬性，而很可能是摩尼教伊朗語專名的音、義混譯，亦即"大光明摩尼"。[1]

---

〔1〕本章的內容與觀點，大體上與兩年前發表的拙文《"光明寺""大雲寺"與"大雲光明寺"考辨——"華化"摩尼教釋名之一》(載《傳統中國研究集刊》第7輯，上海人民出版社，2010年3月)相同。而近日承蒙王媛媛女史贈其新著《從波斯到中國：摩尼教在中亞和中國的傳播》(中華書局，2012年5月)，發覺她也有專節探討"大雲光明寺"的問題。其觀點大致是："光明"為摩尼教的最大特色，故取之為寺名的元素之一；"大雲"對武則天而言是象徵著新王朝的到來，故摩尼教或許以"大雲"來象徵永恒光明王國的到來。"這樣，'大雲光明'似可解作'永恒光明王國的光明'，這是相當完美的教義表達。"(第168頁)儘管這異於我的觀點，但是十分高興在這個主題上又有了"同好"。希望日後有機會作進一步的切磋交流。

16 東方摩尼教之佛教色彩綜論

摩尼教在公元3世紀中葉創建於西亞,一度作為薩珊波斯王朝的"國教",曾向西至歐洲、北非,東至中亞、南亞等地廣泛地布教;但僅僅興盛數十年後,即遭官方的迫害,從而導致教徒們不得不大量外逃避難,遂在此前向東、西方布教的基礎上,形成了所謂的"西方摩尼教"和"東方摩尼教"。其文化色彩的主要相異之處,是"西方摩尼教"具有更多的基督教因素,"東方摩尼教"則具有更多的佛教因素。有的學者這樣歸納東方摩尼教的發展情況道:"從根本上來説,東方摩尼教的整個歷史取決於和佛教的接觸,因此,這可理解為是摩尼教在中亞借鑒了佛教的形式與內涵;而這一借鑒過程亦可理解為是以兩個宗教之相似的人生態度為基礎的。"[1]大體而言,這樣的歸納并無不妥,因為東方摩尼教與佛教的關係確實非常密切,乃至發展到後期,普通民衆往往難以分辨二者,甚至混淆了它們。

本章旨在具體地探討摩尼及其宗教(尤其是見於東方者)與佛教的關係。一方面展示東方摩尼教的這一明顯的文化特徵,另一方面也是對本書譯釋的某些文書中"佛教色彩"做一番梳理與歸納。因此,為了利於論述,若干內容肯定有所重複。這是需要説明的第一點。需要説明的第二點是:儘管東方摩尼教也曾對稍後的佛教部派有過或多或少的影響,但由於這一問題涉及面廣,相當複雜,故本章不擬討論。又,鑒於筆者認為,唐以後中國境內的"吃菜事魔"或"明教"等信仰實際上與摩尼教的"原教旨"已相距頗遠,故它們所含的佛教因素也不在討論範圍之內。簡言之,本章探討的主要是唐代以前東方摩尼教所受的佛教影響問題。

---

[1] Manfred Heuse & Hans-Joachim Klimkeit, *Studies in Manichaean Literature and Art*, p. 238.

16.1 摩尼在世時期與佛教的關係

按照較為通常的說法,摩尼生於公元216年4月14日,被殺於274年3月2日,至於正式獲準布教的時間則是在波斯國王沙普爾一世的加冕典禮(240年9月22日或243年4月9日)之後。摩尼在正式建教之前,曾有前赴東方,特別是正盛行佛教的中亞和西北印度的經歷。摩尼的這段經歷被認為是摩尼教從一開始就包含一定佛教因素的重要原因。

後世有關摩尼遊歷印度的記載不少,例如,科普特語的摩尼教文獻《克弗來亞》記述摩尼親口之言道:"在阿爾達希爾國王在位的最後數年中,我外出布教。我跨越印度人的居地。我向他們傳播了生命的希望。我在那裏選擇了一位優秀的選民。而在阿爾達希爾國王去世的那年,其子沙普爾繼任國王。他……我越過印度人的國土,來到波斯人的居地。"[1]則知摩尼在波斯國王沙普爾一世繼位前的數年中,曾赴印度等地。此外,按10世紀阿拉伯史家伊本·納迪姆(Ibn an-Nadim)的《群書類述》,摩尼在獲得新登基的國王沙普爾一世的支持後,要求國王允許摩尼的教徒們在波斯境內各地布教,"并且,他們有權去他們所欲去的任何地方。沙普爾答應了他的一切請求,於是,摩尼將其教傳播至印度、中國,以及呼羅珊的民眾中,在每個地區任命一個弟子從事管理。"[2]在此,似乎表明,摩尼在正式建教後曾再赴印度等東方地區(或者是派遣其弟子們前赴東方)。不過,這裏所謂的"中國",恐怕至多只是稍近中國的中亞地區。

儘管摩尼可能只去過一次東方,并且也未必深入印度腹地,但是,他完全有機會充分接觸和了解當時正興盛的源自印度的佛教,并且從中借鑒某些文化因素。摩尼在世之時,摩尼教中就含有一定的佛教因素的這一史實,可從以下幾個例子中獲得證明:

[1] Iain Gardner, *Kephalaia*, Ch. I, 15^{24-29}, p. 21.

[2] Bayard Dodge, *Fihrist*, p. 776.

首先,摩尼與"佛"(Buddha)的稱號關係密切。摩尼為了在波斯合法建教和傳教,在沙普爾國王登基之初,便上呈親自撰寫的《沙卜拉幹》,解釋摩尼教的基本教義,其中有這樣的辭句:"智慧和善舉總是不時地通過神的使者帶給人類。於是,在某個時代是由稱為佛陀的使者將它們帶到印度;在另一個時代是由瑣羅亞斯德帶到波斯;在又一個時代是由耶穌帶到西方。隨後,這啟示降臨了,在這最後時代的預言是通過我,摩尼,真理之神的使者帶到巴比倫的。"[1]在此,摩尼儘管十分自夸和自豪,但畢竟也承認此前各時代和世界各地的大宗教,包括佛教、瑣羅亞斯德教和基督教;亦即是說,他從一開始就將佛教的始創者佛陀置於和自己差不多平等的地位,認可他也為"神的使者"之一。

當然,摩尼仍然或隱或顯地將自己和自己的宗教說成優於佛陀及其宗教。例如,在成書很早(可能即撰成於摩尼去世後的數十年間)的《導師的克弗來亞》中,摩尼認為佛陀與西方的耶穌、瑣羅亞斯德教一樣,在世時未能親筆寫下其教導,是個很大的不足:"又,當佛陀降臨後……關於他,他也宣告他的希望和偉大智慧。他選擇了他的教會,並完善了這些教會。他向他們揭示了他的希望。但是,他唯獨沒有把他的智慧寫進書裏,而只是由在他之後的弟子們憑借曾經從佛陀那裏聽來的某些智慧,記入了經典。"[2]於是,摩尼顯示了他比此前的佛陀等諸教教主的高明之處,因為他曾反覆強調,只有教主親自撰書,把教導明確寫下來,其宗教才能永久地沿著正確的方向發展。

摩尼在世時就不斷提及佛陀,表明他對於佛教的了解不少;并且,對於"佛陀"的名號也表示了相當的尊崇。甚至,有的摩尼教早期文書表明,摩尼在東方布道的期間,當地的信徒就直接稱之為"佛陀"了。例如,帕提亞語文書 M 48 載雲,摩尼為了使土蘭(Tūrān,通常是指印度河流域之西,今卑路支斯坦地區)的國王信奉摩尼教,便施展奇蹟,使

[1]此語由中世紀的阿拉伯史家 Al-Bīrūnīi 轉引於其 *The Chronology of Ancient Nations*, Chapter VIII, p. 190, Edward Sachau 英譯, London: W. H. Allen & Co., 1879; Adamant Media Corporation, 2005 年有影印本。有關《沙卜拉幹》中的這段文字,今天已不見於其他文書中。

[2]語見 Iain Gardner, *Kephalaia*, "Introduction", $7^{34}-8^{1-8}$, p. 13.

他心悅誠服地皈依：

當土蘭沙見到慈悲尊者(指摩尼——引者)騰身空中,便立即遠遠地雙膝跪下,並懇求他,對慈悲尊者說道:“請不要走過來。”但是慈悲尊者仍然走過來了。國王立刻站起來,趨向前去,親吻他。隨後,他對慈悲尊者說道:“你是佛陀,而我們是有罪之人,所以,不應該是你走向我們。如果我們走向你,那麼所獲得的福德和拯救將與所邁的步子的數量那麼多;但是如果你走向我們,那麼我們所犯的過失與罪孽,將如你所邁步子的數量那麼多。”[1]

摩尼曾經親自在東方布教,並博得不少信徒,如今已被普遍認為是歷史的真實;因此,如果這份文書是如實地記載了當時摩尼施展“奇蹟”而令土蘭國王皈依摩尼教的細節,那麼,摩尼在世時就已被東方的信徒稱為“佛陀”了,則表明當時的東方摩尼教中已融入了比較明顯的佛教因素。

摩尼借鑒佛教因素的另一個突出例證,乃是摩尼教教主本身的名號“摩尼”十分可能借鑒自梵語或佛教。有關摩尼教教主“摩尼”名號之來源,學術界早就有過許多探討,但是結論頗多,始終沒有形成共識。在此提出“源於梵語”之說,只是簡單概括我的一篇專論[2]中的相關觀點,以展示摩尼本人對於佛教文化的“青睞”。

首先,摩尼教教主的初名當是 Corbicius,[3]而“摩尼”(英文作 Mani)一名應是教主嗣後自取的帶有尊崇性的稱號。Mani 一詞,在希臘語中作 Manys,在拉丁語作 Manes;盡管當初的基督教因反對摩尼教而

---

〔1〕見摩尼教帕提亞語文書 M 48。帕提亞語原文及簡注見 Mary Boyce, *Reader*, text e, p. 36; 英譯文見 Hans-Joachim Klimkeit, *Gnosis*, p. 208。

〔2〕《“摩尼光佛”與“摩尼”考辨》,載《傳統中國研究集刊》第 4 輯,2008 年 1 月,第 60 – 76 頁。

〔3〕“按照基督徒 Yahyâ b. Alnu‘mân 在其書 *Magians* 中所言,摩尼早先被基督徒們稱作 Petecius 之子 Corbicius”(見 Al-Bīrūnīi, *Choronology of Ancient Nations*, ed. & tr. by A. Brinkmann, Leipzig, 1895, p. 191)又,“Corbicius 在埋葬女主人後,便開始將留給他的所有財產用於自己的事業。他離開了舊居地,住到了波斯國王所居住的城市的中心。他並改換了自己的名字,自稱爲 Manes,取代舊名 Corbicius;或者更正確地說,也非 Manes,而是 Mani,是爲波斯語的變形。”(語見 Hegemonius, *Acta Archelai*, Chapter 64, p. 144)

誣稱此名意爲"瘋子"或"[令人腐敗的]衣服"等,但實際上其含義義並不清楚。有人認爲 Mani 或許源自巴比倫—阿拉米語 *Mânâ*,是爲曼達派(Mandaeans)的一位光明神之名,*mânâ rabba* 義爲"明王"。[1] 顯而易見,Mani 一名既不是教主的初名,又未見摩尼教徒對其含義做過清晰的解釋,那麼,我們只能理解為這是教主創建其宗教時,為自己所取的具有某種宗教含義的稱號;而從前引摩尼《沙卜拉幹》"這最後時代的預言是通過我,摩尼,真理之神的使者帶到巴比倫"之語看來,他在建教之初向國王沙普爾進言時就自稱"摩尼"了,亦即是說,當時的摩尼已經有過在印度等地遊學的經歷。

所以,這樣的背景就為探究"摩尼"稱號之來源提供了有利的條件:既然是摩尼自印度等地遊歷回來之後才公開自稱"Mani"的,那麼就不能排除其稱號借鑒印度文化的可能性。摩尼創教前的東遊之地正盛行佛教,而佛教恰恰頻繁地使用了一個重要的宗教象徵符號 maṇi(梵語),與摩尼教教主的稱號基本同音,其漢文譯名則作"摩尼""末尼"等,與摩尼教教主的稱號完全一致。

梵語 maṇi 的意思為"珠",此名在佛教中使用得相當普遍,乃至與佛教的若干基本教義關係密切。通常說來,佛教按兩大方面使用"摩尼(=珠)":一是描繪其物質性能,讚揚乃至極度誇張這種性能,視之爲功能強大而又十分難得的奇珍異寶;一是從其固有的物理特性引申開來,用以譬喻某些精神性品格,乃至視爲佛教最高智慧的象征。

在佛經中,"摩尼/末尼"有時也意譯作珠、寶珠,或作爲珠玉的總稱。按一般傳說,它有消除災難、祛除疾病,以及澄清濁水和改變水色等等的奇特功能。更進一步,則稱 cintā-maṇi,音譯作真陀摩尼、震多末尼等,意譯作如意寶珠、如意寶、如意珠、如意摩尼、摩尼寶珠、末尼寶、無價珠寶等。意謂凡有所求,此珠都能滿足,故稱"如意",被列爲"七寶"之一,功能非凡,如《佛說輪王七寶經》稱"其光廣大,普照一切",

[1] 見 Catholic Encyclopedia, J. P. Arendzen, "Manichaeism", http://www.newadvent.org/cathen/09591a.htm

"有大光明","其大光明,照一由旬",以及"如天光明等無有異"等等[1],顯然遠遠超過了現實生活中的珠光。因爲古印度計算里程的單位"由旬"(梵語 yojana,亦稱由延、踰繕那)爲公牛掛軛行走一天之路程(諸説謂數公里至十餘公里不等),則稱珠光"照一由旬",是一種相當誇張的説法。

又,"摩尼寶"還有闢邪、除毒、醫病、明目、清水等功能,如《道行般若經》所言,一旦身持"摩尼珠",即能不爲鬼神所害;不中熱、中風、中寒;夜行時照明;調節寒暑環境;消除諸毒,包括蛇蠚之毒;可醫目痛、目盲等眼疾;能令水變色;能使濁水變清。如此等等,"德無有比"![2]

當然,這些基本上都只涉及了摩尼寶的"物理性能",盡管是過度誇張了的"物理性能"。實際上,佛教如此超乎現實地描繪"摩尼"的種種優點和奇特功能,歸根結蒂是以此作爲譬喻,解釋佛教的根本教義和觀念;"摩尼"的真正象征者乃是佛教的思想品格和精神境界。如《阿毘達磨大毘婆沙論》便以"末尼(摩尼)寶"來譬喻"不動心解脱"[3]。而所謂的"不動心解脱"即是"不時解脱",梵語 asamaya-viṃukta,意即不待時緣具足,得隨時自在證入四根本定、四無色定、滅盡定中,其心解脱煩惱障。"不時解脱"的對稱爲"時解脱",謂鈍根之人,必須等勝緣具足之時才能解脱煩惱障。所以,"不時解脱"是利根之人才能達到的高級精神境界,由於這種阿羅漢不退動於煩惱及心解脱,故又稱"不動心解脱"。

具體地説,不動心解脱的特點與末尼(摩尼)的物理特色頗有相似之處,例如,不動心解脱的堅牢、無垢、清淨、難得特性與摩尼相仿;不動心解脱能破無明暗[4],猶如摩尼在黑暗中大放光明一樣;不動心解脱

---

〔1〕施護奉詔譯《佛説輪王七寶經》,《大正藏》第 1 册,第 38 號,第 822 頁上,大正十三年六月版。

〔2〕〔後漢〕支婁迦讖譯《道行般若經》卷 2《摩訶般若波羅蜜功德品第三》,《大正藏》第 8 册,第 224 號,第 435 頁下、436 頁上,大正十三年八月版。

〔3〕五百大阿羅漢等造,〔唐〕玄奘奉詔譯《阿毗達磨大毗婆沙論》卷 120《智蘊第三中他心智納息第三中之四》,《大正藏》第 27 册,第 1545 號,第 526 頁中、下,大正十五年七月版。

〔4〕無明,梵語 avidyā 之意譯,即闇昧事物,不通達真理的精神狀態;以愚癡爲其自相,泛指無智、愚昧,特別指稱不解佛教道理的世俗認識。是亦"煩惱"的别稱。

能除塵世煩惱[1]，亦如摩尼能令濁水變清一般；不動心解脱能使修持者擁有聖財[2]，不再貧乏，猶如摩尼能招引財寶，消除貧窮；不動心解脱能隨衆生所樂，産生種種正法寶[3]，令一切有情脱離生死苦，恰如摩尼可以隨人所願，生出諸寶物，令人們脱離窮困。正因爲二者如此等等的相似之處，故以摩尼（末尼）譬喻不動心解脱。

摩尼除了譬喻"不動心解脱"外，還用以譬喻"般若波羅蜜"，而後者更是佛教最爲追求的"大慧"："般若波羅密"是梵語 prajñā-pāramitā 之音譯，意即"照了諸法實相，而窮盡一切智慧之邊際，度生死此岸至涅槃彼岸之菩薩大慧"[4]。如《摩訶般若波羅蜜經》將般若波羅蜜譬喻為摩尼寶，除了醫病、祛毒、除煩惱等功能外，最爲關鍵的是，凡有般若波羅蜜，即有佛；凡有般若波羅蜜，即無惱！也就是説，般若波羅蜜是"智"，是"覺"，是佛教的最高思想境界，而其象征符號則是摩尼。[5]

有關佛教之"智"與"摩尼"的特殊譬喻和比同關係，《佛説海意菩薩所問淨印法門經》表述得十分清楚：摩尼寶象征菩薩的"一切智心"；而"一切智"[6]則是指了知内外一切法相之智，即，如實了知一切世界、衆生界、有爲、無爲事、因果界趣之差别，及過去、現在、未來三世。菩薩的"一切智"是"三智"之一："清淨智"（梵語śuddha-jñāna 之意譯），即斷除一切煩惱習，而離障無染之智，乃是如來之第一義智；"一切智"（sarva-jñāna 之意譯），即了知一切時、一切界、一切事、一切種等一切法

---

[1]煩惱，梵語 kleśa 之意譯，使身心發生惱、亂、煩、惑、污等精神作用的總稱，一般以貪、瞋、癡爲一切煩惱之根源。"覺"爲佛教的最高目的，故妨礙實現"覺"的一切精神作用均稱"煩惱"。

[2]聖財，即成就佛道的聖法，因其所持之法能資助成佛，故稱"財"。有七種聖法，稱"七聖財"，即信、戒、慚、愧、聞、施、慧。

[3]正法，梵語 sad-dharma 之意譯，指真正之法，亦即佛陀所説之教法。凡契當於佛法正理之法，都稱正法，亦稱淨法、妙法。

[4]語見慈怡主編《佛光大辭典》，第5冊，第4305頁中。

[5][後秦]鳩摩羅什譯《摩訶般若波羅蜜經》卷10《法稱品第三十七·舍利品第三十七》，《大正藏》第8冊，第223號，第291頁下、292頁上，大正十三年八月版。

[6]是爲梵語 sarvajña 之意譯；音譯則作薩婆若、薩雲然等，是爲"三智"之一。大致定義是："於一切界、一切事、一切品、一切時，智無礙轉，名一切智。"（語見玄奘譯《瑜伽師地論》卷38《彌勒菩薩説·本地分中菩薩地第十五初持瑜伽處菩提品第七》，《大正藏》第30冊，第1579號，第498頁下，昭和二年十月版）

相之智，乃是如來世諦之智；“無礙智”（梵語 assaṅga-jñāna 之意譯），即於一切時、一切界、一切事、一切種等法相，發心即知，不假方便，不假思量，了達無礙之智，此乃如來世諦之智。[1] 顯而易見，“一切智心寶”突出地展示了認識世界的“智”“慧”，或者對於道的“覺（悟）”，亦即是說，“摩尼”與“智”的密切的譬喻乃至比定關係，在此展現無遺。

綜上所言，佛教中的“摩尼/珠”往往譬喻聖者、尊者，以及他們所具備的高級的“智”“覺”，能祛除邪惡思想，同時又具有十分光明的特徵。而這些特徵在摩尼教的觀念中也多得到了相當明顯的展示。

例如，摩尼教突厥語讚美詩云：“體貌光輝四射的是我的父尊，摩尼佛。因此我這樣地讚美你，崇拜你。你猶如如意珠寶一般，值得佩戴在頭頂的王冠上。……你十分順暢地降臨，驅除了貪婪和其它情慾！由於你起源於完美的涅槃，你就值得被佩戴在此前諸佛頭頂的王冠之上。因此我這樣地贊美你，崇拜你。”[2]

在此，一是將教主摩尼譬喻為“珠”，二是其狀“光輝四射”，三是具有驅除貪婪和其他情慾的奇特功能，這與佛教之說幾乎一般無二。再加上讚美詩中的“如意珠”一詞直接借用了梵語詞 cintāmaṇi，“佛（Buddha）”與“涅槃（Nirvāṇa）”等也全用梵語借詞，故更展示了摩尼教“珠”觀念源於佛教的淵源關係。

又，佛教常以“摩尼/珠”譬喻小乘所言的“自性清淨心”“自性”[3]或大乘所言的“如來藏心”“佛性”“真如”“法性”等；摩尼教以“珍珠”喻指“靈魂”（即光明分子）[4]。而摩尼教漢語文書則直接以“佛性”對

---

〔1〕有關這“三智”之說，例見〔北涼〕曇無讖譯《菩薩地持經》卷3《方便處無上菩提品第七》。《大正藏》第30冊，第1581號，第901頁，昭和二年十月版。

〔2〕文書 T III D 259，260，德譯文見 A. von Gabain & Werner Winter，*Tükische Turfan-Texte* IX，10－12，（ADAW，Nr.2）；英譯文見 Hans-Joachim Klimkeit，*Gnosis*，p.285.

〔3〕〔後魏〕勒那摩提譯《究竟一乘寶性論》卷3《一切眾生有如來藏品第五》，《大正藏》第31冊，第1611號，第834頁上、中，大正十四年十二月版。

〔4〕例見帕提亞語文書（*Hymn-Cycles*，p.147）、科普特語文書（Iain Gardner，*Kephalaia*，202，8－34，203，1－33，204，1－24，Chapter 83，pp.210－212）等。

譯摩尼教的最基本教義"靈魂"![1] 因此之故,這進一步密切了二教有關"摩尼/珠"觀念的關係。

總而言之,鑒於摩尼教以"珍珠"譬喻靈魂即光明分子,亦即靈知的觀念,十分類似於佛教以"珍珠"譬喻佛性即真如、真知的觀念;鑒於摩尼教教主的宗教尊號與梵語"Mani(珠)"的發音極爲相近,乃至在漢文典籍中完全相同——"摩尼";鑒於摩尼教教主的尊號至今未能在西方諸語中找到令人信服的語源;又鑒於摩尼創教之際,歐亞大陸的文化交流大背景以及他本人的東方遊學經歷足以使他充分了解東方的佛教,故可以較有把握地推測,摩尼教教主在創教時,從佛教汲取了有關珍珠的觀念,並恰如其分地以"珍珠(Mani)"作爲自己的尊號,從而突出與"光明"的密切關係。

至此,本節的結論可以是:摩尼創建摩尼教之時,即借鑒了相當的佛教文化,乃至其宗教性稱號"摩尼"也來源於佛教,從而表明摩尼教的基本教義中從一開始就融入了佛教因素。所以,摩尼在世時期的摩尼教,特別是在東方傳播的摩尼教,已經頗具佛教色彩了。

16.2 早期東方摩尼教與佛教的關係

在此所謂的"早期東方摩尼教",是指摩尼去世之後,其弟子末冒(Mār Ammō)等及其徒衆在中亞建立東方摩尼教大本營的那段時期,至少有數十至一、二百年之久。

摩尼教布教的重要特色之一,就是盡可能利用各處當地的語言文字書寫經文,並盡可能使用當地人容易理解和接受的話語。這一原則早由摩尼親自制定,故從最初就廣泛實施,並産生了預期的效果。

末冒在中亞布教期間,摩尼教的佛教色彩的程度,似乎主要可以從下面兩個例子中展示出來。

第一條是有關末冒首次赴東方布教時的"歷史記載":

---

〔1〕有關摩尼教漢語文書中"佛性"與"靈魂"的關係論述,可參看拙文《摩尼教"佛性"探討》,載《中華文史論叢》,第59輯,1999年9月,第186-216頁。

當光明使者在胡爾凡省的首府[1]時,他要求精通帕提亞文字和語言,並熟知……的導師末冒前來,派遣他前赴阿巴爾沙(Abarshahr)地區[2],與之同行的還有阿爾達班(Ardabān)親王[3]、若干擅長書寫的教友,以及一位啟迪者。他說道:"天佑本教。願它經導師、聽者和靈魂工作的努力而變得繁榮起來。"

當他們來到貴霜[4]的邊界哨所時,出現了一位貌呈少女狀的東方邊界精靈。她詢問我,末冒:"你要幹什麼?你從哪裏來?"我答道:"我是一個電那勿,是摩尼使者的弟子。"那精靈便說道:"我不會接受你的。快回到你來的地方去!"然後,她就在我面前消失了。

此後,我,末冒,戒齋兩天,向著太陽祈禱。使者出現在我面前,說道:"不要猶豫不決。背誦《淨命寶藏經》中的《收藏諸門》章。[5]"於是,精靈在翌日又顯現了,對我說道:"你為什麼不回到你的故鄉去?"我答道:"我為了宗教遠行而來。"精靈問:"你傳播的宗教是怎樣的?"我答道:"我們不吃肉,不飲酒,也不近女色。"她立即說道:"在我們國內也有許多人像你一樣。"我背誦了《淨命寶藏經》中的《收藏諸門》章,她便對我表示了尊崇,說道:"你是位清淨的正直者。從今以後,我將不再稱你為'信教者',而改稱為'宗教的真正傳播者',因為你超過了其他所有人。"[6]

---

[1]Holvān,古代省名,首府名同;城市位於今馬達英(Madāïn)至哈馬丹(Hammadān)的交通要道上。

[2]中古波斯語'bršhr (*abaršahr*)義為"上方",通常指薩珊波斯帝國的北方諸地。見 D. Durkin-Meisterernst, *Dictionary MP & P*, p. 14。

[3]此人當是已經滅亡的安息王朝(即帕提亞王朝)的王室成員,也是摩尼的親戚,能說帕提亞語。見 Mary Boyce, *Reader*, p. 40 的註釋。

[4]在末冒最初來此傳教的時期(約公元 265—270),地處中亞的貴霜王國的西方部分領土乃是薩珊政權的屬地。說見 Mary Boyce, *Reader*, p. 40 的註釋。

[5]中古波斯語 ny'n 'y zyndg'n (*niyān ī zīndagān*)是摩尼的著作之一,意為"生命的寶藏"(Treasure of the Living),摩尼教漢語文書《摩尼光佛教法儀略》作《淨命寶藏經》,在此從之。至於其中的《收藏諸門》(*The Collecting of the Gates*)一名之意,博伊絲解釋道,"門"即是諸感官;故"收藏"它們,便意為關閉諸感官,以抵制誘惑。見 Mary Boyce, *Reader*, p. 41 的註釋。

[6]中古波斯語文書 M 2,原文轉寫和若干註釋,見 Mary Boyce, *Reader*, text h, pp. 40 – 42;英譯文見 Hans-Joachim Klimkeit, *Gnosis*, pp. 203 – 206。

儘管這段文字中插入了邊界神靈的玄虛之説，但它所表達的基本内容應該是可信的，即，末冒曾奉摩尼之命，前赴中亞布教，卻不被當地居民所接受。但是，當末冒含糊其辭地宣稱摩尼教的教義特色為"不吃肉，不飲酒，也不近女色"後，卻立即受到歡迎了，因為這與當時中亞流行的佛教的特徵是一致的。顯而易見，末冒並不是湊巧"蒙"對了，而是有意識地讓摩尼教塗上佛教的色彩，以利於最初的布教！從這個例證中可以看出，末冒在中亞布教之初，出於有利布教的功利目的，就有意無意地讓摩尼教披上了佛教的"偽裝"，則摩尼教引入的佛教因素，自然相當多了。

在末冒在世或去世之後不久，東方摩尼教中佛教因素的含量之大，可以從一封曾被認為是摩尼致末冒的"偽信"中清楚展示出來：百年前見於吐魯番的摩尼教帕提亞語文書 T II D II 134 I(= M 5815 I)被説成是教主摩尼致其得力弟子末冒的一封信，現代學者多認為這是後人假托摩尼之名所撰的"偽信"，故傾向於將其年代定在較晚的五、六世紀，[1]但是，依我之見，該文書雖是偽托摩尼名義，卻非"書信"的形式，而是借鑒佛教教主對弟子們"説法"的訓誡經文的形式；此外，其年代恐怕也要早得多：在末冒在世或去世後不久的東方摩尼教初期。[2]在此，則簡單地論述一下該文書的佛教因素。

若按照此前國外學者的釋讀和英、德譯文[3]，文書的内容可以如下：

> 清白者的親切教導
>
> ……如果有人打擊你，不要回擊他。如果有人憎恨你，不要也恨他。如果有人妒忌你，不要也妒忌他。如果有人向你發怒，你得始終友善地與他談話。凡是你不願意别人對你所幹的事，你自己也不要對别人做。或者説，一個人應該忍受來自於地位比他高的

[1]例見 Hans-Joachim Klimkeit, *Gnosis*, p. 259。

[2]説見本書下編第 14 章。

[3]拉丁轉寫和德譯文，見 F. C. Andreas&W. Henning, *Mir. Man.* Ⅲ, pp. 854 – 857；拉丁轉寫和少量註釋，見 Hans-Joachim Klimkeit, *Reader*, pp. 50 – 52；英譯文既見 Jes P. Asmussen, *Literature*, pp. 57 – 58，亦見 Hans-Joachim Klimkeit, *Gnosis*, pp. 259 – 260。

人、地位與之相等的人，以及地位比他低微的人的凌辱和虐待；任何人都不能使得具有忍耐力的電那勿產生哪怕些微的動搖。就如有人向大象擲花，花卻絲毫不會傷害大象一樣。或者，這就如雨滴落在石頭上，雨滴融化不了那石頭。同樣的道理，凌辱和虐待決不可能導致一位有忍耐力的電那勿產生哪怕些微的動搖。

有時候，電那勿應使自己崇高得猶如須彌山，有時候，電那勿應使自己謙卑得猶如……。有時候，電那勿應顯得像個學生，有時候則顯得像個老師，或似一個奴僕，或似一個主人。

同樣的道理，在他有罪過之時，清淨的電那勿就應靜坐默思，對罪過感到厭惡，轉而為善。

（第 58 至 67 行難以辨認，略而不譯）

我，末摩尼，是清白者，是寫信的人；你，末冒則是收信者。名為阿空達的即是暗魔阿赫爾曼。我已說了這些話，因此每個人都應該服從這些教導，認真聽取。凡是聆聽它們，相信它們，將它們記在心中，並落實在真誠的行動中的一切眾生，都將獲得拯救，脫離生死流轉，並將解脫罪孽。我，末摩尼，和你，末冒，以及過去時代的一切人與當今時代再生的一切幸運者，還有在未來的再生者，都將因這清淨戒律，因這完善智慧，因這善業和柔順而被救，脫離生死流轉。在這樣的生死流轉中，除了悟識之人積累福與善之外，沒有更美好的事情了。凡是追隨我摩尼，寄希望於尊神霍爾密茲德，以及要求清淨和正義的電那勿充當其首領的人，都將獲救，被救離生死循環，獲得最終的拯救。

"清白者的親切教導"至此結束。

由於西方學者未對本文書中涉及佛教的觀念和術語作專門的研究，更未比照漢語佛經中相應的句式，故對於本文書之佛教色彩的理解還不夠，也未能對某些殘缺句子作恰當的補充。但筆者則結合漢語佛經的有關內容，模仿敦煌的三份摩尼教漢語文書的翻譯風格（即盡量使用佛經的句式和詞彙），作如下的"古譯"，以更清楚地展示這份帕提亞語文書的佛教化色彩：

龍象菩薩教誡經

……打不報打，瞋不報瞋，嫉不報嫉。其若忿恚，善言誘喻。已所不欲，莫施於人。應忍眾凌辱，既忍勝己者，又忍等己者，更忍下劣者。清淨電那勿，能忍諸凌辱，紋絲不動搖，猶如花雨象，象無纖毫傷，亦如水滴石，石不壞分毫。行忍電那勿，任憑諸欺凌，正心不傾動。

清淨電那勿，或時現高大，尊如須彌山；清淨電那勿，或時應謙卑，屈似旃陀羅。清淨電那勿，或時似弟子，或時似師長，或時似奴僕，或時似主人。

清淨電那勿，當勤坐禪思，棄諸惡思惟，轉為眾善念。

(……)

龍象末摩尼，今是說法人；汝名為末冒，即是受持者。又有阿空達，是魔阿梨曼。我為汝說法，當諦聽信受；凡聞法受持，躬自奉行者，皆能得救度，出離生死地，銷滅諸罪障。龍象末摩尼，及與汝末冒、往世一切眾、今世福德人、來世輪迴者，若奉清淨戒，若具微妙慧，若生柔順心，悉能得救度，離生死流轉。生死流轉中，覺者積福善，是為殊勝業。凡奉末摩尼，祈願先意佛，並尊電那勿，清淨正直人，悉皆獲救度，離生死流轉。

《龍象菩薩教誡經》竟

顯而易見，若非對摩尼教教義及其術語比較熟悉，很可能會將這篇譯文誤認為是簡短的佛經，足見該文書的佛教色彩之濃重。而事實上，其內容中確實包含了眾多的佛教因素，甚至，若干譬喻和典故也完全來自佛經。下面則對此稍作分析：

第一，文書標題中的帕提亞語 n'g (*nāg*)或被認為借自梵語 anāgas，義為"無罪的""無辜的"，或謂借自梵語 nāga，義為龍、象、龍神等。則不論作何解釋，其中肯定包含了印度文化因素。但是，由於此文書乃是用摩尼自稱的口吻對末冒或其他信徒作訓誡，那麼，與佛經中常以"龍象"尊稱佛祖的用法相呼應，並模仿佛經《龍象經》之題名，此文書完全可稱《龍象菩薩教誡經》。

第二,佛教的“忍辱(梵語 kṣānti)”觀在本文書中體現得淋灕盡致:與“如果有人打擊你,不要回擊他。如果有人憎恨你,不要也恨他。如果有人妒忌你,不要也妒忌他”或者“打不報打,瞋不報瞋,嫉不報嫉”句相應的佛經句式為“於諸有情應修安忍,打不報打,罵不報罵,謗不報謗,瞋不報瞋,訶不報訶,忿不報忿,恐不報恐,害不報害,於諸惡事皆能忍受”(見《大般若波羅蜜多經》卷589《第十三安忍波羅蜜多分》)。

又,帕提亞文書中“一個人應該忍受來自於地位比他高的人、地位與之相等的人,以及地位比他低微的人的凌辱和虐待”或者“既忍勝己者,又忍等己者,更忍下劣者”一句的思想當源自佛經“忍勝己者名怖忍,忍等己者畏鬪諍,忍下劣者名盛忍”等(見《雜寶藏經》卷3《二九:龍王偈緣》)。

再如,帕提亞文書中“有時候,電那勿應使自己崇高得猶如須彌山,有時候,電那勿應使自己謙卑得猶如……”或者“清淨電那勿,或時現高大,尊如須彌山;清淨電那勿,或時應謙卑,屈似旃陀羅”一句的範本亦當來自佛經“或現高大如須彌,或時現卑如臥草”(《雜寶藏經》卷3《二九:龍王偈緣》)及“有菩薩具大威德,猶故謙卑如栴陀羅子”(《菩薩善戒經》卷5《菩薩地軟語品第十六》)等。

第三,有的譬喻完全源自佛經,如帕提亞文書的“任何人都不能使得具有忍耐力的電那勿產生哪怕些微的動搖。就如有人向大象擲花,花卻絲毫不會傷害大象一樣。或者,這就如雨滴落在石頭上,雨滴融化不了那石頭”或者“清淨電那勿,能忍諸凌辱,紋絲不動搖,猶如花雨象,象無纖毫傷,亦如水滴石,石不壞分毫”之句,顯然採自佛經“能受惡罵重誹謗,智者能忍花雨象。若於惡罵重誹謗,明智能忍於慧眼,猶如降雨於大石,石無損壞不消滅”諸句(見雜寶藏經》卷3《二九:龍王偈緣》)。

第四,文書中多處直接使用了梵語借詞以及佛教的術語組。例如,“[所有人]都將因這清淨戒律,因這完善智慧,因這善業和柔順而被救,脫離生死流轉”或者“若奉清淨戒,若具微妙慧,若生柔順心,悉能得救度,離生死流轉”之句,實際上體現了佛教的“戒-定-慧”之說:

帕提亞語 cxš'byd (*čaxšābed*)義為命令、戒律,乃是佛教梵語 śikṣāpada (學處、戒律)的借詞;帕提亞語 jyryft (*žīrīft*)義為智慧,相當於佛教的"慧""智",梵語 prajñā,音譯"般若";帕提亞語 prxyz (*parxēz*)有柔順、馴良之義,而按佛教教義,"柔順"則是"禪"(梵語 dhyāna)的重要前提。[1] 因此之故,文書的這段文字顯然借鑒了佛教教義。

它如帕提亞詞 pwn (*pun*)直接借自義為福、福德、功德的梵語 puṇya;義為靈魂轉世或生與死之間之循環的 z'dmwrd (*zādmurd*)借自梵語 jātimaraṇa(漢譯常作"生死流轉");以及 smyr (*sumēr*)源自梵語 sumeru(須彌山,佛教的聖山)。如此等等,無不表明了這份摩尼教帕提亞語文書有意識地借用了大量的佛教觀念和術語,間接和曲折地傳播摩尼教的教義。

那麼,為何該文書不堂而皇之地宣佈摩尼教教主的訓諭,而要借用佛教的外衣來布教呢? 恐怕最言之有理的原因是摩尼教初到佛教正盛行的中亞,不得不借佛教形式之"光",悄悄地推行摩尼教! 這是"權宜之計",可能也正是摩尼教在東傳中亞的早期就產生了若干佛教色彩濃厚的文獻的主要原因。

鑒於末冒奉命東傳摩尼教時的"歷史記載",鑒於這份佛教色彩濃厚的"偽信",我們可以大致推測,降及末冒去世前後的數十或成百年間,東方摩尼教有意無意融入的佛教因素較諸此前又增加了許多。

16.3 回紇時期摩尼教的佛教色彩

從前引中古波斯語文書 M 2 的記載可以看出,最初,末冒奉摩尼之命前赴東方布教之時,首先抵達的地區是貴霜王國的前領地,由於那裏與波斯的帕提亞地區相鄰,故摩尼教有意識地使用帕提亞語傳播摩尼教。末冒本身便精通帕提亞語,由於他的奠基之功,在相當長的一段

---

[1]〔後秦〕鳩摩羅什譯《大智度論》卷81《釋六度品第六十八之餘》:"禪波羅蜜者,是菩薩忍辱力,故其心調柔;心調柔故,易得禪定",《大正藏》第25冊,第1509號,大正十五年一月版,第629頁上。

時間裏,帕提亞語成為東方摩尼教的"官方語言",則前期的摩尼教文書大多用帕提亞語撰寫而成。

當時,東方摩尼教的中心似乎在馬雷(Marv,今伊朗的東部城市)及巴里黑(Balkh,今阿富汗北端,阿姆河南岸)一帶,雖然也屬"中亞",但並非其"核心地區"索格底亞那(Sogdiana,阿姆河與錫爾河之間,屬今烏茲別克斯坦)。在教徒們持續向東方布教的努力下,摩尼教逐步推廣到整個索格底亞那(即漢文古籍所稱的"粟特"),約至公元6世紀下半葉,由極富宗教熱情的粟特人所操的粟特語取代了相當一部分的摩尼教文書語言。[1]

自從以經商見長的粟特人積極參與到東方摩尼教的布教活動中以後,摩尼教發展得更為迅速了,它進一步東入内陸歐亞地區和中國内地,以至在公元8世紀60年代,使得摩尼教成為内陸歐亞地區強盛的遊牧政權回紇的"國教"。

粟特人不僅利用自己的母語翻譯或者撰寫了許多摩尼教文書,并且,為了向屬於操突厥語系的回紇普通民眾傳播摩尼教,還將諸多粟特語或帕提亞語的文書翻譯(或編譯)成了突厥語。學界認為,摩尼教文書,特別是教義或禮儀性的突厥語文書絕大部分譯自粟特語;此外,由於"選民"用書只見粟特語文本,而"聽者"用書則大多為突厥語文本,故可以推測東方摩尼教的專職修道者多為粟特人,而俗家信徒則多為土著的回紇人。[2] 鑒於這樣的史實,當我們要探討回紇汗國時期東方摩尼教的佛教因素時,就不能不更多地考察摩尼教的粟特語和突厥語文書。

由見於吐魯番的諸多突厥語殘片綴合而成的 *Xuāstuānift* 是供摩尼

〔1〕說見 W. B. Henning, "Two Manichaean Magical Texts with an Excursus on the Parthian Ending-ēndēh", in *BSOAS*, Vol. 12, No. 1 (1947), p. 50.

〔2〕說見 Larry Clark, "The Turkic Manichaean Literature", in *Emerging*, pp. 95, 96.

教“聽者”使用的懺悔文。學界通常認為,該文書是從粟特語直接譯出[1],因此,這份突厥語《懺悔詞》所體現的文化特色,實際上也就是粟特人(當然也包括屬於突厥族的回紇人)在回紇政權時期傳播的摩尼教之文化色彩。那麼,在此不妨以突厥語《懺悔詞》為例,觀察一下它所展示的佛教因素。[2]

首先,《懺悔詞》多處使用了“佛”一詞來指稱摩尼教的各種神靈。例如,“如若前赴諸神之境,本原之處,一切諸佛、清淨法、擁有善業和地界光明之靈魂的聚集處,那麼日、月之神便是其前門”(II B)“第四,是對於始終存在的明尊使者,即諸佛所犯的罪過”(IV A);“如果我們曾經無意中得罪了積有功德,導致獲救的神聖選民;如果我們儘管口稱他們為‘明尊之真正使者’和‘佛’,卻又不信‘神聖選民以狀況業為特徵’”(IV B);“我的明尊啊,如果我們因為未曾認識和理解真正的明尊及清淨之法,從而當諸佛和清淨選民布教時,……如果我們曾經祀奉邪魔為‘明尊’,並宰殺生靈來供養;如果我們曾說‘他是個佛’,珍愛偽法而崇奉之,……”(VII B);“我們信奉楚爾凡神、日月神、大力神,以及一切諸佛,……四是智,為諸佛之印”(VIII B);“每日必須四次真誠、淨心地向楚爾凡神、日月神、大力神、諸佛讚美、祈禱”(X A);“在庇麻節上真誠和全心全意地祈求聖佛寬恕我們整個一年裏的罪過”(XIV A);“或者未能真誠和全心全意地祈求聖佛寬恕我們整年的罪過”(XIV B)。

公元7至8世紀的古突厥語中,習慣於將漢語“佛”字讀作 bur 音,並和具有“王者”之義的 xan(汗)構成組合詞 burxan,以此來翻譯佛經中相當於“佛”一類的高級神靈。後來,此詞便被摩尼教借鑒,用以指

[1]突厥詞 Xuāstuānift 義為“懺悔”,是源自帕提亞語 wx’stw’nyft (*wxāstwānīft*)的外來語。通常認為,該文書是從粟特語文書譯出(粟特語的轉寫為 *γw’stw’nyβt*);亨寧曾對相當於突厥文書第十、十一和十五節的粟特語殘片作了譯釋,認為突厥語文書完全譯自粟特語,并且往往是逐字逐句的翻譯(見 W. B. Henning, “Sogdica”, in *James G. Forlong Fund*, Vol. XXI, London: The Royal Asiatic Society, 1940, pp. 63－67)。

[2]本書中編第8章有《懺悔詞》全文的譯釋,可參看。

稱本教的大小神靈。[1] 既然 burxan 一名源出突厥語佛經,則摩尼教文書《懺悔詞》受佛教文化影響是毫無疑義的;burxan 在通常情況下譯作漢語“佛”也是順理成章的。

其次,再可以考察一下《懺悔詞》中借用的梵語或漢語的佛教術語。例如,III C 提到的“五類生物”,其突厥詞組為 biš türlüg tïnlïγqa,意為“五個種類的生物”(有時也作 biš ažun,亦即“五種生存形態”)。而這是突厥語文獻中標準的佛教術語,對應的佛教梵語為 pañca gatayah,即“五趣”“五道”,也就是輪迴的五種去處:地獄、餓鬼、畜生、人、天。當然,摩尼教文書雖然借用了佛教文書的表達法,但其內涵卻與佛教迥異:并非指地獄、餓鬼、畜生、人、天,而是指人類、走獸、飛禽、水屬、爬行類。

又如,IX A 云:“第九,自從我們遵奉了十戒,就必須嚴格遵守口的三戒、心的三戒、手的三戒,以及全身的一戒。”在此所言的“戒”,突厥語為 čaxšapat (caxşa:pat),借自佛教梵語詞śikṣāpada。而梵語詞原意爲“所學之處”,通常是指比丘、比丘尼學習戒律時所遵循的戒條;這被佛教的突厥語文書所借用,多以此詞指戒律,後來亦被摩尼教的突厥語文書所借用,含義相同。

又如,XI A 云:“第十一,還有一條規定:必須給予清淨法以七重布施。”在此所言的“布施”,突厥語為 pušïï (buşı),義為“施捨”“捐助”。而其源則出自漢語的“布施”之發音。最初,這是佛教的突厥語文獻中所用的借字,後來,則再被摩尼教的突厥語文書所借用。摩尼教文書中的這一突厥詞雖然也借用自佛教術語,但語源卻在漢語,而非梵語。這就揭示了一種頗有意思的現象:摩尼教在逐步東傳的過程中,即使在中國之西、之北的中央歐亞地區,其所受的佛教影響也可能既來自於印度的“直銷”,也來自於中國內地的“返銷”。這是文化交錯影響的典型例證之一。

---

[1]說見 Sir Gerard Clauson, *Etymological Dictionary*, p. 360。但是,有些學者將它譯作“prophet(先知)”,則未必妥貼。

再如,XII A 云:"第十二,還有一條規定:猶如神聖的選民每年應持鄔珊提齋五十天一樣,[聽者]必須持聖齋,以讚美明尊。"在此所言的"鄔珊提",突厥語為 wusantï,可能來自摩尼教粟特詞 βwsndyy,而後者又借自梵語 poṣadha 或 upavasatha、upoṣadha 等。梵文佛教術語的原義為長淨、長養、共住、齋、說戒等,指佛教中同住之比丘每半月集會一處,請精熟律法者說戒律之舉,眾人在此活動中反省過去半月中的行為是否符合守戒,若有違戒者,則必須懺悔。按摩尼教之說,則聽者之所以每年要持五十天的鄔珊提齋,是出於對初人(即霍爾木茲特)神跡的紀念:初人降世時,帶領其五個兒子一起與暗魔作戰,五子各有五肢,則共計二十五之數;後來初人及其五子(即五明神)獲救,上返明界,則五子之五肢總數也為二十五。所以,前後兩個"二十五"相加,便成五十之數(見 *Kephalaia*, pp. 268—269)。顯然,摩尼教文書雖然借用了佛教的術語,但二教各自的宗教含義不同,故儘管漢譯佛教將此詞音譯作布薩、布灑他、逋沙陀、優婆娑等,但摩尼教文書之音譯名卻宜有所不同(如作"鄔珊提"),以示區別。不管怎樣,這是摩尼教突厥語、粟特語文書借鑒佛教因素的又一例證。

最後,XIII A 云:"第十三,每星期一必須向明尊、宗教以及聖潔選民祈禱,以求寬恕我們的錯誤與罪過。"這裏出現了"明尊 - 宗教 - 選民"這樣的三位一體結構,其突厥詞組結構為 täŋri-nom-dintarlar,顯然,它與佛教中常見的"佛 - 法 - 僧"(梵語 Buddha-Dharma-Saṅgha)結構完全一致,亦即是說,摩尼教文書《懺悔詞》借鑒了佛教術語,是受佛教影響的又一例。此外,XV C 的最後一句"那麼,我們祈求光明之神、尊貴之法,以及清淨選民,以解脫罪孽",也同樣採用了"佛 - 法 - 僧"結構,再次展示了佛教因素。

另一份摩尼教的突厥語文書是《摩尼大頌》,學界通常認為,該文書約成於公元 10 世紀初期,并且是直接用突厥語撰寫,而非譯自伊朗語文書。或許是因為它撰寫的年代較晚,且直接用回紇當地的語言撰寫,從而融合了更多的當地文化,故該文書顯示了十分濃重的佛教色彩,亦即展示了摩尼教的進一步"佛教化"。

《摩尼大頌》總共 120 頌，是迄今所見最長的摩尼教突厥語讚美詩。今歸納全詩體現的主要佛教色彩，分幾個方面簡述如次。[1]

第一，在突厥語佛經中頻繁使用的"burxan(佛)"一詞也被用來指稱摩尼教的各種神靈，諸如第 1 頌的"摩尼佛(mani burxan)"、第 28 頌的"如佛般的日神(burxanlıγ kün tngrig)"、第 30 頌的"諸佛之界(burxanlar ulušı)"、第 36 頌的"四佛(tört burxan)"、第 84 頌的"神聖的佛師(baxšılıγ burxan tngrii)"[2]以及第 115 頌的"佛土(burxanlar uluš)"等，無不直接採用了突厥語佛經中的"佛"字(burxan)，足見其佛教色彩之濃。

當然，摩尼教文書中"佛"的實際所指者迴異於佛經，如"摩尼佛"是指摩尼教的創建者摩尼；"日神"是指摩尼教的主神之一夷數，亦即從基督教移植而來的耶穌(Jesus)；"諸佛之界"或"佛土"指的是摩尼教眾神所居的光明樂土"明界"；"四佛"是指摩尼降世之前，由大明尊派遣的四位使者或先知，即塞思、瑣羅亞斯德、佛陀、基督；"神聖的佛師"也是指稱摩尼。這很清楚，毋需贅述。

第二，常見於突厥語佛經中的"法"及其相關詞組也見於《摩尼大頌》中。例如，第 4—13 頌和第 31 頌的"妙法(edgü nom)"、第 35 頌和 90 頌的"淨法(arıγ nom)"、第 29、31 和 88 頌的"正法(könii nom)"等，都來自佛教術語。

由於佛法妙不可言，決非所有其他之法可以比擬，故突厥語便以 edgü nom 對譯之(edgü 爲善、好之義；nom 意為法、教義，在突厥語佛經中幾乎總是對應於梵語 dharma)，也就相當於佛教所言的"無上妙法"。又，突厥詞組 arıγ nom 義為"淨法"，是對應了"佛陀所說之法能令衆生超三界，得解脫，身心清淨"的說法。再如，突厥詞 könii 義爲正直的、合乎正道的、真正的等，故詞組 könii nom 便用以對譯佛教的梵文術語 sad

[1]對《摩尼大頌》全文的譯釋，詳見本書中編第 9 章。

[2]關於這一詞組，克拉克譯作"the Prophet-God of teachers"(見 Larry V. Clark, *The Manichean Turkic Pothi-Book*, p. 185)，但克勞森則譯作"a divine teacher-burxan"(見 Sir Gerard Clauson, *Etymological Dictionary*, p. 321)。似以後者更為貼切。

dharma(sad 義為真正的),亦即"正法"。由此可知,在《摩尼大頌》中,無論是 könii nom,還是 edgü nom,抑或 arıγ nom,都確切地各自對譯了佛教術語"妙法""淨法"和"正法",就形式而言,成了典型的佛教專用詞彙。

第三,突厥詞 frnibran(般涅槃)見於第 17 頌,nirvan(涅槃)見於第 19 頌、29 頌、117 頌和 118 頌等處。frnibran 是外來詞,清楚地對譯佛教梵語 parinirvāṇa。佛教術語"般涅槃"則意爲滅盡諸惡、圓滿諸德,本來專指佛陀之死,即滅盡煩惱而進入大徹大悟的境地,也就是脫離生死之苦,全靜妙之樂,窮至極的果德。因此,漢譯佛經除譯此詞爲"般涅槃"外,還常譯作圓寂、滅度、入滅、入寂等。至於突厥詞 nirvan 則是梵語 nirvāṇa 的直接借詞,其意與 parnirvāṇa (般涅槃)相仿,也就是指超越生死迷界,到達悟智境界(菩提),爲佛教的終極實踐目標。漢名涅槃也是音譯,與般涅槃的區別,是後者多一前綴 pari,爲完全、圓滿之意。這是涉及佛教根本教義的詞彙,卻被《摩尼大頌》直接借來使用了。

第四,突厥詞 sansarta (輪迴)見於第 26、28、78、82 及 91 頌等處。而此詞則是佛教梵語 saṃsāra 的直接轉寫,是完全的外來詞。佛教認爲,一切衆生由於"業因"的緣故,往往始終在天、人、阿修羅、餓鬼、畜生、地獄這樣六種生存形態(或說五種,即不置阿修羅)中循環轉生,永無窮盡,飽受生死之苦,故稱輪迴。

所以,與"輪迴"關係非常密切的一個觀念便是"……趣",如"五趣(biš ažun)"見於第 17、27 頌;"三惡趣(üč yavlaq yolqa)"見於第 92 頌。突厥語詞組 biš ažun 用以對譯佛教梵語 pañca gatayaḥ;üč yavlaq yolqa 則用以對譯佛教梵語 trīni durgati,這一"三惡趣"在佛教是釋為地獄、餓鬼、畜生,但在摩尼教是何所指,卻不甚了了,或許只是泛指"回歸明界"以外的任何生存形態。

與"輪回"關系密切的另一個術語便是"地獄",而在《摩尼大頌》的第 4—13、32、87 頌等處亦見到這類佛教詞彙:它不僅用泛指的突厥詞 tamu 對譯佛教梵語 naraka(地獄),並更具體地借用了佛教的地獄專名“阿鼻”(突厥詞 awiš,借自梵語 avici)。阿鼻地獄爲“八熱地獄”中的第八個地獄,也稱無間地獄,意謂墮此地獄者,所受之苦無有間斷,一劫之中,始終受苦而不間斷,身形遍滿地獄而無間隙,如此等等的“無間”。總而言之,苦不堪言。第 87 頌所言之地獄顯然也是某個特定地獄:其“永遠燃燒”的特征與八熱地獄中的第六地獄“燒炙”、第七地獄“大燒炙”,或者第八地獄“無間”吻合,雖然其確切所指尚不得而知,但是借用了佛教的地獄説,卻沒有疑問。

第五,還有一些專用詞組,盡管在《摩尼大頌》中只出現過一次或兩次,但都是十分明顯的佛教術語,進一步凸現了該摩尼教文書的濃重佛教色彩。例如:

第 4—13 頌的 sekiz tülüg emkek(八種苦難)對應於佛教梵語 aṣṭāv akṣaṇāh。但後者指的是衆生無緣見佛聞法的八種障難:墮於地獄、陷於餓鬼道、淪於畜生道、在心想不行的長壽天、在不受教化的邊地、盲聾瘖啞、躭習外道經書、生在佛降世之前或其後。所以,摩尼教文書雖然也用“八難”一名,但其内涵卻顯然異於佛教。

第 15 和 114 頌的 ạmwrdšn(禪定)、第 17 頌的 bilig(智慧)以及第 87 頌的 čxšapt(戒律)都非常清晰地一一對應了一組佛教梵語:ạmwrdšn對譯 dhyāna(漢譯作“禪那”,即“禪定”或“定”,意爲專注於某一對象,心不散亂的精神境界);bilig 對譯 prajñā(漢譯作“慧”或“般若”,即最高智慧);čxšapt 對譯 śikṣāpada(漢譯作“戒”或“戒律”)。而戒、定、慧三者合稱佛教的“三學”或“三勝學”,是佛教的實踐綱領(由戒生定,由定發慧)。顯然,《摩尼大頌》很巧妙地借鑒了這些重要的佛教術語,以表述摩尼教本身的教義。

分别見於第 14、16、17 頌的 az(貪慾)、ot(瞋怒)和 biligsiz(愚癡)同樣是一組重要的佛教概念:az 對譯梵語 lobha,ot 對譯梵語 dvesa,biligsiz 則對譯梵語 moha,後者亦即漢譯佛經所稱的貪、瞋、癡,是爲毒害衆生出世善心中的最甚者,合稱“三毒”“三垢”或“三不善根”等。貪、嗔、癡在連續三頌中分别敘説,顯然是有意識地借用佛教文化。

第 30 頌的 Sumir(須彌山)雖然並非直接借自梵語 Sumeru,但是源自佛教的這一重要宇宙觀,似無疑問。此名在漢譯佛經中作須彌、須彌盧、蘇迷盧等,意譯則作妙高山、好光山、善高山、善積山、妙光山等,最初是印度神話中的山名,後被佛教沿用,以其爲世界中央的高山,週圍繞有八山、八海,從而形成一個"須彌世界",亦即"三千大千世界"(一佛之化境)之一。須彌山高出水面八萬四千由旬(梵語 yojana,其長度諸說,爲十餘里至數十里不等),山頂有三十三天宫,乃帝釋天所居之處。《摩尼大頌》以須彌山譬喻功德,則是借用了其高大巍峨的特色。

第 79 頌的 arxant(阿羅漢)間接借自梵語 arhat,後者被漢譯作阿羅漢、阿羅訶、阿盧漢等,簡稱羅漢,意譯則作應供、殺賊、無生、無學、真人等,是指斷盡三界見、思之惑,證得盡智,堪受世間大供養之聖者。狹義而言,阿羅漢只指小乘佛教中所獲之最高果位;廣義而言,則泛指大、小乘中的最高果位。同時,由於或稱阿羅漢通攝三乘的無學果位,因此這也是佛陀的異名,亦即如來的十號之一。摩尼教文書以取得佛教的阿羅漢果來譬喻摩尼教修道者的成功,足見其佛教色彩之濃烈。

第 32 頌的 altı qačıγ(六根)對譯了佛教梵語 ṣaḍ indriyāṇi,後者被漢譯作六根或六情,是指六種感覺器官或六種認識能力:眼(視覺器官)、耳(聽覺器官)、鼻(嗅覺器官)、舌(味覺器官)、身(觸覺器官)、意(思維器官)六根,具有視、聽、嗅、味、觸、思六種認識能力。佛教要求修道者達到身心充滿種種功德而清淨,故有"六根清淨"之說。

第 80 頌以 fišay 對譯梵語 viṣaya,則使用了與"[六]根"關係密切的另一佛教術語"[六]塵"。漢譯佛經將 viṣaya 譯作塵、境或境界,此指分別引起"六根"之感覺思維作用的六種對象、境界,即色、聲、香、味、觸、法。由於這六種境界具有染污情識的作用,因此或以帶有貶義的"塵"譯稱之。與"六塵"同時使用的還有另一個源自佛教的術語:突厥詞 atqaγ,用以對譯梵語 vikalpa,漢譯作妄想、妄想顛倒、虛妄分別,其義與妄念、妄執同,意謂以虛妄之心念去認識和理解諸法之相,於是產生錯誤的思想,遂遠離一切法的真實義,遠離覺悟境界。

這些還只是《摩尼大頌》借用的佛教術語中的主要者,其他尚有諸如無常、有情、惡業、苦海、魔、功德海、慈悲、出家、無上正等覺、正遍知等等專名,充分彰顯了該摩尼教文書的佛教色彩。

以上列舉了若干摩尼教文書,以展示摩尼教在回紇汗國流行時期,其佛教色彩得到進一步的增強。那麼,摩尼教之佛教色彩增強的主要原因又何在?在此略作簡單的剖析。

首先,回紇政權位於中原王朝的北方,與中原政權的接觸頻繁,不僅在回紇政權建立之後是這樣,即使他們的前輩,如突厥人,也與南方的中原王朝有過長期的交往,而這些交往則涉及軍事、政治、經濟、文化等各個方面。因此之故,當一個新的宗教摩尼教在回紇境内傳播之時,鑒於歷史和地域的背景,它不可能不受到來自南方的中原王朝之文化的巨大影響。從歷史背景看,佛教早在數百年前就在中原王朝的核心地區牢牢地扎下了根,它早已改變了"外來宗教"的面目,非但在一般民眾心目中成了完全的"傳統文化",並還更向域外"輸出",特別是傳播至文化較為落後的北方遊牧人中。

南北朝以及隋唐時期,多有中原佛僧進入"北狄"之地布教,也有更多的"西域"佛僧在其地活動,從而必然使得北方的遊牧民眾或多或少地受到佛教文化的熏陶。這類例證頗多,在此不擬贅述,只舉一例:"[北齊]後主命世清作突厥語翻涅盤經,以遺突厥可汗,勑中書侍郎李德林為其序。"[1]北齊後主在位時期(565—576),正是突厥汗國正式建立政權後不久,大規模擴張領土之際。可以想見,中原帝君十分鄭重地贈送的佛經(特意翻譯成他們能看懂的"突厥語",並由侍郎作序云云),應該會符合國勢正盛的突厥政權的文化需要,因此其影響不可能很小。諸如此類的由中國官方或民間向北方遊牧人地區傳播的佛教文化,經過長久的積澱,不無可能影響到8世紀下半葉摩尼教流行時的文化環境,從而使之不由自主地塗上一定的佛教色彩。

如果說,回紇境内因"歷史的"原因而存在著不小的佛教影響,那麼,當摩尼教在8世紀60年代正式成為回紇政權的"國教"之時,南方的唐王朝更可能同時也對其施加了巨大的佛教文化的影響,是為"地

[1]語見《北齊書》卷20《斛律羌舉傳》,中華書局標點本,1972年,267頁。

理的"原因。《九姓回鶻可汗碑》聲稱,回紇可汗牟羽自中國返回時帶來了四位摩尼教高僧,才使得摩尼教隨後成了回紇的"國教"。[1] 儘管此說未必確切(因為可能摩尼教早在回紇境内的民間傳播,才使牟羽可汗時期摩尼教一舉成功[2]),但曾有摩尼教高級教士從中原進入回紇地區布教,並在嗣後的數十近百年間,中原漢人與回紇人頻繁往來,卻是毫無疑問的事實。所以,在回紇境内流行的摩尼教採納若干佛教因素,應是情理中事。

或許,最能添加回紇摩尼教之"佛教色彩"的動因,正是其主要傳播者粟特人。粟特人是東伊朗族的一支,原居地主要在中亞錫爾河與阿姆河之間,以善於經商,特别是域外經商聞名於世,這是業已為學界所公認的史實,毋庸贅言。此外,他們在往來於絲綢之路經商的同時熱衷於傳播歐亞大陸上的宗教文化這一特色,也越來越被學者們所認識和重視。

實際上,前文提及的北齊劉世清將佛教《涅槃經》譯成"突厥語"一事,便隱含了粟特人的重要作用在内。蓋古突厥人之有自己的"突厥文字",最早也得在公元7世紀:突厥第一汗國木杆可汗(553—572)之最得力助手卒於580年左右,其墓碑被今人稱為布古特(Bugut)碑,銘文則用粟特文撰寫,表明當時的突厥人尚無自己的文字,故即使高官的紀念碑也用粟特文書寫。因此,有的學者認為,"至少至6世紀最後25年時,突厥人的通用文字仍然為粟特文"[3]。所以,北齊時期翻譯佛經使用的所謂"突厥語"其實即是粟特文,因為嗣後所見真正屬於突

〔1〕見立於808—821年間的《九姓回鶻愛登里囉汨没蜜施合毗伽可汗聖文神武碑》。其碑的漢文部分的刊布及内容解釋,可參看程溯洛《釋漢文〈九姓回鶻毗伽可汗碑〉中有關回鶻和唐朝的關係》一文,載氏著《唐宋回鶻史論集》,人民出版社,1993年,102-114頁。

〔2〕如劉義棠便持此說:"由寶應二年回紇自中國攜回摩尼教師四人,至大曆三年,其間僅五年時間,摩尼教師竟能獲得可汗深信,藉政治之勢力,要脅唐朝為之建寺。就此點觀之,亦咸信在此之前,摩尼教必為回紇所熟知,甚至已有廣大之信衆。……换言之,在此以前回紇民間或已有廣多之徒衆,惟自此四位高徒入國後,為可汗所信奉,始克更爲普遍,以至成為回紇國教。",見劉義棠《維吾爾研究》,〔臺灣〕正中書局,456頁。

〔3〕語見護雅夫《突厥帝國内部におけるソグドシ人の役割に關する資料》,載《史學雜誌》八十一編,二號(1972年),85頁。

厥人自己的"如尼字母突厥文"(迄今所見最早之作品成於7世紀80年代)也是在粟特人的幫助下創建的——直接源自粟特文,間接源自阿拉美文。

更重要的是,漢文佛經被譯成粟特文,在域外遊牧人中流布的例證遠不止一、二個,而是為數甚多。例如,鳩摩羅什翻譯的《金剛般若波羅蜜經》和《維摩詰所說經》、實叉難陀翻譯的《如意摩尼陀羅尼經》、佛陀跋陀羅翻譯的《佛說觀佛三昧海經》以及漢文偽經《佛為心王菩薩說投陀經》等均被譯成了粟特文(當然,現存者只有殘片)。[1]

事實表明,隨著譯自漢文的粟特文佛經在北方遊牧人中的流布,佛教文化對於他們產生了潛移默化的影響,因此,當粟特人(也包括屬於突厥族的回紇人)在撰、譯摩尼教經典和文書時,也不自覺地融入了佛教因素,在此可以列舉兩個比較明顯的例證。

第一,是見於本書中編第七章的粟特語寓言故事"宗教與大海"。它用自然界"大海"的特點來譬喻摩尼教的教義最為廣大、高深,以及智慧無邊,能夠容納一切,改變一切;從而列出十點細加闡述。然而,這一摩尼教的"大海十點"說卻與佛教的"法海八德"說十分相像,細加對比,則可知摩尼教的"十點"幾乎完全借鑒自佛教的"八德"。茲稍加歸納如次:

"十點"中的第一點謂摩尼教的智慧與大海一樣,廣大、深奧無限;"八德"中的第四德則謂"僧法最為弘大",與大海一樣無能限者。"十點"中的第三點謂摩尼教傳播的智慧如大海中的水,只有一種味道;"八德"中的第二德則謂佛法"如大海之水,唯有一味"。"十點"中的第五點謂摩尼教如大海不接納污穢死屍一樣,拒絕一切不道德的思想;"八德"中的第八德則稱"吾僧法清淨,亦如大海,不受穢惡"。"十點"中的第十點謂其他諸教最終被摩尼教的教法所攝服,猶如諸水入海之後就無聲無息一樣;"八德"中的第七德則謂無論何人,一入僧法,

〔1〕有關這些粟特文佛經殘片的轉寫、英譯和解釋,見 D. N. Mackenzie, *The Buddhist Sogdian Texts of the British Library*, *Leiden*: *E. J. Brill*, 1976。

就被“正化”了。又,佛經中的某些譬喻和說法也被摩尼教文書所借鑒。如,“十點”中的第八點謂大海中有形形色色的無價珍寶云云,與“八德”中第五德謂大海中有金銀、琉璃等七寶的說法類似;“十點”中的第九點將大海中掀起海潮的強大海魔說成是淨化和粹取光明分子的正面角色,這與“八德”中第六德以大海裏種種“神龍”譬喻佛教之賢士、菩薩教化眾生的說法亦相類似。

第二個例證見於摩尼教粟特語文書 M 178。[1] 該文書描述的是摩尼教關於世界創造的故事,本來十分具體詳細,只是因文書殘缺得厲害,故今天所能了解的不多。但是,即使如此,我們仍可發現,這份摩尼教文書所使用的佛教化術語與粟特文佛經所使用者完全相同。例如:

M 178 稱構成明界地面之材質為“金剛”,故以粟特語 ’bjyr‘ync 對譯“金剛(造就)”,亨寧將它譯作英文[of] diamond,並在括號中特意標出梵文 *vajra*,[2] 亦即強調粟特詞 ’bjyr‘ync 並非一般概念上的 diamond(鑽石、金剛石),而是具有特殊含義的佛教術語 vajra。另一方面,譯自漢文的粟特語佛經(斯坦因文書 Or. 8212[85])《佛說觀佛三昧海經》對於“一切大地、山河、石壁皆悉變化爲金剛地,金剛地上踴出白光,衆白光間無數化佛坐寶蓮華”一語中的兩個“金剛[地]”,對應的粟特文便是作 *βẓ’yryn’k (z’yh)*,相當於英文 diamantine (earth)。[3] 足見粟特語的佛教文書和摩尼教文書都採用了源自佛教梵語的 vajra(金剛)這一術語。

又如:摩尼教粟特語文書 M 178 對譯摩尼教漢語文書《下部讚》相應的“飲食餚饍皆甘路,國土豐饒無饑饉”(281 頌)和“泉源清流無間斷,真甘露味無渾苦”(304 頌)諸句中的“甘露(路)”時,使用了 nwš 一詞。而它則源自阿維斯塔語 *anaoša*,其原義與梵語 amrita 同,都是“令人長生不老之神食”的意思,引申以後,便成“最高級智慧”之意。而這正是佛教的常用術語之一,粟特文佛經中多用此詞,如《佛說觀佛三昧

[1] 有關該文書殘片的翻譯和註釋,見 W. B. Henning, *Fragment of Cosmogony*, pp. 306 – 318。

[2] W. B. Henning, *A Sogdian Fragment of the Manichaean Cosmogony*, p. 308.

[3] D. N. Mackenzie, *The Buddhist Sogdian Texts of the British Library*, pp. 72, 73.

海經》用 nwš 對譯“此念佛想，是大甘露利益眾生”句中的“甘露”;《維摩詰所說經》(Or. 8212[159])也用 nwš 對譯“甘露法之食，解脱味爲漿”中的“甘露”。[1] 由此益見中亞摩尼教中的相當一部分佛教因素很可能來自於同類傳播者對於佛教文化的有意無意的借鑒。

鑒於以上分析，可知粟特人在推進回紇摩尼教之佛教色彩方面起到了相當重要，乃至主要的作用。

16.4 漢地摩尼教的“佛教化”

有關摩尼教傳入中國内地的時間，儘管説法頗多，多有置於唐朝以前者[2]，但是獲官方之正式允應而得以合法傳播的時間恐怕仍當置於唐代武則天的延載元年(794)[3]。有關摩尼教早期傳入中原地區之清晰記載很少，但是即使這有限的幾條資料，也都能揭示出當時的摩尼教有著很濃厚的佛教色彩，甚至故意披著佛教的外衣。例如，延載元年持《二宗經》(摩尼教之基本經典)來華的摩尼教被稱為“僞教”，顯然，佛教徒之所以指責它是“僞教”，是認為它冒充了自己信奉的“正教”;那麽，表明當時的摩尼教確有假冒佛教之嫌。

更能展示這一特點的例子見於唐玄宗在開元二十年(732)七月頒發的詔書:“末摩尼法，本是邪見，妄稱佛法，誑惑黎元，宜嚴加禁斷。以其西胡等既是鄉法，當身自行，不須科罪者。”[4]在此，詔書清楚地指

---

〔1〕分別見 D. N. Mackenzie, *The Buddhist Sogdian Texts of the British Library*, pp. 66, 67 和 pp. 24, 25。

〔2〕例如，蔣斧(《摩尼教流行中國考略》，載《敦煌石室遺書》，1909 年，2a – 6a)、羅振玉(《雪堂校刊羣書敘錄》卷下，43 – 45 頁)、張星烺(《中西交通史料滙編》，朱傑勤 1978 年中華書局校訂本，150 頁)、重松俊章(《唐宋時代の末尼教ど魔教問題》，載《史淵》，12(1936)，97 – 100 頁)等均傾向於認為摩尼教在唐以前就傳入中國。柳存仁(*Trances of Zoroastrian and Manichaean Activities in Pre-TangChina*, Selected Papers from the Hall of Harmonios Wind, Leiden, 1976, pp. 3 – 55)、林悟殊(《摩尼教及其東漸》，中華書局，1987 年，60 頁)則更將摩尼教之傳入置於公元 5、6 世紀。

〔3〕此據〔宋〕志磐《佛祖統紀》卷 39“延載元年，……波斯國人拂多誕(西海大秦國人)持二宗經僞教來朝”之語而斷定。

〔4〕《通典》卷 40《職官二十二·秩品五》“視流内”，浙江古籍出版社據《萬有文庫》本影印，2000 年版，第 229 頁下。

出,當時的摩尼教是"妄稱佛法",則表明該教是有意識地形式上打扮成佛教的樣子。

又如,唐代宗大曆三年(768)應回鶻之請,在中國内地設立的摩尼教寺院稱之為"大雲光明",[1]而無論是"大雲"還是"光明",都是此前中原佛教寺院的名稱,故摩尼教寺院名為"大雲光明",不僅充滿了佛教色彩,令人將它與佛教寺院相混淆,甚至還導致後世的學者反過來認為凡冠以"大雲"或"光明"的均為摩尼教寺院了。例如,清末的蔣斧曾有這樣的看法:"斧按,摩尼教入中國時代,記者言人人殊。然觀《長安志》所載,則其來也其在周、隋之際乎? 隋文所立之光明寺,武后改為大雲經寺,證以代宗賜摩尼寺額為大雲光明,則此寺為摩尼寺無疑。又,摩尼為火祆别派,故以蠟燭自然聳人主觀聽,而請廣其教,否則是時佛教已徧中國,又何藉曇延之請乎? ……其教絕無足以特立之精義,故其行於中國也,不能驟入,而以漸進。始則附庸釋氏,繼則獻媚女主,後乃假手兵力。而中國人視之,初時直以為佛教之支流,故諸郡所立大雲寺碑,祇述建寺之年月,而不言立教之宗派。"[2]

儘管蔣斧之說遭到了其他學者的否定[3],但他的這一番話,特别是他的推論,倒確實基本上揭示了摩尼教初入中國之時的策略:"始則附庸釋氏",從而導致"中國人視之,初時直以為佛教之支流",則其有意識地加重佛教色彩,幾無疑問。

當然,最能體現漢地摩尼教之濃重佛教色彩的證據,來自於迄今

---

[1]胡三省在《資治通鑑》的註釋中說:"按《唐書會要》19卷:回鶻可汗王令明教僧進法入唐。大曆三年六月二十九日,敕賜回鶻摩尼,為之置寺,賜額為大雲光明。六年正月,敕賜荊、洪、越等州各置大雲光明寺一所。"見《資治通鑑》卷237《唐紀五十三·憲宗元和元年》,中華書局,1956年6月版,第7638頁。

[2]蔣斧《摩尼教流行中國考略》,載羅振玉《敦煌石室遺書·摩尼教殘卷》,誦芬室刊行,1909年。

[3]如伯希和、沙畹認為"大雲寺完全為佛教寺廟"(伯希和、沙畹《摩尼教流行中國考》(原刊 *Journal Asiatique*, 1913),載馮承鈞譯《西域南海史地考證譯叢八編》,中華書局,1958年1月,第46-47頁);陳垣認為"或以《長安志》卷10有大雲經寺,本名光明寺,'大雲'、'光明'二名,偶與摩尼教寺合,遂謂隋時中土已有摩尼寺;此則望文生義,一覽《續高僧傳》卷8《曇延傳》,即知其謬矣。"(陳垣《摩尼教入中國考》,初刊於《國學季刊》第1卷第2號,1923年4月,後載《陳垣學術論文集》第1集,中華書局,1980年,340頁。

僅見的三份摩尼教漢語文書，其中，更以《下部讚》的佛教色彩為濃重。今即以該文書為例，簡略地概括一下它所借用的主要佛教術語[1]：

“佛性”，本是梵文 Buddhatā 的音義混譯，原指佛陀的本性，後則引申爲成佛的可能性、因性、種子等。由於“佛”（Buddha）即是“覺悟（者）”之意，所以“佛性”也就是“覺悟之性”，同時亦即“第一義空”（至極之涅槃），亦即“中道”（最高真理），亦即“智慧”，實際上就是最高的認識和覺悟，也就是“真如”或“真知”。而在《下部讚》中，有多達八處使用了“佛性”一詞，如“我今蒙開佛性眼，得睹四處妙法身。又蒙開發佛性耳，能聽三常清淨音”（第 10 頌）；“大聖速申慈悲手，按我佛性光明頂”（第 39 頌）；“佛性湛然閉在中，煩惱逼迫恒受苦”（第 105 頌）等。當然，《下部讚》中“佛性”的真正涵義不同於佛教，是指其核心要素“光明分子”或“靈魂”，亦即喻指“靈知”。

“輪迴”一詞頻見於漢譯佛經之中，是為梵語 saṃsāra 或 jātimaraṇa 之意譯（亦譯“生死”），是指因業因而在天、人、畜生、地獄等迷界中生死相續，永無窮盡的意思。它有“五趣”和“六趣”二說，謂一切有情者輪流不息的轉生之處（所生形態）有五種或六種：小乘教派的俱舍、正理、顯宗等論皆立“五趣”（亦作“五道”）說，即地獄道、鬼道或餓鬼道、傍生道或畜道、人道或人間道、天道或天上道；大乘教派則多持“六趣”（或“六道”）說，即在五趣之外再添“阿修羅”，常稱“六道輪迴”。它並將有情輪迴的“六道”分成兩類：阿修羅（或譯阿素洛）、人、天為“三善道”，是善惡雜業之所趣；地獄、餓鬼、畜生則為“三惡道”，是純惡之所趣。是知佛教非但不以輪迴於“人道”“天道”等為苦，還頗以為“善”，作為尚可接受的“樂土”之一。

而摩尼教漢語文書《下部讚》則也多處借用了佛教的“輪迴”術語，如“一切地獄之門戶，一切輪迴之道路”（26 頌）；“願我常見慈悲父，更勿輪迴生死苦”（62 頌）；“平等王前皆屈理，卻配輪迴生死苦”（99 頌）；“輪迴地獄受諸殃，良為不尋真正路”（226 頌）；“其有地獄輪迴

〔1〕為方便閱讀，以下所引《下部讚》原文書中的文字，異體字多改作了今通用字。

者,其有劫火及長禁"(247 頌);"遠離痴愛男女形,豈有輪迴相催促"(272 頌);"清淨師僧,大慈悲力,救拔彼性,令離輪迴"(407 頌),如此等等。儘管摩尼教的"輪迴"是指"光明分子"(或"靈魂")被再次禁錮在肉體之中,受盡折磨,不得回歸明界,為最大的不幸和所受的最嚴厲的懲罰,是信徒們最想擺脱的狀態,因而與佛教大異其趣,[1]但摩尼教文書在形式上如此大量地借用佛教術語,也確實很容易使一般人誤以為是佛教文書了。

"涅槃"同樣是重要的佛教術語,并且含義正與"輪迴"相反,而它也頻見於《下部讚》中,如"徒搖常住涅槃王,竟被焚燒囚永獄"(26 頌);"決定安心正法門,勤求涅槃超大海"(85 頌);"捨除驕慢及非為,專意勤修涅槃路"(97 頌);"普願齊心登正路,速獲涅槃淨國土"(119 頌);"為自性故開惠門,令常見生緣涅槃路"(224 頌);"幽深苦海尋珎寶,奔奉涅槃清淨王"(252 頌);"得覩無上涅槃王,稱讚哥楊大聖威"(309 頌);"雞犬豬狏及餘類,涅槃界中都無此"(327 頌);"十二光王,涅槃國土"(389 頌)。

"涅槃"即梵語 nirvāṇa 的音譯(亦作泥洹、涅槃那等),意譯作滅、寂滅、滅度、無生等,特指滅盡"煩惱"之火,完成悟智(即菩提)之境,超越生死悟界的狀態,是爲佛教的終極目的。這個狀態即是脱離"輪迴",永斷生死之苦,故被摩尼教借用之後,也就是"光明分子"或"靈魂"永遠脱離肉體(即暗魔)的囚禁,回歸到其初生之地"明界"的意思;當然,其隱喻的含義即是人類的大徹大悟,獲得"真知"或"靈知",亦即摩尼教的 Gnosis 觀念。

再如,"伽藍"也是漢譯佛經的常見術語,或作"僧伽藍",乃梵語 saṃghārāma 之音譯。原指僧衆所居之園林,後通常指稱僧侶所居的寺廟。摩尼教漢語文書在此借用它來指稱明界諸神的居住之所,如"聖眾法堂皆嚴淨,乃至諸佛伽藍所"(267 頌);"伽藍處所皆嚴淨,彼無相

[1]有關佛教之輪迴觀與摩尼教輪迴觀之辨異,可參看拙文《摩尼教"平等王"與"輪迴"考》,載《史林》2003 年,第 6 輯,28－39 頁。

害及相非"(274 頌);"伽藍廣博無乏少,豈得說言有貧苦"(288 頌);"諸聖嚴容微妙相,皆處伽藍寶殿閣"(318 頌);"上下齊動震妙響,周遍伽藍元不寧"(321 頌);"平等普會皆具足,安居廣博伽藍寺"(324 頌);"伽藍清淨妙莊嚴,元無恐怖及留難"(325 頌);"諸聖伽藍悉清淨,若有昏暗無是處"(328 頌)。"一切法堂伽藍所,諸佛明使願遮防"(346 頌)。在其他文書中,"伽藍"亦可指摩尼教修行者所居之所,那麼,與佛教的使用方式就無甚區别了。

"金剛"也是個常見的漢譯佛經術語,是梵語 vajra 的意譯(音譯名爲伐闍羅、伐折羅、跋日羅等),取"金中最剛"之義,常用以比喻武器和寶石:喻武器者,因其堅固、鋭利,能摧毁一切,卻非萬物所能破壞;喻寶石者,則因其最勝。但是其最重要的譬喻是"般若"(梵語 prajñā,即智慧),也就是最高智慧——"真知""真如"等。

摩尼教《下部讚》則多處借用此詞,如"常榮寶樹性命海,基址堅固金剛躰"(73 頌);"金剛寶地元堪譽,五種常見意莊嚴者"(123 頌);"彼諸世界及國土,金剛寶地徹下暉"(271 頌);"金剛寶地極微妙,無量妙色相暉曜"(276 頌);"遊行勝譽金剛地,彼則無有毫氂重"(278 頌);"彼聖清虚身常樂,金剛之躰無眠睡"(285 頌);"金剛寶地無邊際,若言破壞無是處"(295 頌);"彼金剛地常暉耀,内外鑒照無不見"(300 頌);"金剛之躰叵思議,大小形容唯聖别"(313 頌);"諸佛性相實難思,金剛寶地亦如是"(315 頌);"具足丈夫,金剛相柱,任持世界,充遍一切"(365 頌);"對妙生空,無邊聖眾,不動不俎,金剛寶地"(389 頌)。不難看出,由於摩尼教的"光明分子(靈魂)"是"靈知"(gnosis)的譬喻和具體化,故"光明(靈魂)"便往往被譯成"金剛(之體)",由光明構成的境界"明界"也就被稱作了"金剛寶地"。

最後,需要指出的是,以上所列有關《下部讚》之佛教色彩的幾類例子,只是其中的一小部分,還有大量的佛教詞彙被借用,有些詞彙出現數十次,如"佛"(指稱摩尼教的諸神,或者作為修飾詞);有的詞彙出現頻率雖然不高,但源自佛教的重要教義這一點卻是無疑的,如三常、慈悲、解脱、煩惱、羅刹、善業、惡業、三界、五趣、大法藥、大醫王、法身、生死海、正法、真如、甘露、無常、盧舍那(佛)、法門、地獄、神足、餓鬼、極樂世界、三災、八難、觀音、勢至、平等王、三寶。如此等等的佛教術語貫穿於篇幅不大的《下部讚》的全文,完全可能導致世人目之為佛教文書;由此可見,摩尼教在中國普遍流布之初,其佛教色彩之濃重,是足以令一般人誤以為是佛教的。究其主要原因,恐怕是為了便於佛教已經建立雄厚基礎的中原地區的信眾接受和理解。

16.5 小結

通過以上的論述,可以歸納摩尼教向東方傳播時,各個階段所體現佛教色彩的大致情況如次:

首先,由於摩尼在創教之前親自遊歷過東方諸地,特別是到過佛教業已盛行的中亞地區,故他所創的摩尼教從一開始就借鑒了相當的佛教文化,乃至教主本人的宗教性稱號"摩尼"也很可能來源於佛教。鑒於此,可以認為,摩尼教"先天"地包含了佛教因素;故將摩尼教的佛教因素全部歸因於它東傳之後所受影響的那類觀點是不正確的。

其次,摩尼教之所以能在中亞站穩腳跟,扎牢根基,主要歸功於摩尼的得力弟子末冒。他奉摩尼之命前赴東方布教,在摩尼去世後繼續努力傳播本教。而為了在從未接觸過摩尼教,且對佛教卻頗為信奉的中亞地區擴大摩尼教的影響,末冒及其繼承者們很可能不得不有意識地假借佛教的外表形式,"曲線推行"摩尼教,這使得早期的摩尼教文書就已經體現了相當濃厚的佛經色彩。

再次,摩尼教在公元8世紀的下半葉正式成為當時頗為強盛的遊牧政權回紇汗國的"國教",儘管有記載稱,最初進入回紇布教的摩尼教高僧來自中國境內,但實際上摩尼教早在回紇的民間傳播開了,而主要的布教者即是源自中亞的粟特人。由於地處中原北方的回紇人據地早就受到來自中原佛教的熏陶,更因為熱衷於宗教傳播的粟特人向遊牧人也傳播了佛教,並將許多漢文佛經翻譯成了粟特文,以供當時尚無文字的遊牧人使用,因此,在回紇境內流傳的摩尼教便自然而然地帶上了較此前更為濃厚的佛教色彩。

最後,根據現有各語種的摩尼教文書的比照,中原王朝內地的佛教色彩最濃,其原因恐怕是:不僅中國官方對於"夷教"從來沒有真正歡迎過,中國業已盛行的佛教也非常排斥"異端"摩尼教,故摩尼教的傳播者們不得不用佛教的言辭和術語作掩護,以使信衆們比較容易理解和接受;另一方面,摩尼教漢語文書的翻譯或編譯者頗有可能是業已相當熟悉佛教的漢人,故也可能不自覺借用了佛經的表達方式。

總而言之,儘管從總的趨勢來看,東方摩尼教所體現的佛教色彩似乎隨著時間的推移和地域的東移而增加,但是就個案而論,"佛教色彩"并不是判斷文書撰成年代的絕對根據,因為其"佛教色彩"既可能因文書的作者而異,也可能因需要而異(如為了易於傳播而增添其"佛教色彩"),則"具體分析"仍是必需的前提。

主要參考文獻

中文著述

1. 原始資料與工具書

大正新修大藏經. 高楠順次郎編輯兼發行. 大正十三年(1924)—昭和七年(1932).

慈怡. 佛光大辭典. 影印本. 北京圖書館出版社,據〔臺灣〕佛光山出版社 1989 年 6 月第五版影印.

〔明〕何喬遠. 閩書. 廈門大學,校點. 福州:福建人民出版社,1994.

王見川,林萬傳. 明清民間宗教經卷文獻. 臺北:新文豐出版公司,1999.

思高聖經學會,譯釋. 聖經. 香港:思高聖經學會,1968.

〔印〕毗耶娑. 印度古代史詩摩訶婆羅多(第 6 卷). 黃寶生,葛維鈞,郭良鋆,譯. 北京:中國社會科學出版社,2005.

2. 現代論著

林悟殊. 摩尼教及其東漸. 北京:中華書局,1987.

林悟殊. 中古三夷教辨證. 北京:中華書局,2005.

林悟殊. 林悟殊敦煌文書與夷教研究. 上海:上海古籍出版社,2011.

林悟殊. 中古夷教華化叢考. 蘭州:蘭州大學出版社,2011.

柳洪亮. 吐魯番新出摩尼教文獻研究. 北京:文物出版社,2000.

馬小鶴. 摩尼教與古代西域史研究. 北京:中國人民大學出版社,2008.

馬小鶴. 光明的使者——摩尼與摩尼教. 蘭州:蘭州大學出版

社,2013.

芮傳明.東方摩尼教研究.上海:上海人民出版社,2009.

王見川.從明教到摩尼教.臺北:新文豐出版公司,1999.

王媛媛.從波斯到中國:摩尼教在中亞和中國的傳播.北京:中華書局,2012.

西文著述

Al-Biruni. The Chronology of Ancient Nations, Sachau C E, tr., London: W. H. Allen and Co., 1879.

Allberry C R C. A Manichaean Psalm-Book : Part II. Stuttgart: W. Kohlhammer, 1938.

Andreas F C, Henning W. Mitteliranische Manichaicaaus Chinesisch-Turkestan, Ⅰ, Ⅱ, Ⅲ, in respectively SPAW, 1932: 173 - 222; 1933: 294 - 363; 1934: 848 - 912.

Arnold-Döben V. Die Bildersprache des Manichäismus, Köln: Brill, 1978.

Asmussen J P, X^{u}āstvānīftī. Studies in Manichaeism. Copenhagen: Prostant Apud Munksgaard, 1965.

Asmussen J P. Manichaean Literature: Representative Texts Chiefly from Middle Persian and Parthian Writings, New York: Delmar, 1975.

BeDuhn J D. The Manichaean Body, in Discipline and Ritual, London: The Johns Hopkins University Press, 2000.

BeDuhn J D, ed. New Light on Manichaeism: Papers from the Sixth International Congress on Manichaeism, Leiden: Brill, 2009.

BeDuhn J D, Mirecki P. Frontiers of Faith: The Christian Encounter with Manichaeism in the Acts of Archelaus (Nag Hammadi and Manichaean Studies, 61), Leiden: Brill, 2007.

Boyce M. Some Parthian Abecedarian Hymns // Bulletin of the School of Oriental and African Studies, Vol. 14, No. 3, 1952.

Boyce M. The Manichaean Hymn-Cycles in Parthian, London: Oxford University Press, 1954.

Boyce M. A Catalogue of the Iranian Manuscripts in Manichean Script in the German Turfan Collection// Deutsche Akademie der Wissenschaften-zu Berlin Institutfür Orientforschung, Veröffentlischung Nr. 45, Berlin, 1960.

Boyce M. A Reader in Manichaean Middle Persian and Parthian, Leiden: Brill, 1975.

Boyce M. A Word-List of Manichaean Middle Persian and Parthia, Leiden: Brill, 1977.

Bryder P. The Chinese Transformation of Manichaeism—A Study of Chinese Manichaean Terminology . Löberöd, 1985.

Burkitt F C. The Religion of the Manichees. London: Cambridge University Press, 1925.

Chavannes E, Pelliot P. Traité Manichéen Retrouvé en Chine—Traduit et Annoté. respectively Journal Asiatique, Nov. - Dec. , 1911: 499 - 617; Jan. - Feb. , 1913: 99 - 199; Mar. - Apr. , 1913: 261 - 394.

Clark L V. The Manichean Turkic Pothi-Book// Altorientalische Forschungen IX. Berlin: Akademie Verlag, 1982.

Clauson G. An Etymological Dictionary of Pre-Thirteenth-Century Turkish. London: Oxford University Press, 1972.

Coyle J K. Manichaeism and Its Legacy// Nag Hammadi and Manichaean Studies, 69. Leiden: Brill, 2009.

Dodge B, tr. . The Fihrist of al-Nadīm—A Tenth-Century Survey of Muslim Culture. New York: Columbia University Press, 1970.

Durkin-Meisterernst D. Dictionary of Manichaean Texts, Vol. III Texts from Central Asia and China, Part 1 Dictionary of Manichaean Middle Persian and Parthian, Turnhout: Brepols Publishers, 2004.

Durkin-Meisterernst D. The Hymns to the Living Soul—Middle Persian and Parthian Texts in the Turfan Collection, Turnhout: Brepols Publishers, 2006.

Durkin-Meisterernst D , Morano E. Mani's Psalms: Middle Persian, Parthian and Sogdian Texts in the Turfan Collection. Turnhout: Brepols, 2010.

Franzmann M. Jesus in the Manichaean Writings. New York: T & T Clark Ltd, 2003.

Gardner I tr. . The Kephalaia of the Teacher—The Edited Coptic Manichaean Texts in Translation with Commentary. Leiden: Brill, 1995.

Gardner I, Samuel Lieu N C ed. Manichaean Texts from the Roman Empire. Cambridge: Cambridge University Press, 2004.

Gershevitch I. A Grammar of Manichean Sogdian. Oxford: Basil Blackwell, 1954.

Gharib B ed. Sogdian Dictionary: Sogdian-Persian-English. Tehran: Farhangan Publications, 1995.

Haloun G, Henning W B. The Compendium of the Doctrines and Styles of the Teaching of Mani, the Buddha of Light. Asia Major, New Series, Vol. 3, Part 3, 1953.

Hamilton J. Manuscritsouïgours du IXe-Xe siècle de Touen-Houang, Ⅰ - Ⅱ. Paris: Peeters, 1986.

Mark Vermes. Hegemonius, Acta Archelai (The Acts of Archelaus). Samuel N C Lieu, Introduction and Commentary, Manichaean Studies IV, Lovanii: Brepols, 2001.

Henning W B. Einmanichäisches Bet-und Beichtbuch // Abhandlungen der preussischen Akademie der Wissenschaften. 1936 Nr. 10: 3 - 143.

Henning W B. Selected Papers I (Acta Iranica 14). Leiden: Brill, 1977.

Henning W B. The Book of the Giants // Bulletin of the School of Oriental and African Studies Vol. 11, No. 1, 1943: 52 – 74.

Henning W B. Selected Papers II (Acta Iranica 15). Leiden: Brill, 1977.

Henning W B. A Sogdian Fragment of the Manichaean Cosmogony // Bulletin of the School of Oriental and African Studies. 1948.

Henning W B. Selected Papers, II (Acta Iranica 15). Leiden: Brill, 1977.

Henning W B. A Fragment of the Manichaean Hymn-Cycles in Old Turkish. Asia Major, Vol. 7. parts 1 – 2, 1959.

Heuser M, Klimkeit H-J. Studies in Manichaean Literature and Art. Leiden: Brill, 1998.

Hutter M, Manis Kosmogonische Šābuhragān-Texte, Edition. Kommentar und Literaturgeschichtliche Einordnung der manichäisch-mittlepersischen Handschriften M 98/99 I und M 7980 – 7984, Wiesbaden: Otto Harrassowitz, 1992.

Jackson A V W. Zoroastrian Studies: the Iranian Religion and Various Monographs. New York: Columbia University Press, 1928.

Jackson A V W. Researches in Manichaeism—with Special Reference to the Turfan Fragments. New York: Columbia University Press, 1932.

Klimkeit H-J. Gnosis on the Silk Road: Gnostic texts from Central Asia. New York: Harper Collins Publishers, 1993.

Le CoqA. von, Chuastuanift einSündenbekenntnis der manichäischen Auditores —Gefunden in Turfan (Chinesisch-Turkistan), AusdemAnhangzu den APAW, 1910, 43, Berlin[s. n.], 1911.

Le CoqA V. Türkische Manichaicaaus Chotscho (I, II, III), APAW, 1911, Nr. 6: 1 – 61; 1919, Nr. 3: 1 – 15; 1922, Nr. 2: 1 – 49

Lieu S N C. The Religion of Light: An Introduction to the History of Manichaeism in China. Hong Kong: University of Hong Kong, 1979.

Lieu S N C. Manichaeism in the Late Roman Empire and Medieval

China. Manchester:Manchester University Press,1985.

Lieu S N C. Manichaeism in Central Asia and China. Leiden: Brill,1998.

Lieu S N C. Manichaeism in Mesopotamia and the Roman East. Leiden:Brill,1999.

Lindt P V. The Names of Manichaean Mythological Figures—A Comparative Study on Terminology in the Coptic Sources. Wiesbaden: Otto Harrassowitz,1992.

Liu Ts' un-Yan. Traces of Zoroastrian and Manichean Activities in Pre-T' ang China// Selected Papers from the Hall of Harmonious Wind, Leiden: Brill,1976.

Mackenzie D N. The Buddhist Sogdian Texts of the British Library. Leiden:Brill,1976.

Mackenzie D N. Mani' s Šābuhragān I. BSOAS, Vol. 42, No. 3, 1979: 500 - 534.

Mackenzie D N. Mani' s Šābuhragān II. BSOAS, Vol. 43, No. 2, 1980:288 - 310.

Mackenzie D N. Two Sogdian HWYDGM' N Fragments // Papers in Honour of Professor Mary Boyce, II (ActaIranica 25). Leiden:Brill,1985.

Mirecki P, Be Duhn J ed. Emerging from Darkness—Studies in the Recovery of Manichaean Sources. Leiden:Brill,1997.

Mirecki P, BeDuhn J ed. The Light and the Darkness:Studies in Manichaeism and Its World. Leiden:Brill,2001.

Morano E. The Sogdian Hymns of StellungJesu. East and West, New Series, Vol. 32, 1982: 9 - 43.

Müller F W K. Handschriften-Reste in Estrangelo-Schriftaus Turfan, Chinesisch-Turkistan Ⅱ, aus den Anhangzu den APAW, 1904:1 - 117.

Ort L J R. Mani: A Religio-Hostorical Description of His Personality. Leiden:Brill,1967.

Pettipiece T. Pentadic Redaction in the Manichaean Kephalaia. Leiden:Brill,2009.

Polotsky H J. Manichäische Homilien,Band I. Stuttgart:W. Kohlhammer,1934.

Robinson J M (Gen. Ed.). The Nag Hammadi Library in English. Leiden:Brill,1988.

Schaeder H H. Der Manichäisnusnachneuen Funden und Forschungen. Morgenland 28, 1936:80 - 109.

Schmidt-Glintzer H. Chinesische Manichaica :kritischen Anmerkungen und einem Glossar. Wiesbaden:Otto Harrassowitz,1987.

Sims-Williams N. A New Fragment from the Parthian Hymn-Cycle HUYADAGMĀM,Études Erano-Aryennes OffertesÀ Gilbert Lazard (StudialIranica—Cahier 7), Paris:Peeters, 1989.

Soothill W E,Hodous L. A Dictionary of Chinese Buddhist Terms. reprinted Taipei:Ch'eng Wen Publishing Company,1975.

Sundermann W. Mittelpersische und parthischekosmogonische und Parabeltexte der Manichäer, miteinigen Bemerkungeszu Motiven der Parabeltexte von Friedmar Geissler. Berlin:Akademie-Verlag,1973.

Sundermann W. Namen von Göttern,Dämonen und Menschen in iranischen Versionen des manichäischen Mythos. Altorientalische Forschungen, VI, 1979.

Sundermann W. Mitteliranischemanichäische Textekirchengeschichtlichen Inhalts, miteinem Appendix von N. Sims-Williams. Berlin: AkademieVerlag,1981.

Sundermann W. Einmanichäisch-soghdisches Parabelbuch. Berliner Turfantexte,XV,1985.

Sundermann W. The Manichaean Hymn Cycles Huyadagmān and Angad Rōšnān in Parthian and Sogdian. London,1990.

Sundermann W. Der Sermon von Licht-Nous: eineLehrschrift des östlichen Manichäismus; Edition der parthischen und soghdischen Version, Berlin:AkademieVerlag GmbH,1992.

Sundermann W. Who is the Light-Nous and What does He Do // van A. Tongerloo, Oort J V. The Manichaean Nous—Manichaean Studies II. Lovanii,1995.

Sundermann W. Der Sermon von der Seele: Lehrschrift des östlichen Manichäismus Edition der parthischen und soghdischen Version. Turnhout: Brepols,1997 .

Sundermann M. Manichaica Iranica: Ausgewählte Schriften von Werner Sundermann, Band 1(Serie Orientale Roma LXXXIX,1) . Roma:Istitutoitaliano per l' Africa e l' Oriente, 2001.

Sundermann M. Manichaica Iranica: Ausgewählte Schriften von Werner Sundermann, Band 2(Serie Orientale Roma LXXXIX,2) . Roma:Istitutoitaliano per l' Africa e l' Oriente,2001.

Tsui Chi . "Mo Ni Chiao Hsia Pu Tsan,The Lower (Second?) Section of the Manichaean Hymns". BSOAS XI,1943.

Waldschmidt E, Lentz W. Die Stellung Jesuim Manichäismus. APAW, Nr.4,Berlin:[s. n.],1926.

Waltschmidt E,Lentz W. Manichäische Dogmatikauschinesischen und iranischenTexten. SPAW,Dezember,1933.

索　引

A

B

·欧·亚·历·史·文·化·文·库·

E

F

G

H

J

K

L

M

N

P

Q

R

S

T

W

X

Y

Z

歐亞歷史文化文庫

林悟殊著:《中古夷教華化叢考》 定價:66.00 元
趙儷生著:《弇兹集》 定價:69.00 元
華喆著:《陰山鳴鏑——匈奴在北方草原上的興衰》 定價:48.00 元
楊軍編著:《走向陌生的地方——内陸歐亞移民史話》 定價:38.00 元
賀菊蓮著:《天山家宴——西域飲食文化縱横談》 定價:64.00 元
陳鵬著:《路途漫漫絲貂情——明清東北亞絲綢之路研究》
定價:62.00 元
王颋著:《内陸亞洲史地求索》 定價:83.00 元
〔日〕堀敏一著,韓昇、劉建英編譯:《隋唐帝國與東亞》 定價:38.00 元
〔印度〕艾哈默得·辛哈著,周翔翼譯,徐百永校:《入藏四年》
定價:35.00 元
〔意〕伯戴克著,張雲譯:《中部西藏與蒙古人
——元代西藏歷史》(增訂本) 定價:38.00 元
陳高華著:《元朝史事新證》 定價:74.00 元
王永興著:《唐代經營西北研究》 定價:94.00 元
王炳華著:《西域考古文存》 定價:108.00 元
李健才著:《東北亞史地論集》 定價:73.00 元
孟凡人著:《新疆考古論集》 定價:98.00 元
周偉洲著:《藏史論考》 定價:55.00 元
劉文鎖著:《絲綢之路——内陸歐亞考古與歷史》 定價:88.00 元
張博泉著:《甫白文存》 定價:62.00 元
孫玉良著:《史林遺痕》 定價:85.00 元
馬健著:《匈奴葬儀的考古學探索》 定價:76.00 元
〔俄〕柯兹洛夫著,王希隆、丁淑琴譯:
《蒙古、安多和死城哈喇浩特》(完整版) 定價:82.00 元
烏雲高娃著:《元朝與高麗關系研究》 定價:67.00 元
楊軍著:《夫余史研究》 定價:40.00 元
梁俊艷著:《英國與中國西藏(1774—1904)》 定價:88.00 元
〔烏兹別克斯坦〕艾哈邁多夫著,陳遠光譯:
《16—18 世紀中亞歷史地理文獻》(修訂版) 定價:85.00 元

成一農著:《空間與形態——三至七世紀中國歷史城市地理研究》
定價:76.00 元
楊銘著:《唐代吐蕃與西北民族關系史研究》 定價:86.00 元
殷小平著:《元代也里可溫考述》 定價:50.00 元
耿世民著:《西域文史論稿》 定價:100.00 元
殷晴著:《絲綢之路經濟史研究》 定價:135.00 元(上、下册)
余大鈞譯:《北方民族史與蒙古史譯文集》 定價:160.00 元(上、下册)
韓儒林著:《蒙元史與内陸亞洲史研究》 定價:58.00 元
〔美〕查爾斯·林霍爾姆著,張士東、楊軍譯:
《伊斯蘭中東——傳統與變遷》 定價:88.00 元
〔美〕J. G. 馬勒著,王欣譯:《唐代塑像中的西域人》 定價:58.00 元
顧世寶著:《蒙元時代的蒙古族文學家》 定價:42.00 元
楊銘編:《國外敦煌學、藏學研究——翻譯與評述》 定價:78.00 元
牛汝極等著:《新疆文化的現代化轉向》 定價:76.00 元
周偉洲著:《西域史地論集》 定價:82.00 元
周晶著:《紛擾的雪山——20 世紀前半葉西藏社會生活研究》
定價:75.00 元
藍琪著:《16—19 世紀中亞各國與俄國關系論述》 定價:58.00 元
許序雅著:《唐朝與中亞九姓胡關系史研究》 定價:65.00 元
汪受寬著:《驪靬夢斷——古羅馬軍團東歸僞史辨識》 定價:96.00 元
劉雪飛著:《上古歐洲斯基泰文化巡禮》 定價:32.00 元
〔俄〕T. Б. 巴爾採娃著,張良仁、李明華譯:
《斯基泰時期的有色金屬加工業——第聶伯河左岸森林草原帶》
定價:44.00 元
葉德榮著:《漢晋胡漢佛教論稿》 定價:60.00 元
王頲著:《内陸亞洲史地求索(續)》 定價:86.00 元
尚永琪著:
《胡僧東來——漢唐時期的佛經翻譯家和傳播人》 定價:52.00 元
桂寶麗著:《可薩突厥》 定價:30.00 元
篠原典生著:《西天伽藍記》 定價:48.00 元
〔德〕施林洛甫著,劉震、孟瑜譯:
《叙事和圖畫——歐洲和印度藝術中的情節展現》 定價:35.00 元
馬小鶴著:《光明的使者——摩尼和摩尼教》 定價:120.00 元
李鳴飛著:《蒙元時期的宗教變遷》 定價:54.00 元

〔蘇聯〕伊·亞·兹拉特金著,馬曼麗譯:
《準噶爾汗國史》(修訂版) 定價:86.00 元
〔蘇聯〕巴托爾德著,張麗譯:《中亞歷史——巴托爾德文集第 2 卷第 1 册第 1 部分》 定價:200.00 元(上、下册)
〔俄〕格·尼·波塔寧著,〔蘇聯〕B. B. 奥布魯切夫編,吴吉康、吴立珺譯:
《蒙古紀行》 定價:96.00 元
張文德著:《朝貢與入附——明代西域人來華研究》 定價:52.00 元
張小貴著:《祆教史考論與述評》 定價:55.00 元
〔蘇聯〕K. A. 阿奇舍夫、Г. A. 庫沙耶夫著,孫危譯:
《伊犁河流域塞人和烏孫的古代文明》 定價:60.00 元
陳明著:《文本與語言——出土文獻與早期佛經詞匯研究》
定價:78.00 元
李映洲著:《敦煌壁畫藝術論》 定價:148.00 元(上、下册)
杜斗城著:《杜撰集》 定價:108.00 元
芮傳明著:《内陸歐亞風雲録》 定價:48.00 元
徐文堪著:《歐亞大陸語言及其研究説略》 定價:54.00 元
劉迎勝著:《小兒錦研究》(一、二、三) 定價:300.00 元
鄭炳林著:《敦煌占卜文獻叙録》 定價:60.00 元
許全勝著:《黑韃事略校注》 定價:66.00 元
段海蓉著:《薩都剌傳》 定價:35.00 元
馬曼麗著:《塞外文論——馬曼麗内陸歐亞研究自選集》 定價:98.00 元
〔蘇聯〕И. Я. 兹拉特金主編,M. И. 戈利曼、Г. И. 斯列薩爾丘克著,
馬曼麗、胡尚哲譯:《俄蒙關系歷史檔案文獻集》(1607—1654)
定價:180.00 元(上、下册)
華喆著:《帝國的背影——公元 14 世紀以后的蒙古》 定價:55.00 元
П. K. 柯兹洛夫著,丁淑琴、韓莉、齊哲譯:《蒙古和喀木》 定價:75.00 元
楊建新著:《邊疆民族論集》 定價:98.00 元
趙現海著:《明長城時代的開啓
——長城社會史視野下榆林長城修築研究》(上、下册) 定價:122.00 元
李鳴飛著:《横跨歐亞——中世紀旅行者眼中的世界》 定價:53.00 元
李鳴飛著:《金元散官制度研究》 定價:70.00 元
劉迎勝著:《蒙元史考論》 定價:150.00 元
王繼光著:《中國西部文獻題跋》 定價:100.00 元
李艷玲著:《田作畜牧
——公元前 2 世紀至公元 7 世紀前期西域緑洲農業研究》
定價:54.00 元

〔英〕馬爾克·奥莱爾·斯坦因著,殷晴、張欣怡譯:《沙埋和闐廢墟記》
定價:100.00 元
梅維恒著,徐文堪編:《梅維恒内陸歐亞研究文選》 定價:92 元
楊林坤著:《西風萬里交河道——時代西域絲路上的使者與商旅》
定價:65 元
王邦維著:《華梵問學集》 定價:75 元(暫定)
芮傳明著:《摩尼教敦煌吐魯番文書譯釋與研究》 定價:88 元
陳曉露著:《樓蘭考古》 定價:78 元(暫定)
石雲濤著:《文明的互動
——漢唐間絲綢之路中的中外交流論稿》 定價:108 元(暫定)
石雲濤著:《絲綢之路的起源》 定價:83 元(暫定)
薛宗正著:《西域史匯考》 定價:128 元(暫定)
〔英〕尼古拉斯·辛姆斯-威廉姆斯著:
《阿富汗北部的巴克特里亞文獻》 定價:163 元(暫定)
張小貴編:
《三夷教研究——林悟殊先生古稀紀念論文集》 定價:100 元(暫定)
許全盛、劉震編:《内陸歐亞歷史語言論集——徐文堪先生古稀紀念》
定價:90 元(暫定)
余太山、李錦秀編:《古代内陸歐亞史綱》 定價:122 元(暫定)
王永興著:《唐代土地制度研究——以敦煌吐魯番田制文書爲中心》
定價:70 元(暫定)
王永興著:《敦煌吐魯番出土唐代軍事文書考釋》 定價:84 元(暫定)
李錦綉編:《20 世紀内陸歐亞歷史文化論文選粹:第一輯》
定價:104 元(暫定)
李錦綉編:《20 世紀内陸歐亞歷史文化論文選粹:第二輯》
定價:98 元(暫定)
李錦綉編:《20 世紀内陸歐亞歷史文化論文選粹:第三輯》
定價:97 元(暫定)
李錦綉編:《20 世紀内陸歐亞歷史文化論文選粹:第四輯》
定價:100 元(暫定)
馬小鶴著:《霞浦文書研究》 定價:88 元(暫定)
林悟殊著:《摩尼教華化補説》 定價:109 元(暫定)
孫昊著:《遼代女真族群與社會研究》 定價:48 元(暫定)
尚永琪著:《鳩摩羅什及其時代》 定價:68 元(暫定)

淘寶網郵購地址:http://lzup.taobao.com